# SERMÕES

III

*Antonio Vieira*

# SERMÕES

## III

de acordo com as regras do novo *acordo ortográfico*
da língua portuguesa

Edições Loyola

**Direção:** † Pe. Gabriel C. Galache, SJ
Pe. Danilo Mondoni
**Editor:** Joaquim Pereira
**Projeto Gráfico:** Maurélio Barbosa
**Capa:** Maurélio Barbosa
**Diagramação:** Maurélio Barbosa
**Revisão:** Iranildo B. Lopes

Edições Loyola Jesuítas
Rua 1822, 341 – Ipiranga
04216-000 São Paulo, SP
T 55 11 3385 8500
F 55 11 2063 4275
editorial@loyola.com.br
vendas@loyola.com.br
www.loyola.com.br

Todos os direitos reservados. Nenhuma parte desta obra pode ser reproduzida ou transmitida por qualquer forma e/ou quaisquer meios (eletrônico ou mecânico, incluindo fotocópia e gravação) ou arquivada em qualquer sistema ou banco de dados sem permissão escrita da Editora.

ISBN 978-85-15-03106-1

2ª edição: janeiro de 2012
© EDIÇÕES LOYOLA, São Paulo, Brasil, 2009

## SUMÁRIO

Apresentação .................................................................... 7
Sermão do Santíssimo Sacramento ................................ 9
Sermão de N. S. do Carmo ............................................. 23
Sermão da Terceira Quarta-Feira da Quaresma ............ 45
Sermão de Santo Agostinho ............................................ 63
Sermão da Primeira Dominga do Advento ................... 89
Sermão da Quarta Dominga da Quaresma .................. 105
Sermão de Santo Antônio .............................................. 125
Sermão de Santa Catarina ............................................. 145
Sermão de Dia de Ramos .............................................. 167
Sermão do Bom Ladrão ................................................. 183
Sermão do Mandato ...................................................... 203
Sermão do Espírito Santo .............................................. 223
Sermão da Dominga XIX depois do Pentecoste .......... 243
Sermão pelo Bom Sucesso das Armas de Portugal
    contra as de Holanda ............................................... 263
Sermão de Santa Teresa e do Santíssimo Sacramento ...... 279
Notas ............................................................................... 301
Censuras ......................................................................... 307
Licenças .......................................................................... 310

## APRESENTAÇÃO

Em 1623, Vieira entra para a Companhia de Jesus. Até 1640, quando parte para a Europa, percorre etapas de vida que o marcarão profundamente. Durante dois anos de noviciado se inicia na vida religiosa exercitando-se na oração, na meditação, na penitência, nos serviços comunitários, na prática da catequese e da escola, lê e decora os textos bíblicos, estuda as línguas nativas de índios e negros. Terminada essa etapa, continua em Olinda, durante três anos, os estudos de humanidades. Seu conhecimento de Sêneca, Ovídio e de tantos outros datam desses anos. Retorna a Salvador para os estudos de ciências, filosofia e teologia e em 1635 é ordenado sacerdote. Poucos anos depois, é nomeado professor de teologia no colégio de Salvador.

Em 1624, os holandeses atacam e ocupam Salvador. Há um ano apenas, Vieira estava no noviciado. Com os companheiros, refugia-se na aldeia de Espírito Santo. Dezesseis anos depois, em 1640, outra vez Salvador é atacada pela armada holandesa, capitaneada agora por Maurício de Nassau. Vieira é convocado ao púlpito da igreja de Nossa Senhora da Ajuda no último dia das deprecações.

Neste terceiro volume estão, além do Sermão pelo Bom Sucesso das Armas de Portugal contra as de Holanda, na igreja de N. S. da Ajuda da **cidade da Bahia**, em 1640: o Sermão da Dominga XIX depois de Pentecoste, na catedral da Bahia, na festividade mensal ao Santíssimo Sacramento, em 1639 (não muito antes do sermão anterior); quatro sermões pregados em **S. Luís do Maranhão** (o de Nossa Senhora do Carmo, na igreja e convento da mesma Senhora, em 1659; o do Espírito Santo, na igreja da Companhia de Jesus, quando partia ao Rio das Amazonas; o de Santo Antônio, na Dominga *infra octavam* do mesmo Santo, em 1657; e o do Dia de Ramos, na matriz, em 1656); sete sermões pregados em **Lisboa** (em 1643, numa quinta-feira santa, o do Mandato, no Hospital Real; em 1644, o de Santa Teresa e do Santíssimo Sacramento, na igreja da Encarnação; em 1648, o de Santo Agostinho, na sua igreja e convento de São Vicente de Fora; em 1650, o da Primeira Dominga do Advento, na capela real; em 1651, o da Terceira Quarta-Feira da Quaresma, na capela real, denominado o "Sermão dos Pretendentes"; em 1655, o do Bom Ladrão, na igreja da Misericórdia, que Vieira denomina como "o meu mimoso"; em 1669, o do Santíssimo Sacramento, no real convento da Esperança, que abre o volume III); e, finalmente, o de Santa Catarina, na **Universidade de Coimbra**, em 1663 (quando estava sob o processo da Inquisição).

EDIÇÕES LOYOLA

# SERMÃO DO
# Santíssimo Sacramento

Pregado no Real Convento da Esperança,
em Lisboa, ano de 1669.

❦

"Este é o pão que desceu do céu."
(Jo 6,50)

---

Livre das penas da Inquisição, da privação de pregar e da reclusão em casa dos jesuítas, em 1668, Vieira retoma a atividade de pregador. Hoje está no Real Convento da Esperança, em Lisboa, há poucos anos teatro de rixas palacianas entre o rei D. Afonso VI e sua mulher. Prega sobre um tema que lhe é muito caro: o Santíssimo Sacramento, e pergunta por que só a "esperança" parece não estar — nem poder estar — satisfeita nesse sacramento. Não há esperança nem no céu — porque o seu objeto já não é futuro —, nem no inferno — porque o seu objeto não é possível. Por isso, Deus desceu do céu e se transubstanciou no pão. O relato dos discípulos de Emaús diz que eles "esperavam"! Cristo os alimentou com o seu pão e eles renasceram. Desse modo, a esperança e o sacramento durarão até o fim do mundo; a esperança porque veremos a Deus, o sacramento porque Deus já não será invisível. A esperança firma-se no entendimento e na vontade. Com a vontade deseja e com o entendimento confia. O sacramento é, assim, penhor da glória que se espera. O que importa é que Deus esteja satisfeito com nossa esperança.

## § I

Que satisfeita está hoje a fé, e que satisfeita a caridade! Só a esperança parece que não está, nem pode estar satisfeita. Está satisfeita a fé, porque se vê sublimada a crer a verdade do mais alto, do mais profundo e do mais escondido mistério: "A minha carne verdadeiramente é comida" (Jo 6,55). Está satisfeita a Caridade, porque se vê abraçada intimamente com Deus no laço da mais estreita e da mais amorosa união, e da mais recíproca: "Permanece em mim, e eu nele" (Jo 6,56). Só a esperança parece que não está nem pode estar satisfeita no diviníssimo Sacramento, porque se lhe nega o que deseja, porque se lhe encobre o que suspira, porque se lhe retira o que segue, e porque, na mesma presença, se lhe ausenta o que espera. Está Deus ali para a fé, está Deus ali para a caridade, e só para a esperança não está ali. Está ali para a fé, porque o objeto da fé é Deus crido; está ali para a caridade, porque o objeto da caridade é Deus amado; e não está ali para a esperança, porque o objeto da esperança, como ensina S. Paulo, é Deus visto. A Deus invisível pode-o crer a fé, a Deus invisível pode-o abraçar a caridade, a Deus invisível não o pode lograr a esperança. Se o objeto da esperança é Deus visto e a essência do Sacramento é Deus não visto nem visível, que por isso se chama Sacramento, como estará a esperança satisfeita neste desvio, contente neste desengano e sossegada neste impossível? Firme sim, constante sim, animosa e ansiosa sim, mas satisfeita, contente e sossegada, não fora a esperança esperança, se assim estivera. Pois por certo, Senhor, que não é a vossa condição tão esquiva, nem o vosso coração tão pouco humano, que o não obriguem desejos, que o não solicitem ânsias, que o não penetrem suspiros, que o não enterneçam saudades. E se este é o ser e o exercício contínuo da esperança, como se esqueceu tanto dela a vossa Providência neste mistério, que parece vos sacramentastes somente para acrescentar novos pesares a seus desejos, e um perpétuo martírio a suas ânsias.

A satisfação destas queixas será hoje a matéria do nosso discurso, para que o nome e circunstância do lugar dê novidade à celebridade do dia. Verá a esperança queixosa dos extremos da fineza que deve a Cristo sacramentado, e nós veremos sem queixa do mesmo Sacramento que, posto que se chame Mistério da Fé, encerra maiores mistérios da esperança. *Ave Maria*.

## § II

"Este é o pão que desceu do céu".
Este é o pão que desceu do céu. E por que desceu do céu este pão? Só para exercício da fé? Só para aumento da caridade? Não. Digo que desceu do céu o pão do céu para satisfação da esperança. Ora vede. Perguntam os teólogos se há esperança no céu, e resolvem todos com Santo Tomás[1] que nem no céu nem no inferno há esperança. A razão é porque o bem que for objeto da esperança há de ter estas duas condições: ser possível e ser futuro; possível, porque o impossível não se deseja; futuro, porque o presente não se espera. E como o sumo bem, que é o objeto da esperança sobrenatural, no inferno já não é possível, e no céu já não é futuro, por isso nem no céu nem no inferno pode haver esperança. A alma, se vai ao céu, salva-se, se vai ao inferno, perde-se; mas a esperança, ou no céu ou no inferno sempre se perde: no céu pela vista de Deus, no inferno, pela desesperação da mesma vista. Sucede-lhe à

alma com a esperança o que a Moisés com a Terra de Promissão, e às virgens prudentes com as companheiras. Moisés levou à Terra de Promissão os israelitas, mas não entrou lá; as virgens prudentes entraram no céu, mas as companheiras, ainda que chegaram à porta, ficaram de fora. A mais fiel companheira da alma é a esperança; porém, é tal a ventura da alma e tal a sorte da esperança, que quando à alma se lhe abrem as portas do céu, à esperança fecham-se: a alma entra e a esperança fica de fora. E como a esperança não podia subir nem entrar no céu, que fez Deus para satisfazer a esperança? Desceu e saiu do céu em disfarces de pão: "Este é o pão que desceu do céu", para que a esperança, que o não podia gozar da parte de dentro, o gozasse da parte de fora.

Levado o profeta Ezequiel em espírito desde Babilônia, onde estava cativo, à cidade e templo de Jerusalém, mostrou-lhe um anjo o santuário com a porta fechada, e disse-lhe que fora daquela porta assim fechada se assentaria o príncipe à mesa, para comer o pão na presença do Senhor: "Fez-me voltar para o caminho da porta do santuário, que estava fechada. E o Senhor me disse: esta porta estará fechada. O príncipe mesmo se assentará nela para comer o pão diante do Senhor" (Ez 44,1ss). Entram agora os expositores sagrados a declarar este enigma, e dizem que o santuário é o céu, o príncipe Cristo, e, por conseguinte, a mesa, o altar e o pão o Santíssimo Sacramento, em que não há dificuldade. Mas se o santuário é o céu, e o príncipe o Príncipe do céu, e o pão o Pão do céu, por que está a porta do céu fechada e se diz que há de estar fechada sempre, e o Príncipe e a mesa, não dentro, senão fora da porta? Verdadeiramente, que se não pudera pintar com maior propriedade de circunstâncias tudo o que queremos provar.

A mesa do Diviníssimo Sacramento, em que assiste realmente o Príncipe da glória, foi instituída para os homens, não no estado da pátria, senão no estado da esperança, e como a esperança não pode entrar das portas do céu para dentro, por isso se pôs a mesa das portas a fora. Andou Cristo tão fino com a esperança, que por ela não podia entrar no céu para se assentar à mesa da bem-aventurança; pôs outra mesa e fez outra bem-aventurança fora do céu, só para que a esperança a lograsse. Ouçamos a Davi.

No Salmo trinta e três convida Davi a todos os fiéis para a mesa dos pães da proposição da lei da graça, como notam no mesmo lugar os Padres gregos, e diz assim: "Comei e vede por que o Senhor é suave" (Sl 33,9). Não diz: comei e vede quão suave é o pão, senão: comei e vede quão suave é o Senhor, porque o Senhor é o pão que ali se come. E, ditas estas palavras, exclama o Profeta: "Oh! bem-aventurados homens que esperam nele!". Nesta exclamação e nesta consequência reparo. Suposto que Davi nos convida a comer a Deus no Sacramento, e gozar nele a suavidade do mesmo Deus: "Comei e vede por que o Senhor é suave", parece que havia de inferir e exclamar: Oh! bem-aventurados os que o comem, e não: bem-aventurados os que esperam nele: "Bem-aventurados os homens que esperam nele". Na bem-aventurança do céu, que consiste em ver a Deus, são bem-aventurados os que o veem; logo, também na bem-aventurança da terra, que consiste em comer a Deus, são bem-aventurados os que o comem. Assim é. Pois, por que não diz Davi aqui: bem-aventurados os que comem, senão bem-aventurados os que esperam? Porque não só quis o Profeta revelar o mistério, senão também declarar o motivo. Nas primeiras palavras: "Comei e vede por que o Senhor é suave", revelou o mistério, que é o Sacramento; nas segundas palavras: "Bem-aventurados os homens que esperam nele", declarou o motivo, que é a esperança. E com razão exclamou Davi, admirado mais ainda do motivo que do mistério, porque não pode haver fineza digna de maior admiração que, tendo Deus feito uma bem-aventurança universal para prêmio e satisfação de todas as outras virtudes, para prêmio e satisfação da esperança fizesse outra bem-aventurança particular. Para todas as outras virtudes uma bem-aventurança no céu; para a esperança, outra bem-aventurança na terra. Para todas, uma bem-aventurança futura; para a esperança, outra bem-aventurança presente. Para todas, uma bem-aventurança que consiste em Deus visto; para a esperança, outra bem-aventurança que consiste em Deus comido. Para todas, uma bem-aventurança que se goza sem esperança; para a esperança, outra bem-aventurança que só a gozam os que esperam: "Bem-aventurados os homens que esperam nele".

## § III

*M*as para que me detenho eu em referir profecias de Davi e visões de Ezequiel, se tenho o testemunho do mesmo autor e instituidor do Sacramento, o Senhor que está presente? No capítulo doze de São Lucas, chama Cristo bem-aventurados a certos servos seus: "Bem-aventurados são aqueles servos". E como se a bem-aventurança que lhes promete fosse incrível, confirma a mesma promessa com juramento, dizendo: "Em verdade vos digo que o Senhor se cingirá, e os fará assentar à mesa, e passando os servirá" (Lc 12,37). Saibamos agora que Mesa e que bem-aventurança é esta. A comum exposição dos intérpretes é que falou Cristo aqui da mesa e bem-aventurança do céu. Mas esta sentença se impugna fortemente com as mesmas palavras do texto: "Se cingirá, e passando os servirá". Deus no banquete da glória comunica-se aos bem-aventurados em toda a largueza de sua imensidade; logo, não se pode dizer daquele banquete que Deus se cinge e se estreita nele: "Se cingirá". De mais, o banquete da glória é permanente, porque dura e há de durar por toda a eternidade; logo, não se pode dizer que é transeunte e de passagem: "E passando os servirá". Que banquete é logo este em que Deus se comunica não permanentemente, senão de passagem, e com a imensidade de sua grandeza não dilatada, senão abreviada e cingida? Santo Agostinho, como águia de mais aguda vista, diz que é o banquete do Santíssimo Sacramento: "O que é que nos foi servido, senão, o que hoje comemos e bebemos?"[2].

Bastava que esta exposição fosse de Agostinho para nós a venerarmos e recebermos; mas porque é singular, e o santo a não provou, eu a provo. E não só a demonstrarei com a propriedade do mistério, senão também com a mesma instituição dele. Que diz o texto? "Que Cristo se cingirá?" Isso fez Cristo antes da instituição do Sacramento: "Cingiu-se" (Jo 13,4). Que mais diz? Que ele o administrará por sua própria pessoa: "Os servirá"? Isso fez Cristo na Ceia: "Partiu, e deu aos seus discípulos" (Mt 26,26). Que mais? Que o fará em trânsito: "Passando"? Assim foi: "Sabendo que era chegada a sua hora de passar deste mundo ao Pai" (Jo 13,1). E a mesma festa que então celebrou Cristo se chamava "Páscoa, isto é, a passagem do Senhor" (Ex 12,11). E se confirma tudo com o texto da mesma parábola: "Ao voltar das bodas" (Lc 12,36), porque se institui o

Sacramento quando Cristo, depois de ter vindo a celebrar as bodas com a natureza humana, tornava outra vez para o céu. Isto quanto à história, e no modo, e tempo, e circunstâncias da instituição. E quanto ao mistério, não pode haver propriedade mais natural, porque Cristo ao Sacramento tem abreviada e estreitada sua grandeza, e reduzida não só ao círculo de uma hóstia senão a qualquer parte dela: "Se cingirá". E porque o Sacramento é viático de caminhantes, em que somente se nos dá Cristo enquanto dura a peregrinação e passagem desta vida: "E passando". E, finalmente, porque ainda que o sacerdote pronuncia as palavras da consagração, Cristo é o principal ministro do sacrifício e do Sacramento como dizem todos os Padres e concílios: "E os servirá". Bem se prova logo a sentença de Santo Agostinho, e bem se demonstra que a mesa e bem-aventurança que o Senhor prometeu neste lugar é a mesa e bem-aventurança, não do céu, senão de fora do céu, não da glória, senão do Sacramento.

Mas a quem se fez esta promessa, a quem se prometeu este prêmio, e por que merecimentos? Grão caso! Não se prometeu a outros, senão aos que esperam, nem por outros merecimentos, senão os da esperança. O mesmo texto o diz: "Sede semelhantes, diz Cristo, aos servos que esperam por seu Senhor" (Lc 12,36). — E, se assim o fizerdes, o mesmo Senhor vos porá à sua mesa, e vos servirá a ela, dando-se a si mesmo: "Em verdade vos digo que se cingirá e os fará assentar à mesa, e passando os servirá" (Lc 12,37). Oh! admirável fineza de Cristo! Oh! singular privilégio da virtude da esperança! Porque não podia dar à esperança o que ela espera no céu, deu aos que esperam na terra o que eles não esperavam nem podiam esperar. Esperavam os servos ou podiam esperar que seu Senhor lhes pusesse e os pusesse à mesa? Não, e isso é o que ele faz: "E os fará assentar à mesa". Esperavam ou podiam esperar que ele, por sua própria pessoa os servisse? Não, e ele é o que os serve: "E passando os servirá". Esperavam ou podiam esperar que se lhes desse a comer a si mesmo? Muito menos. Só esperavam e podiam esperar que se lhes desse a ver no céu; mas ele, antecipando o tempo, e satisfazendo o desejo da esperança sobre a mesma esperança, para que o pudessem comer na terra, desce do céu transubstanciado no pão: "Este é o pão que desceu do céu".

## § IV

Provado assim o que digo com a visão de Ezequiel, com a profecia de Davi e com a parábola do mesmo Cristo, se alguém ainda deseja o exemplo da experiência, também este nos não falta. Aparece Cristo em trajos de peregrino aos dois discípulos que na manhã da ressurreição caminhavam para Emaús, e assentado à mesa, para que o conhecessem, parte o pão e consagra-se nele: "E o conheceram ao partir o pão" (Lc 24,31). Não sei se reparais não só no admirável, senão muito mais no singular deste caso. A outros muitos apareceu o Senhor e se deu a conhecer neste mesmo dia, mas a nenhum com semelhante favor nem com tão extraordinário modo. Apareceu à Madalena, apareceu às outras Marias, apareceu a São Pedro, apareceu a todos os discípulos juntos, e comeu com eles; e, tendo aqui a mesma ocasião o Senhor de consagrar o pão e repetir o mistério do Sacramento, não o fez, parecendo supérflua a presença sacramental onde a natural estava com eles. Depois que todos passaram à Galileia, também apareceu e comeu o Senhor com os discípulos muitas vezes, e sendo a mesa, como muitos querem, a de sua Mãe Santíssima, também ali não consagrou seu corpo. Pois, que merecimento concorreu nos dois discípulos de Emaús, ou que maior razão teve Cristo para se lhes dar a eles sacramentado, e não aos demais? Lembrai-vos do que diziam, e logo vereis que foi obrigação, e não favor; necessidade, e não excesso. O que diziam estes discípulos, dando a causa da sua tristeza, é que esperavam desconfiados: "Ora, nós esperávamos" (Lc 24,21). E como a sua esperança ia tão enfraquecida e quase desmaiada, com que lhe havia de acudir o Senhor, senão com o alimento da esperança, que é o Sacramento? Remédio foi logo, e não favor; necessidade, e não excesso. E notai que esta foi a primeira vez que o pão natural se consagrou em corpo do Cristo depois de instituído o Sacramento na Ceia, para que desde logo se desse princípio ao fim por que se instituíra. Como o fim particular da instituição do Sacramento foi alentar e alimentar nesta vida e nossa esperança, por isso o mesmo Senhor que tinha instituído o remédio quis também ser o primeiro que nos mostrasse a sua eficácia na primeira enfermidade que necessitava dele.

E para que se não duvide que o remédio da esperança foi a maior razão desta diferença, diz o evangelista que, no mesmo ponto em que o Senhor partiu e consagrou o pão, se fez juntamente invisível, e se escondeu aos olhos dos dois discípulos: "E ele desapareceu de seus olhos" (Lc 24,31). Mas se o fim desta consagração foi para que os dois discípulos o conhecessem, por que desaparece no mesmo ponto e se esconde a seus olhos? Encobrir-se para se manifestar? Esconder-se para se dar a conhecer? Sim. E não podia ser de outro modo, porque, sendo mistério do Sacramento e remédio da esperança, nem a esperança remediada podia ver, nem o Senhor sacramentado podia ser visto. Se o sacramento fosse visto, deixava de ser Sacramento, se a esperança o visse, deixava de ser esperança, e, porque verdadeiramente era Sacramento, e Sacramento para remédio da esperança, por isso foi não só conveniente, mas necessário que o Senhor se escondesse a seus olhos: "E ele desapareceu de seus olhos". Isto é o que sucedeu naquele grande dia, e isto o que todos estes oito dias tivemos presente: Cristo alentando e alimentando, não desmaios, mas saudades da esperança, escondido porém o Senhor e encoberto a nossos olhos: "E ele desapareceu de seus olhos", porque nem a esperança fora esperança, nem o Sacramento sacramento, se assim não fora. Goza, pois, a esperança por meio do Sacramento na terra o que não podia gozar no céu, e Deus, por meio do Sacramento, desce do céu: "Este é o pão que desceu do céu", para que a esperança o possa gozar na terra.

§ V

É tanto assim verdade que só enquanto durar a esperança há de durar o Sacramento, e tanto que acabar a esperança também o Sacramento se há de acabar. O Sacramento do Altar há de durar somente até o fim do mundo, conforme a promessa de Cristo: "Eis que eu estou convosco até a consumação dos séculos" (Mt 28,20). E depois do mundo, por que não? Cristo não é sacerdote eterno? Sim, é. E sacerdote eterno não segundo a ordem de Arão, que sacrificava cordeiros, senão segundo a ordem de Melquisedeque, que sacrificou em pão e vinho: "Tu és sacerdote eternamente segundo a ordem de Melquisedeque (Sl 109,4);

Melquisedeque, oferecendo pão e vinho" (Gn 14,18). Pois, se o sacerdote é eterno, por que não será também eterno o sacrifício e o Sacramento? Porque o sacrifício foi instituído para propiciação do pecado e o Sacramento para satisfação da esperança. E assim como no fim do mundo há de cessar o sacrifício, porque há de ter fim o pecado, assim no fim do mundo há de cessar o Sacramento, porque há de ter fim a esperança. Agora entendereis o mistério do maná, quando se acabou, e por quê.

Enquanto os filhos de Israel caminhavam para a Terra de Promissão, chovia-lhes o maná todos os dias. Chegaram finalmente à terra desejada, começaram a comer os frutos dela, e diz o texto sagrado que no mesmo ponto cessou o maná: "Cessou o maná depois que eles comeram dos frutos da terra, e os filhos de Israel não se utilizaram mais desse alimento" (Js 5,12). De maneira que, enquanto os filhos de Israel iam peregrinando pelo deserto, com os desejos e esperanças de chegar à pátria prometida, sustentavam-se do maná; porém, depois que chegaram ao fim de suas esperanças, aonde teve fim a esperança teve também fim o maná: "Cessou maná". E que maná é este, senão o Diviníssimo Sacramento? Ouçamos a Ruperto: "Agora, alimentamo-nos com a boca comendo o pão da vida eterna. Quando chegarmos à terra dos vivos, onde Deus será visto em sua espécie, então comeremos o pão dos anjos não mais sob essas espécies, mas vendo em sua própria substância. Por isso, depois que comeram os frutos da terra, o maná cessou".[3] Sabeis por que cessou o maná quando os filhos de Israel entraram na Terra de Promissão? Foi porque também há de cessar o Sacramento quando nós entrarmos na bem-aventurança da glória. Todos nesta vida somos peregrinos daquela pátria bem-aventurada: os que foram diante, já chegaram; nós imos caminhando agora, e assim caminharão depois os que nos sucederem, todos com esperança de a gozar. No fim do mundo estarão recolhidos à pátria todos os predestinados, e quando todos chegarem ao fim da sua esperança, e a mesma esperança tiver fim, também terá fim o maná, também terá fim o Sacramento. Se a esperança houvera de durar eternamente, também o Sacramento seria eterno; mas, como a esperança há de parar com a roda do tempo e do mundo, também o Sacramento há de durar somente até o fim do mundo: "Até a consumação dos séculos". Tão vinculado deixou Cristo o pão do céu ao morgado da esperança.

E se alguém me perguntar a razão natural desta mútua correspondência e conexão, como necessária do Sacramento com a esperança e da esperança com o Sacramento, assim na duração como no fim, na natureza da mesma esperança e do mesmo Sacramento a acharemos. A esperança é um afeto que, suspirando sempre por ver, vive de não ver e morre com a vista. É teologia de São Paulo, falando da mesma esperança de que nós tratamos: "A esperança que se vê, não é esperança; pois aquilo que alguém vê, como o espera?" (Rm 8,24). A esperança que chegou a ver o sumo bem esperado, já não é a esperança, porque quem espera ainda não vê, e quem vê já não espera. — Esta é a natureza da esperança. E a do Sacramento, qual é? É a presença da humanidade e divindade de Cristo, encoberta debaixo daquele véu, o qual de tal maneira a faz invisível que, se se pudesse ou deixasse ver, já não seria Sacramento. E como a esperança, sendo desejo de ver a Deus, já não seria esperança se o visse, e o Sacramento, tendo dentro de si a Deus, já não seria sacramento se o deixasse ver, daqui vem ser tal a conexão que há entre a esperança e o Sacramento, e a duração de um e outro, que quando Deus franquear a sua vista a todos os que a esperam, o que será no fim do mundo, necessariamente se hão de acabar a esperança e mais o Sacramento: a esperança, porque já veremos a Deus; o Sacramento porque já Deus não será invisível.

As estrelas vivem de noite e morrem de dia. O mesmo nos sucederá nesta noite da esperança, quando amanhecer o dia da glória. Não debalde instituiu Cristo o Divino Sacramento de noite, quando, por uma presença que nos levou da vista nos deixou muitas à fé. Mete-se o sol no ocidente, escurece-se o mundo com as sombras da noite, mas se olharmos para o céu, veremos o mesmo sol multiplicado em tantos sóis menores quantas são as estrelas sem-número, em que ele substitui a sua ausência, e não só se retrata, mas vive. Assim se ausentou Cristo de nós sem se ausentar, deixando-se abreviado sim no Sacramento, mas multiplicado em tantas presenças quantas são as hóstias consagradas em que o adoramos e temos realmente conosco. Nesta ausência, pois, e nesta noite escura da esperança, em que não vemos a Deus, que outra coisa é a Igreja com o Divino Sacramento multiplicado em todas as partes do mundo, senão um sol estrelado, esperando nós com Jó a que amanheça. "Depois das trevas espero a luz" (Jó 17,12). Mas assim como com o mesmo nascimento do sol a noite acaba e as estrelas desaparecem, assim com a mesma vista clara de Deus o Sacramento há de desaparecer e a esperança acabar.

Quando Cristo expirou na cruz, rasgou-se o véu do Templo, com que estava coberto o *Sancta Sanctorum* [Santo dos Santos], em sinal que então se abriram as portas da glória, até ali fechadas, e no mesmo ponto se acabaram em Jerusalém e no limbo duas coisas notáveis: em Jerusalém, os sacrifícios da lei velha; no limbo, as esperanças dos patriarcas. Da mesma maneira, quando este mundo se acabar, entrarão no céu todos os predestinados a gozar a vista clara de Deus, e no mesmo ponto se acabará o Sacrifício e Sacramento da lei da graça, e a esperança de todos os que professamos a mesma lei. E este será o último testemunho, e a prova, então evidente, como agora certa, que para satisfação da mesma esperança tinha descido do céu aquele pão: "Este é o pão que desceu do céu".

## § VI

Mas se a esperança é um afeto que sempre anela a ver, e está suspirando pela vista, e no Sacramento não vê nem pode ver o sumo bem que deseja, como pode o Sacramento e Deus invisível nele ser satisfação da esperança? Este é o último mistério e o mais escuro ponto do nosso discurso, para cuja inteligência será necessário desentranhar mais interiormente, e fazer uma exata anatomia da esperança. É questão célebre entre os teólogos se a esperança reside no entendimento ou na vontade: os mais defendem que é ato da vontade, os menos que é ato do entendimento; mas a opinião mais provável, e para mim sem dúvida, é que a esperança compreende ambas as potências, firmando-se com um pé no entendimento e com outro na vontade. Por isso a esperança se chama âncora, nome que lhe deu S. Paulo: "Para que tenhamos a esperança proposta, a qual temos como âncora da alma segura e firme" (Hb 6,18s). E assim como a âncora, para estar segura, há de prender de uma e da outra parte, assim a esperança, para se firmar bem na alma, não só há de estar fundada em uma das potências, senão em ambas juntamente. É a esperança um composto de desejo e confiança: com a vontade deseja e com o entendimento confia; se desejara sem confiança de alcançar, seria somente desejo; mas como deseja e confia juntamente, por isso é esperança. Daqui se segue que, para a esperança estar inteiramente satisfeita, parte da satisfação há de pertencer ao desejo e parte à confiança: ao desejo para alívio, à confiança para o seguro, e tudo isto tem a esperança no Sacramento. Tem seguro para a confiança, porque o Sacramento é penhor; tem alívio para o desejo, porque o mesmo Sacramento é posse: penhor enquanto o temos fechado naquela custódia; posse enquanto dentro do peito o temos em nós e conosco. Está dito tudo. Vamos à prova por partes.

Tem primeiramente a esperança no Sacramento seguro da confiança, porque é penhor da mesma glória que espera, como nos ensina a Igreja: "E nos é dado em penhor da glória futura". Mas quem pediu jamais, nem deu, nem ainda imaginou tal sorte de penhor? Quando Elias se houve de partir para o céu, pediu-lhe Eliseu o seu espírito dobrado (4Rs 2,9), e como Elias lho não podia logo dar, prometeu-lho e deixou-lhe em penhor a sua capa. Drogo Hostiense reconheceu nesta capa e neste penhor o mistério do Sacramento em que Cristo se nos encobre com a capa dos acidentes. Mas quanto vai de capa a capa e de penhor a penhor? Elias deixou a capa e levou a pessoa, e quando se ausenta a pessoa, não é bastante penhor a capa. Cristo deixou-nos em penhor a capa e mais a pessoa: a capa nos acidentes, pessoa na substância. Pode haver mais seguro penhor? Só um penhor houve no mundo quase semelhante a este, mas muito desigual.

Quando José viu a seus irmãos no Egito, faltava naquele número Benjamim, que era sobre todos o que mais amava, e desejando com grandes ânsias vê-lo, prometeram os irmãos que lho trariam. Não se deu, contudo, por satisfeita a confiança de José com esta promessa; vieram a partido que em penhor de Benjamim ficasse Simeão preso e debaixo da chave: "Um vosso irmão fique preso no cárcere" (Gn 42,19), e assim se fez. Agora pergunto: qual esperança podia estar mais satisfeita e qual confiança mais segura: a de José ou a nossa? Já me arrependo de o ter perguntado, porque é agravo de tão soberano e nunca imaginado penhor. A confiança de José, muito segura podia estar, porque tinha em custódia e debaixo de chave um irmão em penhor de outro irmão; mas os seguros da nossa confiança são incomparavelmente muito mais firmes, porque o penhor da promessa, de que também temos as chaves, é o mesmo prometido. A esperança de José estava muito confiada, porque o penhor de Benjamim era Simeão; a nossa confiança está muito mais segura, porque em penhor de Benjamim tem o mesmo Benjamim. Que espera a nossa esperança? Ver a Deus? Pois em penhor de ver a Deus temos debaixo da chave ao mesmo Deus, e em forma de pão e sustento nosso, para maior firmeza. Se Deus se dá a comer, não se dará a ver? Se Deus faz de si prato, não fará de si espelho? Segura está a confiança.

E se por parte da confiança está tão satisfeita a esperança no penhor, por parte do desejo não deve estar menos satisfeita no alívio. Santo Tomás chamou ao Diviníssimo Sacramento: "alívio singular".[4] E por que é singular este alívio? Discretamente por certo, porque nas outras esperanças e nos outros desejos o alívio sempre é menor que o bem desejado aqui; o mesmo bem desejado é menor que o que se nos dá por alívio. Qual é o bem que a esperança deseja? A vista de Deus no céu. Qual é o alívio que dá Cristo a essa esperança? O Sacramento do altar na terra. Logo, maior é o bem que se nos dá por alívio do desejo que o mesmo bem desejado, porque mais se dá Deus a quem comunga, do que se comunica no céu a quem o vê. Os bem-aventurados no céu veem a Deus, mas não o compreendem, de maneira que lhes comunica Deus o que veem, mas o que não compreendem não lho comunica; porém, no mistério do Sacramento, o que o bem-aventurado vê e o que o bem-aventurado não compreende, tudo recebe quem comunga. Diremos logo que a comunhão é compreensão de Deus? Por este modo não me cansara muito em o dizer, mas quero que o diga S. Epifânio.

Concebeu a Deus a Virgem Maria — que na maior solenidade do Filho, não era bem que nos faltasse a Mãe, e mais em sua Casa — concebeu a Deus a Virgem Maria em suas puríssimas entranhas, e admirado da grandeza e profundidade do mistério, exclamou assim S. Epifânio: "Ó útero maior que o céu, que verdadeiramente compreendeste em ti o Deus incompreensível!"[5]. Oh! ventre virginal maior que o céu, pois verdadeiramente compreendeste em ti o que no céu é incompreensível! Note-se muito a palavra verdadeiramente: não só compreendeste de qualquer modo, senão "verdadeiramente compreendeste". Mas saibamos. A Virgem Senhora nossa no céu compreende a Deus? Não, porque ainda que o lume da glória da Senhora e a visão beatífica com que vê a Deus excede em supremíssimo grau à de todos os bem-aventurados, contudo não compreende a Deus, porque Deus, por sua infinita perfeição e essência é incompreensível a todo o conhecimento criado. Pois, se a Mãe de Deus não compreende a Deus no céu quando o vê, como diz Epifânio que o compreendeu quando o concebeu e trouxe em suas entranhas? Falou o grande Padre como tão grande teólogo. Para compreender a Deus é necessário vê-lo "todo e totalmente". Assim o definem as três maiores escolas da Teologia, Santo Tomás, Scoto, Soares. E como os bem-aventurados, entrando também neste número a Virgem Maria, ainda que veem a todo Deus, não o veem totalmente, por isso não o compreendem. Agora pergunto: e quando a Virgem Maria concebeu e trouxe a Deus em suas entranhas, teve-o nelas todo e totalmente? Sim. Pois por isso diz S. Epifânio que o compreendeu verdadeiramente: "Verdadeiramente compreendeste em ti", não por compreensão intelectual, senão por compreensão corporal, ao modo que S. Paulo disse da humanidade de Cristo: "Nele habita toda a plenitude da divindade corporalmente" (Cl 2,9).

Isto suposto, diga-me agora a nossa fé: Deus no Sacramento está menos inteiramente do que esteve nas entranhas de sua Mãe? Não, por certo. Todo e totalmente nas entranhas de Maria, todo e totalmente no Sacramento. Pois se Maria, porque teve a Deus todo e totalmente no peito, o compreendeu, quem o comunga e o recebe todo e totalmente no Sacramento, por que o não compreende? É verdade que o peito de Maria é sem comparação mais capaz, sem comparação mais puro e sem comparação mais digno; mas como douta e gravemente notou o Padre Soares, a esfera do sol, que é a quarta, tanto a compreende o quinto céu como o oitavo, ainda que o oitavo seja maior e esteja matizado de inumeráveis estrelas, e o quinto não. E se Deus no Sacramento se compreende, e no céu não se compreende, se Deus no Sacramento se dá todo e totalmente ao peito dos que o comungam, e no céu se dá todo, mas não totalmente, aos olhos dos que o veem, vede se tem a esperança mais no alívio do que espera no desejo. Satisfeita está logo a esperança, e mais que satisfeita, tanto pela parte da confiança, no seguro, como pela parte do desejo, no alívio, pois para um tem o penhor e para outro a posse do pão que desceu do céu: "Este é o pão que desceu do céu".

## § VII

Estas são — voltemos agora sobre nós — estas são as finezas soberanas com que Deus no Sacramento satisfaz a nossa esperança, mas não sei se esta satisfação é recíproca. A nossa esperança está satisfeita de Deus; o que importa é que Deus esteja também satisfeito da nossa esperança. E como será isto? A única e verdadeira satisfação que a nossa esperança pode dar a Deus é pôr-se toda nele. Se não esperamos só em Deus e de Deus, que esperamos e em quem esperamos? Esperou Davi em Saul como rei, esperou em Jônatas como amigo, esperou em Absalão como filho, e todas estas esperanças, ou lhe mentiram ou lhe faltaram, porque eram esperanças postas em homens. Por isso tomou Davi duas resoluções, ambas dignas de quem ele era, como homem e como profeta. Como homem, de esperar só em Deus: "Para mim, bom é aproximar-me de Deus e pôr no Senhor a minha esperança" (Sl 72,28). Como profeta, de pregar a todo o homem que ninguém ponha a sua esperança e confiança em homens, por grandes que sejam ou pareçam: "Não queirais confiar nos príncipes e nos filhos dos homens, nos quais não há salvação" (Sl 145,2). Para prova deste desengano, não quero outra consideração mais que a do nosso texto: "Este é o pão que desceu do céu". Quem bem considerar estas palavras pelo direito e pelo avesso, verá que só Deus é merecedor de que se ponham nele todas as esperanças, e que todo o homem é indigno de que outro homem espere nele.

Primeiramente diz o nosso texto que desceu Deus: "Desceu". E donde desceu? "Do céu": desceu do céu, desceu da glória, desceu do trono altíssimo e imenso de sua majestade, e não só desceu uma vez na Encarnação, para nos remir, mas desce infinitas vezes todos os dias no Sacramento, para nos alimentar, para nos remediar, para nos enriquecer, para nos divinizar. Que homem há que desça um degrau de sua autoridade, ou de sua conveniência, ou de sua vaidade, por amor de outro homem? Deus desce para vos levantar e os homens derrubam-vos para subir. Que homem há que não derrube, se pode, o que está mais acima, para fazer dele degrau à sua fortuna? Se fordes como Abner, tereis um amigo como Joab, que com um abraço vos tire a vida para suceder no vosso ofício; se fordes como Mefiboset, tereis um criado como Ciba, que vos levante um falso testemunho para herdar a vossa fazenda; se fordes como Esaú, tereis um irmão como Jacó, que com engano vos furte a bênção para entrar no vosso morgado; se fordes como Davi, tereis um filho como Absalão, que rebele contra vós os vassalos, para pôr na cabeça a vossa coroa; e se pudésseis ser como Cristo, não vos faltaria um discípulo como Judas, que vos vendesse pelo menor interesse, e vos entregasse nas mãos de vossos inimigos, e vos pusesse em uma cruz. Deste homem disse o mesmo Cristo: "Também o meu amigo em quem esperava levantou contra mim o calcanhar" (Sl 40,10).[6] O homem em que esperei me fez a maior traição. Esperai lá, e fiai-vos de homens, com quem não vale a obrigação, nem a amizade, nem o sangue, nem a mesma fé para vo-la guardarem. Só vos não fazem mal, enquanto não esperam algum bem da vossa ruína. O primeiro e o melhor homem deu com todo o gênero humano através, só por subir aonde não podia, e ainda ele e nós estivéramos caídos se *Deus*, para nos levantar, não descera: "Desceu".

E como desceu? Em pão: "O pão que desceu do céu". Deus faz-se pão para vos sustentar, e os homens fazem de vós pão para vos comer. Não sou eu o que o digo. Quando Josué e Caleb foram por espias à terra dos cananeus, as novas que trouxeram e as alvíçaras que pediram aos seus foi "que os podiam comer como pão" (Nm 14,9). Assim o disseram e assim o fizeram os hebreus. Comeram-lhes as fazendas, comeram-lhes as cidades, comeram-lhes as liberdades, comeram-lhes as vidas. Mas enfim, eram diversas nações, e inimigos contra inimigos. O pior é que na mesma nação, no mesmo povo, e talvez na mesma família se comem os homens uns aos outros. Este é o pão usual, e esta a queixa de Deus por Davi: "Que devoram o meu povo como se comessem pão" (Sl 13,4). O meu povo — a quem eu me dei em pão — vejo que mo comem como pão. — Nota aqui Genebrardo[7] que fala o profeta dos grandes e dos poderosos: "Fala dos magnatas". Os pequenos não comem nem podem comer os grandes; os grandes, por que podem, são os que comem os pequenos. Por isso os Povos estão tão despovoados e tão comidos, e os comedores tão cheios e tão fartos.

Parece que competiu a potência e maldade humana com a onipotência e bondade divina a fazer outro Sacramento às avessas do seu. O Todo-poderoso converteu a substância do pão em substância de carne e sangue, para que comêssemos seu corpo; os todo-poderosos convertem a substância da carne e sangue do povo em substância de pão, para o comerem eles. Ouçam os que isto padecem a Jó, para que peçam a Deus semelhante paciência: "Por que me perseguis como Deus, e vos fartais de minha carne?" (Jó 19,22). — Reparai-me naquele "Como Deus". Diz Jó que seus perseguidores se fartavam da sua carne, e que nisso se queriam fazer semelhantes a Deus. Pois, semelhantes a Deus em se fartarem da carne de Jó? Onde está aqui o "Como Deus"? No milagre da transubstanciação, o qual ainda não tinha nome, e lho deu o mistério do Sacramento. Só Deus pode converter uma substância em outra. E nisto são perversamente como Deus os que da substância alheia fazem substância própria, e da carne dos pobres, pão. Tais eram os perseguidores de Jó. Assim como Deus converte a substância de pão na de sua carne, para que o comamos, assim eles, às avessas, convertiam a substância e carne de Jó em pão para o comerem. E quem eram estes, para que melhor conheçamos o que são homens? Eram os mais obrigados a Jó, eram os de quem ele mais se fiava, eram os da sua família e da sua casa: "A gente de minha casa disse: quem dará de sua carne para que nos fartemos?" (Jó 31,31). Eis aqui o que chegam a fazer os homens, para que vejais o que se pode esperar deles, e se está mais bem posta a esperança em quem se vos dá a comer ou em quem vos come.

A conclusão seja a que tomou o profeta Jeremias em uma e outra consideração: "Maldito seja o homem que confia em homem" (Jr 17,5); "bem-aventurado o homem que confia em Deus" (Jr 17,7). No dia do último desengano, a uns se dirá: "Ide, malditos" (Mt 25,41), e estes serão os loucos e mal-aventurados que puseram a sua esperança nos homens: "Maldito homem que confia no homem". A outros pelo contrário se dirá: "Vinde, benditos" (Mt 25,34), e estes serão os sisudos e bem-aventurados, que puseram a sua esperança em Deus: "Bendito homem que confia no Senhor".

Não me parece que haverá nenhum homem tão enganado consigo e com os homens que, enquanto pode escolher, não escolha antes a sorte dos que esperam em Deus e só em Deus. Então verão que, se Deus fez uma bem-aventurança nesta vida para a esperança, ainda tem guardada outra bem-aventurança na outra vida para os que nele esperam: "Aguardando a esperança bem-aventurada e a vinda gloriosa do grande Deus" (Tt 2,13). Duas coisas diz S. Paulo nestas palavras dignas de grande ponderação: uma presente, outra futura. De presente diz que a nossa "esperança já é bem-aventurada". E que bem-aventurança é esta, senão a que está encerrada, como vimos, no Diviníssimo Sacramento, bem-aventurança própria da esperança, e própria da vida presente? A que o Apóstolo promete de futuro ainda a declarou por termos de maior reparo, porque diz que a bem-aventurança que "está por vir é a glória de Deus grande". Deus não é sempre igual, sempre grande, sempre o mesmo? Pois, que glória de Deus grande é esta? Há uma glória de Deus grande e outra glória de Deus pequeno? Sim. A glória de Deus no Sacramento é glória de Deus pequeno, porque no Sacramento estreitou, encolheu, abreviou Deus a sua grandeza a tão pequena esfera, como a daquela hóstia; a glória de Deus no céu é glória de Deus grande, porque lá se nos mostrará a grandeza e majestade de Deus em toda a largueza infinita de sua imensidade. Cá encolhida e abreviada para poder caber e entrar em nós, lá dilatada e estendida, para que, não podendo caber em nós, nós entremos nela: "Entra no gozo de teu Senhor" (Mt 25,21). Quem haverá logo, que podendo ser bem-aventurado nesta vida, e bem-aventurado na outra, só com esperar em Deus, não espere só nele? Esperemos só em Deus, renunciando de uma vez e para sempre as esperanças de todas as criaturas, e enquanto não subirmos ao céu a gozar a bem-aventurança que nos espera, goze a nossa esperança a bem-aventurança que tem presente no pão que desceu do céu: "Este é o pão que desceu do céu".

# SERMÃO DE
# N. S. do Carmo

*Pregado na Festa da sua religião, com o Santíssmo Sacramento exposto, na Igreja e Convento da mesma Senhora, na Cidade de S. Luís do Maranhão, ano de 1659.*

∽

"Bem-aventurado o ventre que te trouxe e os peitos que te amamentaram. Antes, bem-aventurados aqueles que ouvem a Palavra de Deus e a guardam."
(Lc 11,27s)

---

Vieira está no Maranhão desde 1656 e desempenha sua função de Superior dos jesuítas.

O sermão se apoia no texto bíblico escolhido: dois são os nascimentos de Cristo — do Pai e de Maria —; dois serão os nascimentos da religião do Monte Carmelo — de Elias e da Virgem Maria. O sermão é longo. Em primeiro lugar, os carmelitas são filhos adotivos de Maria, filhos escolhidos; filhos concebidos no coração; filhos com os demais cristãos, mas não filhos como os demais, porque é mãe e genetriz. Ela os elegeu por especial eleição; levam um sinal que a Senhora lhes deu e fez só para eles: o escapulário. E a razão dessa preferência é a grande semelhança que os carmelitas, desde os primórdios, tiveram com Cristo. Por isso se chamava "congregação de profetas". Em segundo lugar, o que excede a todas as outras semelhanças é a circunstância de terem começado antes, e tanto antes de Cristo. Não foram cópias, mas originais. Cristo pisou por onde os precursores do Carmelo tinham pisado. Concluindo: o que se diz dos carmelitas, sendo particular, é comum a todos os religiosos, e sendo prerrogativa só deles, é glória de todos.

## § I

Notável coisa é, e não sei se notada, na História Evangélica, que todas as vezes que a Cristo lhe falaram no nascimento de sua Mãe, sempre o Senhor respondeu com o nascimento de seu Pai. Pediu a mãe dos Zebedeus as duas cadeiras para os filhos, pelo parentesco que tinham com Cristo por parte de sua Mãe, e logo o Senhor respondeu com o nascimento de seu Pai: "Não me pertence dar-vos, mas é para aqueles a quem meu Pai o tem preparado" (Mt 20,23). Não está em mim dar-vos o que pedis, porque já esse despacho está decretado por meu Pai. — Pregando Cristo outra hora no Templo de Jerusalém, disseram-lhe ao Senhor que estava fora sua Mãe, e que o buscava, e logo respondeu da mesma maneira com o nascimento de seu Pai: "Quem fizer a vontade de meu Pai que está no céu, esse é meu irmão, minha irmã e minha mãe, e todos os meus parentes" (Mt 12,50). — Quando a mesma Senhora achou a seu Filho perdido de três dias entre os doutores, declarou-lhe o amor e a dor com que o buscava, dizendo: "Filho, por que nos trataste assim?" (Lc 2,48). E até nesta ocasião respondeu também o Senhor com o nascimento de seu Pai: "Não sabíeis que importava que eu estivesse nas coisas que são do meu Pai?" (Lc 2,49). Não sabeis que me importava assistir ao serviço de meu Pai? Deste estilo ou desta razão de estado de Cristo se entenderá, em não vulgar sentido, a consequência da resposta do mesmo Senhor sobre as vozes da mulher do Evangelho. Acabava Cristo de convencer com razões as calúnias de seus êmulos, os escribas e fariseus; achou-se no auditório uma mulher de qualidade ordinária, mas de grande entendimento e coração grande; levantou a voz no meio de todos, e disse: "Bem-aventurado o ventre que te trouxe e os peitos que te amamentaram" (Lc 11,27): Bem-aventurada a Mãe que trouxe em suas entranhas e sustentou a seus peitos tal Filho. — Não parece que o pregador, e em público, devia responder a semelhantes palavras e a semelhante pessoa? Mas como lhe falaram no nascimento de sua Mãe, respondeu o Senhor, e respondeu como costumava, com o nascimento de seu Pai: "Antes, bem-aventurados aqueles que ouvem a Palavra de Deus e guardam" (Lc 11,28). Antes te digo que bem-aventurados são os que ouvem o Verbo de Deus e guardam o que ouvem. — Notai a "Palavra de Deus". Como lhe falaram a Cristo no nascimento da Mãe, acudiu ao nascimento do Pai, advertindo que, se por uma parte era parto de Maria, por outra era Verbo do Pai. Assim declara altamente esta resposta o Venerável Beda,[1] não entendendo na "Palavra de Deus" a palavra de Cristo, senão o mesmo Cristo, que, segundo a Divindade, é o Verbo e a Palavra do Pai: "Cristo afirma serem bem-aventurados não somente aquela que mereceu gerar corporalmente a Palavra de Deus, senão todos os que ouvindo-o espiritualmente, concebendo-o pela fé e guardando-o com as boas obras, o geram no próprio coração ou no coração do próximo".

Ó sagrada religião do Monte Carmelo, como vos fez semelhante a si quem vos fez só para si e para que levásseis tantos a ele! Tudo isto fazia Cristo para introduzir nos ânimos dos homens a fé de sua divindade, e ensinar ao mundo que, assim como havia nele duas naturezas, assim tinha dois nascimentos: um nascimento antiquíssimo e eterno, em que era Filho de seu Pai, e outro nascimento novo e em tempo, em que era Filho de sua Mãe. E assim como Cristo teve dois nascimentos, e ambos virginais, como lhes chamou S. Gregório Nazianzeno,[2] um antiquíssimo e eterno, em que nasceu de Pai sem Mãe, outro novo e em tempo, em que nasceu de Mãe sem pai, assim a sagrada religião carmelitana teve dois nascimentos também virginais: um antiquíssimo na lei escrita, em que nasceu de Elias virgem, que foi nascimento de Pai sem mãe; outro menos antigo, na lei da graça, em que nasceu da Virgem Maria, que foi nascimento de Mãe sem pai. As duas cores e as duas peças do hábito carmelitano são a prova e a herança destes dois nascimentos. A prova e herança do nascimento do Pai sem Mãe é o manto branco, dado por Elias nas mãos de Eliseu carmelita; a prova e herança do nascimento de Mãe sem pai é o escapulário pardo, dado pela Virgem Maria nas mãos de Simão, também carmelita e geral santo dos carmelitas. Só parece diferença entre os dois nascimentos de Cristo e desta sagrada religião, que, no nascimento de Cristo o Pai era do céu e a Mãe da terra; no nascimento dos carmelitas, o Pai era da terra e a Mãe do céu. Mas nesta troca do céu e terra tinham tanto de celestiais estes nascimentos, e tanto de celestiais estas duas peças ou divisas do hábito carmelitano, que a Mãe trouxe o escapulário descendo do céu à terra, e o Pai lançou o manto subindo da terra ao céu.

Não há religião, posto que todas sejam santíssimas, que tivesse tais princípios, nem se possa gloriar de tais progenitores. E como estes benditos filhos foram duas vezes nascidos, e por duas gerações, ambas miraculosas, ambas singulares, ambas celestiais e divinas, não será excesso de devoção nem encarecimento de louvor que com as mesmas vozes do Evangelho os aclamemos neste dia duas vezes bem-aventurados: bem-aventurados por filhos de tal Mãe: "Bem-aventurado o ventre que te trouxe", e bem-aventurados por filhos de tal Pai: "Bem-aventurado os que ouvem a Palavra de Deus e a guardam". Estas duas cláusulas do texto e estes dois nascimentos serão o fundamento e matéria do nosso discurso. Dai-me atenção e ajudai-me a pedir graça. *Ave Maria*.

## § II

"*B*em-aventurado o ventre que te trouxe." A maior excelência da Virgem Maria é ser Mãe do Filho de Deus; a maior excelência da sagrada religião Carmelitana é serem os seus filhos, filhos da Mãe de Deus. Para esta gloriosa aplicação não temos necessidade de mudar as palavras do Evangelho, senão de as estender mais um pouco: não de as mudar de mãe a mãe, porque a Mãe é a mesma; somente de as estender de Filho a filhos, porque os filhos são diversos, posto que tão parecidos, como em seu lugar veremos.

Falando o Espírito Santo do mesmo ventre virginal de quem exclamou a voz do Evangelho: "Bem-aventurado o ventre", diz assim no capítulo sétimo dos Cânticos: "O teu ventre como um monte de trigo cercado de lírios" (Ct 7,2). — Não reparo nos lírios nem no trigo: reparo no monte. Os lírios, diz Santo Ambrósio, denotam a pureza virginal do ventre santíssimo; o trigo é o Filho, que nele e dele nasceu, como disse o mesmo Cristo: "Se o grão de trigo que cai na terra" (Jo 12,24). Mas daqui mesmo nasce a dúvida. Porque se o trigo é um só grão: "grão de trigo", como "é um monte de trigo"? O ventre bem-aventurado e o ventre cercado de lírios, de que fala um e outro Testamento, é o mesmo ventre virginal. Pois, se o trigo, que nele e dele nasceu, é um só grão, como é um monte? E se o grão é Cristo, o monte, que monte é? É o Monte do Carmo, porque o grão de trigo e o monte de trigo, ambos são partos do mesmo ventre, ambos são filhos da mesma Mãe. Assim o definiu e declarou o supremo oráculo da Igreja, o Papa Sisto Quarto[3]. Ouvi as palavras, que são notáveis: "A formosíssima Virgem Maria, que por virtude admirável do Espírito Santo gerou a nosso Senhor Jesus Cristo, essa mesma Virgem produziu a Ordem de Nossa Senhora do Monte do Carmo". — De sorte que o grão de trigo e o monte, ambos são parto do mesmo ventre, porque a mesma e única Mãe que gerou um Filho produziu os outros. Quando gerou a Cristo: "Bem-aventurado o ventre que te trouxe"; quando produziu a Religião do Carmo: "O teu ventre como um monte de trigo". Ali um só Filho, aqui muitos filhos; mas no Filho que gerou e nos filhos que produziu, sempre a mesma Mãe: "Essa mesma Virgem, essa mesma produziu a ordem de Nossa Senhora do Monte Carmelo".

Daqui se entenderá aquele texto de São Lucas, em que tropeçou Elvídio, não só como mau teólogo, senão também como ruim gramático. Descrevendo S. Lucas o admirável parto da Virgem Maria em Belém, diz que "pariu a Senhora a seu Filho primogênito" (Lc 2,7). Primogênito? Logo a Virgem Maria teve outros filhos? Elvídio dizia blasfema e hereticamente que sim, e eu também digo que sim catolicamente. A Virgem Maria tem Filho primogênito e filhos segundos: o Filho primogênito é Cristo; os filhos segundos são os seus carmelitas. Onde Deus é o primeiro, bem se pode ser segundo. Neste sentido refutaram a Elvídio, S. Anselmo, Ruperto e Guerrico Abade. Mas porque a aplicação destes autores é mais universal, tomemos as palavras de Sisto, que não só nos deram o fundamento desta soberana prerrogativa, mas também nos darão a razão dela. A Cristo, diz o Pontífice que o gerou a Virgem Maria; à Ordem e Família Carmelitana, diz, que a "produziu". E esta é a diferença de Filho a filhos, e do primogênito aos segundos. O primogênito é o Filho gerado; os segundos são filhos produzidos. Subamos um ponto mais acima, para melhor entender este. O Eterno Pai, depois que gerou o Verbo, não pode gerar outro Filho; mas ainda que não pode gerar, pode produzir: "ad intra [internamente]", pode produzir e produz o Espírito Santo, igual ao Filho; "ad extra [externamente]", pode produzir filhos, mas não iguais, que são os filhos adotivos, a quem faz participantes do mesmo Espírito: "Para que recebêssemos a adoção de filhos, mandou Deus aos vossos corações o Espírito de seu Filho" (Gl 4,5s). O mesmo passa na Virgem Santíssima, a quem Santo Agostinho por isso chamou ideia de Deus: "Se te chamo forma de Deus, existes dignamente".[4] Filho propriamente gerado e natural, não tem nem pode ter a Virgem Maria mais que um, aquele que juntamente é Filho Unigênito do Pai; filhos, porém, produzidos e adotivos, pode a mesma soberana Mãe ter muitos, e estes são, por especial prerrogativa e filiação, os religiosos carmelitas, aos quais produziu *ad extra*, dando-lhes o nome e adoção de filhos; *et ad intra*, que assim se pode dizer, comunicando-lhes e produzindo neles seu próprio Espírito, como veremos: "Essa mesma Virgem produziu".

## § III

Eu bem sei que entre o Filho natural e os filhos adotivos da Virgem há distância infinita; mas nestes mesmos termos se me transluz uma certa excelência, que ainda na comparação de filhos a Filho quase parece vantajosa. Pergunto: qual é maior prerrogativa e maior excelência: ser filho natural ou filho adotivo? A adoção é suplemento da natureza; logo, parece que maior coisa e mais excelente é ser filho por natureza que por adoção. Contudo, absoluta e precisamente falando, digo que alguma coisa tem de maior prerrogativa ser filho adotivo que filho natural. No filho natural, funda-se a preferência na filiação; no adotivo, funda-se a filiação na preferência. O filho natural ama-se porque é filho; o filho adotivo é filho porque se ama. Ser natural é fortuna; ser adotivo é merecimento. A razão de toda esta diferença é porque os filhos naturais são partos da natureza; os adotivos são filhos da eleição. Nos primeiros não tem parte a vontade nem o juízo; nos segundos tudo é juízo, e tudo vontade. Assim o notou advertidamente Santo Ambrósio na epístola "Os filhos, ou são por natureza ou por eleição: se por natureza, é caso; se por eleição, é juízo"[5]. Quanto vai da sorte à escolha, tanto vai de uns filhos a outros. Se os pais escolheram os filhos, muitos haviam de trocar os seus pelos alheios, e talvez antes não quereriam ter filhos que tais filhos. Parece-vos que escolheria Adão a Caim, Noé a Cam, Isac a Ismael, Jacó a Rubens, Davi a Absalão? Claro está que não. Mas contenta-se cada um com aqueles filhos que lhe couberam em sorte, porque nesta parte também os filhos entram em conta de bens de fortuna. Nos filhos adotivos é pelo contrário, porque como o escolher este ou aquele depende da nossa eleição, da nossa vontade, do nosso juízo, muito errado será o juízo e a vontade de quem não escolher o melhor de todos, o mais excelente e o mais digno: "Não é digno de ser adotado a não ser que mereça ser reconhecido como o mais excelente"[6], disse Cassiodoro. E a razão que logo dá é a mesma diferença que dizíamos: "Nos filhos naturais frequentemente nos enganamos, e desconhecem serem tímidos os que os juízos pariram". Nos filhos naturais não se satisfaz muitas vezes o desejo, porque, ainda que são partos da natureza, dá-os a fortuna; nos adotivos sempre o acerto e a satisfação é segura, porque são filhos da eleição e partos do juízo: "Os que pariram com juízo".

Tal é, ou quase tal — com ser infinita a distância das pessoas — a diferença que se acha gloriosamente entre o Filho natural e estes filhos adotivos da Virgem Maria. O natural e os adotivos, um e outros são filhos da mesma Mãe; mas Cristo, Filho das entranhas de seu corpo: "Bem-aventurado o ventre que te trouxe", os carmelitas, filhos das entranhas do seu Filho: "Os que pariram com juízo". A maior excelência da Virgem Maria, e como lhe chama Santo Anselmo, estupenda, é que Maria e Deus sejam pais do mesmo Filho; e a maior que se pode dizer desta sagrada religião é que os carmelitas e Cristo sejam filhos da mesma Mãe. Nem Deus podia fazer mais a Maria, que dar-lhe a seu Filho por Filho, nem Maria podia fazer mais aos carmelitas que dar-lhes a seu Filho por irmão. E ainda que Cristo é Filho natural da mesma Mãe, e eles filhos adotivos, a filiação natural é parto do corpo: "Bem-aventurado ventre"; a filiação adotiva, parto do juízo: "Os que pariram com juízo". Não sei se me atrevera a dizer nesta diferença: Antes bem-aventurados. Mas vede, Benditos Padres, de que juízo sois filhos. Não filhos do juízo de Jacó, como Manassés e Efraim, nem do juízo de Augusto ou Trajano, como seus filhos adotivos, mas filhos do juízo de Mãe de Deus. Vós e os pensamentos da Mãe de Deus sois filhos do mesmo juízo. Vede se vos pode faltar a sua memória, sendo irmãos legítimos de seus pensamentos. Só o Verbo Eterno é filho de melhor juízo que vós, porque ele é gerado pelo entendimento de seu Pai, e vós pelo juízo de sua Mãe.

## § IV

Mas passemos do juízo à vontade, que é outra parte da alma que concorre para a adoção ou geração dos filhos adotivos. Falando Santiago na adoção e dignidade de filhos de Deus, a que somos levantados pelos merecimentos de Cristo, nota muito o Apóstolo e pondera como coisa particular, que neste modo de geração nos gera Deus voluntariamente: "Voluntariamente nos gerou pela palavra da verdade" (Tg 1,18). A circunstância de voluntária é transcendente e universal em todas as obras de Deus, e em todos os benefícios naturais e sobrenaturais que de sua liberalidade recebem os homens. Voluntariamente nos criou, voluntariamente nos remiu, voluntariamente nos conserva, sustenta e governa, e tudo quanto faz ou não faz é voluntariamente. Pois se a vontade e o voluntário de Deus é tão inseparável de todas suas ações, como nesta, da geração dos filhos adotivos, faz tanta reflexão Santiago, e carrega com tanto peso em ser voluntária: "Voluntariamente nos gerou"? Das mesmas palavras do Apóstolo tirou S. Fulgêncio a razão da diferença. Já antes a tinha tocado S. Atanásio, e é digna de ambos. De três coisas fez menção o Apóstolo naquelas palavras: do voluntário, da geração e do verbo: "Voluntariamente nos gerou pela palavra da verdade". Diz agora São Fulgêncio: "Deus voluntariamente nos gerou porque a vontade precedeu a geração; na geração do Unigênito nenhuma vontade de quem gerou precedeu, por isso o nascimento eterno permanece sem início natural".[7] A geração eterna, com que o Pai gera o Verbo, não é nem pode ser voluntária, porque o Filho é gerado pelo ato de entendimento com que o Pai se conhece e compreende a si mesmo, antecedente a todo ato da vontade. E como a geração do Filho natural não é voluntária nem livre, senão necessária, por isso o Apóstolo, quando falou na geração dos filhos adotivos, carregou tanto na circunstância de ser voluntária: "Voluntariamente nos gerou", mostrando a diferença e contrapesando a desigualdade, como se dissera. Ainda que Deus não pode gerar mais que um Filho natural, pode, contudo, gerar, e gera, muitos filhos adotivos; e, posto que estes não tenham o mesmo ser, os mesmos atributos e a mesma igualdade com Deus, tem porém uma circunstância com que muito se contrapesa essa desigualdade, porque, se a geração adotiva tem de menos o ser natural, tem de mais o ser voluntária. E esta circunstância de ser voluntária é de tanto peso e tanto preço, que quase se supre o excesso da primeira geração com o voluntário da segunda. Na primeira dá o Pai ao Filho natural todo o ser divino, mas sem concurso da vontade; na segunda dá o mesmo Pai aos filhos adotivos só a participação desse ser, mas voluntariamente: "Voluntariamente nos gerou". Não me detenho em aplicar à Mãe o que tenho dito do Pai, porque vou por diante.

Perguntam os teólogos se Cristo é Filho natural de Deus ou Filho adotivo? Enquanto Deus e enquanto Verbo, não há dúvida que é Filho natural. Enquanto homem, Scoto e muitos outros disseram que era Filho adotivo. Mas a conclusão mais comum, mais recebida e mais certa com Santo Tomás,[8] é que também enquanto homem é Filho natural. Daqui se segue que Cristo é duas vezes e por dois modos Filho natural de Deus: uma pela geração eterna, outra pela geração temporal. Mas por que razão quis Deus que o seu Filho Unigênito e natural fosse duas vezes seu Filho, e como, não contente com o ter gerado uma vez, o quis gerar outra? Porque ainda que na primeira geração estava satisfeita a natureza, parece que não estava satisfeito o amor, e para satisfação do mesmo amor, não só quis que fosse Filho seu por natureza, senão Filho por natureza e por eleição: uma vez Filho natural, com todas as propriedades de natural, e outra vez Filho natural, mas com alguma propriedade de adotivo. Na primeira geração do Filho de Deus, como vimos, não teve parte alguma a vontade, porque foi geração necessária, e não livre. Pois, para que a vontade e o amor tenha também parte na geração do Filho, torne-se o Filho a gerar outra vez, e assim como é Filho natural por natureza, seja também Filho natural por eleição. Foi pensamento altíssimo de S. Hipólito em umas dificultosas palavras, em que parece que ainda diz mais, mas só isto é o que disse e quis dizer: "Portanto, que Deus enviou seu Filho em carne, o Verbo que desde o princípio chamou de Filho, porque haveria de ser concebido. E como se chama Filho, assumiu o nome comum de amor entre os homens. Assim, nem o Verbo por si e sem carne era Filho perfeito embora o Unigênito fosse Verbo perfeito".[9] O Filho Unigênito de Deus — diz Hipólito — antes de encarnar e "desde toda eternidade" sempre foi perfeito Filho quanto à perfeição e inteireza infinita da natureza; mas quanto à satisfação e nome do amor, faltava-lhe o concurso da vontade, porque era gerado necessária, e não livremente, por natureza, e não por eleição. E por isso, desde a mesma eternidade lhe decretou, e como adotou Deus outra geração em tempo, para que se suprisse, e como aperfeiçoasse na segunda o que sem imperfeição — antes com suma perfeição — não pôde ter na primeira. Na primeira foi o Verbo filho da natureza fecundíssima do Pai, mas sem afeto, como diz S. Gregório Niceno[10]: "O Pai gerou o Filho sem afeto". Na segunda, uniu-se o afeto à natureza, e não contente o Pai com amar o Filho depois que o gerou, qui-lo gerar outra vez amando-o e porque o amava; e que assim como de antes se chamava Filho do seu entendimento, se chamasse também "Filho do seu amor" (Cl 1,13), diz S. Paulo.

Estas são as vossas prerrogativas, filhos da Virgem do Carmo, que parece competiu a Mãe com o Pai, como Rebeca com Jacó: ele no amor do filho primeiro, e ela no amor dos segundos. Sois filhos da Virgem Maria, mas que Filhos? Filhos do seu entendimento, da sua vontade, do seu juízo e do seu amor. O seu juízo vos preferiu, e o seu amor vos elegeu; o seu juízo vos concebeu, e o seu amor vos gerou. Não sois filhos do ventre virginal de Maria, porque este é privilégio singular do Filho de Deus e seu: "Bem-aventurado o ventre que te trouxe". Mas com prerrogativa que não parece menor, antes em certo modo mais sublime, sois filhos das entranhas da sua alma: na sua alma concebidos, na sua alma gerados e da sua alma nascidos. E quem negará, precisamente considerado, que é mais nobre e mais excelente modo de geração, ser concebido e gerado na alma, que concebido e gerado no corpo? O mesmo Cristo fez a comparação neste mesmo caso, e o mesmo Cristo o decidiu e resolveu assim. Beatificou Marcela[11] o ventre santíssimo da Virgem, por haver concebido e gerado o Cristo: "Bem-aventurado o ventre que te trouxe". E que respondeu o Divino Mestre? "Antes bem-aventurados os que ouvem a Palavra de Deus e a guardam". Antes te digo que mais bem-aventurados são os que me concebem e geram no coração e na alma, ou seja a minha mesma Mãe, ou qualquer outro. — Este é o natural sentido daquelas palavras, como expõem S. Agostinho e todos os intérpretes. De sorte que de dois modos concebeu e gerou a Virgem Maria a Cristo: concebeu-o no ventre e concebeu-o no coração; gerou-o no corpo e gerou-o na alma, e este segundo modo de conceber e gerar foi muito mais nobre e muito mais excelente que o primeiro: "Gerou Cristo mais felizmente pelo coração que pelo ventre", diz S. Agostinho.[12] Licença nos dá logo o mesmo Cristo para dizermos destes segundos filhos de sua Mãe, ainda em comparação do "bem-aventurado ventre, antes bem-aventurados", porque sendo Cristo e os carmelitas filhos da mesma Senhora, ele nesta consideração é Filho natural, e eles filhos adotivos; ele concebido no ventre de Maria, e eles no coração; ele no corpo, e eles na alma, porque são filhos do seu juízo e do seu amor.

§ V

*M*uito parece que tínhamos dito, se a universalidade deste grande privilégio lhe não tirara o preço de raro e a estimação de singular. Vejo que me estão dizendo os doutos, e muito mais os interessados, que ser filhos adotivos da Virgem Maria não é prerrogativa particular desta só religião, senão de muitas outras congregações e comunidades aprovadas também pela Sé Apostólica, que debaixo do mesmo nome servem e veneram a Mãe de Deus. Estes são os primeiros e maiores opositores. Os segundos são todos os devotos da mesma Senhora, que com particular afeto e obséquio se lhe tem dedicado, por que ninguém a quis receber por Mãe que ela o não aceitasse por filho. Quando Cristo na Cruz disse a S. João: "Eis a tua Mãe", acrescenta logo o mesmo Evangelista: "E desde aquela hora o discípulo a recebeu em sua casa" (Jo 19,27), ou, como outros leem: "Que desde aquela hora a recebeu o discípulo por sua" (Jo 19,27). — Onde é muito de notar que da parte de S. João diz o texto que recebeu a Senhora por Mãe, mas da parte da Senhora não diz que o aceitou por filho. Pois se diz que ele a recebeu, por que não diz que ela o aceitou? Porque não era necessário dizer-se. Tanto que recebemos a Virgem Maria por Mãe, logo ela nos aceita por filhos, sem ser necessária outra declaração: "Calou o que era evidente e declarou o que poderia gerar dúvidas", comenta Salmeirão. A dúvida está em nós a querermos por Mãe; em a benigníssima Senhora nos aceitar por filhos, não há dúvida. Oh! que grande consolação para todo o pecador! Mas ainda temos mais opositores, que são todos os fiéis, quaisquer que sejam, porque todos os cristãos são filhos da Mãe de Cristo. Assim o dizem Santo Agostinho, Orígenes, Santo Anselmo, Ruperto e outros muitos Padres. A razão é porque, pela união da fé, e pela regeneração do Batismo, todos os Fiéis somos membros de Cristo, que é a cabeça deste corpo místico, e a Mãe de Cristo é Mãe de todos seus membros: "Ela é a única virgem Mãe que se gloria de ter gerado o Unigénito do Pai, e abraça esse mesmo Unigénito seu em todos os seus membros e em todos nos quais conhece o seu Cristo formado ou a ser formado, e não se confunde em ser chamada Mãe"[13], diz Guerrico. E Geliberto Abade, ainda com palavras mais breves e mais vivas: "Mãe de Cristo, é Mãe dos membros de Cristo; por isso todos a chamam Mãe, e como tal é honrada com o devido culto". Pois, se todos os Cristãos, se todos os devotos da Virgem, se todos os que por instituto se dedicam a seu serviço, debaixo do nome e patrocínio de Maria Santíssima, são e se chamam verdadeiramente filhos desta Senhora, que prerrogativa é esta da religião carmelitana, que tanto até agora encarecemos? Se eles só foram filhos da Mãe de Deus, era uma soberania singularíssima, e serem a exceção de todos os homens; porém, sendo esta mesma graça de tantos, é grande, é excelente, é gloriosa, sim, mas parece que não tem nada de singular. Antes, por isso mesmo digo que é singular, e singularíssima. Porque serem eles os filhos da Senhora, quando a Senhora é Mãe de tantos e tão ilustres filhos, essa é a prerrogativa que não tem par.

Não há coisa que mais me admire na História Evangélica, que ver a pompa amorosa e estilo singular com que S. João Evangelista, calando o nome próprio com que nomeia aos outros apóstolos, quando fala de si, se chama sempre o Discípulo amado: "O discípulo a quem Jesus amava" (Jo 13,23). Tende mão, águia divina. E Pedro e André, e os demais não são discípulos de Jesus? Sim, são, e primeiro discípulos que vós. E Pedro, e André, não são também amados? Sim, são, e primeiro amados, primeiro escolhidos, primeiro chamados. Pois se os outros Apóstolos também são discípulos, e discípulos amados, que exceção ou que prerrogativa é esta, de que tanto vos prezais? É a maior e a mais singular que podia ser. Se não houvera outros discípulos e outros amados, não era tão excessivo louvor; mas havendo tantos discípulos e tantos amados, que João seja o discípulo amado, essa é a glória singularíssima de João. Não está a singularidade em ser só, nem a grandeza em ser grande; entre muitos ser o só, e entre grandes ser o grande, essa é a singularidade. O mesmo digo dos filhos de Maria, mas quero primeiro no-lo diga o mesmo S. João. A última cláusula do testamento de Cristo na morte foi deixar sua Mãe a S. João e S. João a sua Mãe: ela por Mãe, e ele por filho: "Eis o teu filho: eis a tua Mãe" (Jo 19,27).

Pergunto: e por esta cláusula, ficaram excluídos os outros apóstolos? Não. E assim o declarou o mesmo testador, Cristo, depois de sua ressurreição, quando mandou as Marias aos Apóstolos, dizendo: "Ide, levai as novas a meus irmãos" (Mt 28,9). — Pois se os Apóstolos, depois desta nomeação de filhos em S. João ficaram também irmãos de Cristo e filhos de sua Mãe, que mais lhe deu Cristo a ele que aos outros? E se em João foi privilégio especial, por que o estendeu aos demais? Para que fosse mais seu e mais excelente a especialidade. Deu-lhe a companhia, para o fazer singular, e a comparação, para o fazer incomparável. Os outros apóstolos, também irmãos de Cristo, os outros apóstolos, também filhos de Maria, mas João, entre todos esses filhos, o filho: "Eis o teu filho". Assim como João, em respeito de Cristo, entre os discípulos é o discípulo, e entre os amados o amado, assim em respeito da Virgem, entre os filhos é o filho. Aos outros deu Cristo o nome, a João a antonomásia; aos outros a filiação, a João a especialidade de filho: "Eis o teu filho, eis a tua Mãe".

Já agora me havereis entendido, e quão próprio e particular é desta bendita religião o privilégio singular de filhos de Maria. Filhos com os demais, mas não filhos como os demais; com especial eleição, com especial amor, com especial nome, com especial prerrogativa, enfim, com especial filiação, como entre os demais filhos, eles os filhos. Em três jerarquias particulares dividimos os filhos desta Senhora, cada um de maior a maior excelência. Na primeira e ínfima, entram todos os cristãos; na segunda e meia, todos os devotos da Virgem; na terceira e suprema, todos os dedicados a seu serviço com particular instituto. Mas sobre todas estas jerarquias verdadeiramente angélicas, a especialmente escolhida, e, como escolhida, amada da Rainha dos Anjos, é a sua família carmelitana. O mesmo Cristo, autor desta graça, como de todas, nos há de dar a confirmação dela. Por boca e em figura de Salomão, no capítulo sexto dos Cânticos, diz assim: "São sessenta as rainhas e oitenta as concubinas e um número sem número de adolescentes. Uma só é minha pomba, a minha perfeita; ela é a única para sua Mãe, eleita para sua genitora" (Ct 6,8). Todos os Padres e expositores concordam em que nas três diferenças desta divisão: rainhas, mulheres segundas e damas, se compreendem três estados ou ordens de almas, as quais em maior ou menor grau de perfeição e união com Cristo, todas são esposas suas e filhas de sua Mãe. E até aqui temos bem distintas e expressas as três jerarquias, que dizíamos, de filhos adotivos da Senhora. O que mais acrescenta Salomão é que entre estas três jerarquias ou ordens, e sobre todas elas, "há uma que é a única e singularmente escolhida de sua Mãe". Mas qual é esta única e singularmente escolhida? Ponderai bem as palavras, e vereis como não é nem pode ser outra que a religião carmelitana: "É única para sua Mãe, eleita para sua genitora". Não diz só que é única e escolhida "de sua Mãe", senão nomeadamente "de sua Mãe que a gerou", distinguindo na mesma maternidade dois nomes e dois modos de ser mãe. De todas as outras ordens de filhos seus, é Mãe a Virgem Santíssima; mas da Ordem Carmelitana é Mãe e genetriz, porque a gerou e produziu, como dissemos: "Essa mesma Virgem produziu a ordem de Nossa Senhora do Monte Carmelo". E porque o modo de produzir e gerar estes filhos foi a eleição especial que deles fez, por isso ajuntou logo e declarou a mesma eleição: "Eleita para sua genitora". Dos outros é Mãe, porque eles por sua devoção e afeto elegeram a Senhora; dos carmelitas é Mãe, porque ela por especial eleição os elegeu: "Eleita para sua genitora". E por isso únicos filhos entre tantos filhos, e única Ordem entre tantos institutos: "É única para sua Mãe, eleita para sua genitora".

Houve-se a Senhora na eleição da Ordem Carmelitana, houve-se esta Mãe na eleição destes filhos como se houve Deus na eleição de sua Mãe. Para Deus eleger por Mãe a Virgem Maria, fez primeiro três eleições e três separações de melhor que havia no mundo. De todos os povos elegeu e separou primeiro um povo, que foi o povo hebreu em Abraão; de todas as tribos desse povo elegeu e separou logo uma tribo, que foi a de Judá; de todas as famílias dessa tribo elegeu e separou depois uma família, que foi a família de Davi: ultimamente dessa família elegeu uma pessoa, a mais digna, que foi a Virgem Maria: "A uma Virgem desposada com homem da casa de Davi" (Lc 1,27). O mesmo fez a Mãe de Deus na eleição destes filhos, para que, entre todos os seus filhos, eles fossem os únicos e o escolhido dos escolhidos: "É única para sua Mãe, eleita para sua genitora". De todos os povos e gentes do mundo escolheu o povo cristão, que são os seus filhos por fé; de todos os cristãos escolheu os seus devotos, que são os seus filhos por afeto; de todos os seus devotos escolheu as congregações que a servem debaixo de seu nome e patrocínio, que são os seus filhos por instituto; e, finalmente, de todos os institutos passados, presentes e futuros, escolheu a Ordem do Monte Carmelo para que ela fosse a única e escolhida entre todos os outros filhos, e, todos eles, sua: "Para sua Mãe, eleita para sua genitora". Todos os outros com mais ou menos prerrogativa, e sempre com grande dignidade, são filhos da Virgem Maria; mas os carmelitas são os seus filhos, os seus: "Para sua Mãe, para sua genitora".

Em respeito dos mesmos pais, uma coisa é ser filho seu, e outra muito diferente ser o seu filho. Jacó tinha tantos filhos, como sabemos, mas o seu filho era José. Entre os outros filhos também havia três distinções: uns eram de Bala, outros de Zefa, outros de Lia, mas José, que era o primogênito de Raquel, esse era o seu filho. Esta foi a alusão desumana com que os invejosos irmãos acompanharam o recado da túnica ensanguentada: "Vê, se porventura é a túnica de teu filho ou não" (Gn 37,32). E esta foi a energia da dor com que Jacó, reconhecendo-a, respondeu: "É a túnica de meu filho". Os filhos chamaram-lhe "o vosso filho": e o Pai chamou-lhe "o meu filho": porque, ainda que todos eram filhos de Jacó, José era o seu filho. E para maior expressão do que nenhum deles duvidava, "ajuntando-se, diz o texto, todos os filhos para consolar o Pai": — o que lhes disse foi: "Com choro hei de descer ao meu filho até à sepultura" (Gn 37,35). Não quero outra consolação senão a morte, para ir buscar e ver a meu filho (Ibid. 35). Pois todos estes que aqui tendes presentes não são também filhos vossos? Sim, são: são meus filhos, mas não são o meu filho. Os outros também eram filhos, não o negava Jacó, mas o seu filho era José. Vai muito de ser filho a ser o seu filho. Esta é a diferença com que, na eleição da Virgem Maria, sendo tantos os seus filhos, e todos queridos, se distinguem muito uns dos outros. Os demais são filhos da Senhora, mas os carmelitas são os seus filhos: "É única para sua Mãe, eleita para sua genitora".

§ VI

Sem nos apartarmos da história de José, mostrarei o instrumento autêntico e o padrão firmíssimo desta diferença. Diz o texto sagrado que "Jacó amava a José sobre todos os outros filhos" (Gn 37,3). E este excesso e diferença do amor do pai, diz o mesmo texto que "o viam muito bem os outros irmãos de José" (Ibid. 4). O amor é um afeto tão invisível como a mesma alma onde nasce e onde vive. E se o amor não se vê, como viam os outros filhos o amor de Jacó, e o viam tão distintamente, que conheciam sem nenhuma dúvida "ser José o mais amado"? Viram-no pelos efeitos e distinguiram-no pelas cores: "Fez Jacó a José uma túnica variada de cores" (Ibid. 3) — mais nobre que aos outros, e este foi o sinal manifesto por onde conheceram a diferença. Quereis ver como os carmelitas são os Josés da Virgem Maria? Olhai para aquele escapulário que têm nas mãos, que a mesma Senhora lhes deu e fez só para eles: "Fez para ele uma túnica variada de cores". Aquelas duas faixas tiradas dos guarda-roupas do céu, com que a Senhora variou o hábito branco de Elias, são o caráter do seu amor e o sinal visível de serem estes filhos, entre todos os outros, os seus.

Bem sei que não foi só José o invejado pela singularidade do vestido. Muitas línguas e penas houve que quiseram escurecer e impugnar esta glória, e despir dela aos religiosos carmelitas, como os invejosos irmãos despiram a túnica a José. Mas já não podem ladrar estes Cérberos, porque lhes tapou a boca a Igreja com tantas bulas dos Sumos Pontífices. Declararam e confirmaram esta verdade Alexandre Quinto, Clemente Sétimo,[14] Paulo Terceiro, Paulo Quinto, Gregório Décimo tércio, e outros, e primeiro que todos João Vigésimo Segundo, ao qual apareceu a mesma Senhora, e lhe revelou que seria promovido ao pontificado com condição e promessa que confirmaria a certeza e privilégios do seu escapulário, a que o mesmo Pontífice chama: "Sinal do hábito santo". Quis a Virgem, depois de dar esta prenda aos carmelitas, torná-la a reconhecer por sua, e dizer como Jacó: "Esta é a túnica dos meus filhos". — Que muito logo, que haja invejosos? Deixai-os, que têm muita razão. Eu estou muito bem com as invejas bem-nascidas, ainda entre os filhos dos mesmos pais. Invejou Caim a Abel, e por que o não havia de invejar? Invejou-lhe o ser mais bem visto de Deus, e teve tanta razão como não tem nenhuma os que invejam outras coisas. Só a graça de Deus se há de invejar, e depois dela, que sempre andam juntas, a graça da Mãe de Deus. Por que não havia de invejar ao filho segundo o outro irmão, se viu que o pai "o vestia com a primeira estola"? (Lc 15,22). Se aquela é a primeira estola da Mãe de Deus, por que não hão de ser invejados estes filhos? Eles são os filhos segundos da Virgem em respeito de Cristo, e a sua estola é a primeira em respeito de todos os outros filhos. Vestiu ao primogênito natural, e vestiu aos primogênitos adotivos, e a um e outros assinalou e distinguiu com a divisa das cores. Quando lhe perguntaram à Senhora "qual era o seu amado sobre todos"? — respondeu que era "branco e encarnado, escolhido entre milhares" (Ct 5,9s). Ao Filho amado sobre todos vestiu do encarnado da humanidade sobre o branco da divindade; aos filhos amados sobre todos, vestiu-os do pardo seu, sobre o branco de Elias.

No capítulo 19 do Terceiro Livro dos Reis, lançou Elias o manto sobre Eliseu, que foi deitar-lhe o hábito da sua religião, como dizem grandes expositores daquele lugar, e se provou logo com a renunciação que Eliseu fez de seus bens e da casa de seu pai, seguindo sempre e obedecendo a Elias (3Rs 19,19). Dali a tempos, como se conta no quarto livro, capítulo segundo, despediu-se Elias de Eliseu, dizendo-lhe que pedisse o que queria, e "pediu que se dobrasse nele o seu espírito" (4Rs 2,9). Respondeu Elias que era coisa difícil a que pedira, mas que lhe seria concedida, com condição "que o visse quando se ausentasse dele" (Ibid. 10). Apareceu nisto o carro de fogo, voa Elias pelos ares, "rasga Eliseu as suas vestiduras" (Ibid. 12). E depois levantou e "tomou para si a capa de Elias, que lhe tinha caído lá de cima quando ia voando" (Ibid. 13). Infinitas coisas havia que ponderar neste famoso sucesso. Primeiramente parece demasiado desejo, e ainda atrevimento, pedir Eliseu o espírito de Elias dobrado, quanto mais que nem ele lhe podia dar o seu espírito, e muito menos o que não tinha. E se Deus lhe havia de dar esse espírito, que importava que Eliseu visse ou não visse a Elias depois de arrebatado e partido? E se Eliseu já tinha o hábito de Elias, para que lho deita segunda vez? E se lho queria dar, por que lho não deu na terra, enquanto estava com ele? E finalmente, por que rasga o seu vestido Eliseu, ficando com um e outro, com o seu rasgado e com o outro caído do céu inteiro?

Tudo isto não foi mais que uma figura profética do que depois havia de suceder à religião carmelitana, que em Eliseu, como em cabeça, se representava. Pediu proféticamente Eliseu que se lhe dobrasse o espírito, porque o espírito que tinha recebido na lei escrita se lhe havia de dobrar e aperfeiçoar na lei da graça, mas não por meio de Elias. Prova-se do mesmo texto, por que quando Elias a primeira vez lançou o manto sobre Eliseu, disse-lhe que "ele tinha feito de sua parte quanto podia" (3Rs 19,20). Logo não era Elias o que lhe havia de dar segunda vez o hábito, nem o que lhe havia de dobrar o espírito, e por isso Eliseu não disse: "Dê-me", senão: "Faça-se em mim", e Elias, quando respondeu à petição não disse: "Darei, senão, terás". Era pois o mistério representado profeticamente nesta figura que os sucessores de Elias haviam de receber outra vestidura, e que com ela se lhes havia de dobrar o espírito, como sucedeu com o sagrado escapulário. Por isso, esta segunda vez não foi dada a vestidura na terra, senão caída do céu. E por isso Elias pediu a condição de que o vissem depois de partido, porque se os carmelitas se não conservassem no mesmo instituto, tendo sempre a Elias diante dos olhos, não mereceriam este favor da Mãe de Deus, nem a mesma Senhora os visitaria no Monte Carmelo, como visitava frequentemente, nem eles no mesmo lugar edificariam, ainda antes da sua Assunção, o primeiro templo. E por isso, com admirável propriedade, Eliseu rasgou o hábito que tinha recebido de Elias, e levantou e tomou o que caiu do céu, porque assim o fizeram os carmelitas, abrindo a vestidura antiga de Elias, e fazendo dela o manto branco, e tomando o escapulário pardo e a túnica da mesma cor, com que ficaram inteiramente vestidos e sinalados por filhos da Santíssima Mãe.

Sucedeu-lhe à Senhora com Elias o mesmo que a Jacó com Labão. Concertou-se Labão com Jacó que todos os cordeiros que nascessem de duas cores seriam de Jacó, e os que saíssem brancos seriam seus, e a este fim deu-lhe só as ovelhas brancas, para que os cordeiros saíssem também brancos. Porém, Jacó, pondo diante dos olhos às ovelhas certas varas, nasciam os cordeiros de duas cores: "Pariam as sua crias manchadas e de diversas cores" (Gn 30,39). Assim no Monte Carmelo, enquanto a religião carmelitana teve diante dos olhos só a Elias: "Se me vires quando me ausentar de ti" — eram os seus cordeiros brancos da cor do hábito de Elias, como refere Santo Epifânio, que o viu vestido sua Mãe quando o concebeu; porém, depois que se lhe variou este objeto e se lhe pôs diante dos olhos a vara da raiz de Jessé a Virgem Santíssima com o escapulário pardo, saíram dali por diante todos os cordeiros vestidos de lã "de duas cores", e por isso sinalados com o caráter e divisa de sua Mãe, como filhos especiais, singulares e mais seu e distintos de todos os outros.

§ VII

*P*arece-me que temos satisfeito à evidência desta gloriosa especialidade e diferença, e só nos resta mostrar a razão e fundamento dela, que não serão menos gloriosos. A filiação adotiva, como se funda, não em caso ou fortuna da natureza, senão em eleição do juízo e da vontade, necessariamente supõe merecimento, e quanto o juízo é mais sublime e a vontade mais reta, tanto maior merecimento supõe. Qual é logo, ou quais são os merecimentos por cuja singularidade e grandeza mereceram os filhos da religião carmelitana ser preferidos e antepostos a todos os outros na eleição da Mãe de Deus? Confesso que em matéria tão grave, e em que todas as sagradas religiões podem alegar tantos e tão ilustres títulos de merecimentos, de obséquio, de devoção e de serviços tão particulares feitos à Virgem Santíssima, não me soube por muito tempo resolver, até que o mesmo Evangelho, por caminho tão extraordinário, como logo vereis, me guiou a acertar com a verdadeira razão, ou a que eu tenho por tal.

Digo que foram preferidos os carmelitas pela grande semelhança que esta sagrada religião, desde seus antiquíssimos princípios, teve com Cristo. E era razão que aqueles fossem preferidos na eleição de filhos adotivos, que mais semelhantes e mais conformes eram ao Filho natural. Governou-se a Mãe de Deus neste decreto da sua eleição pelas mesmas ideias das eleições e decretos divinos. Como decretou Deus "desde toda a eternidade" os seus filhos adotivos? Disse-o S. Paulo no capítulo oitavo da Epístola aos Romanos. "Os que Deus predestinou para filhos adotivos, predestinou-os também para serem semelhantes e conformes a seu Filho natural, para que o Filho natural seja o primogênito entre muitos irmãos". De maneira que, como filhos do mesmo Pai, todos são irmãos é bem que sejam parecidos e semelhantes; e como Cristo, que é o primogênito, é também o exemplar dos demais, para que os adotivos, que são os segundos, lhe sejam semelhantes, é necessário que se retratem por ele e se conformem com ele, porque de outro modo seriam irmãos e não seriam parecidos. Esta é a forma dos decretos de Deus nas suas eleições, e tal foi o da Virgem Maria nesta sua, só com uma diferença: que Deus faz semelhantes aos que quer adotar por filhos, e a Senhora adotou por filhos aos que achou semelhantes. Elias lhes deu a semelhança e a Senhora a adoção, mas a adoção fundada na semelhança: "Conformes à imagem de seu filho, para que ele seja o primogênito entre muitos irmãos".

Quanta fosse desde seu princípio a semelhança dos carmelitas com Cristo, isto é, dos primogênitos adotivos da Senhora com o seu primogênito natural, testificou-o Salomão não menos que nomeando aos carmelitas por seu próprio nome. Descreve o Esposo a Esposa no capítulo sétimo dos Cânticos, retratando suas perfeições uma por uma, e, chegando à cabeça, faz esta notável comparação: "A vossa cabeça, Esposa minha, é como o Monte Carmelo" (Ct 7,5).

Não me espanto que Salomão compare a cabeça da Esposa a um monte, porque as suas comparações são tão extraordinárias como a sua sabedoria, mas por que mais ao Monte Carmelo que a outro? Saibamos qual é a cabeça comparada, e logo veremos a propriedade da comparação. A Esposa de que se trata nos Cânticos é a Igreja; a cabeça desta Esposa e do corpo místico da Igreja é Cristo: "E o constituiu cabeça de toda a Igreja, que é o seu corpo" (Ef 1,22), diz São Paulo. E querendo comparar Salomão a Cristo com alguma coisa da terra, não achou outra que fosse mais semelhante a ele que o Monte Carmelo, porque era habitado dos carmelitas. Justo Orgelitano[15]: "No monte Carmelo Santo Elias e Eliseu muitas vezes foram acolhidos, por isso, na cabeça da Igreja, Nosso Senhor Jesus Cristo, do qual nada é mais sublime, os justos são acolhidos". Muitos varões justos e santos fizeram célebres e famosos outros montes de Israel e fora dele; mas não compara Salomão a Cristo nem ao Monte Sinai, venerado pela Lei de Moisés, nem ao Monte Mória, santificado com o sacrifício de Abraão, nem ao Monte Olivete, regado com as lágrimas de Davi, nem ao Monte Líbano, frequentado de Josias e Ezequias, mas só singularmente ao Monte Carmelo, porque era o solar nobilíssimo dos carmelitas, consagrado com a santidade de sua vida e instituto. E não houve naqueles tempos nem outra vida, nem outro instituto tão semelhante a Cristo. E se não, apareça Cristo no mundo, e vejamos a quem o comparam os homens e a quem dizem que é semelhante.

Perguntou Cristo aos apóstolos: "Quem dizem os homens ser o Filho do homem?" (Mt 16,13). Que opinião havia dele no povo, quem diziam que era? E responderam: "Uns dizem, Senhor, que sois o Batista, outros Elias, outros Jeremias ou algum dos profetas". —

Bravos inimigos são os homens da idade em que nasceram. Mais depressa creem que podem ressuscitar os grandes homens passados que nascer de novo outros tão grandes como eles. Sempre a inveja foi vício de vivos e dos presentes, e até Deus, depois que se sujeitou a nascer, não ficou isento desta injúria do seu povo. Mas, suposto que cuidavam e diziam que era um dos antigos, parecia-me a mim que o haviam de comparar com os reis, e não com os profetas, porque o Messias era esperado como rei, e Cristo como rei foi aclamado e adorado dos Magos, título que tanto sangue custou aos inocentes, e as turbas o quiseram levantar por rei no deserto, e finalmente em Jerusalém o receberam com triunfo e aplausos públicos de rei: "Bendito o que vem em nome do Senhor, rei de Israel" (Mt 21,9). Contudo era tanta a semelhança que Cristo tinha com os carmelitas, e os carmelitas com Cristo, que a ninguém lhe parecia senão carmelita. Elias era carmelita, e o primeiro pai e fundador dos carmelitas, como consta de toda a Escritura. O Batista era carmelita, como dizem São Gregório Nazianzeno, S. Macário, Santo Antonino. Jeremias era carmelita, senão no lugar, ao menos no instituto da vida, como se colhe de S. Jerônimo[16] na prefação do mesmo profeta. Os outros profetas também muitos eram carmelitas, tanto assim que a religião carmelitana, pelo nome mais comum se chamava: "Congregação dos Profetas". E como os carmelitas desde seu nascimento foram tão semelhantes e tão parecidos a Cristo, havendo a Mãe de Deus de dar irmãos adotivos ao Filho natural, e ao seu primogênito filhos segundos, claro está que estes não haviam nem deviam ser outros, senão aqueles que eram mais semelhantes e mais conformes a ele: "Conformes à imagem do seu Filho para que ele seja o primogênito entre muitos irmãos".

§ VIII

Só estou vendo que se me pode instar, e fortemente. Se a semelhança com Cristo foi o merecimento desta prerrogativa, ainda que concedamos liberalmente aos antigos carmelitas tudo o que essencialmente pertence e constitui uma verdadeira religião, não há nem pode haver dúvida que as religiões da lei da graça participam muito maior e mais perfeita semelhança com Cristo. Logo, ou qualquer delas havia de ser a preferida nesta filiação, ou não é este o verdadeiro fundamento e merecimento dela. Torno a dizer que sim. E não me quero valer de um escudo, com que este e semelhantes golpes se podiam rebater facilmente, e é que as leis e regras do amor não são "stricti juris [de direito estrito]". Ainda que as razões do amor padeçam instâncias, nem por isso se faz prova contra a verdade e certeza de suas eleições; antes, por isso são mais suas ainda de pais a filhos. Dá a razão a Escritura, porque Jacó amava mais a José que a todos os outros filhos, e diz que era "Porque na velhice o gerou" (Gn 37,3): porque o havia gerado na velhice. — Contra: que esta mesma razão favorecia muito mais a Benjamim, o qual nasceu depois de José e foi o último filho de Jacó. Contudo a conclusão era certa, e a razão em que se fundava, verdadeira, e por tal a qualifica o texto sagrado. O mesmo podia eu responder, quando a objeção e a instância subsistira; mas não subsiste. A religião carmelitana, havendo começado mais de mil anos antes das mais antigas, teve dois tempos e duas idades: uma depois e outra antes de Cristo. Depois de Cristo foi tão perfeita religião como qualquer das outras da lei da graça; antes de Cristo teve toda a perfeição que permitia aquele tempo e aquele estado. E esta circunstância de ter começado antes, e tanto antes de Cristo, é uma prerrogativa que a faz única, e singular, e incomparável na mesma semelhança em que se funda a sua preferência. As outras religiões foram semelhantes a Cristo por imitação de Cristo; os carmelitas foram semelhantes a Cristo antes de haver no mundo Cristo a quem imitar. E este modo de ser semelhante excede incomparavelmente a todas as outras semelhanças. De Jó disse Deus que não tinha semelhante na terra: "Acaso consideraste a meu servo Jó que não há semelhante a ele na terra?" (Jó 1,8). E por quê? S. Agostinho[17]: "Quem pode tanto merecer, de quem o Senhor daria tal testemunho, senão este que não encontra um imitador, mas foi o autor daquilo que fez?". Não teve Jó semelhante no mundo, porque não foi imitador, senão autor. — Os outros imitaram; ele não teve a quem imitar. Ele foi original, os outros cópia; ele mestre, os outros discípulos. E mestre antes de vir ao mundo o Mestre do mundo. Mudai o nome de Jó em Elias, e tem respondido por mim S. Agostinho.

Mas, dê-me licença a vossa devoção, para que eu desenvolva um pouco do muito que está encoberto na diferença desta semelhança. Diz Cristo: "Bem-aventurados os que ouvem a Palavra de Deus e a guardam". Quanto mais bem-aventurados serão os que guardam a palavra de Deus sem a ouvirem? Pois esta é a vantagem que faz a religião carmelitana a todas as outras religiões da Igreja. As outras religiões ouviram a palavra de Deus e guardaram-na; a religião carmelitana guardou a palavra de Deus antes de a ouvir. As outras religiões ouviram a palavra de Deus e guardaram-na, porque primeiro Cristo pregou os conselhos evangélicos, em que consiste a perfeição religiosa, e depois os seguiram e abraçaram os fundadores dessas religiões, e se consagraram ao serviço de Deus debaixo daquele instituto; porém a religião carmelitana e seus antiquíssimos e santíssimos fundadores, ainda Cristo não tinha pregado nem ensinado ao mundo a perfeição e alteza dos conselhos evangélicos, e já eles os guardavam com religiosíssima observância. Ainda Cristo não tinha pregado o desprezo do mundo, e já eles tinham deixado o mundo; ainda não tinha pregado a pobreza, e já eles, por voto, eram pobres; ainda não tinha pregado a castidade e a obediência, e já eles, por voto, eram castos e obedientes. Enfim, Cristo não tinha pregado nem aconselhado o estado de religião, e já eles eram religiosos. Diz S. Paulo que ninguém pode obrar sem crer, nem crer sem ouvir, nem ouvir sem pregador: "Como crerão àquele, que não ouviram? E como ouvirão sem pregador?" (Rm 10,14). E os religiosos carmelitas, vencendo gloriosamente este impossível, antes de se pregar o Evangelho o creram, e antes de o ouvir o obraram: sendo evangélicos antes de haver Evangelho, sendo apostólicos antes de haver apóstolos, sendo cristãos antes de haver Cristo. Não disse bem. Muito mais é ser religioso que ser cristão. E quando no mundo ainda não havia quem fosse cristão, já todos os carmelitas eram religiosos. Marcela levantou a voz, dizendo: "Bem-aventurado o ventre que te trouxe". Cristo sobre aquela voz levantou mais e disse: "Antes bem-aventurados os que ouvem a Palavra de Deus e a guardam". E os religiosos carmelitas, com um contraponto altíssimo, podem acrescentar em glória do mesmo Cristo outro "antes" e dizer: "antes bem-aventurados os que não ouviram e guardaram", porque guardaram a palavra de Cristo antes de a ouvir.

Dos anjos diz Davi uma coisa notável: "que fazem a palavra de Deus para a ouvirem" (Sl 102,20). Não entendo, ou os termos estão trocados. Parece que havia de dizer: os anjos ouvem a palavra de Deus para a fazerem; e não, os anjos fazem a palavra de Deus para a ouvirem, porque primeiro é ouvir o que Deus manda, e depois fazê-lo. Pois por que diz que fazem para ouvir e não ouvem para fazer? Porque é tão grande a prontidão e a diligência com que os anjos executam a palavra de Deus, que parece que primeiro a fazem do que a ouvem: no mesmo instante ouvem e executam. Assim se entendem estas palavras, nem admitem outro sentido nos anjos do céu; porém nos anjos do Carmelo sim, porque verdadeiramente executaram a palavra de Cristo antes de a ouvirem, e não só antes, e muito antes, senão oitocentos anos antes, que tantos precedeu Elias a Cristo. Oitocentos anos antes de se ouvir no mundo a palavra de Cristo, já no Carmelo se guardava o Evangelho: "Fazem a palavra de Deus para a ouvirem". Ainda a palavra de Cristo não era ouvida, e já era executada; ainda a palavra de Cristo não tinha voz, e já tinha obediência; ainda a palavra de Cristo não era palavra, e já era obras. A maior sentença que disseram os sete sábios da Grécia, foi: "Seguir a Deus". Mas o espírito e as obras de Abraão foram tão antecipadas, diz S. Ambrósio, que já ele tinha feito muitos anos antes o que os sábios disseram depois: "Aquilo que se celebra grandemente com as palavras dos sete sábios (seguir a Deus) Abraão o fez e tendo feito precedeu as palavras dos sábios".[18] E se fazer e executar antes o que os sábios de Grécia disseram depois é grande louvor de Abraão, qual será o dos carmelitas em haverem antecipado com as suas obras as palavras da sabedoria eterna; em fazerem o que Cristo ensinou antes de Cristo o ensinar; em serem discípulos de Cristo antes de serem ouvintes de Cristo: "Os que não ouviram a palavra de Deus e a guardaram".

§ IX

Mas para que esta semelhança entre o Filho natural da Virgem e os filhos adotivos fosse recíproca, não só eles foram imitadores de Cristo, mas Cristo, enquanto podia ser, os imitou a eles. Não só foram os carmelitas os que fizeram antes o que a palavra de Deus não tinha dito, mas a palavra de Deus foi a que disse e ensinou depois o que os carmelitas tinham feito. Eles guardaram o que Cristo não tinha ensinado, e Cristo guardou o que eles tinham guardado.

Será prova não dificultosa desta maravilhosa excelência um dos mais dificultosos lugares do Evangelho: "Não cuideis — diz Cristo — que vim desfazer a lei e os profetas, porque a vim guardar e cumprir" (Mt 5,17). — É certo que Cristo veio desfazer a lei, porque em lugar da lei escrita veio substituir a lei da graça. Pois, se Cristo veio desfazer a lei, como diz que a não veio desfazer, senão que a veio cumprir? Eu o direi: dai-me atenção. A lei de Moisés — não falando na parte judicial, que não pertence aqui — tinha duas partes: a cerimonial e a moral. A cerimonial, essa foi a que Cristo desfez, como se desfaz a sombra com a luz, a figura com o figurado, a promessa com o prometido e a esperança com a posse. A parte moral, não a desfez Cristo, antes a aperfeiçoou, e de dois modos. O primeiro, declarando e tirando os abusos com que os fariseus a tinham depravado; o segundo, acrescentando-lhe os conselhos evangélicos, não com necessidade de preceito, mas como ornamento e coroa da mesma lei, para os que livremente a quisessem alcançar. E porque a religião dos profetas, isto é, Elias e seus sucessores, tinham dado princípio — ainda que em menor perfeição — aos mesmos conselhos, e Cristo observou e guardou uma e outra coisa, por isso disse: "Não vim desfazer a lei ou os profetas, mas cumprir". E que este seja o verdadeiro sentido do texto, prova-se de todas as circunstâncias e consequências dele. Porque primeiramente a matéria de que Cristo atualmente falava, eram os mesmos conselhos evangélicos: "Bem-aventurados os pobres de espírito etc." (Mt 5,3). As pessoas com quem falava eram os apóstolos, chamados para seguir a perfeição dos mesmos conselhos: "Os seus discípulos aproximaram-se dele, e ele abrindo a boca os ensinava" (Mt 5,1). O prêmio que prometia era ser grande no céu: "Este será chamado grande no reino dos céus" (Mt 5,19), que só se dá aos observadores dos conselhos. O nome com que os significou foi "de mandamentos mínimos", porque os conselhos não chegam a ser mandamentos, nem têm força de preceito, nem excluem do reino do céu: "Será chamado muito pequeno no reino dos céus" (Mt 5,19). Finalmente, aquela disjuntiva: "Ou a lei ou os profetas", mostra claramente que a doutrina dos profetas, de que Cristo falava, era distinta da lei, porque se tomara os profetas só como intérpretes da lei, havia de dizer: "A lei e os profetas", como quando disse: "A lei e os profetas até João" (Mt 11,13). Mas os profetas, de que aqui falava, não eram os intérpretes da lei, senão os que seguiam vida e instituto superior a ela, qual era o que Cristo atualmente estava pregando. E porque Elias, Eliseu e seus sucessores, que comumente eram profetas e se chamavam os profetas, tinham dado princípio, antes de Cristo os pregar, a estes que depois foram conselhos evangélicos, por isso diz Cristo que nem viera a desfazer a lei quanto aos preceitos, nem os profetas quanto à perfeição, senão a observá-la e a cumpri-la: "Não vim desfazer, mas cumprir".

Conforma-se mais a verdade e propriedade desta explicação com outras palavras notáveis do mesmo texto: "Enquanto não passar o céu e a terra não passará da lei um só i ou um til, sem que tudo seja cumprido" (Mt 5,18). É profecia e promessa de Cristo, na qual assegura que a lei de que falava e os ápices dela se hão de observar até o fim do mundo. Até o fim do mundo? Logo não falava Cristo da lei cerimonial, que já acabou, senão da moral, que atualmente estava reformando e aperfeiçoando, acrescentando-lhe os conselhos que são os ápices da mesma lei, isto é, partes e pontos mais miúdos e mais delicados e mais altos, a que por isso chama mandamentos mínimos: "O ápice é a perfeição evangélica", diz a glosa. E S. Crisóstomo: "Não diz isso das leis antigas, senão das que ainda ia ensinar, as quais chamam mínimas, embora sejam grandes".[19] Donde se segue claramente que os profetas de que Cristo disse, eram aqueles profetas que observavam instituto semelhante aos conselhos evangélicos. E por isso neste segundo texto não fez distinção da lei dos profetas, nem disse lei e profetas, senão somente lei: "Não passará da lei", porque depois que a lei moral e a escrita, passou a ser lei evangélica, dentro dela se compreenderam também os conselhos que no tempo da lei escrita andavam na tradição e exemplo dos homens santos, e não no corpo da lei. Esta mesma lei pois, e estes mesmos ápices dela, que agora são conselhos evangélicos, e antigamente eram institutos proféticos em Elias e seus sucessores, não só diz Cristo que hão de durar até o fim do mundo — quando virá o mesmo

Elias contra o anticristo — mas que "o mesmo Cristo os veio guardar e cumprir".

Oh! grande glória desta religião grande, singular, inefável! Que vindo Deus ao mundo a desfazer uma lei que ele mesmo instituíra, digo que veio não a desfazer, senão a guardar as leis que instituíram os carmelitas. Esta é a diferença que vai desta sagrada religião às nossas. Nós imos pelos passos de Cristo, e Cristo diz que vai pelos seus; nós caminhamos por onde Cristo pisou, e Cristo pisou por onde os precursores do Carmelo tinham caminhado. Entra Cristo triunfando em Jerusalém acompanhado de infinita gente, clamando e aclamando todos: "Hosana ao filho de Davi!" (Mt 21,9). E notam os evangelistas que "uns iam diante, outros detrás" (Mc 21,9). Perguntam agora os doutores quem eram ou quem representavam os que iam diante, e quem os que iam detrás? E responderam com S. Hilário, que os que iam diante eram os santos da lei velha, que vieram antes de Cristo, e os que seguiam detrás eram os santos da lei nova, que vieram depois de Cristo. Os que iam diante eram os Elias, os Eliseus, os Jeremias, os Batistas; os que iam detrás eram os Pedros, os Paulos, os Agostinhos, os Domingos, os Franciscos. E que diferença havia entre uns e outros? A diferença era que os que iam detrás seguiam; os que iam diante eram seguidos. Os que iam detrás caminhavam por onde Cristo pisava; os que iam diante pisava Cristo por onde eles tinham caminhado. E este era o lugar em que iam os carmelitas. Tão adiantados em guardar a palavra e doutrina de Cristo, que em vez de eles seguirem a Cristo, veio Cristo — do modo que se pode entender — a os seguir a eles: "Não vim desfazer a lei ou os profetas, mas cumprir".

Mais mistério há no caso. Os que iam diante, que já dissemos quem eram, lançavam as capas no chão, para que Cristo passasse por cima delas: "E por onde quer que ele passava, estendiam as suas vestimentas no caminho" (Lc 19,36). Donde infere advertidamente S. Pascásio que Cristo neste triunfo não deixou pegadas, porque não assentava os passos de seu caminho sobre a terra, senão sobre os mantos. Pois se Cristo veio a este mundo "para que seguissem suas pisadas os que viessem depois dele" (1Pd 2,21), por que não deixou pisadas neste caminho? Por que aquelas capas dos que iam diante vinham a ser os mantos e os hábitos dos carmelitas. E onde estavam os hábitos dos carmelitas, eles substituíam as pisadas de Cristo, porque o que Cristo ensinou depois geralmente, com a sua doutrina e com os seus passos, isso é o que os carmelitas tinham exercitado e ensinado antes, com o seu hábito, com o seu exemplo, com a sua profissão. Os que iam detrás, não é muito que o fizessem depois de ouvirem e verem a Cristo; mas que o fizessem os que iam diante, sem verem a Cristo nem o ouvirem, esta foi a maravilha e esta a excelência singular dos carmelitas: "Os que não ouviram a palavra de Deus e a guardaram".

Nem cuide alguém que é ou pode parecer contra a dignidade e suprema primazia de Cristo esta precedência de tempo, porque toda essa virtude, todo esse exemplo, toda essa luz, ainda que antecedente, foi derivada do mesmo Cristo. Na primeira semana do mundo criou Deus o sol, ao quarto dia, e pôs o sol no quarto céu. E por que no quarto céu e ao quarto dia? Com admirável providência e mistério. No quarto dia precederam três dias atrás e seguiram-se outros três dias adiante; no quarto céu ficavam três planetas abaixo e outros três acima, e foi destinado ao sol aquele tempo e aquele lugar, aquele dia e aquele céu, para que, estando no meio, como primeira fonte da luz, tanto pudesse alumiar os planetas debaixo como os de cima, tanto os dias que ficavam atrás, como os que iam adiante. Nos planetas está claro; nos dias, também é certo, porque aquela luz que precedeu nos primeiros três dias da criação, como diz Santo Tomás com o comum dos teólogos, era parte da mesma luz, posto que menos intensa, da qual depois foi formado o sol. Nem mais nem menos o sol de Justiça. O tempo em que veio ao mundo foi no meio dos anos: "No meio dos anos a farás conhecida" (Hab 3,2); o lugar em que nasceu no mundo foi no meio da terra: "Obrou a salvação no meio da terra" (Sl 73,12), para que entendêssemos, como verdadeiramente era, que a luz, a sabedoria, a virtude, a graça, o exemplo e o instituto de vida de todos os homens Santos, ou os que vieram antes, ou os que se seguissem depois, em qualquer tempo e em qualquer lugar, tudo manava daquela primeira fonte, tudo eram raios daquele sol e tudo efeitos daquela suprema causa. Todas as religiões vieram ao mundo depois de Cristo; a carmelitana abraçou ambos os tempos, porque já era antes e foi depois: quando imitou e quando não tinha a quem imitar; quando seguiu e quando não tinha a quem seguir; quando ouviu e quando não tinha ouvido, sempre foi inspirada, movida e antecipada de Cristo. Teve planetas abaixo do sol, e planetas acima; teve dias depois do sol, e dias antes, mas todos alumiados do mesmo sol. Oh! com quanta glória e com quanta propriedade se pode dizer desta sagrada família: "Permanecerá com o sol mas antes da lua" (Sl 71,5). Sempre com o sol, mas antes da lua. — Sempre com o sol, porque em ambos os tempos e em ambos os estados sempre foi alumiada de Cristo mas antes da lua, porque no primeiro tempo e no primeiro estado, foi antes

da Virgem Santíssima. Mas por serem antes da Mãe, nem por isso deixaram de ser sempre seus filhos. Antes, por isso mesmo mais próprios e mais singulares filhos, e mais parecidos ao seu primogênito, porque é prerrogativa única desta soberana Mãe ser Mãe de filhos que já eram antes de ela ser: "E genitora quando não, aquela que gerou o autor dos séculos". Foi Mãe destes filhos que já eram em tempo, assim como foi Mãe do Filho que era desde a eternidade: "Bem-aventurado o ventre que te trouxe".

§ X

Tenho acabado o meu discurso, mas direis, e com muita razão, que mal acabado. Pois tendo honrado esta solenidade com sua presença o Diviníssimo Sacramento, e sendo a primeira e principal parte dela, não teve parte no sermão. Não me tenhais por tão descuidado. A este fim ficaram reservadas e intactas aquelas duas palavras do tema: "E os peitos que te amamentaram", e não hão de vir desatadas do discurso.

Os filhos primeiros, já sabeis que têm obrigação de dar alimentos aos filhos segundos, e esses alimentos, conforme a sua qualidade, a sua nobreza, o seu estado. E como os religiosos carmelitas são irmãos segundos de Cristo por parte de sua Mãe, era obrigado Cristo a lhes dar alimentos, e tais alimentos que fossem dignos de filhos da Mãe de Deus. Pois, que alimentos haviam de ser estes, senão o mesmo Deus dado em alimento? É verdade que o Santíssimo Sacramento do altar foi instituído para todos, mas pode ser aplicado com diferença. Dar Cristo este pão do céu aos outros homens foi graça, foi liberalidade; dá-lo aos religiosos do Carmo foi dívida e foi obrigação. Aos outros homens foi graça e foi liberalidade, porque não lhes devia Cristo este Sacramento como Redentor. Aos carmelitas foi dívida e foi obrigação, porque lhes devia estes alimentos como irmão maior. Direis que alimentos sim, mas não estes. Alimentos sim, por irmãos seus e filhos de sua Mãe. Mas que estes alimentos fossem tirados de sua própria substância e debaixo de acidentes diversos, qual é o mistério sagrado da Eucaristia, por que razão? Ora vede. Cristo, como irmão primogênito, devia sustentar os filhos de sua própria Mãe e seus irmãos segundos com tais alimentos quais eram aqueles com que sua Mãe o sustentava. E que alimentos eram estes? "E os peitos que te amamentaram". O alimento com que a Senhora sustentou a seu Filho foi o leite de seus peitos. E o leite, que alimento e que substância é? Perguntai-o a Aristóteles e a Galeno: o leite é sangue branco e não há outra distinção entre o sangue e o leite, senão que o leite é sangue branco, e o sangue leite vermelho. A substância é a mesma, os acidentes diversos. De sorte que a Virgem Senhora nossa deu o sangue por duas vezes e por dois modos a Cristo: deu-lhe uma vez o sangue de suas entranhas, de que se formou o Corpo sagrado quando o gerou: "Bem-aventurado o ventre que te trouxe"; e deu-lhe outra vez, e mil vezes o sangue de seus peitos, com que o sustentou e alimentou: "E os peitos que te amamentaram". E entre um e outro sangue, que todo se convertia em substância de Cristo, não havia mais diferença que a brancura dos acidentes e como a Virgem alimentava ao seu Filho Primogênito com a substância mesma de seu Corpo, debaixo de acidentes brancos, corria obrigação a Cristo, como Filho maior, de alimentar os filhos segundos de sua Mãe com a mesma substância do seu Corpo, debaixo de acidentes da mesma cor, que é o Sacramento Santíssimo.

O primeiro carmelita foi o primeiro que logrou estes alimentos, e tomou em figura a posse deles. Fugiu Elias para o deserto, lançou-se ao pé de uma árvore, adormeceu, acordou-o um anjo e deu-lhe pão para que comesse. Comeu Elias, tornou a adormecer, e tornou o anjo a acordá-lo e a dar-lhe mais pão, e comeu outra vez. É comum alegoria dos Padres que este pão representava o Santíssimo Sacramento. E ser o pão dado por modo de alimento, as circunstâncias o mostram, porque o comeu Elias sem lhe custar nenhum trabalho nem cuidado, comendo e dormindo. O irmão maior é o que tem o cuidado e o trabalho dos alimentos; os filhos segundos, põem-lhes ali os seus alimentos limpos e secos: comem e dormem. Mas quando lhe deram a este grande carmelita o Sacramento em alimentos? No deserto e à sombra de uma árvore. O deserto, diz Hugo Cardeal, significava o retiro do mundo; a árvore significava a cruz. O deserto já o havia porque já Elias o professava; a cruz não a havia ainda, porque Cristo ainda não era nascido. Mas os alimentos do Sacramento não se deram a Elias, senão depois que ele esteve no deserto e à sombra da cruz, porque não haviam de lograr os carmelitas estes alimentos enquanto filhos de Elias, senão enquanto irmãos de Cristo, não pela geração passada de seu Pai, senão pela filiação futura de sua Mãe: "Bem-aventurado o ventre que te trouxe e os peitos que te amamentaram".

Agora tenho acabado. Se disse pouco, quem elegeu o pregador me desculpa. Se fui largo, assaz castigo é dizer pouco e não ser breve. E se acaso alguém das sagradas religiões que me ouvem — e das que me não ouvem também — tem alguns embargos ao que disse, ainda me fica com que responder a quaisquer artigos de nova razão. Mas a melhor e última seja conhecermos todos que o que se diz da sagrada religião do Carmo, sendo particular, é comum, e sendo prerrogativa só desta religião, é glória de todas. Quem hoje para louvar a Cristo disse: "Bemaventurado o ventre", sabia que o louvor da Mãe é louvor dos filhos. Este é o exemplo que segui, supondo — como verdadeiramente é — que todos somos filhos deste instituto e todos descendemos dele. Assim o diz S. Jerônimo, S. Macário, S. Isidoro, S. Bernardo. Não refiro as palavras de cada um, por não ser mais largo, mas fiquem ao pé do Monte Carmelo as de Batista Mantuano[20], que com espírito do mesmo Parnaso as ligou e resumiu nestas regras:

"Dali – do Monte Carmelo – brotaram, como torrentes inesgotáveis/ a religião e reverência do culto sagrado/ dali como de única videira/ provém toda a piedade dos demais montes/ derramando cachos por terras e mares/ dali o eterno silêncio dos claustros cartusianos/ dali Bento agrupa suas ovelhas/ ali varões de rústicas sandálias/ aprenderam a usar amplas túnicas de cânhamo grosseiro/ dali vieram nossos pais/ ardorosos cultivadores de campos ínvios e terras causticantes/ transportados por Ciríaco da costa ibérica/ santa e digna descendência de tão excelsa Ordem."

E como desta sagrada e primitiva religião manaram e se propagaram todas as outras como troncos da mesma raiz, como rios da mesma fonte ou como raios do mesmo sol, o que só resta é que todos demos o parabém à Soberana Mãe de tais filhos e aos benditos filhos de tal Mãe: "Bem-aventurado o ventre que te trouxe". E que entendam todas as outras religiões, e se persuadam que tanto maior parte terão nas mesmas glórias quanto mais e melhor observarem o que eles guardaram e não ouviram: "Bem-aventurados aqueles que ouvem a Palavra de Deus e a guardam".

# SERMÃO DA
## Terceira Quarta-Feira da Quaresma*

*Pregado na Capela Real.*
*Ano de 1651.*

∽

"Dize que estes meus dois filhos se assentem no teu reino
um à tua direita e outro à tua esquerda."
(Mt 20,21)

---

Ao voltar de Roma em 1650, Vieira prega em todos os domingos do Advento. Nesse ano, seus sermões são variados e sua vida continua sob pressão da Inquisição. Nesse domingo, enfatiza a petição da mãe dos Zebedeus. Cristo respondeu aos filhos. Vieira pretende responder ao memorial da mãe e por ele a todos os pretendentes da corte. É o sermão dos "pretendentes". Ele caminha por todas as palavras da petição. A primeira tem três letras em latim: Dic (dizei) — não é assim que se pede, assim se ensina ou se manda. A segunda: "que se assentem" — não é expressão curial, mas imprópria e indecente. Em palácio, um só dossel e uma só cadeira. Os grandes em pé, ou de joelhos ou arrimados. A terceira: "estes" — quem são estes? E depois, quem serão? Os ofícios mudam os costumes e os lugares as naturezas. A quarta: "dois" — valido, apenas um; dois nunca concordarão entre si. A quinta: "meus filhos" — quão fraca significação tem o que se chama irmandade! A sexta: "um a direita e outro a esquerda" — se a mão esquerda está exposta à desigualdade, às preferências, a direita não está segura de outros receios. As últimas: "no teu reino" — os paços a ninguém fez melhor. Diante do que foi dito, o despacho mais fácil, breve e seguro é não desejar, nem pretender, nem pedir.

## § I

Esta foi a petição da Mãe dos Zebedeus a Cristo, tantas vezes ouvida neste real auditório como variamente ponderada deste sagrado lugar. Mas porque o soberano Senhor respondeu aos filhos para que o entendesse a Mãe, eu determino responder à Mãe para que me entendam os filhos, e os que não são filhos também. Com uma só hei de falar, mas para todos hei de dizer. E porque seria impropriedade alegar a Maria Salomé, ou Escritura, ou exemplo, ou autor que não fosse daquele tempo, resumindo-me ao mesmo dia em que foi esta petição feita — que segundo a Cronologia mais certa foi o décimo ou nono dia antes da Paixão de Cristo — de tudo o mais quanto sucedeu e se disse no mundo desde então até o presente, me não aproveitarei em uma só palavra. De grandes tesouros de escrituras, de grandes paralelos de exemplos, de grandes autoridades e sentenças, assim sagradas como profanas me privo; mas espero que nos não farão falta. Começando pois a falar com a Mãe dos Zebedeus, o que lhe digo — ou dissera — é desta maneira.

## § II

Visto, Senhora, este vosso memorial — o qual considero antes que se presentasse a Cristo —, posto que eu não tenha autoridade para o emendar nem ainda confiança para o arguir, a muita devoção que professo com vossos filhos e o grande respeito que por eles e por vossa venerável pessoa vos é devido, excita, persuade e ainda obriga o meu zêlo a que repare e advirta, por vos servir, o que nesta petição me faz dúvida. E para que seja com distinção, clareza e brevidade, examinando uma por uma todas as palavras dela, direi sobre cada uma o que eu noto, mas não condeno, posto que outros o podem estranhar.

A primeira coisa pois, em que a minha consideração repara neste memorial, é a primeira palavra dele: "dize". Não é este o estilo por onde começam nem devem começar as petições. As petições começam por diz, e não por dizei. Mas como vós, Salomé, sois mãe do valido, parece-me que o valimento vos ditou a petição. Os outros nas suas petições começam: diz fulano. Os validos não dizem diz; dizem dizei. Tal estilo de pedir não é pedir, é ensinar ou mandar. O príncipe que assim despacha não concede, obedece: não dá mercê, dá a lição. Cristo é Mestre e Senhor. "Vós me chamais Mestre e Senhor" (Jo 13,13), e nem como Senhor deve ser mandado, nem como Mestre ensinado.

Se o que pedis que diga: é que os vossos dois filhos tenham os dois lugares do lado, como quereis que vos despache Cristo logo e em uma palavra? Tão leve negócio é a eleição de um primeiro ministro, e muito mais a de dois ministros, ambos primeiros, que por uma simples petição, sem mais consulta nem conselho, se haja de conceder? Se o pedira todo o reino, ainda havia muito que duvidar, por que não cuidassem os vassalos que juntos nem divididos podiam ter ação ou impulso nas resoluções soberanas. Quanto mais que semelhantes lugares não se dão a quem os deseja e os pede, antes, quando os desejam, então começam a os desmerecer, e quando se atrevem a os pedir, então os desmerecem de todo. O pedir e o despedir em tais casos hão de ser correlativos. Oh! quanto melhor tiveram negociado os vossos dois pretendentes, se quando Cristo os estremava dos outros, para lhes fiar os casos de maior importância, eles se retirassem com modéstia e com discreta resistência se escusassem! Quando Moisés se escusou de primeiro ministro de Deus sobre o Egito, então o levantou Deus ao seu lado, e lhe delegou o seu poder e mais o seu nome: "Eu te constituí deus de Faraó" (Ex 7,1).

Eu bem sei que esta pequena palavra *dic* [dize] encerra em três letras todo o poder das três Pessoas Divinas, uma das quais é Cristo. Por isso o mais bem entendido de todos os anjos, quando quis provar se o mesmo Cristo era Filho de Deus, o fez com a mesma palavra: "Se és Filho de Deus, dize que essas pedras se convertam em pães" (Mt 4,3). Mas, ainda que Cristo com um *dic* podia fazer das pedras pão, e o que é mais, filhos de Abraão, para fazer homens de quem há de fiar a superintendência do mundo, nunca ele usou nem usará jamais só de palavras. Não são estas as feituras que se fazem com um *dic*, ainda que seja Deus o que o faça. O sol, a lua, as estrelas, as plantas, os animais do ar, do mar e da terra fê-los Deus dizendo: "Ele disse e foram feitas as coisas" (Sl 148,5): mas quando veio a fazer o homem, que havia de ter o manejo de todas essas criaturas, primeiro decretou Deus com grande conselho, e não disse: digamos, senão, façamos: "Façamos o homem à nossa imagem e semelhança, e que presida..." (Gn 1,26). Não se fazem assim ministros tamanhos. Há-os de fazer quem os faz, e eles também se hão de fazer para serem feitos. Bem lembrada estareis, Senhora, daquele mais fausto dia que nunca amanheceu à vossa casa, quando Cristo elegeu e chamou para seu serviço estes mesmos vossos filhos. E que é o que lhes disse então? "Farei que vos façais pescadores de homens" (Mt 4,19). Se é necessário que Cristo faça muito neles, e eles façam muito em si, para passarem de pescadores a pescadores, para subirem aos lugares supremos, que lhes pretendeis, como quereis que seja com um *dic* [dize]?

Mas, caso negado, que Cristo dissesse o que vós pedis que diga, que havia de dizer o mundo? Não sabeis que Cristo é um Senhor que, enquanto Deus e enquanto homem, sempre faz grande caso do que dirão? Enquanto Deus, com isto lhe atavam as mãos os profetas, ainda nos mais justificados castigos: "Para que não digam a gentes" (Sl 113,2). "Para que, vos peço, não digam os egípcios" (Ex 32,12). Enquanto homem, vossos mesmos filhos lhe ouviram perguntar: "Quem dizem os homens ser o Filho do homem?" E logo: "E vós, quem dizeis que eu sou?" (Mt 16,13s). Porque não só lhe dava cuidado o que dizia o mundo por fora, senão também os discípulos dentro da sua mesma escola. Como não repareis logo muito no que se dirá da pessoa e governo de Cristo, se ele disser o que vós quereis que diga: "dize"? Das portas a dentro, que dirá Pedro, a quem já estão prometidas as chaves? Que dirão as cãs de André? Que dirá a renúncia de Mateus? Que dirá o zelo de Simão? Que dirá o sangue real de Bartolomeu? Que dirá a santidade do outro Jacó [Tiago], a quem só é lícito entrar no "Sancta Sanctorum [o Santo dos Santos]?". E que dirá o despego e desinteresse de Filipe, a quem para si e para todos basta só a vista do Padre? E se isto se pode dizer dentro das paredes domésticas, sem entrarem nesta conta as murmurações de Judas, que se dirá das portas a fora? Será bem que se diga que com o Mestre da justiça e da verdade pode mais a afeição que o merecimento, e que se dá um lado a João, porque é o querido, e outro a Jacó, porque é seu irmão? Será bem que se diga e se moteje que, se Cristo provou a sua divindade com os milagres, também com esta eleição tem dado bem a conhecer sua humanidade, pois tanto se deixa levar de respeitos humanos? Sobretudo, será bem que se diga que no governo de uma monarquia, que há de ser o exemplar de todas, se distribuem os postos por intervenção de uma mulher? Eis aqui o que quereis que se diga de Cristo com este vosso "dize".

E não cuideis, Senhora, que ficaram de fora nestes ditos os mesmos por quem rogais. Se tanto quereis a vossos filhos, pelo mesmo amor que lhes tendes, vos rogo que os não queirais expor com este "dize" ao que deles se dirá. O seu maior louvor até agora era que Pedro e André deixaram as redes, porém João e Jacó "não só deixaram as redes, senão também o pai" (Mt 4,22). Agora, dir-se-á que, se deixaram as redes e o Pai, não deixaram as redes e a Mãe, pois por meio dela quiseram pescar de um lanço os maiores dois lugares do reino, que é o mesmo que todo ele, pois contém o manejo de todo. Até agora se dizia que, sendo dois dos três que foram escolhidos para a glória do Tabor, foram tão discretos que viram e calaram, quando Pedro, que era o companheiro, ficou tido por néscio, porque falou; e agora, dir-se-á que foram tão ingratos ao mesmo Pedro que, tendo-os ele incluído na sua petição quando disse: "É bom que nós estejamos aqui" (Mt 17,4), eles não só o não introduziram na sua, mas expressa e cavilosamente o desviaram e excluíram, pois era só o que temiam lhes podia fazer oposição. Até agora eram reputados em toda a escola de Cristo por dois dos três melhores discípulos, e por isso preferidos tantas vezes aos demais; agora, dir-se-á que são os menos provectos, ou os mais rudes de todos, porque na questão que se altercou sobre qual havia de ser o maior, resolvendo o divino Mestre que o seria o que se fizesse mais pequeno, eles entenderam tão mal a doutrina e tomaram tão mal a lição que, em vez de se meter cada um no último lugar, ambos pretendem os primeiros.

Isto se dirá, Senhora, dos filhos do Zebedeu sobre o vosso "dize". E da Mãe também haverá quem diga. Que cuidais que dirão, e não sem fundamento, as outras Marias? Elas são muito devotas e pias; mas, assim como as vossas contemplações vos não mortificaram de toda a ambição, também no exercício das suas poderá ser que não esteja mortificada a inveja. Elas também têm filhos, e a que não tem filhos tem irmão. E deixando as demais — em que a igualdade do estado e do parentesco é assaz bastante motivo para estranharem muito esta diferença — que dirá a Madalena por parte de Lázaro? E se ela calar, como costuma, que dirá e que poderá dizer Marta, pois sabeis que é mulher que se sabe queixar? Não dirá — ao menos dentro em si. — É possível que não entrassem em tal altiveza de pensamentos as irmãs do Senhor de Betânia, e que os tenha e se atreva a os declarar a Mãe dos pescadorinhos de Tiberíades? — Se Cristo não mede estas distâncias com os mesmos compassos com que as distingue o mundo, ao menos nem a sua modéstia pode negar que, para a autoridade do rei, e para o respeito dos ministros, e para a decência dos mesmos ofícios, faz muito a qualidade e suposição das pessoas. Se Salomé funda a sua confiança na graça do seu João, não é menor a de Lázaro, porque se um tem o título de "a quem Jesus amava" (Jo 21,7), o outro tem o de "aquele que tu amas" (Jo 11,3). Oito dias faz hoje que Cristo o ressuscitou morto de quatro. E que sujeito mais digno do lado de um príncipe, que um homem vindo do outro mundo?

Quem não aceitará e venerará todas as suas disposições, e não ouvirá como oráculo todas as suas palavras? Todos os erros dos ministros não nascem de outra causa, senão de tratarem só desta vida e não se lembrarem da outra; mas um homem que sabe por experiência o que é viver e morrer, que coisa intentará ou fará, que não seja muito acertada?

Só por esta prerrogativa era merecedor Lázaro, não de um, mas de ambos os lados. Quando Cristo, na transfiguração do Tabor, deu as primeiras mostras da majestade do seu reino, a um lado pôs Moisés e a outro Elias, porque um era vivo e outro morto. E ambas estas propriedades se ajuntam em um ressuscitado. Como vivo, remunerará os merecimentos dos vivos, que o requerem; e como morto os dos mortos, que o não podem requerer. Ouvindo el-rei Herodes os milagres de Cristo, entendeu que era o Batista ressuscitado, porque de um ressuscitado não se podem esperar senão milagres. E tal é hoje Lázaro. — Tudo isto poderiam dizer Marta e Maria por parte de seu irmão, ainda sem o considerarem herdeiro dos serviços de ambas. Os alabastros quebrados da Madalena, os unguentos derramados, as lágrimas e os cabelos também eram desta ocasião. E se Marta se não jactasse — como não faria — de que Cristo tinha comido o pão em sua casa, ao menos podia alegar a sua diligência, o seu cuidado e a mesma largueza que o Senhor estranhou e chamou supérflua, para que, havendo de acrescentar alguma casa, fosse a sua.

Mas quando as duas irmãs, por sua virtude, calem tudo isto, quem tapará a boca às demais, para que não digam que este vosso "dize" encerra maior ambição que a mesma que declarais? Dirão que não só pretendeis o aumento e promoção dos filhos, senão também a vossa, e que, quando para eles pedis as cadeiras, para vós negociais a almofada. Como as profecias que tratam do Reino de Cristo falam também da Esposa — de que só Salomão escreveu livros inteiros — não só esperamos rei, mas também rainha. Dirão pois que para os filhos quereis os lados do trono, e para vós o do estrado. E que sendo por natureza a maior valia dos validos, aspirais a governar juntamente ambos os quartos de palácio. Oh! como vos considero já carregada de memoriais, quando sobre a carga dos anos vos pareceram melhor nas mãos, em lugar desses papéis, ou o Saltério de Davi, ou os Trenos de Jeremias! Tudo isto, Senhora, e muito mais encerra o vosso "dize" o qual não só desdiz muito do que sois e do que vossos filhos professam, mas também desdiria muito do mesmo Cristo se tal dissesse. Mas passemos à segunda palavra.

§ III

"Que se assentem." Também este termo não é curial, antes muito impróprio, e ainda indecente. Que sejam, Salomé, vossos filhos muito assentados, isso procurai vós; mas que estejam assentados é implicação do que pedis. Pedis o lado, e dizeis que se assentem? Não sabeis que em Palácio, assim como não há mais que um dossel, há também uma só cadeira? Não sabeis que os grandes ali se cansam de estar em pé, só descansam de joelhos, arrimados quando muito a uma credência daqueles idolatrados altares? Bastava para isto ser Cristo rei; quanto mais sendo rei e Deus juntamente! "Tu mesmo és o meu Rei e o meu Deus" (Sl 43,5). O trono de Deus no templo é o propiciatório, donde ouve e responde. E, posto que nem vós nem vossos filhos entrásseis naquele sagrado, porque é vedado a todos, bem deveis de ter ouvido que ao lado direito do propiciatório está um querubim, e ao lado esquerdo outro, mas ambos em pé. Logo, se quereis que os vossos dois filhos sucedam no lugar destes querubins, e que ocupem um e outro lado do trono de Cristo, como pedis que se assentem: "Que se assentem?" Os querubins estão em pé e os filhos do Zebedeu hão de estar assentados?

Mais têm estes querubins. Não só estão em pé, mas também com "as asas estendidas" (Ex 37,9). E por que razão com as asas estendidas? Porque aos lados do trono, onde eles estão, ninguém e de nenhum modo pode estar assentado, senão sempre e de todos os modos em pé. Se somente tem pés, como homens, há de estar em pé com os pés; e se tem pés e mais asas, como querubim, há de estar em pé com os pés e também em pé com as asas. Vede, Senhora, o que digo, para que vejais que não dizeis bem. Bem sabeis que os querubins não têm pés, nem asas, nem corpo, porque são espíritos. E por que os pinta e representa a Escritura em figura humana, e com asas? Pinta-os em figura humana, para mostrar que são criaturas racionais como nós, e sobre isso acrescenta-lhes asas, para que reconheçamos que a sua natureza é superior e mais levantada que a nossa. E como os querubins representados nesta forma vêm a ser compostos de duas naturezas diferentes, parte homem e parte ave, por isso com a parte que têm de homem, estão em pé com os pés, e com a parte que têm de ave, estão em pé com as asas, porque aos lados do trono, nem como homens, nem como superiores aos homens podem estar assentados. O homem quando está assentado não se firma sobre os pés; a ave também, quando está assentada, não se firma sobre as asas, antes as encolhe. Mas os querubins estão firmados sobre os pés e firmados juntamente sobre as asas — que por isso as têm estendidas — porque nem a um, nem a outro lado do trono, nem como homens, nem como mais que homens, podem estar assentados, senão com os pés e com asas, sempre e de todo modo em pé. Isto mesmo é o que notou Isaías nos dois serafins que assistiam aos lados do trono de Deus: "Vi o Senhor assentado sobre um alto e elevado sólio. Os serafins estavam em pé e voavam" (Is 6,1).

"Estavam em pé com os pés e com as asas". E o que estava assentado era só Deus: Um dos vossos filhos, Senhora, que é João, não posso eu negar que seja como querubim, homem com asas, e não quaisquer, senão de águia — que assim o viu e pintou Ezequiel na descrição do seu carro —, mas ainda que ele tenha asas, e seu irmão as tivesse, e Cristo lhes conceda, como quereis, os dois lugares de querubins a um e outro lado, nem por isso podem estar ou hão de estar assentados, como diz o vosso memorial: "Que se assentem".

Mas vos digo que os lugares que pedis não só não são para estar assentados, mas nem ainda para estar. E para prova desta verdade, ou deste desengano, bem lhes bastava a vossos filhos lembrarem-se da sua vocação. Quando Cristo os chamou, que é o que lhes disse? "Vinde após mim" (Mt 4,19). Logo, não os chamou para estar assentados, nem para estar, senão para seguir e andar. E por isso os chamou o mesmo Senhor não estando assentado, nem estando, senão andando: "Caminhando Jesus ao longo do mar da Galileia" (Mt 4,18). Sendo pois expressamente chamados para andar após Cristo, quererem agora não andar, senão estar assentados, não após Cristo, senão aos lados de Cristo, quem não dirá que é renunciar declaradamente à vocação, ou apostatar dela. Oh! como temo que não só não hão de sair bem despachados, mas tratados como néscios. Como néscio foi tratado Pedro no Tabor. E por quê? Porque queria que Cristo fizesse ali seu assento, e fixasse tabernáculo naquele monte. Os mesmos raios do sol, que lhe davam nos olhos e saíam do rosto de Cristo, lhe deviam advertir que Cristo não viera ao mundo para estar parado, e que não era lugar do seu tabernáculo um monte que não se move. "Pôs o seu tabernáculo no sol" (Sl 18,6), diz vosso ascendente Davi: que havia Cristo de pôr seu tabernáculo no sol, para que não só o morador, senão a casa, nem só a casa e o pavimento dela, senão o mesmo sítio e lugar em que estivesse fundada, andasse em perpétuo movimento. Do círculo de cada dia, com que o sol sem cessar anda sempre rodeando e torna a rodear o mundo, disse Salomão: "Faz o seu giro pelo meio-dia, e depois se dobra para o norte visitando tudo em roda" (Ecl 1,6). E isto é o que faz e fez sempre Cristo, depois que se manifestou ao mundo para o alumiar, sendo certo que, quando sua vida e ações se escreverem, será a mais frequente palavra na sua história: "Percorria, atravessava" (Mt 4,23; Lc 19,1).

Boas testemunhas podem ser os mesmos que agora pedem estar assentados, destes contínuos passos de seu Mestre, sem descansar nem parar, sempre em roda viva. Já nas cidades, já nos desertos, já nas praias, já na Judeia, já na Galileia, já na Samaria, já em Jerusalém, já em Cafarnaum, já em Tiro, já em Sidônia, já em Caná, já em Jericó, já em Cesareia de Filipe, já na região dos genesarenos, já nos confins de Decápolis, já em Betsaida, Naim, Betânia, Nazaré, Efrém, sem haver terra grande e populosa, nem lugar pequeno ou aldeia, que Cristo, para alumiar a todos com sua luz, não santificasse com seus passos. Finalmente nos mesmos secretos que agora acaba de revelar o Senhor a seus discípulos, bem claramente lhes disse que o caminho que o leva a Jerusalém é a morrer pregado em uma Cruz, para que vejais se é justo nem decente que peçam os lados de um rei, que vai a morrer em pé, aqueles que os pretendem para estar assentados: "E se assentem".

§ IV

"*E*stes". A palavra é muito breve, mas não digna de menor reparo. Vós dizeis estes. E quem não dirá: Quem são estes? Muitos, é de crer, se embaraçarão logo com as redes e com a barca; mas eu tão longe estou de encalhar neste baixo — posto que o seja — que antes o exercício de pescador me parece o melhor noviciado que estes apóstolos podiam ter para a profissão de primeiros ministros. Que é uma barca, senão uma república pequena? E que é uma monarquia, senão uma barca grande? Nas experiências de uma se aprende a prática da outra. Saber deitar ao leme a um e a outro bordo, e cerrá-lo de pancadas quando convém; saber vogar, quando se há de ir adiante, e siar, quando se há de dar volta, e suspender ou fincar o remo, quando se há de ter firme; saber esperar as marés e conhecer as conjunções e observar o cariz do céu; saber temperar as velas conforme os ventos, largar a escota ou carregar a bolina, ferrar o pano na tempestade e, na bonança, içar até os topes. Tão política como isto é a arte do pescador na mareação, e mais ainda nas indústrias da pesca. Saber tecer a malha e segurar o nó; saber pesar o chumbo e a cortiça; saber cercar o mar para prover e sustentar a terra; saber estorvar o anzol, para que o peixe o não corte, e encobri-lo, para que o não veja; saber largar a sedela, ou tê-la em teso; saber aproveitar a isca e esperdiçar o engodo. Só um defeito reconheço no pescador para os lugares do lado, que é o exercício de puxar para si. E este é, Senhora, o que não só se argui, mas se prova do mesmo que vossos filhos pretendem e vós pedis.

Dir-me-eis que na mesma palavra "Estes" se responde a este escrúpulo, pois estes, por quem intercedeis, são tão livres de interesses que deixaram tudo, e não menos deles que dos outros dez disse Pedro: "Eis que nós deixamos tudo" (Mt 19,27). Algum dia terá esta proposição uma grande réplica em um dos mesmos doze, como está profetizado no

Salmo quarenta, onde diz que, depois de deixar o próprio por cobiça do alheio, chegará a vender a seu Senhor. Mas pois o mesmo Senhor não replicou a ela, nem eu quero replicar. Só vos digo, Salomé, que se vossos filhos agora são estes, "estes", depois que se virem ao lado, pode ser que sejam outros. Ainda não sabeis que os ofícios mudam os costumes, e os lugares as naturezas? Quem mais inocente, quem mais humilde, quem mais modesto, quem mais santo que Saul antes de subir ao trono? E depois que nele se viu, todas estas virtudes se trocaram nos vícios contrários, e mereceu ser tão indignamente deposto do lugar quão dignamente fora levantado a ele! Mas o levantado e o deposto propriamente não foi o mesmo Saul, porque já era outro. Ninguém subiu a uma torre muito alta, que olhando para baixo se lhe não fosse o lume dos olhos e lhe andasse a cabeça à roda. Temei a vossos filhos estas vertigens, e não vos fieis de serem agora o que são, "estes", porque depois não serão estes.

Enquanto Adão foi particular, conservou-se na inocência original em que fora criado; mas tanto que se lhe deu a investidura do governo e a superintendência das outras criaturas, logo a mesma alteza da dignidade lhe desvaneceu a cabeça e lhe fez perder o juízo: "O homem, quando estava na honra, não entendeu" (Sl 48,13). Tal mudança fez em Adão a diferença do estado, que já não era ele, senão outro, e duas vezes outro. Outro porque quis ser como Deus e outro porque ficou como bruto. O mesmo Deus lhe declarou ambas estas mudanças: a de homem em Deus, pelo pensamento: "Eis Adão que está feito como um de nós" (Gn 3,22); e a de homem em bruto pelo castigo: "Foi comparado aos irracionais, e se fez semelhante a eles" (Sl 48,13). Não vos fieis no entendimento de vossos filhos, nem na sua virtude.

Olhai que, se são filhos vossos, também são filhos de Adão. O que agora neles é modéstia, depois será soberba; o que agora neles é ciência, depois será ignorância, e tanto mais, quanto levantados de mais humilde fortuna. Considerai aquelas palavras de Jó: "Hei de levantar da terra, e hei de ver a Deus eu mesmo, e não outro" (Jó 19,25s). Parece que para um homem levantado da terra ser o mesmo, e não outro, é necessário ser confirmado em graça e mais em glória. Vede se se arriscam vossos filhos a ser outros, e muito outros, ainda que agora sejam "estes".

Mas eu não quero que sejam outros, senão estes mesmos que são, para que de nenhum modo convenham eles aos lados de Cristo, nem os lados a eles. Quando Cristo chamou estes dois moços para que o seguissem, bem sabeis que lhes deu por nome Boanerges, que quer dizer: "Filhos do trovão" (Mc 3,17). E bem sabeis também que filhos de trovão na frase hebreia é o mesmo que raios, porque os raios são partes do trovão. Parece-vos logo bem que Cristo, quando reinar, esteja no seu trono cercado de raios? Seria muito bom, para que todos fugissem de palácio e ninguém quisesse aparecer numa audiência. Quando Deus deu a primeira lei no Monte Sinai entre relâmpagos e raios — porque era lei de rigor — todos fugiam do monte, diziam: "Não nos fale o Senhor" (Ex 20,19). Mas na lei de Cristo, que ele chamou suave, e convida que vão todos a ele: "Vinde a mim todos, porque o meu jugo é suave" (Mt 11,28), não dizem bem os raios com a mansidão e clemência de tão benigno príncipe. Bem seria que tivesse a seu lado tais ministros, que cada resposta sua fosse uma trovoada, cada olhadura um relâmpago, e cada resolução um raio. Se João é águia e Jacó quer ser como ele, uma águia com um raio na mão dirá muito bem ao lado de Júpiter, mas não ao de Cristo. Em suma, que estes vossos filhos são muito fogosos e muito ardentes, e não se quer tanta bravosidade para os lados do Rei. E por que não cuideis que o nome estrondoso de Boanerges, ou filhos do trovão, tem mais de ruído que de realidade, ou que eu o interpreto contra o natural de vossos filhos, contem eles o que lhes aconteceu em Samaria. Não quiseram os samaritanos que Cristo em certa ocasião se detivesse na sua terra. E qual foi no mesmo instante a braveza e o orgulho do vosso João e do vosso Jacó? "Quereis, Senhor, que mandemos descer fogo do céu, que consuma a todos estes?" (Lc 9,54). Vede se eram raios. De sorte que não menos que toda Samaria queriam abrasar com fogo do céu em um momento. Com tais conselhos ou fúrias como estas, em oito dias não haveria mundo, quanto mais monarquia. Voltou-se o Senhor para eles, e o que lhes disse foi: "Não sabeis de cujo espírito sois" (Ibid. 55). Esse espírito é de Elias, e não meu. E quem não é do espírito de Cristo, como há de estar ao lado de Cristo? Mais espírito e menos espíritos. Espíritos tão arrebatados, nem os príncipes os têm junto a si, nem eles se contêm em si. E estes são, Salomé, aqueles para quem pedis, não um, senão ambos os lados: "Estes".

§ V

"*D*ois". Ainda este "dois" tem maior dissonância. Pretendeis o valimento do rei, e quereis que os validos sejam dois? Se convém que os reis tenham valido ou não, é problema que ainda não está decidido entre os políticos. Mas dois validos, ninguém há que tal dissesse nem imaginasse. Se os vossos filhos tiveram lido as Histórias Sagradas e profanas desde o princípio do mundo até hoje, não lhes havia de passar tal coisa pelo pensamento. Criou Deus a Adão no sexto dia do mundo, para que no governo dele fosse sua imagem; e logo no dia seguinte se diz que descansou Deus, porque os supremos príncipes é bem que tenham uma causa segunda que os represente e sobre quem descansem. Mas este homem, que se supõe ser em tudo o primeiro homem, há de ser um, e não dois; por isso fez Deus um Adão, e não dois Adões. Entre os caldeus foi primeiro ministro de Nabucodonosor Daniel, mas só Daniel; entre os egípcios, José de Faraó, mas só José; entre os Gregos, Efestião de Alexandre, mas só Efestião; entre os Persas, Amã e Mardoqueu de Assuero, mas não juntos, senão em diversos tempos, e sempre um só. Se algum exemplo houve de dois juntamente, foi para ruína do rei e perdição da coroa. Nenhum rei teve a seu lado maior e melhor ministro que Absalão quando começou a reinar, porque teve a Aquitofel, cujos conselhos, por testemunho da mesma Escritura Sagrada, eram como oráculos de Deus. E por que Davi quis tirar a coroa a Absalão, como a rei intruso e rebelado, que fez? A traça de que usou como tão prudente foi meter-lhe do outro lado outro ministro, que foi Cusai. E assim sucedeu. Encontraram-se os dois ministros nos pareceres, seguiu Absalão o de Cusai, e não o de Aquitofel, e sendo que com este se conservara sem dúvida, como diz o mesmo texto, porque teve dois, se perdeu.

A razão natural deste inconveniente é porque, onde há dois entendimentos, duas vontades, duas naturezas e duas pessoas diferentes, não pode haver união. A união hipostática em Cristo, que foi o maior milagre da sabedoria e onipotência divina, uniu duas naturezas, dois entendimentos e duas vontades. Mas notai que neste mesmo composto, com ser milagroso, as pessoas não são duas, senão uma só. Em uma pessoa, por milagre, podem estar unidas duas naturezas, dois entendimentos e duas vontades; mas em duas pessoas diferentes, — como dois homens — é milagre que nem Deus fez jamais, nem fará. Na Santíssima Trindade há também união deste gênero, por outro modo ainda mais admirável. As pessoas são três realmente distintas, e todas entendem o mesmo e querem o mesmo. Mas ainda que as pessoas são três, as naturezas, os entendimentos e as vontades não são três, senão uma só natureza, um só entendimento e uma só vontade. Vede agora se em dois homens, em que as naturezas, os entendimentos, as vontades e as pessoas são diversas, e em tão diversas matérias, como são as que concorrem numa monarquia, poderá haver união nem concórdia.

Para haver união de vontades entre dois sujeitos diferentes, instituiu Deus o matrimônio, do qual disse: "Serão dois numa carne". Mas como são dois, posto que atados com tão estreito laço, nem por isso as vontades se deixam atar, ainda onde os motivos são os mesmos. Jacó e Esaú eram filhos do mesmo Isaac e da mesma Rebeca. E sendo os motivos os mesmos e tão naturais, Rebeca inclinava a uma parte e amava a Jacó, Isac à outra, e amava a Esaú. E se isto sucede aos pais, só por serem dois, que sucederá aos vossos dois, não sendo pais? E como será a sua vontade igual para todos — como deve ser — não sendo filhos, mas estranhos, os que houverem de governar? Os entendimentos não são tão livres como as vontades, mas nem por isso discrepam menos no julgar, ainda quando as informações são as mesmas.

Desciam do monte Sinai Moisés e Josué ao tempo em que nos arraiais de Israel se faziam as festas do novamente fundido e adorado ídolo; ouviram ambos as vozes do que lá soava, mas vede que diferente juízo formaram. A Josué pareceu-lhe que era tumulto de guerra: "Um alarido de peleja se está ouvindo no campo" (Ex 32,17), e a Moisés que não eram trombetas nem caixas, senão muitos que cantavam: "Eu ouço vozes de quem canta" (Ex 32,18). De sorte que, sendo as vozes as mesmas, e ambos igualmente informados, e pelo próprio sentido por onde se recebem todas as informações, bastou que fossem dois os que ouviam, para que um julgasse uma coisa e outro outra, e não só diferentes, mas contrárias. Um disse: cantam; outro disse: pelejam; e a guerra não estava nos arraiais, senão no juízo dos que ouviram o mesmo. Logo, de nenhum modo convém que na corte de Cristo, como vós a formais na vossa ideia, haja dois primeiros ministros, porque ainda que sejam tão grandes homens como Moisés e Josué — o que dificultosamente se acha — basta somente que sejam dois, para, assim nos entendimentos como nas vontades, ou sempre ou quase sempre andem encontrados. Deixo o apetite natural de querer cada um luzir, em que vem a ser necessidade a divisão, como nos dois primeiros planetas. A lua, para luzir, aparta-se necessariamente do sol, porque se o segue pelos mesmos passos, não aparece. E que entendimento ou vontade há tão reta, que não torça de parecer por aparecer? Quantas vezes folgara um de saber votar o que votou o companheiro, e só porque o voto é alheio, e não seu, vota o contrário? Assim ficaria parado o curso dos negócios, e esta discórdia de pareceres seria a rêmora da monarquia, tudo por serem dois, e não um só, os que estivessem ao leme: "dois".

§ VI

"Filhos meus". Em dizer que são vossos filhos, estou vendo, Salomé, que desprezais todo este meu discurso, imaginando, como mulher e mãe, que todos os inconvenientes e temores de discórdia se seguram com serem irmãos, posto que sejam dois. São irmãos; e irmãos inteiros, filhos do mesmo pai e da mesma mãe segura está logo, e está sempre neles a união e concórdia. Ah! senhora, que mal sabeis quão fraca significação é a deste especioso nome que entre os homens se chama irmandade? Basta ser fundado em carne e sangue para não ter subsistência nem firmeza. Diferente poder é o da ambição, da cobiça, da emulação, da inveja e de todas as outras pestes da união e sociedade humana, com que os mais sagrados vínculos da natureza se profanam e rompem. E como a má semente destes vícios nasce e se dá melhor entre iguais, por isso entre os que nasceram dos mesmos pais é mais natural a discórdia. Da mesma fonte nascem os rios do Paraíso, e nenhum faz companhia com outro: cada um segue diferente carreira, não só divididos, mas opostos. E se isto se acha na fineza da água, que será no calor do sangue? Diga-o o de Abel, derramado por Caim, e o de Remo por Rômulo. Se dois irmãos, fundadores daquela portentosa cidade que hoje não cabe no mundo, não couberam juntos na mesma cidade, se dois irmãos primogênitos da natureza, para propagação do gênero humano, não couberam em toda a terra onde não havia outros, como caberão os vossos dois, e como estarão conformes em um gabinete, onde cada memorial, cada consulta e cada requerimento é uma maçã da discórdia? Ainda que não foram uma só vez, senão setenta vezes irmãos, eu lhes não segurara a paz, nem ainda a vida. Setenta irmãos matou Abimelec, filho ele e eles do famoso Gedeão, só por mandar só. Tão furiosa é a sede de dominar, que ainda entre irmãos se não farta com menos sangue. Onde setenta não estão seguros de um, como o estará um de outro? Eis aqui quão pouco se desfaz a objeção de João e Jacó serem dois, com a exceção de serem filhos vossos: "Filhos meus".

Se a ambição tão declarada destes mesmos dois irmãos atropela tantos outros respeitos, como lhe podeis esperar união nem concórdia que dure muito tempo? Agora são amigos, agora conformes, agora verdadeiramente irmãos, e só desejam ser companheiros; mas, assim como agora se unem para subir, assim se dividirão para se derrubar. Quantos se uniram para a batalha, que depois se mataram sobre os despojos? A ambição que agora os une, essa mesma os há de apartar depois, e de um lado contra outro lado, como de dois montes opostos, se hão de combater e fazer guerra. Assim como agora excluíram os outros dez apóstolos, assim depois se hão de excluir e impugnar um a outro, e de qualquer que seja a vitória, será vossa a dor e o luto. Oh! queira Deus, Salomé, que estes mesmos lugares, que agora procurais com tanto desejo e empenho, não vos obriguem depois, se os conseguirdes, a maior arrependimento! Não vos fieis do amor de vossos filhos; temei-vos dos seus ciúmes. Lembrai-vos da batalha de Jacó e Esaú dentro no ventre da mesma mãe, que não só eram irmãos, mas gêmeos. Quem vos segurou que Jacó não será Jacó para João, e João para Jacó Esaú? Considerai as penas que causaram à sua mãe estes dois filhos, de que descendem os vossos, e os desgostos que lhe deram antes de nascerem e depois de nascidos. Antes de nascerem, sentindo Rebeca a guerra que se faziam dentro das próprias entranhas, dizia: "Se tanto trabalho me haviam de dar estes filhos, quanto melhor me fora nunca os haver concebido!" (Gn 25,22) — E depois de nascidos e crescidos, quando Esaú determinou matar a Jacó, ainda disse a mesma Rebeca com maior aflição: "É possível que num só dia hei de perder um e outro filho?" (Gn 27,45). De um e outro disse, e com razão, porque a um havia de chorar morto e ao outro homicida. O meio que tomou Rebeca, para salvar a vida a ambos, foi desterrar de seus olhos o mais amado, para o livrar das mãos do mais ofendido. E o vosso amor, Salomé, é tão cego que, em vez de apartar os vossos filhos da ocasião, os meteis ou quereis meter no maior perigo. Já que não amais como Mãe, nem os amais como filhos, não lhes chameis filhos vossos: "Filhos meus".

§ VII

"*U*m à direita e um à esquerda" (Mt 20,21). Oh! quem me dera saber-vos ponderar o perigo, o precipício e o labirinto de penas e aflições que envolveis e não vedes nestas palavras! Um quereis à mão direita, outro à esquerda, indiferentemente; e quem vos disse que se acomodará qualquer deles com este partido? Estai certa que ambos esperam a direita, e nenhum quer a esquerda. Jacó cuida que se deve a direita à idade; João está confiado em que se há de dar ao amor, e, sendo força que um seja preferido, como hão de ficar ambos contentes? Se Cristo tivera duas mãos direitas, ainda assim não era segura a igualdade. Mas sendo os lugares desiguais, e a ambição em ambos a mesma, qual dos dois poderá sofrer, ou no outro a preferência, ou em si a desigualdade? Quando a Raquel lhe nasceu o segundo filho — o qual também lhe tirou a vida — pôs-lhe por nome Benoni, que quer dizer o filho das dores, e Jacó, seu Pai, lhe mudou logo o nome de Benoni em Benjamim, que quer dizer o filho da mão direita. Mas no caso ou controvérsia presente, em que um dos filhos há de levar a mão direita outro a esquerda, não há dúvida que o filho que for o da mão direita será também o das dores. O que for o Benjamim do príncipe, será o Benoni do irmão, porque o não poderá sofrer sem a maior de todas as dores, que é o ver-se preferido no lugar quem merecia ou aspirava ao primeiro. Grande foi a dor da mesma Raquel, quando viu preferida a Lia pela idade, e grande a dor de Esaú, quando viu preferido a Jacó pelo amor. E assim como em um e outro caso não bastaram a consolar a justa dor os respeitos da irmandade, assim será na preferência de qualquer dos dois irmãos, ou a faça a idade em Jacó, ou o amor em João. Mas, em qualquer dos filhos que seja a dor, também o será da mãe.

Fingi, senhora, que já os tendes um à mão direita, outra à esquerda, mas lembrai-vos que disse Cristo: "Não saiba a vossa mão esquerda o que faz a direita" (Mt 6,3). — E se Cristo seguir este seu conselho, e ao irmão que estiver à mão direita comunicar alguns segredos que não participar ou não fiar ao que estiver à esquerda, qual será a sua dor, qual a sua tristeza, e qual, porventura, a sua inveja, quando não passe a ódio e a vingança? Por que se voltaram Arão e Maria contra seu irmão Moisés, senão porque Deus lhe comunicava os secretos que a eles encobria? Por que matou Caim a seu irmão Abel, senão porque o viu mais bem visto de Deus, e que aceitava com mais agrado os serviços que lhe fazia? Para se ver preferido na confiança e na graça, não há irmandade que tenha paciência. A primeira coisa que ocorre é fazer perder a mesma graça a quem a tem, ainda que ambos se percam. Se os irmãos de José não sofreram uma preferência sonhada, como haverá irmão que a sofra experimentada e conhecida? Não conhece a violência da ambição humana quem presume sofrimento para tamanha dor.

Mas adverti que, se a mão esquerda está exposta a estes perigos, nem por isso a mão direita está segura de outros e não menores receios. Não há coisa menos segura que a graça dos príncipes, nem mais fácil no supremo poder que trocar as mãos. Nas matérias de justiça não têm liberdade os reis de inclinar à mão direita nem à esquerda, que assim lho mandou Deus: "E não decline nem para a direita nem para a esquerda" (Dt 17,20); mas do favor e da graça podem trocar as mãos quando quiserem e quando menos se cuida. Quando José apresentou a Jacó os dois irmãos Manassés e Efraim, filhos seus, para que lhes lançasse a bênção, pôs-lhe à mão direita a Manassés, que era o primogênito, e à esquerda Efraim, que era o segundo; porém Jacó, cruzando e trocando as mãos, a Efraim, que estava à mão esquerda, deu a direita, e a Manassés, que estava à direita, a esquerda. Assim pode trocar as mãos e os lados quem reparte e tem em seu arbítrio a bênção. E isto mesmo que sucedeu àqueles dois irmãos, com serem filhos de José, pode também suceder aos vossos, porque a roda que dá estas voltas não está aos pés da fortuna, como se pinta, senão nas mãos do príncipe, de quem depende.

Deste supremo arbítrio se segue que os dois, que tiveram ambos os lados, não só se devem temer um do outro, senão também dos que eles costumam afastar, que são os que estão de fora. De fora estava Mardoqueu, e muito de fora, e de repente entrou no lugar de Amã, não só quando ele o não cuidava, mas quando lhe tinha negociado e prevenido a ruína. Quem vos segurou que vossos filhos, quando consigam os lugares que pretendem, se hão de conservar neles, ou quem os pode segurar a eles da natural ou violenta inconstância dos mesmos lugares? Para a barca em que remavam havia porto e âncora; para os assentos que desejavam não há lugar nem instrumento que os tenha firmes. Como não temerão a mudança nas vontades mais livres e mais mudáveis os que sabem quão facilmente se mudam os ventos? Olhai, que se virem que o príncipe põe os olhos em outro, já não hão de comer naquele dia nem dormir naquela noite. Olhai, que se o virem falar meia hora, ou ouvir o que eles não ouvirem, já se hão de dar por caídos. Olhai, que tudo o que se fizer bem, não lho hão de atribuir, e de tudo o que suceder mal, hão de ser eles os autores. Considerai neles quantas virtudes quiserdes, mas nenhuma, nem todas juntas bastarão a os livrar do temor, da suspeita, do ciúme e da justa desconfiança, porque contra a inveja não há sagrado.

Quiseram os êmulos de Daniel apartá-lo do lado do rei; buscaram algum pretexto ou ocasião para isto: "Buscavam ocasião de acusar a Daniel em coisa que tocasse com o Rei" (Dn 6,4). E sendo tal a sua inocência na vida, e tal a sua inteireza no ofício que, como testemunha o mesmo texto, "nem puderam achar causa nem ainda suspeita" (Dn 6,4). Enfim, não só o derrubaram do lado do rei, mas o meteram no lago dos leões, "só porque fazia oração a Deus três vezes no dia". Pode haver coisa mais injusta? Pode haver pretexto mais bárbaro? Pois esta causa, que não era causa, e este pretexto, que não podia ser pretexto, foi traçado com tal arte pelos inimigos de Daniel, que nem o rei pode deixar de o condenar, nem ele de ser tirado do lado e lançado no lago dos leões. Vede agora, senhora, para onde levais ou encaminhais vossos filhos. O que só vos digo sem encarecimento é que, para serem lançados aos leões, não é necessário o lago, basta o lado. O trono de Salomão, que era figura do de

Cristo, tinha sete leões de um lado e sete do outro, e estes são os lados que pretendeis para dois filhos, onde há catorze leões para ambos e sete para cada um. E se me disserdes que os leões do trono de Salomão eram de marfim, eu vos digo que nem por isso são menos para temer. Os leões naturais só têm dentes na boca; os de marfim, todos são dentes. Por isso vemos tão mordidos e tão roídos quantos sobem àqueles lugares. E porque vos não quero cansar mais com os meus reparos, passemos ou paremos já na última palavra ou cláusula do vosso memorial.

### § VIII

"No reino vosso". Logo iremos ao vosso; vamos primeiro ao reino. Se vós souberéis que coisa é um reino e o peso dele, e mais quando carrega sobre causas segundas, eu vos prometo que vos benzeréis de tal pensamento, quanto mais desejá-lo para os filhos, a quem tanto bem quereis. Que Hércules é João, ou que Atlante Jacó para tomarem sobre seus ombros uma monarquia? Em que cortes se criaram, que terra viram, que histórias leram, que negócios manejaram? Até falar, e como hão de falar não sabem, porque o tratar com as gentes não se aprende com os peixes mudos. Se com o leme e o remo governavam bem a barquinha, os instrumentos que em pequenos desenhos correm felizmente, reduzidos a máquinas grandes não têm sucesso. Das aranhas aprenderam os pescadores a tomar em redes peixes pequenos: dizei-me ora que tomem com elas baleias! Dizei-me, ou dizei-lhes, que sobre as duas tábuas estroncadas com que passam o lago de Tiberíades, se metam nas ondas do Oceano, onde se perde a terra de vista, e muitas vezes o céu com as tempestades! Pois, estas são as mal-entendidas fortunas que solicitais a vossos filhos. Já que lhes destes a vida, deixai-os viver; já que vos devem o ser, deixai os ser o que são; já que vos custaram dores, não as queirais acrescentar a eles e mais a vós. As dores com que os paristes filhos passaram; as com que os procurais validos hão de durar toda a vida. — Toda a vida, digo, se eles durarem tanto, que não lhes desejeis fortuna de muita dura. — Se todas as vezes que se embarcavam naquele lago, não se levantava nele mais um sopro de vento que o vosso coração não flutuasse nas mesmas ondas, como o podereis ter seguro nem quieto, quando os virdes engolfados naquele mar imenso, sempre turbulento, onde tantos fizeram naufrágio?

Ouvi o que diz Jó, piloto bem experimentado destes mares, e que neles correu e escapou de ambas as fortunas, posto que nunca delas saiu a terra, não só nu dos vestidos, mas da pele: "Até os gigantes — diz ele — gemem debaixo da água" (Jó 26,5). Estes Gigantes são aqueles que entre os outros homens seus iguais chegam a ser maiores que todos no poder, na privança, na dignidade, no posto. Mas nenhum há tão grande nem tão agigantado, que possa vadear aquele pego, nem tomar pé naquele fundo: por isso todos gemem. E notai que não gemem sobre a água, como o marinheiro ou pescador na tormenta, "senão debaixo da água". Oh! que grande advertência, e quão verdadeira! Quem geme fora da água, respira; quem geme debaixo da água, não pode respirar. É necessário que tape a boca e que afogue os gemidos, para que os mesmos gemidos o não afoguem. "Trabalhado me vejo no meu gemido" (Sl 6,7), dizia Davi, quando servia junto à pessoa de el-rei Saul, porque entre outros muitos desgostos que se tragam na privança, é necessário engolir os gemidos.

A tristeza do coração não vos há de sair à cara, e não só haveis de mostrar bom rosto aos favores, senão também aos desprezos e às injúrias. Neste perpétuo martírio de corpo e alma, vede quanta paciência será necessária aos que desejais validos, e se puderam ter bastante cabedal desta virtude em um lugar onde se perdem todas. Oh! como ides enganada, Senhora, com as de vossos filhos!

O paço a ninguém fez melhor; a muitos que eram bons fez que o não fossem. Lembrai-vos que Moisés deixou o paço de Faraó, tendo nele o lugar de filho e não de criado. Jessé tirou a seu filho Davi do paço de Saul; Barcelai não quis morrer nem viver no paço de Davi, e se o aceitou para seu filho, como vós o desejais para os vossos, foi porque, tão enganado como vós, não conhecia o que é. Bem parece que fostes criada longe da corte e nos ares inocentes das praias de Galileia. Ide a Jerusalém, para onde agora caminha Cristo, entrai, se vo-lo permitirem as guardas, ou no palácio profano de Herodes, ou no sagrado de Caifás, e naquele tropel e concurso de pretendentes esfaimados — que todos procuram comer, e todos se comem — vereis se entre tanto tumulto pode haver quietação, entre tanta perturbação sossego, entre tanta variedade firmeza, entre tanta mentira verdade, entre tanta negociação justiça, entre tanto respeito inteireza, entre tanta inveja paz, entre tanta adulação e adoração modéstia, temperança, nem ainda fé. Vede, sobretudo, se tanta sede de ambição e cobiça insaciável pode ter satisfação que a farte ou modere, e se a podem dar vossos filhos a tantos que pretendem e batalham sobre a mesma coisa, que, ou se deve negar a todos, ou conceder-se a um só? Daqui se seguem os descontentamentos, as queixas, as murmurações do governo, as arrogâncias dos grandes, as lágrimas, as lamentações dos pequenos, as dissenções, as parcialidades, os ódios, sendo o alvo de todas estas setas avenenadas os que assistem mais chegados ao trono do supremo poder, os que respondem em seu nome, os que declaram seus oráculos, os que distribuem seus decretos. E se isto é o que se experimenta e padece, não em Babilônia ou Nínive, senão em Jerusalém, nem no império dos Assírios, Persas, Gregos ou Romanos, senão em uma república tão arruinada hoje e tão limitada como a de Judeia, que será do reino universal de Cristo. "No reino vosso?"

§ IX

"Vós": dizeis sem advertir ou saber o que encerra esta breve palavra. O profeta Davi diz que o reino de Cristo dominará de mar a mar, e desde o rio Jordão até os fins da terra; o profeta Isaías, que se lhe sujeitarão e o virão a adorar os do Oriente e os do Ocidente, os do Setentrião e os do Meio-Dia; o profeta Daniel, que todas as gentes, todos os povos, todas as línguas o confessarão, e que será obedecido e servido de todos os reis e monarcas do mundo. Esta é a grandeza do reino. E que capacidade, que talentos vos parece que são necessários para mover com proporção e sustentar os dois polos de uma máquina tão imensa? Bastará o vosso João e o vosso Jacó, que nunca tomaram compasso na mão, nem viram carta para conhecer as regiões e as gentes, para perceber e entender as línguas, para compreender os negócios de Estado, e de tantos estados, para responder às embaixadas, para aceitar as obediências, para capitular as condições, para estabelecer as pareias, para ajustar os tratamentos, enfim para concordar as vontades e compor os interesses de todos os reis e príncipes do Universo. O certo é que ou não conheceis vossos filhos, ou não tomastes bem as medidas aos postos onde os quereis levantar. José e Daniel, dois sujeitos de tamanha esfera, toda ela empregaram cada um em um só reino: José no do Egito, Daniel no de Babilônia. E que proporção tem uma Babilônia, nem cem Babilônias, um Egito, nem mil Egitos, com o reino e monarquia de Cristo? Dentro em casa temos ainda maior exemplo. Moisés, aquele homem mais que homem, que no nome trazia a divindade e na mão a onipotência, quantas vezes se queixou a Deus de não poder com o peso de um só povo, e povo da sua lei, da sua nação e da sua língua? Aceitou-lhe Deus a escusa, substituiu-lhe o lugar, mas com quem e com quantos? Não com menos que com setenta anciãos do mesmo povo, escolhidos dos maiores e melhores de todo ele. Se para o peso de um reino, que ainda então o não era, foram necessárias setenta colunas tão fortes, como quereis vós que sobre duas tão fracas se sustente aquele imenso edifício, que há de recolher dentro em si tudo quanto rodeiam e cobrem as abóbadas do firmamento? Não é frase poética ou minha, senão do profeta Daniel: "E a grandeza do reino que está debaixo de todo o céu seja dada ao povo dos santos do Altíssimo" (Dn 7,27).

Dir-me-eis que no reino de Cristo "por ser seu", não haverá tantos perigos e dificuldades como nos outros, quanto vai de tal rei aos outros reis. No que toca à pessoa, justiça e bondade do rei, tendes razão. A maior desgraça dos privados do rei deste mundo, e o maior precipício das mesmas privanças, é serem eles não só ministros do seu governo, senão de suas paixões, aduladores de seus apetites e cúmplices de seus vícios. Assim desprezam e perdem a graça de Deus por não arriscar a dos reis, ou por mais se insinuar e conservar nela. Chegando Abraão a Egito acompanhado de Sara, mulher sua, mas com nome de irmã, as novas que logo levaram ao rei os do seu lado não foram que era chegado à corte um homem Santo, senão uma mulher dotada daquelas prendas que estimam e idolatram os que não são santos. Se el-rei Herodes quer a Herodias, ou el-rei Davi a Bersabé, os privados são os que facilitam os adultérios, e os que por si e por outros aprovam os homicídios. Se o rei é avarento, como Roboão, ou vão, como Assuero, eles são os que aconselham os tributos, eles os que louvam as prodigalidades e celebram as ostentações. Enfim, eles são os adoradores da estátua de Nabuco, e os que servem de lançar lenha e assoprar as fornalhas de Babilônia, ou procurando, ou não fazendo escrúpulo de que nelas se abrasem os inocentes. Isto não haverá no reinado de Cristo, porque da parte do rei tudo será igualdade, justiça, modéstia, temperança. Nem os que assistirem a seu lado se atreverão a abusar ou exceder no poder que lhes for cometido, que só será o justo e necessário. Não se vingará Amã com a mão real dos agravos de Mardoqueu, nem as invejas de Doeg com a lança de Saul, nem os ódios de Joab com a dissimulação de Davi. Mas ainda que da parte do rei estarão os que estiverem ao lado de Cristo, seguros destes perigos, da parte dos súditos e das leis não deixarão de ter grandes dificuldades que vencer e grandes repugnâncias que contrastar.

Está profetizado que no reinado de Cristo tudo será novo: "Eis que eu faço tudo novo" (Ap 21,5). E novidades, ainda que sejam úteis, bem vedes quão dificultosas são de introduzir. Se se há de fundir de novo o mundo, é força que se desfaça e derreta primeiro, e isto não pode ser sem fogo, o mais violento de todos os elementos. Está profetizado —

e assim o publicou em nossos dias o precursor do mesmo Cristo — "que os vales se encherão, e os montes e outeiros serão abatidos, e não alguns, senão todos". E abater os grandes e levantar os pequenos, em tanta desigualdade de nascimentos e de fortunas, e fazer que pequenos e grandes todos sejam iguais, quem será tão valente e animoso, que tome sobre si esta conquista? Se os cavadores da vinha não sofreram que os igualassem, sem lhes tirarem nada do que lhes deviam, quem reduzirá a esta moderação a arrogância, a soberba e a inchação dos grandes do mundo, que cuidam que tudo lhes é devido, e a ninguém dão o que se lhe deve? Está profetizado que no mesmo reinado "o lobo morará com o cordeiro, e que o leão, como o boi, comerá palha" (Is 11,6s). Mas quem poderá conter a voracidade do lobo a que observe esta abstinência, e a ferocidade e gula real do leão a que se sustente, como o boi, da eira, não da montaria e do bosque? A lei não pode ser mais justa nem mais benigna, porque assaz indulgência e favor se faz ao leão, que passeia e não trabalha, em que coma igualmente à custa do boi o que ele, puxando pelo arado, pela grade, pelo carro e pela trilha, começou e acabou com tanto trabalho. Mas como este mau foro está tão introduzido pelo costume e tão canonizado pelo tempo, que zelo, que força e que resolução haverá de ministros tão intrépidos e constantes, que contra tão poderosos contrários a pratique, a estabeleça e a defenda? Assim que, senhora, deixando o muito que ainda pudera dizer, e resumindo o que tenho dito, nem ao crédito do rei, nem ao bem do reino, nem a vós, nem a vossos filhos convém que os lugares que para eles pedis se lhes concedam, e ainda que lhos dessem sem os pedir, os aceitem. Pelo que, se o peso de todas estas razões tem convosco alguma autoridade, o meu conselho e parecer é que vós mesma vos despacheis com o mais breve, mais fácil e mais seguro despacho, que é não desejar, nem pretender, nem pedir.

§ X

Estes são, senhor, os reparos — e não todos — que respondendo à mãe dos Zebedeus se me ofereceram contra o seu memorial. Se em todos se fizessem semelhantes considerações, e tão verdadeiras, pode ser que os memoriais e os pretendentes seriam menos, e os reis e os ministros menos importunados. Duvidei se sairia a público com os ditos reparos, como fiz neste discurso, receando que se me poderia imputar a crime quase de lesa-majestade, por parecer com estes desenganos, ou apartava os vassalos do serviço real, ou os exortava a isso. Mas finalmente me resolvi a não calar o que fica dito, satisfazendo a este escrúpulo com um dilema que tenho por certo: ou os que me ouviram se hão de persuadir, ou não. Se não se persuadirem, ficaremos no mesmo estado, e haverá muitos que pretendam estes lugares; se se persuadirem, o que não espero, ninguém os apetecerá nem procurará. E quando estes lugares não forem apetecidos nem procurados, então será Vossa Majestade mais bem servido.

# SERMÃO DE
# Santo Agostinho

*Pregado na sua Igreja e Convento de S. Vicente de Fora,
em Lisboa, ano de 1648.*

∽

"Assim brilhe a vossa luz diante dos homens,
para que eles vejam as vossas boas obras,
e glorifiquem o vosso Pai que está nos céus."
(Mt 5,16)

---

De 1646 a 1648, Vieira viaja pela Europa em missões diplomáticas. Redige então o "Papel Forte" a favor da entrega de Pernambuco aos holandeses e, em carta ao Marquês de Niza, expõe um plano de resistência aos espanhóis na América. Foram dois anos de intensa atividade política. Na festa de Santo Agostinho, Vieira se inspira no livro das Confissões (dos erros, dos pecados) e no das Retratações (da doutrina, das ignorâncias) para apresentá-lo. Agostinho ilumina o mundo não só com a ciência e com a virtude, mas também com os pecados, deles fez exemplos de conversão e com as ignorâncias, delas fez doutrina. É natural esconder e encobrir os pecados. Agostinho, confessando, diz que o que se há de aborrecer é o mal, e não a luz. O sacramento é, portanto, remédio. Mas, os pecados podem ser exemplos de virtude? Esses foram os pecados de Agostinho: cometidos causavam escândalo, confessados causavam exemplo. É natural também a todo sábio não desdizer o seu erro. Os exemplos de Lúcifer, Orígenes, Tertuliano, Apolinário e outros o confirmam. Agostinho faz o caminho contrário: torna a tomar e apara de novo os filhos do seu entendimento. Nas Retratações, Agostinho enfrenta a batalha e vence a si mesmo. Amplificar assim a glória de Deus, confessando-se e — muito mais — retratando-se, só o inventou o seu entendimento e só o seu coração teve valor para o executar.

## § I

Ao maior santo entre os doutores e ao maior doutor entre os santos celebra neste grande teatro, como a pai, a primogênita de suas famílias. O Evangelho que nesta solenidade canta a Igreja, não só no-lo propõe aplicado a Santo Agostinho, senão também explicado por Santo Agostinho. Eu, porém, venerando uma e outra coisa quanto devo, assim na aplicação como na explicação, acho uma implicação não pequena. De sorte que temos hoje o Evangelho aplicado a Agostinho, explicado por Agostinho e implicado com Agostinho. Mas de que modo, ou em que parte implicado? Não menos que nas partes essenciais do mesmo Evangelho e nas duas excelências maiores do mesmo Santo Agostinho, que são as duas com que dei princípio ao sermão. Implicado o Evangelho com Agostinho enquanto doutor, e implicado com Agostinho enquanto santo. Estai comigo.

O intento de Cristo, Senhor nosso, em todo este Evangelho, é formar a perfeita ideia de um prelado eclesiástico e apostólico. Esta ideia se compõe indistintamente de duas partes ou qualidades essenciais: de ciência, porque deve ser douto, e de virtude, porque deve ser santo. Se tem virtude sem ciência, será santo; se tem ciência sem virtude, será douto; mas em falta de qualquer delas, não será verdadeiro prelado. E que seria se acaso lhe faltassem ambas? Bastará, porém, que seja douto só pela ciência, e santo só pela virtude? Não. Bem pode o prelado ser douto e santo, e não ser bom prelado, porque pode ser douto e santo para si e não para os outros. Há de ser de tal maneira douto, que seja douto e doutor, e de tal maneira santo, que seja santo e santificador. Isso quer dizer: "O que guardar e ensinar"; doutor ensinando e santificador fazendo. Para ensina-lhe, é necessária a ciência, com que seja a doutrina sã; para fazer, é-lhe necessária a virtude, com que sejam boas as obras. Mas essas obras e essa ciência não hão de ser ocultas e que se não vejam, senão públicas e o manifestas a todos: "Nem acendem uma luz e a põem debaixo do alqueire, mas sobre o candeeiro, a fim de que ela ilumine a todos que estão na casa" (Mt 5,15). Pública e manifesta a ciência, para que alumie com a luz de doutrina: "Assim brilhe a vossa luz diante de todos". E públicas e manifestas as obras, para que edifique com exemplo da vida: "Para que vejam as vossas boas obras" (Mt 5,16). Finalmente uma e outra, assim a vida como a doutrina, não hão de ser para crédito ou estimação própria, que seria vaidade e terra, mas "para honra e glória do Pai que está no céu" (Mt 5,16).

Este é o sentido natural das palavras que propus, e este em suma o intento e discurso de todo o Evangelho, explicado em várias partes por Santo Agostinho, tão sólida e tão propriamente como ele costuma. Mas, se aplicarmos o mesmo Evangelho ao mesmo Santo Agostinho, achá-lo-emos, como dizia, totalmente implicado com ele. Se abrirdes os livros de Santo Agostinho, achareis que o primeiro tem por título: *Livro das Retratações de Agostinho*,[1] nas quais o mesmo santo declara muito miudamente todos os erros e ignorâncias — como ele lhes chama — que com menos acerto tinha escrito. Se passarmos ao segundo livro, achareis que da mesma maneira tem por título: *Livro das Confissões de Agostinho*,[2] nas quais o santo, com a mesma miudeza, declara e manifesta todos os pecados de sua vida. Pois, se o Evangelho manda a todos os prelados que publiquem e manifestem a sua ciência e doutrina, a sua virtude e suas boas obras, como publica e manifesta Agostinho, em lugar da sua ciência, as suas ignorâncias, e em lugar das suas boas obras, os seus pecados? Logo, ou este Evangelho se não aplica bem a Agostinho, ou temos Agostinho implicado com o Evangelho. Para desfazer estas duas implicações, tenho necessidade hoje de dobrada graça. *Ave Maria*.

## § II

Faz Santo Agostinho os dois livros de suas retratações e de suas confissões, e estes foram os que pôs no rosto de todas suas obras. Na primeira folha dos livros, se costumam por as erratas do impressor, e Agostinho, com nova e não imitada invenção, pôs as erratas do autor: no Livro das Confissões, as erratas da vida: no das Retratações, as da doutrina. Eu chamara-lhe o "Índice das coisas mais notáveis", porque, sendo as coisas que se leem em todos os livros de Santo Agostinho tão altas, tão sublimes, tão divinas, estas duas são as mais notáveis de todas. Muitos há que, não contentes com pôr o seu nome ainda nos livros que escrevem do desprezo da fama, como notou Cícero,[3] querendo não só ser lidos, mas vistos, põem na primeira estampa o seu retrato. E isto, que faz a vaidade em tantos que não merecem nome de autores, fez no mais celebrado autor da Igreja a modéstia e a humanidade. Os corpos retratam-se com o pincel, as almas com a pena, e estes dois livros, na minha opinião, são a "Verdadeira imagem" da alma de Agostinho. Pediram a S. Paulino que se deixasse retratar, e ele, que também tinha dado a primeira parte da vida ao mundo, como a segunda a Cristo, respondeu: "Ou desejas pintar o meu homem velho ou o novo; se o velho, ele é deforme, não digno de uma pintura mas de esconderijos; se o novo, ele ainda não está acabado". Ou me quereis retratar na primeira idade, ou na segunda: se na primeira, é muito feia, e mais digna de se esconder que de se pintar; se na segunda, ainda está muito imperfeita, e não quero que me retrateis. Porém, Agostinho, posto que grande amigo de Paulino, tomou tão diferente conselho, que tudo o que achou na sua vida mais feio e mais disforme, e na sua doutrina menos proporcionado, isto é o que pintou por sua própria mão, não só com as cores mais certas, senão também com as mais vivas.

No livro de suas Confissões publicou Santo Agostinho os seus pecados, e no livro de suas Retratações as suas ignorâncias, e só quem compreender quão feia coisa é o pecado, e quão indecente a ignorância, poderá avaliar, como merece, estas duas ações de Agostinho. A maior ação de Deus, fazer-se homem, e a maior fineza desta ação não consistiu tanto em tomar a nossa natureza, quanto em tomar a nossa semelhança: "Fazendo-se semelhante aos homens e sendo reconhecido na condição como homem" (Fl 2,7). Não tomou Deus a natureza humana como a tinha dado a Adão, senão como a achou depois dele, caída de seu primeiro estado, e sujeita a tantas e tão pesadas misérias. Sujeitou-se a nascer, a morrer e a viver — que não é menos — a trabalhar, a cansar, a suar, a dores, a tristezas, a lágrimas, a ser perseguido, a ser afrontado, a ser crucificado. Mas com se sujeitar a todo este abismo de misérias e baixezas — porque, como diz S. Paulo: "Foi conveniente que ele se fizesse em tudo semelhante a seus irmãos" (Hb 2,17). — excetuam-se contudo duas de que foi totalmente isenta e privilegiada a humanidade de Cristo. E quais foram? O pecado e a ignorância, porque é tão feia coisa o pecado, e a ignorância tão indecente que, ainda no caso que fosse possível, de nenhum modo era tolerável que em uma humanidade unida a Deus houvesse pecado ou ignorância. Sendo pois tal fealdade a do pecado, e tal indecência a da ignorância, que Agostinho, por sua vontade e eleição, tome estes dois assuntos e se ponha a escrever muito de propósito dois livros, um de seus pecados, outro de suas ignorâncias, e que, depois de escritos, os divulgue e faça públicos a todo o mundo? Para defender culpas ou ignorâncias se têm escrito muitas apologias e manifestos, mas para as confessar e publicar, só Agostinho o fez. Comecei a ponderar estas duas ações por louvor, e já me parece que hão mister desculpa, e não fácil.

Dir-me-ão — como eu dizia — por parte de Agostinho, que foram efeitos de humildade; mas esta resposta se impugna facilmente do que acabamos de dizer. A virtude própria e por antonomásia de Cristo é a humildade: "Para que habite em mim a virtude de Cristo" (2Cor 12,19). A virtude que particularmente veio Cristo ensinar ao mundo, e de que professou ser mestre, é a humildade: "Aprendei de mim que sou manso e humilde de coração" (Mt 11,29). E a humildade de Cristo não só foi a maior, senão a suma humildade. E, contudo, não teve pecado nem ignorância. Logo, calando Agostinho seus pecados e suas ignorâncias, ainda que as tivesse, podia ser perfeitamente humilde. Quanto mais que contra preceito não há virtude, e contra estes dois atos ou excessos de humildade estavam os dois preceitos do Evangelho que ouvimos: contra a publicação dos pecados, o do exemplo, e contra a publicação das ignorâncias, o da doutrina. Pois, se o Evangelho manda a Agostinho resplandecer com ciência e doutrina, como põe em público erros e ignorâncias? Se lhe manda que alumie com exemplo e boas obras, como publica vícios e pecados? Encubra os erros, para que não eclipsem a doutrina, esconda os pecados, para que não escureçam o exemplo. E pois uma das admiráveis obras de Santo Agostinho foi a concórdia e explicação do Evangelho, não seja o mesmo Agostinho a discórdia e implicação dele.

§ III

*O*ra, senhores, para que acabemos de ter suspenso o juízo, tudo isto que em Santo Agostinho parece implicação do Evangelho não foi implicação, foi amplificação. Assim que não temos o Evangelho implicado com Agostinho, senão amplificado por Agostinho. O Evangelho manda que os que são luz da Igreja alumiem com a ciência e com a virtude, com a doutrina e com o exemplo, e Agostinho, amplificando este mesmo preceito, e excedendo os limites dele, não só alumiou o mundo com as suas ciências, senão também com suas ignorâncias; não só com as suas virtudes, senão também com os seus pecados. Com as suas ignorâncias, porque das mesmas ignorâncias fez doutrina; com seus pecados, porque dos mesmos pecados fez exemplo. E sendo as ignorâncias e os pecados trevas, das mesmas trevas fez luz: "Assim brilhe a vossa luz diante de todos".

Cristo, Senhor nosso, neste preceito, quando mandou aos varões apostólicos que luzissem, nomeadamente lhes disse com que haviam de luzir e como: quanto ao primeiro, que o instrumento de luzir fosse a luz: "Brilhe a vossa luz"; quanto ao segundo, que o modo de luzir fosse tal que dele se seguisse a glória de Deus: "E assim, para que glorifiquem o vosso Pai". E Agostinho, que fez? Guardou o modo e amplificou o instrumento. Amplificou o instrumento, porque não só luziu com a luz, senão também com as trevas, e guardou em um e outro luzir o modo, porque assim com a luz, como com as trevas conseguiu a glória de Deus. Não acho coisa semelhante na terra, mas no céu, donde Agostinho tomou esta maravilhosa filosofia, sim: "Os céus, diz Davi, estão sempre apregoando as glórias de Deus, e o firmamento publicando as obras de suas mãos" (Sl 18,2). E que obras de Deus são estas, que o céu publica e toma por instrumento de sua glória? Admiravelmente ao nosso intento o texto: "Um dia diz uma palavra a outro dia e uma noite mostra sabedoria a outra noite" (Sl 18,3). As obras com que o céu publica e apregoa a glória de Deus são o dia e a noite. Pois, a noite escura e feia, também entra em coro com o dia claro e formoso para glorificar a Deus? Sim, porque o dia glorifica a Deus com a luz, e a noite com as trevas, e tanta glória se pode dar a Deus com as trevas como com a luz. Assim o cantaram a três vozes na fornalha de Babilônia os três meninos: "Noites e dias bendizei o Senhor, luz e trevas bendizei o Senhor" (Dn 3,79). Assim o fez com ação singular Agostinho, que não só com a luz de suas ciências e virtudes, senão também com as trevas de suas ignorâncias e pecados glorificou e ensinou a glorificar a Deus: "Para que glorifiquem o vosso Pai que está no céu".

Mais diz e mais quer o Evangelho. Declarando como há de ser esta luz: "Assim brilhe a vossa luz", diz que há de ser como a tocha acesa, que não se acende para se esconder, senão para alumiar a todos: "Nem acendem uma luz e a põem debaixo do alqueire, mas sobre o candeeiro, a fim de que ela ilumine a todos que estão na casa" (Mt 5,15). Porém Agostinho, amplificando o Evangelho, também nesta semelhança não só luziu e alumiou o mundo com a tocha acesa, senão com a tocha apagada. Tornemos ao céu. No dia do nascimento de Cristo acendeu o céu uma tocha, e no dia de sua morte apagou outra. A tocha que acendeu no dia do nascimento foi a estrela nova que apareceu e guiou os Magos; a tocha que apagou no dia da morte foi o sol que se eclipsou e escureceu o mundo, desde que o Senhor foi levantado na cruz até que expirou nela. E que mistério teve o céu para sair em dois dias tão notáveis com dois prodígios tão encontrados? O reparo foi do nosso Santo Agostinho, no sermão trinta *de tempore* [dos tempos litúrgicos]: a resposta para que não seja em causa própria — é de S. Pedro Damião, por estas palavras: "Houve o testemunho da luz porque a claridade da estrela iluminou os Magos; e houve o testemunho das trevas porque na sua morte fizeram-se trevas sobre toda a terra".[4] Acendeu o céu uma tocha e apagou outra, quando Cristo entrou e saiu salvo deste mundo, para que o Senhor, em glória e abono de sua divindade, não só tivesse o testemunho da luz, senão também "o testemunho das trevas". Pois as trevas, cujo efeito é escurecer, também podem alumiar e dar testemunho? Também, e tanto mais qualificado quanto o sujeito que se escurece for mais luminoso, como é o sol. A estrela testemunhou luzindo, o sol testemunhou escurecendo-se, e foi tanto mais eficaz o testemunho do sol que o da estrela, que a estrela luzindo, alumiou três homens, e o sol, escurecendo-se, alumiou o mundo. No caos e questão em que estamos, a uma vista parece Agostinho tocha acesa, a outra, tocha apagada; na sua ciência e doutrina, nas suas virtudes e no seu exemplo, tocha acesa; no manifesto de suas ignorâncias, e na publicação de seus pecados, tocha apagada; mas assim havia de ser para que glorificasse a Deus com "o testemunho de sua luz e com o testemunho de suas trevas". Adverti, porém, que no testemunho da luz, luzindo com as ciências e virtudes, alumiou Agostinho como estrela, porque isso fizeram outros santos; porém, no testemunho das trevas, escurecendo-se com as ignorâncias e pecados, alumiou como sol, porque foi ação singular só de Agostinho. Os outros estreitaram-se com o Evangelho, Agostinho amplificou-o.

Resta a maior e mais apertada oposição do mesmo Evangelho, mas também dela sairá Agostinho com maior amplificação. Determinando mais apertada e individualmente o Evangelho quais devem ser "os raios ou os resplendores da luz que encomenda, diz que hão de ser boas obras de tal modo manifestas aos homens, que todos as vejam e glorifiquem a Deus por elas" (Mt 5,16). Ainda nos é necessário tornar ao céu, e seja sobre o texto já alegado de Davi, em que nos ficou por ponderar um grande e oculto mistério. Se o céu, para glorificar a Deus, publica suas obras: "Os céus narram a glória de Deus e o firmamento anuncia as obras de suas mãos" (Sl 18,2), como conta entre as obras de Deus a noite e as trevas, que ainda que sejam obras de Deus impropriamente, propriissimamente não são boas. As trevas são negação de luz, e as negações não têm nem podem ter bondade, porque não têm ser. A mesma Escritura o significou claramente na criação de uma e outras. Quando fala da luz, diz que viu Deus a luz que era boa: "Fez-se a luz e Deus viu que a luz era boa" (Gn 1,4). Pelo contrário, quando fala das trevas, que já eram antes da luz: "E as trevas cobriram a face do abismo" (Gn 1,2), não diz que visse Deus as trevas ou dissesse que eram boas. E por quê? Porque a luz, como tem ser, e tão excelente ser, tem bondade e é boa; porém as trevas, como são negação e não têm ser, não podem ter bondade nem são boas. Pois, se as trevas não são boas, por que as publica o céu entre as obras que glorificam a Deus? Também o céu, para amplificar a glória de Deus, parece que quis amplificar o Evangelho, mas não tão heroicamente como Agostinho. O Evangelho diz aos prelados que façam "boas obras, para que por elas seja glorificado Deus". O céu deu um passo mais adiante, e querendo glorificar a Deus com obras. "E o firmamento anuncia as obras de sua mão", acrescentou obras que propriamente não são boas, quais são as trevas e a noite: "E a noite mostra sabedoria". Porém Agostinho, lançando a barra além de tudo o que parecia impossível, achou modo com que glorificar a Deus até com obras verdadeira e propriamente más, quais são erros e pecados. De sorte que o Evangelho mandou glorificar a Deus com obras boas, o céu passou a glorificar a Deus com obras não boas, e Agostinho chegou a glorificar a Deus, não só com obras não boas, senão também com obras más. E isto é o que conseguiu por modo novo e inaudito, saindo à luz com os dois livros de suas Confissões e Retratações, não contra, mas sobre o mesmo preceito, que falando com ele dizia: "Assim brilhe a vossa luz diante dos homens para que glorifiquem o vosso Pai que está no céu".

## § IV

Temos visto ou dito em comum como Santo Agostinho, amplificando o Evangelho, não só alumiou com a luz, senão também com as trevas, podendo-se-lhe aplicar gloriosamente o que só se diz de Deus, que "as suas trevas são como a sua luz". Temos visto que não só alumiou com a tocha acesa, senão com a tocha apagada, excedendo também o Evangelho, no qual as virgens que tinham as alâmpadas acesas entraram às bodas, e as que as tiveram apagadas ficaram de fora. Temos visto como não só alumiou com as boas obras, senão também com as más, saindo com elas à luz e sendo exceção do Evangelho, que diz: "Todos os que obram mal aborrecem a luz, por que não sejam arguidas suas obras" (Jo 3,20). Segue-se que vejamos agora como isso foi ou pôde ser, porque não parece fácil. Se o Livro das Confissões contém vícios e pecados, como pode Agostinho, com vícios e pecados, alumiar viciosos e pecadores? Se o Livro das Retratações contém erros e ignorâncias, como pode Agostinho, com erros e ignorâncias, alumiar errados e ignorantes? Tudo isto pôde fazer e fez Agostinho, e não só de qualquer modo, senão pelo mesmo modo com que Cristo no Evangelho lhe mandou que alumiasse os homens: "Assim brilhe a vossa luz diante dos homens". O modo com que Cristo e o Evangelho lhe mandou que alumiasse os homens foi com exemplo e doutrina, e este mesmo foi o modo com que Agostinho alumiou, porque no Livro das Confissões, dos pecados fez exemplos, e no Livro das Retratações, das ignorâncias fez doutrina. Isto é o que agora havemos de ver; e porque Agostinho dividiu estes dois assuntos em dois livros, nós também, para maior distinção e clareza, os dividiremos em duas partes.

Começando pela primeira, não há coisa mais natural ao homem que esconder e encobrir seus pecados. Naquela famosa disputa que os três amigos de Jó tiveram com ele, todo o seu intento ou teima foi que todos os trabalhos que padecia Jó eram em pena de seus pecados, defendendo-se pelo contrário Jó que padecia inocente. A este fim fez um grande aranzel de todas suas virtudes e boas obras, concluindo que, se tivera pecados, haviam de ser públicos e sabidos, porque ele nunca encobrira pecados: "Se escondi como homem o meu pecado" (Sl 31,33). Nestas palavras tem grande mistério e é digna de grande reparo aquela exclusiva: "Como homem"; não só diz que não escondeu seus pecados, senão que os não escondeu como homem. Para qualificar Jó sua inocência, bastava dizer que não tinha pecados; para provar que os não tinha com o testemunho público, bastava dizer que nunca os escondera; pois, por que acrescenta "que os não escondeu como homem". Porque não há coisa mais natural ao homem que esconder e encobrir seus pecados. O pecado é malícia ou fragilidade; o esconder o pecado é natureza. O primeiro homem que pecou foi Adão. E qual foi o primeiro efeito do primeiro pecado? Esconder-se e encobrir-se. Não havia então no mundo outros olhos de que Adão se houvesse de esconder e encobrir, senão os olhos de Deus, e até dos olhos de Deus se quis esconder e encobrir, tanto que pecou. Quando Tamar se foi encontrar com Judas, primeiro fundador e cabeça da tribo real, do qual concebeu a Farés e Zará, diz o texto sagrado que, vendo-a Judas, "suspeitou que era mulher de mau trato" (Gn 38,15). E por que, ou donde o coligiu? porque "levava coberto o rosto para não ser conhecida". — Vejam lá as tapadas as consequências que descobrem quando assim se cobrem.

A razão de ser tão natural ao homem o encobrir e esconder o pecado deu Quintiliano, e é porque "ninguém é tão mau que o queira parecer".[5] E deste princípio formou Tertuliano um valente argumento em defesa dos cristãos contra os Tiranos[6]. Ide aos vossos cárceres, diz ele, onde tendes presos ladrões, homicidas, adúlteros e cristãos, e inquiri de uns e outros os seus delitos: ao cristão, se lhe perguntais se é cristão, responde logo que sim; o ladrão, o homicida, o adúltero, ainda nos tormentos, nega. E qual é a causa por que estes negam e aqueles não? Porque "o que é mal e pecado, ninguém quer que seja seu". Segue-se, logo, que o ser cristão não é mal, nem pecado, porque se o fora eles o encobriram e o negaram. E assim conclui: "Que mal é este que não tem o que é natural do mal? O medo, a vergonha, o artifício?". Que mal ou que pecado é logo este, em que se não acha o natural de todo o pecado, que é o cuidado e artifício de se encobrir, e o temor e vergonha de se confessar? E como é tão natural ao homem o encobrir e esconder seus pecados, por isso Agostinho escreveu o Livro das suas Confissões, em que descobriu, publicou e manifestou a todo o mundo os seus pecados, para tirar do mesmo mundo este impedimento da salvação, e persuadir com seu exemplo aos homens a confessar e não encobrir os seus. Pouco há que dizia Cristo: "Todo o homem que faz o mal aborrece a luz" — e Agostinho, como exceção de todos os homens, tirou à luz todo o mal que tinha feito, para que nele tomassem exemplo do que devem fazer os que fazem mal. Vede a diferença de Agostinho, e a sem-razão dos outros homens. Os outros homens, quando fazem mal, aborrecem a luz, sendo que haviam de aborrecer o mal e aborrecer também a quem o faz; mas, em vez de aborrecerem o mal, aborrecem a luz, porque ela descobre o mal, e eles, sendo maus, querem parecer bons. Para emendar pois esta sem-razão, e para pôr em seu lugar este mal aplicado aborrecimento, sai Agostinho à luz com quantos males tinha feito em sua vida, para que entendessem os homens que o que se há de aborrecer é o mal, e não a luz, e que o mal encoberto é a enfermidade, e a luz que o descobre, o remédio.

§ V

Para remédio do pecado, instituiu Cristo Senhor nosso o Sacramento da Confissão, e este é o maior argumento ou maior encarecimento da grande repugnância natural que o homem tem a descobrir seus pecados, porque, castigando-os Deus justamente com pena eterna, por serem ofensas de majestade infinita, o mesmo Deus achou que ficavam bem comutadas todas estas penas em um homem confessar seus pecados a outro homem. Mas daqui mesmo se vê quão admirável e verdadeiramente estupenda foi a resolução de Agostinho no livro que escreveu de suas Confissões, e quão eficaz e superabundante foi o exemplo que deu com seus pecados, para vencer a repugnância, para animar o temor e para facilitar o pejo natural que a fraqueza humana tem de confessar os seus. Que um homem confesse e descubra seus pecados para alcançar o perdão deles, é comprar a graça de Deus por seu justo preço. Porém, Agostinho que, depois de ter sido pecador, se batizou sendo de idade de trinta e três anos, não confessou publicamente seus pecados para se pôr em graça de Deus, porque já a tinha, nem para alcançar o perdão deles, porque já estavam perdoados. Falando São Paulo deste perdão e desta graça, diz com Davi: "Bem-aventurados aqueles a quem estão perdoadas suas maldades e que têm cobertos seus pecados" (Sl 31,1). A inteligência deste texto, já em tempo de Santo Agostinho, foi mui controversa entre católicos e hereges, pela distinção que o Apóstolo faz entre pecados perdoados e cobertos. Se pecados perdoados e cobertos são duas coisas distintas, em que consiste o estarem perdoados? Em que consiste o estarem cobertos: Deixadas muitas questões que aqui se envolvem, falou o Apóstolo como divino teólogo, porque no perdão e absolvição dos pecados concorrem duas coisas: a remissão da culpa — que por outros termos se chama condonação — e a infusão da graça: pela remissão da culpa, "ficam os pecados perdoados"; "pela infusão da graça, ficam cobertos". E que Agostinho, tendo os seus pecados perdoados e cobertos, os torne a descobrir, sem obrigação nem necessidade, só para que os outros os não encubram, julgai se foi grande exemplo o que deu com seus pecados.

Mais. O preceito com que Deus manda ao cristão que confesse todos seus pecados, sobre ser debaixo de inviolável sigilo, é com tal cautela e com tanta atenção ao crédito do mesmo que os confessa, que a ninguém obriga que escreva seus pecados, ainda que por falta ou fraqueza de memória os não houvesse de confessar todos. E o motivo desta limitação é o perigo que tem um papel de se perder casualmente e passar a outras mãos. Porém Agostinho, acrescentando exemplo sobre exemplo, não só sem temor, mas com desejo de que seus pecados andassem nas mãos e nos olhos de todos, por isso mesmo os escreveu. E como os escreveu? Na língua mais vulgar e geral do mundo, e não por cifras ou metáforas, mas estendida e declaradamente, e com a ponderação de todas as circunstâncias deles, mais viva ainda que do seu entendimento, porque era maior que o seu entendimento a sua dor, e igual à sua dor o seu zelo dos pecados alheios. Considerai-me a Davi chorando e orando, e a Agostinho chorando e escrevendo, e vede no mesmo caso que diferentes foram os afetos destas duas grandes almas. Davi, vendo os seus pecados escritos nos livros de Deus, pedia a Deus que os riscasse: "Apaga a minha iniquidade" (Sl 50,3); e Agostinho, sabendo que os seus pecados estavam já riscados nos livros de Deus, pelo Batismo, escrevia-os de novo. Mas Davi pedia remédio para si, e Agostinho escrevia para remédio de todos. Cristo, para livrar uma pecadora, escreveu os pecados dos que a acusavam; e Agostinho, para entender pecadores, acusou e escreveu, não os pecados de outros, senão os seus próprios. Cristo escreveu-os na terra, onde facilmente se podiam apagar; Agostinho escreveu-os nos seus livros, que foi mais que se os entalhara em bronze. Cristo escreveu-os sem o nome dos que repreendia, e Agostinho debaixo do seu nome: Confissões dos pecados de Agostinho.

Mais ainda. O preceito da Confissão obriga a que nos confessemos a outro homem, mas a um só. De sorte que, se o confessor não entende a língua do confessado, não é obrigado o confessado a se confessar por intérprete, por que não passem seus pecados à notícia de dois homens. E quem pudera na consideração deste ponto, não digo exagerar ou encarecer, mas explicar de algum modo suficientemente aquela façanha mais que heroica e aquela resolução superior a toda a capacidade humana, com que Agostinho confessou e manifestou seus pecados, não só a todos os homens da sua idade, mas a todos os que hoje somos, a todos os que foram de mil e duzentos anos a esta parte, e a todos os que serão até o fim do mundo? Só no dia do Juízo acho alguma semelhança a este ato, mas com grande diferença. No dia do Juízo, a todos os homens hão de ser manifestos os pecados de cada um; será, porém, tal o horror que fará a cada um dos homens esta manifestação de seus pecados naquele imenso teatro, onde se achará junto todo o mundo, que escolherão por partido antes o inferno que aquela afronta tão pública. Assim o declarou Jó quando disse: "Quem me dera que tu me protegesses no inferno e me escondesses nele até ter passado o furor!" (Jó 14,13). E dá logo a razão, dizendo: "Contaste todos os meus passos e selaste como num saco os meus delitos" (Jó 14,16s). Agora estão os processos cerrados e os pecados ocultos; depois, hão se de abrir e manifestar todos. E esta manifestação pública — diz Jó — será tão afrontosa, que cada um tomará antes e pedirá por partido que "o escondam e amparem no inferno". Notai muito a palavra "Protejas", que significa proteção, amparo, refúgio, porque será tal a confusão e vergonha desta afronta, e tal a apreensão e verdadeiro conhecimento dela, que, comparada com o mesmo inferno, a afronta será o rigor e o inferno o refúgio: a afronta o tormento, e o inferno o amparo a afronta o castigo; e o inferno a proteção: "E me protejas no inferno". E se me perguntardes a razão deste que mais parece encarecimento que verdade, a razão digo que é porque no inferno padece cada um as suas penas e no Juízo hão de ver todas as suas culpas. Tanto excede o mal da culpa, que hoje não conhecemos, a todo o mal da pena, ainda que seja eterno. E se ainda vos parece esta resposta encarecida e não adequada, perguntai ao mesmo inferno quantas almas estão ardendo nele, só por não se atreverem a descobrir seus pecados ao confessor. Pois, se há homens que escolhem antes o inferno, que manifestar seus pecados a um homem, que muito é que queiram padecer eles as suas penas no inferno que conhecerem todos os seus pecados no dia do Juízo.

Ah! Agostinho, que só a luz de vossos pecados, saindo vós à luz com eles, alumiou invencivelmente esta cegueira, e só o livro das vossas Confissões a refutou e aniquilou mais que quanto se tem dito até hoje nem se pode dizer ou imaginar. O mais forte argumento com que se desfaz a repugnância de um homem se confessar a outro, é saber que estes mesmos pecados, de que agora se peja que os ouça um homem, no dia do Juízo os hão de ver todos os homens; mas porque o dia do Juízo está longe e a confissão perto, a grande força que tem conosco o presente é a que pode mais que este desengano. Sai pois Agostinho em sua vida com o livro de suas Confissões e, antecipando para si somente o dia do Juízo, não só fez presente o Juízo universal futuro, mas sendo esse juízo, pela manifestação pública dos pecados, de maior horror e rigor que o mesmo inferno, ele fez outro juízo em si, mais rigoroso que este mesmo Juízo. Dai-me atenção neste paralelo, e vede como o juízo que fez de seus pecados Agostinho no livro de suas Confissões é muito mais rigoroso do que há de ser o Juízo universal de Deus, e não por uma, senão sete circunstâncias. Contai-as, se quiserdes.

O Juízo universal há de ser um só; e Agostinho fez que para si houvesse dois juízos universais: um agora entre os vivos e outro depois entre os ressuscitados. O Juízo universal há de ser no fim do mundo, quando tudo se há de acabar; e Agostinho fez o seu juízo no meio da duração do mundo, tantos séculos antes quantos já tem durado, e para quantos houvesse de durar dali em diante. O Juízo universal há-se de fazer em um só dia, no qual se hão de ler as culpas de todos; e Agostinho fez que o juízo das suas fosse de todos os dias, porque todos os dias se estão lendo e hão de ler as culpas de Agostinho. No Juízo universal, hão-se de manifestar as más obras de cada um, mas também hão de aparecer igualmente as boas, para que as virtudes de uma parte se contrapesem com os pecados da outra; e Agostinho, no seu juízo, de tal maneira manifestou seus pecados, que sepultou em silêncio as suas virtudes. No Juízo universal, se se publicam os pecados de uns, também se hão de publicar juntamente os pecados dos outros; e como cada um tem assaz que estranhar em si, nos excessos alheios ficarão mais desculpados os próprios; porém, os pecados de Agostinho, no seu juízo, padecem a afronta da publicidade sem o alívio da companhia, porque são culpas publicadas em tempo em que as dos outros estão escondidas. No Juízo universal hão de ser julgados por Deus; porém, Agostinho, no seu juízo, expôs os seus pecados a ser julgados, não por Deus, senão pelos homens, cujo juízo, como tão temerário, é muito mais temeroso juízo. Finalmente, no Juízo universal hão de aparecer as culpas escritas fidelissimamente, sem passar por pecado o que não foi pecado, ou por grave o que foi leve; mas no juízo de Agostinho aparecem as suas culpas conforme o encarecimento da sua dor, e talvez maiores e mais feias do que verdadeiramente foram, porque Deus nos seus livros escreve os pecados dos homens como justo, e Agostinho no seu livro escreveu os seus como escrupuloso. Tão rigoroso foi o juízo que Agostinho fez de si na publicação de seus pecados, e tantas e tão notáveis as circunstâncias com que excedeu os rigores do mesmo juízo de Deus quando há de julgar o mundo, para que a repugnância natural dos homens em descobrir seus pecados, à vista de um tal exemplo, mais se envergonhe de os encobrir que de os confessar, e mais de escusar ou diminuir suas culpas, que se acusar inteiramente delas. E este foi o modo altíssimo, digno só de seu inventor, com que Agostinho, das suas mesmas trevas, como dizia, fez luz, e dos seus mesmos pecados, exemplo.

## § VI

E ninguém me diga que os pecados não podem ser exemplo, argumentando que, em qualquer modo que se considerem, sempre são pecados, porque os mesmos pecados, conservando a substância, podem mudar os acidentes, e como sacramentando-se, debaixo deles causar efeitos contrários: diz Deus pelo profeta Isaías: "se os vossos pecados forem vermelhos como a grã, fazei o que vos eu mando, e serão brancos como a neve" (Is 1,18). — Este texto tem dado grande trabalho aos expositores, e todos concordam em que falou aqui o profeta pela figura que os retóricos chamam metonímia, tomando a qualidade pela pessoa e o pecado pelo pecador, porque o pecador pode deixar de ser pecador, e ser justo, e o pecado nunca pode deixar de ser pecado. Mas deverão advertir que o profeta não fala da substância do pecado, senão dos acidentes, quais são as cores. Não diz que os pecados hão de deixar de ser pecados, senão que hão de mudar a cor, e "que sendo ou tendo sido vermelhos como a grã, serão brancos como a neve". E mudando os mesmos pecados a cor, e vestindo-se de outros acidentes, bem podem ter debaixo deles contrários efeitos, e necessariamente os hão de causar quando forem vistos. Tais foram os pecados de Agostinho. Enquanto cometidos tinham uma cor, e enquanto confessados tiveram outra, e por isso, enquanto cometidos, como ele mesmo disse, causavam escândalo, e enquanto confessados, causam exemplo. Fez Agostinho exemplo dos seus pecados publicando-os, sendo que o efeito natural dos pecados públicos é causar escândalo; mas, assim como o hipócrita escandaliza o mundo com a ostentação de virtudes, assim Agostinho edificou a Igreja com a publicação de pecados.

Dê-me logo licença S. Gregório para que eu diga com a mesma e maior razão de Agostinho o que ele disse de Jó: "Embora Agostinho pareça a outros grande nas suas virtudes, a mim me parece maior nos seus pecados".⁷ — Nas virtudes que exercitou e que retratou nos outros seus livros, foi Agostinho grande; mas no livro de suas Confissões, em que manifestou os seus pecados a todo o mundo, sem dúvida foi muito maior. E se este livro se comparar com os outros seus, este foi a coroa de todos. O mesmo Jó, que mereceu o elogio de S. Gregório só por não encobrir pecados, tendo feito um largo relatório de suas virtudes, rematou-o confiadamente com esta conclusão: "Escreva o justo juiz todas as minhas ações em um livro, e eu o levarei ao ombro, e o porei na cabeça como coroa, e lendo todos os seus capítulos, o oferecerei a Deus como a um príncipe" (Jó 31,35ss), para que me despache por ele.

Muito dizeis, Santo Jó, e muito confiado falais, pois quereis que Deus, como juiz, e não vós, escreva o livro de vossas virtudes; e pois credes que será tão grande o livro, que o não podereis levar na mão, senão ao ombro, e pois o haveis de oferecer para ser despachado por ele, e antes do mesmo despacho já vos prometeis a coroa. Mas tudo isto que vós dizeis do livro de vossas virtudes, quem haverá que o não diga com maior razão do livro dos pecados de Agostinho? Ele o escreveu, e nele seus pecados, quando já Deus os tinha riscado nos seus livros, ele o formou, e de matéria tanto mais pesada quanto vai de pecados que afrontam e humilham, a virtudes que honram, engrandecem e exaltam; e ele o ofereceu a Deus e aos olhos do mundo, não para despacho, senão para castigo, e como merecedor de inferno, e não de coroa; mas por isso, e por tudo, digníssimo dela. Muitas coroas tem no céu Agostinho, mas esta a mais preciosa e resplandecente de todas. Jó, com as suas virtudes, foi maravilhoso, porque nelas guardou o Evangelho antes de haver Evangelho; mas Agostinho, com os seus pecados, foi mais maravilhoso, porque neles, depois de haver Evangelho, para mais e melhor o guardar, o amplificou. Só era obrigado pelo Evangelho a resplandecer com obras boas, e ele resplandeceu e alumiou o mundo, até com pecados, o que não disse nem manda o Evangelho: "Assim brilhe a vossa luz diante dos homens para que vejam as vossas boas obras".

## § VII

Do Livro das Confissões de Agostinho passemos ao de suas Retratações, nada menos, antes mais admirável, quanto excede em nobreza o entendimento a vontade. Assim como é natural a todo o homem encobrir o seu pecado, assim é natural a todo o sábio sustentar e não se desdizer do seu erro, e tanto mais quanto for mais sábio. O mais sábio Espírito que Deus criou foi Lúcifer, e é caso verdadeiramente estupendo que uma criatura dotada de tão sublime entendimento, e alumiada de tão alta sabedoria, caísse em um erro tão crasso, tão manifesto e tão néscio, como cuidar que podia ser semelhante a Deus e dizer que o havia de ser: "Serei semelhante ao Altíssimo" (Is 14,14). Mas ainda esta não é a maior admiração. O que mais admira e faz pasmar é que nem no céu, onde errou, se quis descer de tão errado pensamento, nem no inferno, onde o está pagando, se quer desdizer ou arrepender dele. No céu, entre o pecado e condenação de Lúcifer, é sentença muito conforme à piedade divina que lhe deu Deus bastante espaço para se converter; e no inferno, é também teologia certa que ainda tem liberdade para o fazer, se quiser. Pois, como é possível que coubesse e caiba em um entendimento tão sábio querer antes cair do céu e arder no inferno, que desdizer-se do que uma vez disse, e persistir no mesmo erro por toda a eternidade? Se Lúcifer soubera menos, ele reconhecera o seu erro; mas a grande ciência que tanto o inchou para errar, essa mesma o obstinou para se não desdizer. É ponderação não menos que do profeta Ezequiel.

Fala deste caso de Lúcifer o profeta, considera-o no céu antes de cair, e no inferno depois de caído, e em um e outro lugar lhe chama querubim: "E tu Querubim, te pus sobre o monte santo de Deus, e te exterminei, ó Querubim e te lancei por terra" (Ez 28,14). Lúcifer é certo que não era querubim, senão Serafim, porque entre os anjos da primeira e suprema jerarquia, e entre os do primeiro e supremo coro, ele era o primeiro e o maior. Pois, se era serafim, por que lhe chama o profeta, assim no céu, como no inferno, não serafim, senão querubim? Porque querubim quer dizer sábio, e entre todos os espíritos angélicos, os mais eminentes na sabedoria são os querubins. E como a sabedoria foi a que inchou a Lúcifer para que rebentasse em um erro tão ignorante, e a mesma sabedoria a que o cegou e obstinou para que se não retratasse dele, por isso lhe chama querubim e sábio, e não serafim. No céu querubim, porque, sendo tão sábio, errou no céu; e no inferno querubim, porque, por ser tão sábio, se não quer desdizer de seu erro nem no inferno.

Quando Lúcifer disse: "Serei semelhante a Deus", também disse: "Subirei ao céu" (Is 14,13). Donde argui excelentemente São Jerônimo: "Dizia isto ou antes de ter caído do céu, ou depois de ter caído". Se isto disse Lúcifer no céu, como diz: "subirei ao céu"? E se diz subirei ao céu, sinal é que já estava caído e fora dele? Tudo foi. No céu disse: "Serei semelhante ao Altíssimo", e por isso caiu; depois de caído, também disse: "Serei semelhante ao Altíssimo", e o mesmo está dizendo e o dirá por toda a eternidade, porque esta é a pertinácia e soberba de sua ciência dizer no céu e fora do céu, dizer no céu e no inferno, o mesmo que uma vez disse, e não se desdizer nem se retratar jamais. De sorte que é tal a contumácia do muito saber, uma vez que se chega a usar mal dele, que antes quererá um sábio presumido cair do céu que descer-se da sua opinião, e antes arder no inferno, que desdizer-se do que já tem dito. Se fora verdadeira aquela imaginação de Orígenes, o qual teve para si que as nossas almas eram anjos que andavam penando dentro nos nossos corpos, e pagando algumas culpas que tinham cometido, de muitos homens sábios que erraram e nunca se quiseram retratar, dissera eu que eram os anjos sequazes de Lúcifer.

Tal foi o mesmo Orígenes, tal Tertuliano, tal Apolinar, e outros famosíssimos doutores em todo gênero de erudição divina e humana, os quais, tendo sido insignes mestres da Igreja, e ainda hoje alegados, por se não quererem retratar de alguns erros, em que como homens caíram, com perpétua dor da mesma Igreja foram anatematizados e apartados dela, podendo-se dizer com verdade de cada um o que Félix imputava a São Paulo: "As muitas letras te fazem delirar" (At 26,24).[8] Era Orígenes tão zelador da religião e doutrina cristã, que, para a poder ensinar com maior liberdade a um e outro sexo, tomando materialmente aquela sentença de Cristo: "Há eunucos que se castraram pelo reino dos céus", se martirizou a si mesmo e se desfez de homem. Era Tertuliano tão austero na vida e nos costumes, e tão propugnador das heroicas virtudes, como mostram seus mesmos erros, porque negou serem lícitas aos cristãos as segundas bodas, nem o fugir no tempo da perseguição, senão oferecer-se ao martírio constantemente, nem serem outra vez admitidos à Igreja os pecadores conhecidos, posto que penitentes. Era Apolinar não só tão eminente na sabedoria, que foi mestre nas Escrituras Sagradas do Doutor Máximo na exposição delas, São Jerônimo, mas de tão honestos e louváveis procedimentos, que mereceu ser venerado, amado e ainda defendido dos dois grandes lumes da Igreja, Nazianzeno e Basílio, enquanto não foram manifestos seus erros. Mas sendo estes e outros insignes varões tão fortes domadores de outras paixões humanas, chegados ao ponto de se haver de retratar do que tinham ensinado, aqui fraqueou todo seu valor, aqui perdeu o passo toda a sua sabedoria, e aqui se cegaram e escureceram de tal sorte aqueles grandes entendimentos, que antes quiseram perder a união da Igreja, e com ela o único fundamento da própria salvação, que desdizer-se do que tinham dito.

E como é tão natural aos homens doutos e sábios a pertinácia de persistir em seus erros, e o orgulho de os sustentar e defender a todo o risco, para alumiar esta segunda e maior cegueira, que não só perde a seus autores, senão a muitos com eles, saiu Agostinho à luz com o Livro de suas Retratações, em que confessou seus erros e emendou suas ignorâncias, dando confiança a todos os sábios e doutos — como mais sábio e douto que todos — a que nenhum se envergonhasse de ter errado nem de confessar que errou, pois Agostinho o fazia tão declaradamente. Ou em seus sermões, que eram contínuos, ou em várias disputas públicas — em alguma das quais concorreram em Cartago duzentos e oitenta e seis bispos hereges — convenceu Agostinho com força e evidência de seus argumentos, muitos donatistas, muitos maniqueus, muitos pelagianos, que publicamente reconheceram e abjuraram seus erros; mas o argumento mais irrefragável e sem resposta, que confundiu a presunção de todos, ainda dos mesmos que teimaram a se não desdizer, foi o Livro de suas Retratações, escrito e divulgado. Bem pudera Agostinho retratar verbalmente, desde a mesma cadeira em que ensinava e pregava, e não com pequena edificação de todos os doutores e mestres, mas quilo fazer e publicar por escrito, porque a retratação do que se escreveu e saiu a público, em homens de opinião é muito mais difícil.

Presentado Cristo ante Pilatos, ouviu ele as acusações, examinou as testemunhas, reconheceu o ódio e inveja de inimigos, e pronunciou ao Senhor por inocente. Instando porém os acusadores: "Se a este perdoas, não és amigo de César; todo aquele que se faz rei contradiz a César" (Jo 19,12), que se absolvia aquele réu, incorria em crime de lesa-majestade contra o César, pois era contra a soberania do império consentir dentro nele um homem que se chamava rei. Pode tanto com Pilatos o temor deste requerimento, e o respeito do nome e amizade do César, que condenou em Cristo a inocência, e crucificou com Cristo a justiça. Crucificado, enfim, o Senhor, mandou fixar na cruz, como era costume, a causa por que padecia, escrita com aquelas palavras: Jesus Nazareno, Rei dos Judeus, das quais novamente escandalizados os acusadores, tornaram a replicar que as mandasse emendar, e que, em lugar de rei dos judeus, dissesse: por se fazer rei dos judeus. Porém Pilatos respondeu: "O que escrevi, escrevi" (Jo 19,22) — e de nenhuma modo o puderam persuadir a que mudasse o que tinha escrito. O grande reparo que tem esta resposta, todos o estão vendo. Muito mais ofendia a Pilatos ao César em dar a Cristo o título de rei, que em lhe não dar a morte, e muito mais se condenava em lhe dar a morte, que se o livrasse dela. Pois, se Pilatos não repara em se condenar a si e a Cristo por respeito de César, por que não lhe tira o título de rei por respeito do mesmo César? Porque assim o tinha escrito e publicado: "O que escrevi, escrevi". O nome que um homem de ciência ou presunção uma vez escreveu e publicou, não o torna a retratar por nenhum respeito. Condenar a mesma inocência, fá-lo-á, senão por reto, por um respeito humano; mas riscar o que uma vez escreveu e está público em seu nome, não o fará um sábio presumido por nenhum respeito deste mundo, nem ainda do outro.

Ela é intolerável cegueira do entendimento, intolerável abuso da razão e intolerável injúria da justiça e da verdade, que aquilo que se não devia escrever-se haja de sustentar só porque se escreveu, e que o ser escrito uma vez seja consequência de estar escrito sempre: "O que escrevi, escrevi". Mas esta sentença, como se fora de melhor autor, é a comumente de todos os que escrevem e publicam seus escritos. Querem que os seus livros sejam como o Livro da Predestinação, em que o que está escrito não pode ser riscado; querem que os seus caracteres sejam como os dos sacramentos, que, uma vez impressos, não se podem apagar; querem, enfim, que o seu escrever seja prescrever: "O que escrevi, escrevi". Cento e dezoito livros temos de Santo Agostinho, exceto os que não chegaram a nós, e quando ele pudera assentar a pena e consagrá-la ao tempo da sabedoria como troféu de todas as ciências, entre os aplausos do mundo e celebridade da fama maior que a de todos os que escreveram, torna a tomar e aparar de novo a pena. Para quê? Para emendar em um livro todos os seus livros, para se retratar e desdizer de muitas coisas que neles tinha dito, e para desenganar com o seu exemplo a todos os que tanto se enganam com os seus escritos.

## § VIII

A razão deste engano deu excelentemente Santo Ambrósio, a quem deve a Igreja mais que a todos os doutores, porque lhe deve a Agostinho: "Os escritos próprios enganam a qualquer um e desprezam o autor; assim como os filhos mesmo feios agradam aos pais, assim também os escritores afagam os seus escritos imperfeitos".[9] A todos os autores, diz Ambrósio, enganam os seus escritos, e, ainda que tenham erros, só eles os não veem. E a razão desta cegueira é porque são partos do seu entendimento. E assim como os filhos, posto que sejam feios, agradam a seus pais, e lhes parecem formosos, assim os escritos de cada um, por imperfeitos, errados e mal compostos que sejam, naturalmente lisonjeiam a seus autores e lhes parecem bem, porque se parecem com eles. Isto disse e ensinou Santo Ambrósio, digníssimo mestre de Agostinho, e sendo tão verdadeira esta doutrina, e tão universal a razão ou sem razão dela em todos os homens, só em Agostinho se não verificou. Lá disse Elifaz, o mais sábio dos três amigos de Jó, que a justiça de Deus e a perspicácia dos olhos divinos é tão pura, que "até nos seus anjos achou imperfeição" (Jó 4,18). E não está o encarecimento em dizer que achou imperfeição nos anjos, sendo anjos, senão em que achou imperfeição nos anjos sendo seus: "Nos seus anjos". Se os olhos de Deus fossem como os dos homens, ainda que os anjos o não foram, bastava que fossem seus para que lhe parecessem anjos. Angelicais são todas as obras e escritos de Agostinho, mas os seus olhos tiveram tanto da perspicácia divina, que, com serem angélicos e seus, achou neles imperfeição e erros: "Nos seus anjos achou imperfeição". Não o lisonjeou serem partos da sua alma e filhos do seu entendimento, para que se enganasse com eles.

Agora se entenderá o próprio e cabal fundamento por que entre os quatro animais enigmáticos do carro de Ezequiel, em que foram significados os quatro Doutores da Igreja, Agostinho é a águia. Por ventura, por que tendo todos asas e penas, Agostinho com a sua voou mais alto que todos? Seja embora; mas outro mais profundo mistério se encerra na semelhança. A águia, como diz Aristóteles, e se sabe vulgarmente, depois que lhe nascem os filhos e lhes dá a primeira criação indistintamente, tira-os do ninho, suspende-os nas unhas, e examina-os um por um aos raios do sol: se olham de fito em fito para o sol, sem pestanear, reconhece-os e conserva-os como filhos próprios; mas se fecham ou afastam os olhos, e não sofrem toda a luz, repudia-os e lança-os de si como adulterinos. Assim fez a nossa águia com todos os seus livros, com todas as suas resoluções e com todos os seus ditos e pensamentos. Examinou-os aos raios do sol da verdade severissimamente: dos que achou conformes, firmes e constantes, reconheceu-os por próprios; aqueles, porém, em que descobriu alguma fraqueza ou menos conformidades, retratou-os e condenou-os como não seus. O dito bastava para a propriedade deste segundo e maior mistério. Mas eu passo adiante e pergunto: no exame e prova que faz de seus filhos a águia, quais ficam mais examinados e mais qualificados, os olhos da mãe ou os olhos dos filhos? Não há dúvida que os olhos da mãe, porque os olhos dos filhos não se cegaram com o sol, os olhos da mãe não se cegaram com os filhos. Não se cegaram os filhos com o sol, isso é serem águias; mas não se cegar a águia com os filhos, isso é ser mãe sem amor de mãe. Tal Agostinho com os seus livros. Eram partos do seu juízo, eram filhos do seu entendimento, mas examinou-os com tal rigor e sentenciou-os com tal justiça, como se não foram filhos. Ou os amava Agostinho, ou não os amava: se os não amava, sendo filhos seus, que fineza! E se os amava, e os tratou e retratou assim, que maravilha!

Não há amor que mais facilmente perdoe e mais benignamente interprete e dissimule defeitos que o amor de pai. Grandes defeitos foram os do filho pródigo, e tão grandes que ele mesmo reconhecia que "era indigno de ser chamado filho de tal pai" (Lc 15,21); mas o pai nem por isso o desconheceu de filho ou o lançou de si, antes o abraçou apertadissimamente, e o seu primeiro cuidado foi cobri-lo e vesti-lo, e enfeitá-lo com as melhores e mais vistosas galas: "Trazei depressa o primeiro vestido" (Lc 15,22). Isto é o que fazem todos os escritores severíssimos com os defeitos alheios e benigníssimos com os próprios, como pais enfim. Mas não assim Agostinho, posto que o pudera fazer melhor que todos. Ainda que alguns ditos ou escritos seus tivessem tais defeitos que não fossem dignos de se chamar filhos de tal pai, bem pudera ele abraçá-los e não os lançar de si, e cobri-los com tais interpretações, e vesti-los com tais cores e figuras de sua divina retórica, que não só parecessem seus, mas tivessem muito que invejar, como logo foi invejado o pródigo. Porém ele, tão fora estava de os cobrir, que os manifestou, tão fora de os enfeitar, que os afeiou mais, e tão fora de os vestir, dissimular ou disfarçar com outros trajos, que, despido de todo o afeto e amor de pai, os condenou como severíssmo juiz, e lhes não perdoou como cruel inimigo.

Davi, sendo tão enormes os erros de seu filho Absalão, e ele tão incapaz de perdão ou desculpa, lá lhe buscou e achou na idade um motivo com que o escusar e salvar: "Salvai-me o moço Absalão" (2Rs 18,5). Pois se Joab lhe não perdoou, e todo o reino então, e hoje todo o mundo o condena, como lhe perdoa só Davi, e o quer salvar? Porque era pai, diz Santo Ambrósio. E esta é a única e verdadeira razão. Não há opinião tão errada, não há proposição tão temerária e tão ímpia como Absalão, que seus autores, como pais, não queiram salvar, escusar e defender, porque, ainda que partos tão monstruosos, são partos do próprio entendimento. Os de Agostinho não eram deste gênero, mas de tão fácil interpretação e escusa que muitos, ainda depois de reprovados por ele, por sua natural gentileza, como a de Absalão, são vistos com admiração e recebidos com aplauso. Era, porém, tal o amor da verdade e tal a inteireza do juízo de Agostinho, que, sendo tão dignos de perdão, e ele Pai, não lhes perdoou.

A maior coisa que fizeram os homens por Deus foi o sacrifício de Abraão, e a maior que Deus fez pelos homens foi a Encarnação e morte de Cristo, em que também o sacrificou. E para encarecer a Escritura estas duas ações, os termos de que usou em uma e outra é que nem Abraão perdoou a seu filho, nem Deus ao seu: "Por que fizeste isso e não poupaste teu filho unigênito por causa de mim" (Gn 22,16), diz Deus, falando de Abraão. E São Paulo, falando de Deus: "Não poupou o seu próprio Filho, mas o entregou por nós" (Rm 8,32). Tão grande façanha e fineza é chegar um pai a não perdoar a seu filho, como não perdoou Agostinho aos de que era pai. Mas com qual destes dois sacrifícios se pareceu mais o de Agostinho: com o de Abraão, quando não perdoou a seu filho, ou com o do Pai Eterno, quando não perdoou ao seu? No sacrifício de Abraão foi figurado o do Pai Eterno. E se fizermos comparação entre um e outro, não de Deus a homem — que não pode ser — senão precisamente de pai a pai, não há dúvida que ainda assim foi maior sacrifício o do Pai Eterno que o de Abraão, porque o filho a quem não perdoou Abraão era filho da sua carne, e o filho a quem não perdoou o Pai Eterno era Filho do seu entendimento; e sacrificar os filhos do entendimento é tanto maior ação quanto vai do espírito à carne e da alma ao corpo. Logo, muito mais parecido foi o sacrifício de Agostinho ao do Pai Eterno, e muito mais nobre que o de Abraão, porque os filhos a quem não perdoou Agostinho eram partos da sua alma e filhos do seu entendimento. O Filho de Deus é concebido e gerado por entendimento, e por isso se chama Verbo e Palavra do Pai. E este mesmo é o nome e esta a geração dos filhos a que Agostinho não perdoou: "Não poupou os seus próprios filhos".

§ IX

Se lermos o Livro das Retratações de Agostinho, acharemos que o que ele chama erros e ignorâncias, algumas eram já impugnadas por outros, e as mais, descobertas e emendadas pelo mesmo Agostinho. É certo que não sei em quais delas se mostrou o seu entendimento e juízo mais admirável, se em não defender as primeiras ou em estudar, cavar e descobrir as segundas. Verdadeiramente era coisa notável e digna de toda a maravilha, depois que Santo Agostinho saiu à luz com suas obras, ver que todo o mundo estudava pelos livros de Agostinho, e o mesmo Agostinho também. Mas o fim de um e outro estudo ainda acrescenta mais a admiração, porque os outros estudavam por Agostinho, para aprender e lograr os tesouros de sua sabedoria, e Agostinho estudava por Agostinho, para aprender os seus erros e os condenar. No capítulo primeiro do Eclesiastes, diz Salomão que foi mais sábio que todos os seus antecessores: "Excedi em sabedoria a todos os que antes de mim existiram em Jerusalém" (Sl 1,16), e falou muito modestamente, porque do Terceiro Livro dos Reis consta que Salomão não só foi mais sábio que todos os que tinham sido antes, senão que todos os que foram e haviam de ser depois: "Eu te dei um coração sábio para que nenhum antes de ti te fosse semelhante, nem se levante outro depois de ti" (3Rs 3,12). E depois de dizer isto, Salomão acrescenta que não só se aplicou a saber as ciências, senão também os erros e as ignorâncias: "E apliquei o meu coração para conhecer a prudência e a doutrina, os erros e as ignorâncias". Não reparo em que Salomão, tendo as ciências infusas ou infundidas por Deus, se aplicasse ainda a sabê-las, porque isso se há de entender das mesmas ciências, enquanto práticas e experimentais. O que reparo, e parece trabalho escusado e supérfluo, é que um homem tão sábio se aplique a estudar e saber "os erros e as ignorâncias". Os erros e as ignorâncias, é certo que são muito mais que as ciências, porque para saber e acertar não há mais que um caminho, e para errar infinitos. Mas esses mesmos caminhos errados e de errar, esses mesmos erros e ignorâncias, para que as estuda e quer saber Salomão? Não lhe bastavam as ciências, e tão consumadas ciências? Não, porque a Salomão fê-lo Deus o maior doutor da Igreja antiga, e não só lhe era necessário saber as ciências, senão também os erros e as ignorâncias: as ciências, para ensinar a saber, os erros, para ensinar a não errar; as ciências, para as provar e estabelecer; os erros, para os refutar e confundir. E isto é o que Salomão faz em todo aquele admirável livro, o qual intitulou Eclesiástico, que quer: dizer O Doutor.

Assim como Deus em Salomão fez um Agostinho da Igreja antiga, assim em Agostinho fez outro Salomão da Igreja nova, e daquele coração, que Agostinho tem na mão, se pode dizer sem encarecimento, depois dos apóstolos: "Eu te dei um coração sábio para que nenhum antes de ti te fosse semelhante, nem se levante outro depois de ti". Ambos estes Salomões, depois de tantos tesouros de profunda sabedoria, estudaram os erros e as ignorâncias, usando das ciências para ensinar a saber, e dos erros e ignorâncias para ensinar a não errar. Mas Salomão estudava os erros e ignorâncias nos livros alheios, para os confundir e emendar nos outros; e Agostinho estudava-os nos livros próprios, para os confundir e emendar em si. As ciências dos erros alheios é fácil, se se examinam sem ódio nem interesse; a dos erros próprios é muito difícil, porque sempre os julgamos subornados do próprio amor. Os alheios conhecemo-los com o juízo livre, os próprios com o entendimento cativo; os alheios vemo-los como juízes, os próprios como namorados.

Mais maravilhosa foi logo em Agostinho que em Salomão a ciência que ambos tiveram de erros e ignorâncias, e mais maravilhoso o mesmo Agostinho na luz e conhecimento com que retratou as suas que nos argumentos invencíveis com que confundiu as alheias. Que ignorâncias, que erros, que heresias houve, não só antes e no tempo de Agostinho, senão ainda nos tempos futuros e nestes nossos, que se não confutem e convençam com a doutrina e livros de Agostinho? Mas o livro de suas Retratações é o que vence e triunfa de todos os mais, posto que sempre vencedores. Nos outros livros, vemos em campo pela fé e pela verdade Agostinho contra Fortunato, Agostinho contra Fausto, Agostinho contra Ario, Agostinho contra Pelágio, Agostinho contra Donato, Agostinho contra Juliano, mas no Livro das Retratações, Agostinho contra Agostinho. Esta foi a mais forte batalha, e esta a maior vitória de Agostinho, porque vencedor e vitorioso de todos, não tendo já a quem vencer, se venceu a si mesmo. Dos quatro animais do carro de Ezequiel diz o texto sagrado que, tendo todos quatro asas, a águia voava "sobre todos os quatro" (Ez 1,10). Pois, se a águia era um dos quatro, como voava sobre todos quatro? Se dissera que voava sobre os outros três, bem estava; mas sobre todos quatro, sendo um deles? Sim. Porque a águia — como já dissemos — era Agostinho, e Agostinho nos outros seus livros voou sobre os três doutores da Igreja, mas no Livro das suas Retratações, voou sobre todos quatro, porque voou sobre si mesmo.

E se me perguntardes como se enganou Agostinho com os que ele chama erros e ignorâncias, quando os escreveu, e como se desenganou depois, quando os retratou, respondo que se enganou antes, porque as suas ignorâncias eram tais que pareciam ciência e os seus erros tais que pareciam verdade; e desenganou-se depois, porque a luz com que os tornou a ver era muito maior e mais clara que a luz com que os tinha escrito. Um só lugar da Escritura nos dirá uma e outra coisa. Caso foi notável, e digno de toda a admiração, que na noite das bodas, em que Labão introduziu a Lia em lugar de Raquel, Jacó se enganasse de maneira que cuidasse e se persuadisse que verdadeiramente era Raquel, e não se desenganasse nem conhecesse que era Lia, senão quando amanheceu. Jacó não viu a Lia quando a recebeu? Sim. Pois como não conheceu então que, era Raquel, assim como o conheceu depois quando amanheceu? Porque de noite viu-a à luz da candeia, de dia viu-a à luz do sol. Lia e Raquel, como eram irmãs, eram muito parecidas uma com a outra, tanto assim que só nos olhos, como nota a Escritura, tinham a diferença, e para distinguir coisas muito parecidas — e mais onde entra amor — se a luz não é muito grande, facilmente se padece engano. O mesmo aconteceu a Agostinho. A verdade, e a semelhança dela, são duas irmãs tão parecidas como Raquel e Lia, por isso o verossímil facilmente parece verdadeiro, e o verdadeiro, se não é verossímil, parece falso. E como as ignorâncias de Agostinho eram tão verossímeis que pareciam ciência, e os erros tão verossímeis que pareciam verdade, não é muito que Agostinho, com menos luz, se enganasse com os seus erros e ignorâncias, e que, depois que chegou ao sumo da luz, então as reconhecesse e retratasse.

§ X

Não é muito, disse, e não disse bem, porque ainda que não foi muito reconhecer Agostinho os erros que ele só descobriu de si para consigo, reconhecer, porém, e retratar aqueles em que era censurado de outros, e não os defender, foi o ponto mais heroico de suas Retratações. No erro secreto em que se não perde a honra, facilmente se sujeita a própria opinião à verdade, mas no público e censurado, em que a honra se perde, ou ela defende o erro, ou o erro a defende a ela contra a mesma verdade conhecida. O mesmo Santo Agostinho o entendeu e julgou assim em caso não seu. No preceito da correção fraterna manda Cristo que a correção se faça com tal segredo, que fique entre o que repreende e o repreendido somente: "Corrige-o entre ti e ele só" (Mt 18,15). E por que razão com tanto segredo, que não só não passe a público, mas nem ainda a terceiro? Santo Agostinho: "Corrige-o entre ti e ele só, buscando a correção e poupando o pudor; pois talvez comece a defender o seu pecado por causa da vergonha e assim faz pior aquele que querias mais correto". Mandar Cristo que a correção se faça com tal segredo, que fique entre o repreendido somente, foi atender na correção à emenda e no segredo à honra do repreendido, porque, perdida a honra, como seria se o erro se publicasse: em lugar de se conseguir a emenda, se seguiria naturalmente a contumácia, e o repreendido, vendo-se afrontado, tão fora estaria de admitir a correção, que antes se poria em campo para defender o erro. — Isto é o que dita em todos os homens a natureza, e esta foi a maior vitória que dela alcançou Agostinho, como mais que homem. Vendo-se censurado publicamente de seus êmulos, e notados por eles alguns erros em seus escritos, tão longe esteve de tomar as armas contra os censuradores, que em tudo o que tinham razão se pôs da parte deles contra si mesmo, e assim como eles o censuravam, ele se censurou também e se retratou. Se Agostinho neste caso se defendera fortissimamente, não era para mim argumento nem de grande sabedoria, nem de grande entendimento. O animal de Balaão, ofendido, teve língua para responder e razões para impugnar e convencer um profeta. Porém, que ofendido e censurado Agostinho por seus êmulos, lhes ache razão, se ponha da sua parte e se retrate do que tinha escrito, podendo mais com ele o crédito da verdade que o seu, este foi o ápice a que só podia chegar a magnanimidade daquele coração.

Exortando São Paulo a si e a todos os varões apostólicos a que se portem como ministros de Deus: "Por termo-nos como ministros de Deus", — e contando entre as virtudes que devem ter, "a verdade, a ciência, e junto com a ciência, a longanimidade" (2Cor 6,6) — acrescenta como se hão de haver nas batalhas, com estas palavras: "Haveis de menear — diz — as armas da justiça à mão direita e à esquerda, e tanto haveis de estimar a honra como o descrédito, e a fama como a infâmia" (2Cor 6,7s). — As armas da mão direita e esquerda são a espada e o escudo: o escudo para defender e rebater os golpes do inimigo, a espada para o ofender e ferir. Mas qual é a razão ou mistério com que exorta e ensina São Paulo que esta espada da mão direita e este escudo da esquerda "hão de ser armas de justiça"? "As armas da justiça à mão direita e à esquerda"? Bem disse Filo Hebreu que as ações dos patriarcas são os melhores comentários da Escritura. Em nenhum comentador achei este reparo do texto, nem a declaração dele; mas na ação que vou ponderando de Agostinho, sim, e divinamente explicado. A espada e escudo de Agostinho foram as armas mais finas e mais fortes, mas a maior excelência que tiveram foi serem sempre armas de justiça, ainda contra si mesmo. Se os inimigos lhe faziam guerra injusta, de tal sorte se defendia com o escudo que ninguém o podia penetrar, e com tal força feria e ofendia com a espada que ninguém a podia resistir. Mas se acaso os mesmos inimigos lhe faziam guerra justa, como no caso em que estamos, era tal "a justiça das armas" de Agostinho, que não só as abatia e rendia à verdade, mas, passando-se à parte dos contrários, as voltava contra si mesmo, e ele se impugnava, ele se convencia, ele se retratava. E isto é o que fez no livro mais que humano e verdadeiramente miraculoso de suas Retratações.

Quase estou arrependido de ter aplicado ao Livro das Confissões aquele famoso Livro de Jó, com que ele se queria coroar e presentá-lo a Deus, para que por ele o premiasse, porque ao Livro das Retratações de Agostinho, só por esta última circunstância, parece que é devido ser a coroa de todos. Mas a razão e palavras de São Paulo igualmente se verificam em um e outro livro. Concluamos, pois, que Agostinho, sobre a láurea de Doutor da Igreja, teve duas coroas, ambas primeiras: uma de doutor confitente, pelo Livro de suas Confissões, em que dos seus pecados fez exemplos; e outra de doutor revogante, pelo Livro das suas Retratações, em que dos seus erros fez doutrina

A razão e palavras de São Paulo, que ainda não ponderamos, são aquelas: "Com honra e descrédito, com infâmia e boa fama". Quer o Apóstolo que os ministros de Cristo procurem a glória de seu Senhor sem respeito nem atenção à sua própria, ou seja com honra ou com descrédito, ou seja com fama ou com infâmia. E em ser de um modo ou de outro, não só há grande diferença, mas grande excesso de perfeição. Procurar a glória e honra de Deus, quando a sua glória e honra se ajunta com a nossa: "Com a honra e a boa fama", é coisa muito fácil; porém, procurar a glória de Deus quando a sua glória se ajunta com o nosso "descrédito", e procurar a honra de Deus quando a sua honra se ajunta com a nossa "afronta", aqui está o ponto da dificuldade invencível às forças da natureza, e aqui se apuraram as duas façanhas, ambas prodigiosas, com que Agostinho em um e outro seu livro amplificou gloriosamente o Evangelho de Cristo. O que Cristo manda no Evangelho, como vimos, é que os prelados da sua Igreja alumiem com luz de doutrina e resplandeçam com exemplo de boas obras: "Assim brilhe a vossa luz diante dos homens para que vejam as vossas boas obras"; e posto que o mesmo Senhor juntamente ensina que o fim da doutrina e do exemplo há de ser a glória de Deus e não a própria: "Para que glorifiquem o vosso Pai que está no céu", essas duas operações são de si mesmas tão luzidas e gloriosas, que, ainda que sejam feitas só pela glória de Deus, sempre vai junta com elas a glória humana. Nos pecados e nos erros é o contrário, porque os pecados, posto que publicados para exemplo, sempre afrontam, e os erros, posto que confessados para doutrina, sempre desacreditam. E comprar a glória e honra de Deus à custa da "própria afronta e do próprio descrédito", só o inventou o entendimento de Agostinho, e só o coração de Agostinho teve valor para o executar.

Se ele não pudera conquistar a glória de Deus senão por dois meios tão encontrados com a própria, ainda era muito heroica fineza; mas o que mais o afina e sobe do ponto é que, tendo justíssimas razões Agostinho, como prelado, para encobrir os pecados, e, como doutor, para dissimular os erros, quis antes publicar uns e outros com tão custosa resolução, só para assim e de todos os modos amplificar mais a mesma glória de Deus. Convencido diante de Josué um soldado nobre, chamado Acã, de que tinha escondido uma capa de grã e uma língua de ouro nos despojos de Jericó, consagrados todos a Deus, e exortando-o o mesmo Josué a que confessasse o grande erro e culpa que tinha cometido, disse-lhe assim: "Filho meu, dá glória a Deus, e confessa" (Js 7,19). — Não só lhe disse que confessasse, senão que desse glória a Deus, porque entre os atos de virtude e valor que um homem pode fazer, nenhum há por sua natural dificuldade que tanto glorifique a Deus como a confissão dos próprios erros e pecados, e mais se é pública, com esta era. A Agostinho disse-lhe Cristo: "Dá glória a Deus"; mas não lhe disse: "Confessa". Disse-lhe que desse glória a Deus: "Para que glorifiquem o vosso Pai que está no céu", mas não lhe disse que confessasse publicamente seus erros e seus pecados, senão, pelo contrário, que publicamente resplandecesse com luz de doutrina e boas obras: "Assim brilhe a vossa luz diante dos homens para que vejam as vossas boas obras". E tendo Agostinho este dobrado motivo, enquanto prelado, para não confessar pecados, e, enquanto doutor, para não confessar erros, quis contudo confessar publicamente uns e outros, para com uns e outros dar dobrada glória a Deus: "Dá glória ao Senhor, e confessa". Considero eu a Agostinho neste caso com os mesmos despojos do soldado de Josué, capa de grã e língua de ouro: tinha muito boa capa, e de muito boa cor, para cobrir com ela seus pecados, considerando que era prelado; e tinha muito boa língua, e de muito bom metal, para dourar com ela seus erros, considerando que era doutor; mas, enquanto prelado, não só quis dar exemplo com suas virtudes, senão também com seus pecados, confessando-os; e, enquanto doutor, não só quis dar doutrina com a sua ciência, senão também com os seus erros e ignorâncias, retratando-as, para de todos os modos amplificar mais e mais a glória de Deus: "Para que glorifiquem o vosso Pai que está no céu".

## § XI

Temos desfeita, se me não engano, a implicação de Agostinho com o Evangelho, e mostrado o mesmo Evangelho alta e grandiosamente, amplificado por Agostinho, assim no Livro de suas Confissões como no de suas Retratações. Resta só, para complemento da matéria, combinar um livro com outro, e, postos ambos em balança, ver qual pesa mais. Em ambos se mostrou grande Agostinho; mas em qual maior? Respondo que maior em ambos, diversamente considerado. Considerado Agostinho como Santo, é maior no livro de suas Confissões, porque publicou nele seus pecados; e considerado o mesmo Agostinho como homem, é maior no Livro de suas Retratações, porque publicou nele suas ignorâncias.

Pedindo Davi perdão a Deus dos pecados de sua mocidade — quais foram também os de Agostinho — compôs a sua oração nesta forma: "Esquecei-vos, Senhor, dos meus pecados, e não vos lembreis de minhas ignorâncias" (Sl 24,7). — Estas que no segundo lugar chama Davi ignorâncias são as mesmas que no primeiro chama pecados. E a razão de chamar ignorâncias aos pecados, é porque queria livrar e desculpar os pecados com o nome de ignorâncias; mas parece que não havia de ser nem dizer assim. As ignorâncias são defeitos do entendimento, os pecados defeitos da vontade, e havendo de desculpar um defeito com outro defeito, parece que o havia de carregar antes sobre a potência menos nobre, que é a vontade, e não sobre a mais nobre, que é o entendimento. Assim o havia de fazer Davi, se falara e entendera como homem; mas falava e entendia como Santo. Os santos, como conhecem a graveza e malícia do pecado, e quanto mais feios são os defeitos da vontade que os do entendimento, mais se pejam de ser maus que de ser mal entendidos, e antes querem parecer ignorantes que pecadores. Por isso Davi, como santo, confessando os pecados por delitos, alega as ignorâncias por desculpas: "Os pecados de minha juventude e as minhas ignorâncias".

A razão desta diferença é porque a ignorância opõe-se à ciência e o pecado à virtude, e quem é verdadeiramente santo, muito mais estima a virtude do que se preza da ciência. Veio a Madalena buscar a Cristo, em casa do fariseu, e para demonstração de quão trocado estava o seu amor, quebrou o alabastro, derramou os unguentos, beijou os pés ao Senhor, regou-os com lágrimas e enxugou-os com seus cabelos. Estranhando, porém, o fariseu que Cristo admitisse semelhantes obséquios de uma tal mulher, disse assim consigo: "Este, se fosse profeta, havia de saber quem e qual é a mulher cujas mãos, cujos olhos, cuja boca e cabelos consente que lhe toquem os pés" (Lc 7,39). — Supostos os obséquios da Madalena, a permissão de Cristo e a malícia do fariseu, parece que mais à mão estava duvidar ele da virtude do Senhor que da sua ciência, pois, por que lhe duvida a ciência e não a virtude: "Este, se fosse profeta, saberia"? Porque desta vez os pensamentos do murmurador estavam no arbítrio do murmurado. O mesmo Cristo, que admitiu os obséquios da Madalena, permitiu os pensamentos do fariseu. Mas permitiu-lhe que julgasse mal de sua sabedoria, e não que tivesse mau conceito de sua virtude. Da minha sabedoria cuide o fariseu o que quiser, e diga embora que há em mim ignorância: "Se fosse profeta, saberia"; mas, duvidar da minha virtude e da minha pureza, e cuidar ele, ou alguém, que em mim há ou pode haver pecado, isso não o permite o Santo dos Santos. E como é próprio da santidade estimar mais o conceito da virtude que o da ciência, e sofrer antes contra si a opinião da ignorância que a do pecado, muito mais fez Agostinho, enquanto santo, no Livro de suas Confissões em publicar seus pecados que no Livro de suas Retratações em confessar suas ignorâncias.

    Enquanto homem, não foi assim. Muito mais fez Agostinho enquanto homem na confissão de suas ignorâncias que na publicação de seus pecados. Pecou o primeiro homem, porque quis ser como Deus; e é muito de reparar, que, sendo os atributos de Deus tantos e tão excelentes, entre todos escolhesse o demônio, para tentar o homem, o atributo da sabedoria: "Sereis como deuses conhecendo o bem e o mal" (Gn 3,5). Eu bem sei que tem Deus muitos atributos que não são acomodados para fazer tentação. Deus é infinita bondade, e ninguém se tenta de ser bom; Deus é eterno, e os homens de nada tratam menos que da eternidade; Deus é invisível, e o que todos apetecem é aparecer e ser vistos. Contudo, outros atributos tem Deus que podiam fazer grande tentação ao homem. Todo o homem deseja ser, deseja ter, deseja poder. Se deseja ser, por que o não tentou o demônio com o atributo da imensidade e grandeza? Se deseja ter, por que o não tentou com o domínio e senhorio universal de todas as coisas? Se deseja poder, por que o não tentou com a onipotência? Mas que, deixados todos esses atributos, só com o da sabedoria tentasse o demônio ao homem? Sim, porque o demônio, como discreto, armou a tentação ao homem, conforme o conhecimento que tinha de sua natureza, e para onde o viu mais inclinado, para ali entendeu que cairia. Fez o demônio este argumento: o homem, não o hei de render eu, senão o seu desejo, e desejo mais natural ao homem é o de saber; logo se lhe prometo sabedoria, rendido o tenho, e assim foi. Porém, o homem, naquele estado, é certo que tinha ciência infusa; pois se tinha tanta ciência, como pecou e se tentou por saber? Porque, ainda que tinha muita ciência, não tinha toda, e esta é a que o demônio lhe prometeu: "Sereis como deuses conhecendo o bem e o mal": Tereis a ciência de tudo, como Deus. E como o homem, com a ciência que tinha, ignorava tudo o mais que Deus sabe, antes quis cometer o pecado que padecer esta ignorância. Não teve paciência nem confiança Adão para saber menos, e por isso quis antes saber mais com pecado que saber menos sem pecado.

Já aqui ficava bem provado o que queremos dizer de Agostinho, mas ainda temos outro lugar do Testamento Novo, menos sabido, e pode ser que não ponderado, com que mais se encarece esta verdade. Condena Cristo as injúrias com que os homens se afrontam de palavra, assinalando também o castigo que cada uma merece, e como soberano legislador manda assim: "O homem que chamar a outro 'blasfemo', tenha pena arbitrária; porém o que lhe chamar 'fátuo', seja queimado em uma fornalha" (Mt 5,22). — A palavra "fátuo" todos sabem que significa néscio e ignorante; a outra, que é arábica, quer dizer ímpio, ou mais propriamente, blasfemo. Quem haverá pois que não julgue, ou ao menos lhe não venha ao pensamento, que nestes dois casos tão diversos se não mede bem a pena com a culpa? O ser néscio e ignorante é um defeito natural; o ser ímpio e blasfemo é pecado, gravíssimo. Como logo se dá pena arbitrária ao que chama ímpio, e ao que chama ignorante pena de fogo? Porque, ainda que o ser ímpio para com Deus é maior pecado, o ser ignorante para com os homens é maior injúria. A injúria ou contumélia mede-se neste caso pelo sentimento e afronta que o homem recebe, e nenhum há que não sinta e se afronte mais de ser motejado de ignorante que de ser notado de mau. E como este é o comum conceito e estimação dos homens ter por menor injúria o pecado que a ignorância, muito mais fez Agostinho enquanto homem no Livro de suas Retratações, em confessar suas ignorâncias, que no Livro de suas Confissões, em publicar seus pecados.

## § XII

*T*enho acabado o meu discurso, e, já que não pude louvar como devera a meu Santo Agostinho — a quem tenho tomado diante de Deus por muito particular patrono — ao menos o não quisera desagradar e não fechar o sermão com um ponto da sua doutrina. Aos que fazem o que fez enquanto santo, não é necessário; aos que não fazem o que fez enquanto homem, sim, e não será pouco útil aos vizinhos do bairro.

Quantos julgadores há, que, ou no voto, ou na tenção, ou na sentença reputam por descrédito o retratar-se, e, seguindo o ditame ou seita de Pilatos, tem por timbre o dizer: "O que escrevi, escrevi". E também pode ser que haja algum, o qual, sem reparar em que se condena não se retratando, ou pela inveja de que outro votou melhor, ou pela soberba de não confessar que errou, não tema acompanhar a Lúcifer no castigo, como o imita na contumácia. O retratar-se não é argumento de não saber mas de saber, que muitas vezes pode acertar o menos douto no que o mais letrado não advertiu. Que comparação tinha na ciência Jetro com Moisés? E, contudo, conheceu Moisés que o ditame de Jetro era mais acertado, e logo retratou o seu e seguiu o alheio. Por isso disse dele Filo Hebreu — o que igualmente se pode dizer de Santo Agostinho —: "Livre das contendas, procurava a verdade; porque nada admitia senão ela, distanciava-se daqueles que defendem obstinadamente qualquer doutrina afirmada uma só vez".[10] Não era Moisés — nem Agostinho — como aqueles que defendem obstinadamente o que uma vez disseram, só porque o disseram; mas porque só buscavam e amavam a verdade, em qualquer parte que a achavam, e de qualquer boca que a ouviam, a seguiam e abraçavam sem contenda nem controvérsia.

Nenhum homem houve tão amigo de sustentar o crédito do que tinha dito como São Pedro. Aconselhou a Cristo que não morresse, dependendo da mesma morte a salvação do mundo: "Deus tal não permita, Senhor, isto não sucederá contigo" (Mt 16, 22). E por quê? Porque tinha dito que Cristo era Filho de Deus, e quem visse morrer a Cristo podia cuidar que Pedro se enganara no que dissera. Assim o notou e afirma não menos que São Jerônimo: "Pedro fala assim porque não quer desacreditar a sua confissão, na qual dissera: Vós sois o Cristo, Filho de Deus vivo". E este mesmo homem, que não reparou na salvação do gênero humano, só porque se não desacreditasse o que tinha dito, vede quão facilmente se retratava depois que foi consumado na sabedoria. Naquela grave questão que se disputou e decidiu no primeiro Concílio da Igreja, sobre os ritos cerimoniais da lei velha, tinha sido de parecer São Pedro que, quando não obrigava a nova, por não estar suficientemente promulgada, se deviam dissimular os mesmos ritos com os gentios, por não escandalizar os judeus, uns e outros novamente convertidos. Porém, como São Paulo provasse eficazmente que se devia proceder doutro modo, que resolução tomou São Pedro? Sem embargo de ter praticado em Galácia e outras partes a opinião que tivera como doutor particular, se retratou logo dela, e como Sumo Pontífice definiu no mesmo Concílio a verdade contrária. Tanto pôde com aquela grande cabeça a força da razão, posto que Paulo fosse o mais moderno dos apóstolos, e não discípulo da escola de Cristo neste mundo, como ele e os demais.

Isto fez São Pedro depois de descer sobre ele o Espírito Santo, mas já antes disso, em uma excelente alegoria, nos tinha ensinado com o seu exemplo a mesma docilidade. Andava pescando São Pedro com os outros discípulos no Mar de Tiberíades, quando o divino Mestre ressuscitado lhes apareceu na praia. E ainda que todos o viram, e o Senhor falou a todos, só São João o conheceu. Isto que sucedeu a Cristo, que é a Suma Verdade, sucede a qualquer outra verdade quando não é manifesta. Uns a veem, outros a não veem, posto que, de ordinário — como aqui — a vê e conhece melhor quem mais a ama. E que se deve fazer em semelhantes casos? O que fez São Pedro. Disse-lhe São João que "era o Senhor" (Jo 21,7); e ele, reconhecendo que dizia bem, se lançou logo a nado para se ir deitar a seus pés. Assim deve fazer quem busca a verdade. Se não fui eu, senão outro o que a descobriu, nem por isso a hei de duvidar, ou negar, ou impugnar, mas, em qualquer parte que esteja, e por quem quer que fosse vista, hei de nadar logo a ela. E digo nadar, como fez S. Pedro, porque esta é a metáfora com que melhor se declara o seguir e abraçar a sentença ou parecer de outro. Os antigos, para significar este ato — que muitas vezes é heroico — diziam: "Acompanhar a pé a sentença de outro", ou "abraçá-la com os braços abertos". E isto é o que fez São Pedro, o qual, nadando com os pés e com os braços, foi buscar a verdade onde a não tinha visto, porque a vira João, posto que mais moço. Não há ciência tão jubilada que não possa deixar de ver o que vê outra de menos anos e de menor autoridade, qual era a de João em respeito de Pedro. O verdadeiro saber é de saber reconhecer a verdade, ainda que seja filha de outros olhos ou de outro entendimento, e não se cegar com o próprio, como se cegou Lúcifer.

Oh! se Lúcifer seguira a sentença dos anjos, que ele tinha por inferiores, e se soubera retratar do que tinha dito, que qualificada ficaria a sua sabedoria! Mas onde a quis sustentar, e se namorou demasiadamente dela, ali a perdeu: "Perdeste a tua sabedoria na tua formosura" (Ez 28,17). Não é pequena prova da obstinação de Lúcifer que, depois do Livro das Retratações de Santo Agostinho, se não arrependesse com tal exemplo, e se não retratasse. Daqui infiro eu, por remate ou coroa de quanto tenho dito, que no mesmo lugar de Lúcifer, que ele perdeu no céu por se não retratar, sucedeu Santo Agostinho porque se retratou. A lei ou texto em que me fundo é aquela promessa que Deus fez aos filhos de Israel, quando houveram de entrar na Terra de Promissão. "Todo o lugar que pisardes na Terra de Promissão será vosso" (Js 1,3). — A Terra de Promissão era figura do céu, e desta promessa de Deus infere Orígenes que quem pisa a soberba de Lúcifer, esse terá no céu o seu lugar: "Lúcifer tinha sua sede no céu. Depois que se tornou anjo apóstata, se eu puder vencê-lo e submetê-lo aos meus pés, merecerei consequentemente ter o lugar de Lúcifer no céu". E se é consequência fundada na promessa divina, que a cadeira de Lúcifer, perdida por soberba de sabedoria obstinada, só a alcançará aquele que meter debaixo dos pés a mesma soberba pela humildade, a mesma obstinação pelo arrependimento e a mesma sabedoria errada pela retratação dela, a quem se deve, ou seja por votos, ou por aclamação, a cadeira de Lúcifer, senão a Agostinho? Assim resplandece entre os anjos quem assim alumiou os homens: "Assim brilhe a vossa luz diante dos homens"; assim exaltam as boas obras a quem soube confessar e retratar as que não eram boas: "Para que vejam as vossas boas obras"; e assim glorifica Deus no céu a quem tanto o glorificou e fez glorificar na terra: "Para que glorifiquem o vosso Pai que esta no céu".

SERMÃO DA

# Primeira Dominga do Advento

Na Capela Real, ano de 1650.

∽

"E então verão o Filho do homem,
que virá sobre uma nuvem com grande poder e majestade."
(Lc 21,27)

---

*Fracassada a viagem a Itália, nas tratativas do casamento de D. Teodósio e da possível revolta dos napolitanos, Vieira — ameaçado de morte — retorna a Lisboa. Inicia, assim, o período litúrgico de preparação para o Natal com esse sermão que ele denomina "sem princípio", sobre o dia do Juízo. Quanta gente bem nascida se verá naquele dia mal ressuscitada. No dia do Juízo, Deus dará satisfação à desigualdade com que nascem os homens, sendo todos da mesma natureza. E se reunirão todos no Vale de Josafá, repartidos por seus estados — diz Vieira recordando as Escrituras. E logo os anos separarão os bons dos maus: papas, arcebispos e bispos, religiosos, reis... E continuará a separação em todos os estados do mundo: pais e filhos, irmãos e irmãos, mulheres e maridos, amigos e amigos, para nunca mais — lastimosa palavra! Pelo que fizeram, muitos se condenarão; pelo que não fizeram, todos: não destes de comer, de beber, não acolhestes, não visitastes, não vestistes. O mais perigoso dos pecados, o de omissão. O segundo maior pecado é o de consequência; aqueles que duram em suas consequências: uma restituição não paga; um voto injusto no tribunal, apaixonado num conselho... A sentença dos bons e a dos maus: vinde; afastai-vos.*

§ I

Abrasado finalmente o mundo, e reduzido a um mar de cinzas, tudo o que o esquecimento deste dia edificou sobre a terra — dou princípio a este sermão sem princípio, porque já disse Quintiliano que as grandes ações não hão mister exórdio; elas per si mesmas, ou supõem a atenção, ou a conciliam. Também passo em silêncio a narração portentosa dos sinais que precederão ao Juízo, porque esta parte do Evangelho pertence aos que hão de ser vivos naquele tempo, e não a nós; e o dia de hoje é muito de tratar cada um só do que lhe pertence. — Abrasado pois o mundo, e consumido pela violência do fogo tudo o que a soberba dos homens e o esquecimento deste dia levantou e edificou na terra, quando já não se verão neste formoso e dilatado mapa senão umas poucas cinzas, relíquias de sua grandeza e desengano de nossa vaidade, soará no ar uma trombeta espantosa, não metafórica, mas verdadeira que isto quer dizer a repetição de São Paulo: "Por que uma trombeta soará" (1Cor 15,52). — E obedecendo aos impérios daquela voz o céu, o inferno, o purgatório, o limbo, o mar, a terra, abrir-se-ão em um momento as sepulturas e aparecerão no mundo os mortos vivos. Parece-vos muito que a voz de uma trombeta haja de achar obediência nos mortos? Ora, reparai em outro milagre maior, e não vos parecerá grande este. Entrai pelos desertos do Egito, da Tebaida, da Palestina, penetrai o mais interior e retirado daquelas soledades: que é o que vedes? Naquela cova vereis metido um Hilarião, naqueloutra um Macário, na outra mais apartada um Pacômio, aqui um Paulo, ali um Jerônimo, acolá um Arsênio, da outra parte uma Maria Egipcíaca, uma Taís, uma Pelágia, uma Teodora. Homens,

mulheres, que é isto? Quem vos trouxe a este estado? Quem vos antecipou a morte? Quem vos amortalhou nesses cilícios? Quem vos enterrou em vida? Quem vos meteu nessas sepulturas? Quem? Responderá por todos São Jerônimo: "Sempre me parece ressoar aquela trombeta terrível: levantai-vos mortos e vinde a juízo".[1] Sabeis quem nos vestiu destas mortalhas, sabeis quem nos fechou nestas sepulturas? A lembrança daquela trombeta temerosa que há de soar no último dia: Levantai-vos, mortos, e vinde a juízo. — Pois, se a voz desta trombeta só imaginada — pesai bem a consequência — se a voz desta trombeta só imaginada bastou para enterrar os vivos, que muito que, quando soar verdadeiramente, seja poderosa para desenterrar os mortos? O meu espanto não é este. O que me espanta, e o que deve assombrar a todos, é que haja de bastar esta trombeta para ressuscitar os mortos, e que não baste para espertar os mortais? Credes, mortais, que há de haver juízo? Uma de duas é certa: ou o não credes ou o não tendes. Virá o dia final, e então sentirá nossa insensibilidade sem remédio o que agora pudera ser com proveito. Quanto melhor fora chorar agora e arrepender agora, como faziam aqueles e aquelas penitentes do ermo, do que chorar e arrepender depois, quando para as lágrimas não há de haver misericórdia, nem para os arrependimentos perdão. Agora vivemos como queremos, e ainda mal porque depois havemos de ressuscitar como não quiséramos.

§ II

Grandes coisas, e lastimosamente grandes haverá que ver e considerar naquele ato da ressurreição universal! Mas entre todas as considerações, a que me parece mais própria deste lugar, e mais digna de sentimento, é esta. E quanta gente bem nascida se verá naquele dia mal ressuscitada! Entre a ressurreição natural e a sobrenatural há uma grande diferença: que na ressurreição natural cada um ressuscita como nasce; na ressurreição sobrenatural cada um ressuscita como vive. Na ressurreição natural nasce Pedro e ressuscita Pedro; na ressurreição sobrenatural nasce pescador e ressuscita príncipe: "No dia da regeneração estareis sentados sobre doze tronos julgando as doze tribos de Israel" (Mt 19,28). Oh! que grande consolação esta para aqueles a quem não alcançou a fortuna dos altos nascimentos! Bem me parecia a mim que não podia faltar Deus a dar uma grande satisfação no dia do Juízo à desigualdade com que nascem os homens, sendo todos da mesma natureza. Não se faz agravo na desigualdade do nascer a quem se deu a eleição do ressuscitar. A ressurreição é um segundo nascimento com alvedrio.

Tanta propriedade considerou Jó neste segundo nascimento, que até outro pai e outra mãe disse que tínhamos na sepultura: "Eu disse à podridão: tu és meu pai. E aos bichos: vós sois minha mãe e minha irmã" (Jó 17,14). Temos outro pai na sepultura em que jazem nossos ossos, porque ali somos outra vez gerados, dali saímos outra vez nascidos. Notai agora: "Estabelecido está que os homens morram uma só vez" (Hb 9,27). Quis Deus que morrêssemos uma só vez e que nascêssemos duas, porque, como o morrer bem dependia de nosso alvedrio bastava uma só morte; mas como o nascer bem não estava na nossa mão, eram necessários dois nascimentos, para que pudéssemos emendar no segundo tudo o que nos faltasse no primeiro. Bem pudera Deus fazer que nascessem os homens todos iguais, mas ordenou sua Providência que houvesse no mundo esta mal sofrida desigualdade, para que a mesma dor do primeiro nascimento nos excitasse à melhoria do segundo. Homens humildes e desprezados do povo, boa-nova: se a natureza ou a fortuna foi escassa convosco no nascimento, sabei que ainda haveis de nascer outra vez, e tão honradamente como quiserdes; então emendareis a natureza, então vos vingareis da fortuna.

Que maior vingança da fortuna que as mudanças tão notáveis que se verão naquele dia! Virão naquele dia as almas do grande e do pequeno buscar seus corpos à sepultura, e talvez à mesma Igreja; e que sucederá pela maior parte? O pequeno achará seus ossos em um adro sem pedra nem letreiro, e ressuscitará tão ilustre como as estrelas. O grande, pelo contrário, achará seu corpo embalsamado em caixas de pórfiro, aos ombros de leões ou elefantes de mármore, com soberbos e magníficos epitáfios, e ressuscitará mais vil que a mesma vileza. Oh! que metamorfose tão triste, mas que verdadeira! Vede se há de dar Deus boa satisfação aos homens da desigualdade com que hoje nascem. O ser bem nascido, que é uma vaidade que se acaba com a vida, é verdade que o não pôs Deus na nossa mão; mas o ser bem ressuscitado, que é aquela nobreza que há de durar por toda a eternidade, essa deixou Deus no alvedrio de cada um. No nascimento somos filhos de nossos pais; na ressurreição seremos filhos de nossas obras. E que seja mal ressuscitado por culpa sua quem foi bem nascido sem merecimento seu! Lástima grande! Ressuscitar bem sobre haver nascido mal, é emendar a fortuna; ressuscitar mal sobre haver nascido bem, é pior que degenerar da natureza. Que ressuscite bem Davi sobre nascer de Jessé, grande glória do filho de um pastor; mas que ressuscite mal Absalão, sobre nascer de Davi, grande afronta do filho de um rei! Se os homens se prezam tanto de ser bem nascidos, como fazem tão pouco caso de ser bem ressuscitados? Nenhuma coisa trazem na boca os grandes mais ordinariamente que as obrigações com que nasceram. E aposto eu que muito poucos sabem quais são estas obrigações. Nascer bem é obrigação de ressuscitar melhor. Estas são as obrigações com que nascestes.

O mais bem nascido homem que houve nem pode haver foi Cristo; ninguém teve melhor Pai nem melhor Mãe, e foi notar Santo Agostinho[2] que, se Cristo nasceu bem, ressuscitou melhor: "Mais nobre é este nascimento do que aquele: aquele gerou um corpo mortal, este o tornou imortal". Cristo, diz Santo Agostinho, nasceu mais nobremente no segundo nascimento, que no primeiro: no primeiro nascimento nasceu mortal e passível; no segundo, que foi a sua ressurreição, nasceu impassível e imortal. Eis aqui as obrigações dos bem nascidos: nasceram a segunda vez melhor do que nascerem a primeira. Se Deus pusera na mão do homem o nascer, quem houvera, por bom que fosse, que não se fizesse muito melhor? Pois esse é o caso em que estamos. Se havemos de tornar a nascer, por que não trabalharemos muito por nascer muito honradamente? Não nascer honrado no primeiro nascimento tem a desculpa de que "Deus nos fez" (Sl 99,3); não nascer honrado no segundo nenhuma desculpa tem: tem a glória de sermos nós os que nos fizemos: "Nós mesmos". Que glória será naquele dia para um homem poder tomar para si em melhor sentido o elogio do grande Batista: "Entre os nascidos das mulheres nenhum ressuscitou maior" (Mt 11,11).
— Ser o maior dos nascidos, enquanto nascido, é pequeno louvor e de pouca dura; ser o maior dos nascidos, enquanto ressuscitado, isso é verdadeiramente o ser maior. Na nossa mão está, se o quisermos ser. Nesta vida o mais venturoso pode nascer filho do rei; na outra vida, todos os que quiserem podem nascer filhos do mesmo Deus: "Deu-lhes o poder de se fazerem filhos de Deus" (Jo 1,12). E que não sejam isto considerações, senão verdades e fé católica! Bendito seja aquele Senhor que é "nossa ressurreição e nossa vida".

§ III

Unidas as almas aos corpos e restituídos os homens à sua antiga inteireza, os bem ressuscitados alegres, os mal ressuscitados tristes, começarão a caminhar todos para o lugar do Juízo. Será aquela a vez primeira em que o gênero humano se verá a si mesmo porque se ajuntarão ali os que são, os que foram, os que hão de ser, e todos parão no Vale de Josafá. Se o dia não fora de tanto cuidado, muito seria para ver os homens grandes de todas as idades juntos. Mas vejo que me estão perguntando como é possível que uma multidão tão excessiva como a de todo o gênero humano, os homens que se continuaram desde o princípio até agora, e os que se irão multiplicando sucessivamente até o fim do mundo, como é possível que aquele número inumerável, aquela multidão quase infinita de homens caiba em um vale? A dúvida é boa; queira Deus que o seja a resposta. Primeiramente digo que nisto de lugares há grande engano: cabe muito mais nos lugares do que nós cuidamos.

No primeiro dia da criação criou Deus o céu, e a terra, e os elementos, e é certo em boa filosofia que não ficou nenhum vácuo no mundo; tudo estava cheio. Com isto ser assim e parecer que não havia já lugar para caber mais nada, ao terceiro dia vieram as ervas, as plantas e as árvores, e com serem tantas em número, e tão grandes, couberam todas. Ao quarto dia veio o sol, e sendo aquele imenso planeta cento e sessenta e seis vezes maior que a terra, coube também o sol; vieram no mesmo dia as estrelas tantas mil, e cada uma de tantas mil léguas, e couberam as estrelas. Ao quinto dia vieram as aves ao ar, e couberam as aves; vieram os peixes ao mar, e com haver neles tantos monstros de disforme grandeza, couberam os peixes. No sexto dia vieram os animais tantos e tão grandes à terra, e couberam os animais; finalmente veio o homem, e foi o homem o primeiro que começou a não caber; mas se não coube no Paraíso, coube fora dele. De sorte que, como dizia, nisto de lugares vai grande engano: cabe neles muito mais do que nos parece. E se não, passemos a um exemplo moral, e vejamo-lo em qualquer lugar da república. O dia é do Juízo; seja o lugar de um julgador.

Antigamente em um lugar destes, que é o que cabia? Cabia o doutor com os seus textos e umas poucas de postilas, muito usadas, e por isso muito honradas. Cabia mais uma mula mal pensada, se a casa estava muito longe do Limoeiro[3]. Cabiam os filhos honestamente vestidos, mas a pé, e com a arte[4] debaixo do braço. Cabia a mulher com poucas joias, e as criadas, se passavam da unidade, não chegavam ao plural dos gregos. Isto é o que cabia naquele lugar antigamente; e feitas boas contas, parece que não podia caber mais. Andaram os anos, o lugar não cresceu, e tem mostrado a experiência que é muito mais, sem comparação, o que cabe no mesmo lugar. Primeiramente cabem umas casas ou paços, que os não tinham tão grandes os condes de outro tempo; cabe uma livraria de Estado, tamanha como a Vaticana, e talvez com os livros tão fechados como ela os tem; cabe um coche com quatro mulas, cabem pajens, cabem lacaios, cabem escudeiros; cabe a mulher em quarto apartado, com donas, com aias, e com todos os outros arremedos da fidalguia; cabem os filhos com cavalos e criados, e talvez com o jogo e com outras mocidades de preço; cabem as filhas maiores com dotes e casamentos de mais de marca, as segundas nos mosteiros com grossas tenças; cabem tapeçarias, cabem baixelas, cabem comendas, cabem benefícios, cabem moios de renda, e, sobretudo, cabem umas mãos muito lavadas e uma consciência muito pura, e infinitas outras coisas, que só na memória e no entendimento não cabem. Não é isto assim? Lá nessas terras, por onde eu agora andei, assim é. Pois se tudo isto assim é em um lugar tão pequeno, que grande serviço fazemos nós à fé em crer que caberemos todos no Vale de Josafá? Havemos de caber todos, e se vierem outros tantos mais, para todos há de haver vale e milagre.

De mais dessa razão geral, que há da parte do lugar, há outras duas da parte da pessoa: uma da parte dos bons, outra da parte dos maus. Os bons poderão caber ali em muito pouco lugar, porque terão o dote da sutileza. Entre os quatro dotes gloriosos, há um que se chama sutileza, o qual comunica tal propriedade aos corpos dos bem-aventurados, que todos quantos se hão de achar no dia do Juízo podem caber neste lugar onde eu estou, sem me tirarem dele. Cá no mundo também há este dote da sutileza, mas com mui diferentes propriedades. A sutileza do céu introduz a um sem afastar a outro; as sutilezas do mundo, todo seu cuidado é afastar aos outros para se introduzir a si. Por isto não há lugar que dure, nem lugar que baste. Muito é que Jacó e Esaú não coubessem em uma casa; mais é que Lot e Abraão não coubessem em uma cidade; muito mais é que Saul e

Davi não coubessem em um reino; mas o que excede toda a admiração é que Caim e Abel não coubessem em todo o mundo. E por que não cabiam dois homens em tão imenso lugar? Pior é a causa que o caso. Caim não cabia com Abel, porque Abel cabia com Deus. Em um homem cabendo com seu Senhor, logo os outros não cabem com ele. Alguma vez será isto soberba dos Abéis, mas ordinariamente é inveja dos Cains. Se é certo que com a morte se acaba a inveja, facilmente caberemos todos no dia do Juízo. Quereis caber todos? Não acrescenteis lugares: diminuí invejas. Este é o dote da sutileza dos bons.

Da parte dos maus também não há de haver dificuldade em caber no vale, porque ainda que os maus são tantos, e hoje tão grandes e tão inchados, naquele dia hão de estar todos muito pequeninos. Que no tempo do dilúvio coubessem na Arca de Noé todos os animais do mundo em suas espécies, crê-o a fé porque o diz a Escritura, mas não o compreende o entendimento, porque o não alcança a razão. Como pode ser que coubessem em tão pequeno lugar tantos animais, tão grandes e tão feros? O leão, para quem toda a Líbia era pouca campanha, a águia, para quem todo o ar era pouca esfera, o touro, que não cabia na praça, o Tigre, que não cabia no bosque, o elefante, que não cabia em si mesmo. Que todos estes animais e tantos outros de igual fereza e grandeza coubessem juntos em uma arca tão pequena? Sim. Cabiam todos, porque, ainda que a arca era pequena, a tempestade era grande. Alagava Deus naquele tempo a terra com dilúvio universal, que foi a maior calamidade que padeceu o mundo, e nos tempos dos grandes trabalhos e calamidades até o instinto faz encolher os animais, quanto mais a razão aos homens. Caberão os homens no Vale de Josafá, assim como couberam os animais na Arca de Noé: "Assim como aconteceu nos dias de Noé, assim acontecerá na consumação do século" (Mt 24,37; Lc 17,26). Diz o texto que só com os sinais do fim do mundo hão de andar todos os homens secos e mirrados: "Mirrando-se os homens de medo" (Lc 21,26). Se aos homens os há de apertar tanto o receio, quanto os estreitará o Juízo? Oh! como nos encolheremos todos naquele dia! Oh! como estarão pequeninos ali os maiores gigantes! A maior maravilha do dia do Juízo não é haver de caber todo o mundo em todo o Vale de Josafá; a maravilha maior será que caberão então em uma pequena parte do vale muitos que não cabiam em todo o mundo. Um Nabucodonosor, um Alexandre Magno, um Júlio César, para quem era estreita a redondeza da terra, caberão ali em um cantinho.

Uma das coisas notáveis que diz Cristo do dia do Juízo é que "cairão as estrelas do céu" (Mt 24,29). "Se dermos vista aos matemáticos, hão de achar grande dificuldade neste texto — eu lhes darei a razão natural dele, quando ma peçam. — Todas as estrelas, menos duas, são maiores que a terra, e algumas há que são quarenta, oitenta, e cento e dez vezes maiores. Pois se as estrelas são maiores que a terra, como hão de cair e caber cá embaixo? Hão de caber, porque hão de cair. Não sabeis que os levantados e os caídos não têm a mesma medida? Pois assim lhes há de suceder às estrelas. Agora que estão levantadas, ocupam grandes espaços do céu; como estiverem caídas, hão de caber em poucos palmos de terra. Não há coisa que ocupe menor lugar que um caído. A terra em comparação do céu é um ponto; o centro em comparação da terra é outro ponto; e Lúcifer, que levantado não cabia no céu, caído cabe no centro da terra. Ah! Lucíferes do mundo! Aqueles que, levantados nas asas da prosperidade humana, em nenhum lugar cabeis hoje, caídos e derrubados naquele dia, cabereis em muito pouco lugar. Estaremos todos ali encolhidos e sumidos dentro em nós mesmos, cuidando na conta que havemos de dar a Deus, e quando não houvera outra razão, esta só bastava para não faltar lugar a ninguém. Deem os homens em cuidar na conta que hão de dar a Deus, e eu vos prometo que sobejem lugares. O que importa é que o lugar seja bom, que quanto a lugar, Vale de Josafá haverá para todos.

### § IV

Presente, enfim, no vale todo o gênero humano, correr-se-ão as cortinas do céu e aparecerá o supremo Juiz sobre um trono de resplandecentes nuvens, acompanhado de todas as jerarquias dos anjos, e, muito mais, de sua própria majestade. A primeira coisa que fará, será mandar apartar os maus dos bons, e os ministros desta execução serão os anjos: "Sairão os anjos, e separarão os maus dentre os justos" (Mt 13,49). Para se entender melhor esta separação, havemos de supor com o profeta Zacarias que antes dela não hão de estar os homens ali juntos confusamente, mas, para maior grandeza e distinção do ato, hão de estar repartidos todos por seus estados: "Umas famílias e outras famílias à parte" (Zc 12,12). A uma parte hão de estar os papas, a outra os imperadores, a outra os reis, a outra os bispos, a outra os religiosos, e assim dos demais estados do mundo. Separados todos por esta ordem, conforme o lugar que tiveram nesta vida, então se começará a segunda separação, segundo o estado que hão de ter na outra, e que há de durar para sempre.

Sairão pois os anjos. Vede que suspensão e que tremor será o dos corações dos homens naquela hora. Sairão os anjos, e irão primeiramente ao lugar dos papas: "E separarão". — Faz horror só imaginar que em uma dignidade tão divina, e em homens eleitos pelo Espírito Santo, há de haver também que separar. — "E separarão os maus dentre os justos". E separarão os pontífices maus dentre os pontífices bons. Eu bem creio que serão muito raros os que se hão de condenar, mas haver de dar conta a Deus de todas as almas do mundo é um peso tão imenso, que não será maravilha que, sendo homens, levasse alguns ao profundo. Todos nesta vida se chamaram Padres Santos, mas o dia do Juízo mostrará que a santidade não consiste no nome, senão nas obras. Nesta vida beatíssimos, na outra mal-aventurados. Oh! que grande miséria!

Sairão após estes outros anjos, e irão ao lugar dos bispos e arcebispos: "E separarão os maus dentre os justos". Lá vai aquele, porque não deu esmolas; aquele, porque enriqueceu os parentes com o patrimônio de Cristo; aquele, porque tendo uma esposa procurou outra melhor dotada; aquele, porque faltou com o pasto da doutrina a suas ovelhas; aquele, porque proveu as Igrejas nos que não tinham mais merecimento que o de serem seus criados; aquele, porque na sua diocese morreram tantas almas sem sacramentos; aquele, por não residir; aquele, por simonias; aquele, por irregularidades; aquele, por falta de exemplo na vida, e também algum por falta da ciência necessária, empregando o tempo e o estudo em divertimentos, ou da corte, e não de prelado, ou do campo, e não de pastor. Valha-me Deus, que confusão tão grande! Mas que alegres e que satisfeitos estarão neste passo um São Bernardino de Sena, um São Boaventura, um São Domingos, um São Bernardo, e muitos outros varões santos e sisudos, que, quando lhes ofereceram as mitras, não quiseram subir à alteza da dignidade porque reconheceram a do precipício. Pelo contrário, que tais levarão os corações aqueles miseráveis condenados? Quantas vezes dirão dentro em si mesmos, e a vozes: Maldito seja o dia em que nos elegeram, e maldito quem nos elegeu! Maldito seja o dia em que nos confirmaram, e maldito quem nos confirmou. Se um homem mal pode dar conta de sua alma, como a dará boa de tantas? Se este peso deu em terra com os maiores Atlantes da igreja, quem não temerá e fugirá dele?

Grande desconsolação é hoje para as igrejas de Portugal não terem bispos; mas pode ser que no dia do Juízo seja grande consolação para os bispos de Portugal não chegarem a ter igrejas. De um sacerdote que não quis aceitar um bispado, conta São Jerônimo que, aparecendo depois da morte a um seu tio religioso, que assim lhe aconselhara, lhe disse estas palavras: "Dou-vos, Padre, muitas graças, porque me persuadistes que não aceitasse aquele bispado". "Porque sabereis que hoje havia eu de ser do número dos condenados, se então fora do número dos bispos". — Oh! quantos, sem saberem o que fazem, debaixo do nome lustroso de uma mitra, andam feitos pretendentes de sua condenação! A este e a muitos outros, que não quiseram aceitar bispados, revelou Deus que se haviam de condenar se chegassem a ser bispos. E quem vos disse a vós que estáveis privilegiado desta condicional? De chegardes a ser bispo, pode ser que não dependa a salvação de outras almas; e de não chegardes a o ser, pode ser que dependa a salvação da vossa. O mais seguro é encolher os ombros e deixar governar a Deus.

Do lugar dos bispos passarão os anjos ao lugar dos religiosos, e entrando naquela multidão infinita das ordens regulares, sem embargo de resplandecerem nelas como sóis as maiores santidades do mundo, contudo haverá muito que separar. Começarão por Judas: "E separarão os maus dentre os justos". Não o digo por me tocar, mas por todas as razões me parece que será este o mais triste espetáculo do dia do Juízo. Que vão os homens ao inferno pelo caminho do inferno desgraça é, mas não é maravilha: porém, ir ao inferno pelo caminho do céu é a maior de todas as misérias. Que o rico avarento, vestindo púrpuras e holandas, e gastando a vida em banquetes, seja sepultado nos fogos eternos, por seu preço leva o inferno: "Recebeste os teus bens em tua vida" (Lc 16,25); mas que o religioso, amor-talhado em um saco, com os seus jejuns, com as suas penitências, com a sua clausura, com a sua vontade sujeita a outrem, por ter os olhos nas migalhas dos do mundo, como Lázaro, vá parar nas mesmas penas? Brava desventura! O secular distraído, que lhe não veio nunca à memória a conta que havia de dar a Deus, que a não dê boa e se perca, não podia parar noutra coisa o seu descuido; mas que o mesmo religioso, que por estes púlpitos vos vem pregar o Juízo, possa ser e haja de ser um dos condenados daquele dia! Triste estado é o nosso, se nos não salvamos. Mas daqui podeis vós também inferir que se isto passa no porto, que será no pego? Se nós — falo dos melhores que eu — se nós, sobre tanto meditar na outra vida, nos perdemos, o vosso descuido e o vosso esquecimento, onde vos há de levar? Se as Cartuxas, se os Bussacos, se as Arrabidas hão de tremer no dia do Juízo, as cortes, e a vossa corte em que estado se achará?

## § V

Em todos os estados da corte haverá mais que separar que em nenhuns outros.

Mas, deixando por agora os demais, em que cada um se pode pregar a si mesmo, chegarão finalmente os anjos ao lugar dos reis. Não se verão ali sitiais nem outros aparatos de majestade, mas todos sós, e acompanhados somente de suas obras, estarão em pé como réus. Conhecer-se-ão distintamente quais foram os reis de cada reino, quais os de Hungria, quais os de França, quais os de Inglaterra, quais os de Castela, quais os de Portugal. E desta maneira irão os anjos tirando de cada coroa aqueles que foram maus reis: "E separarão os maus dentre os justos". Espero eu em Deus, que neste dia há de ser o nosso reino singular entre os do mundo, e que só dele não hão de achar os anjos que apartar. Se eu estudara só pelo meu desejo e pela minha esperança, assim o havia de crer, mas quando leio as Escrituras, acho muito que temer e muito que duvidar. Dos reis, como dos outros homens, nós não sabemos quais se salvam, nem quais se perdem. Só uma nação houve antigamente, da qual nos consta do texto sagrado quantos foram os reis que se salvaram e quantos os que se perderam. Tremo de o dizer, mas é bem que saiba distintamente. No povo hebreu, em tempo que era povo de Deus, houve três reinos. O primeiro foi o Reino das Doze Tribos: teve três reis, e durou cento e vinte anos. O segundo foi o Reino de Judá: teve vinte reis, e durou trezentos e noventa e quatro anos. O terceiro foi o Reino de Israel: teve dezenove reis, e durou duzentos e quarenta e dois anos. Saibamos agora quantos reis foram os que se salvaram e quantos os que se perderam nestes reinos.

No Reino das Doze Tribos, de três reis, perdeu-se Saul, salvou-se Davi, de Salomão não se sabe. No Reino de Judá, de vinte reis salvaram-se cinco, perderam-se treze, de dois é incerto. No Reino de Israel, nem estas tão pequenas exceções teve a desgraça: foram os reis dezenove, e todos os dezenove se condenaram. No dia do Juízo não se poderá cumprir neste reino o "e separarão os maus dentre os justos". Chegarão os anjos ali, não terão que separar, levarão a todos. Oh! desgraçados cetros! Oh! desgraçadas coroas! Oh! desgraçado país! Oh! desgraçada descendência! Desde Jeroboão a Oseias, dezenove reis coroados, dezenove reis condenados!

Pois, por certo que não foi por falta de doutrina nem de auxílios: tinham estes reis conhecimento do verdadeiro Deus, tinham um povo que era o povo escolhido de Deus, tinham templo, tinham sacerdotes, tinham sacrifícios, viam milagres, ouviam profecias, recebiam favores do céu, e, quando era necessário, não lhes faltavam também castigos. E nada disto bastou. Muito arriscada coisa deve ser o reinar, pois, em tantos tempos e em tantos reis, se salvam, ou tão poucos, ou nenhum. Julguem lá agora os príncipes quais serão as causas disto, que Deus não é injusto. Examinem muito escrupulosamente suas consciências, e olhem a quem as comunicam. Considerem muito devagar as suas obrigações, que são muito mais estreitas do que ordinariamente cuidam; inquiram muito de propósito sobre os danos públicos e particulares de seus vassalos, e vejam, pondo de parte todo o afeto, se suas orações, ou suas omissões podem ser a causa; persuadam-se que hão de aparecer, como qualquer outro homem, diante do tribunal da Justiça Divina, onde se lhes há de pedir rigorosíssima conta, dia por dia, e hora por hora, de quanto fizeram e de quanto deixaram de fazer. Cuide finalmente e pese, como convém, cada um dos príncipes, quão grande desventura e confusão sua será naquele cadafalso universal do dia do Juízo se, depois de tanta majestade e adoração nesta vida, vier um anjo e o tomar pela mão, e o tirar para sempre do número dos que se hão de salvar: "E separarão os maus dentre os justos".

Por este modo se irá continuando a separação dos maus em todos os estados do mundo, e naqueles em que por razão do sangue e do amor é mais natural a união, será mais lastimoso o apartamento. Verdadeiramente todas as outras circunstâncias daquele ato terão muito de rigorosas: esta parecerá cruel. Apartar-se-ão ali os pais dos filhos: irá para uma parte Abraão e para a outra Ismael. Apartar-se-ão os irmãos dos irmãos: irá para uma parte Jacó e para outra Esaú. Apartar-se-ão as mulheres dos maridos: irá para uma parte Ester e para outra Assuero. Apartar-se-ão os amigos dos amigos — seja o exemplo incerto, já que há tão poucos de verdadeira amizade — irá para uma parte Jônatas e para outra Davi. Assim se apartarão para nunca mais os que se amam nesta vida, e os que tinham tantas razões para se amarem na outra. Para nunca mais! Oh! que lastimosa palavra! Se apartar-se de uma terra para outra terra, com esperança de se tornar a ver, causa tanta dor nos que se amam; se apartar-se desta vida para a outra vida, com probabilidade de se verem eternamente, é um transe tão rigoroso, que dor será apartarem-se para nunca mais, com certeza de se não verem enquanto Deus for Deus, aqueles a quem a natureza e o amor tinham feito quase a mesma coisa! Certo que tem assaz duro coração quem só pelo não meter nestes apertos, não ama a Deus com todo ele.

## § VI

*F*eita a separação dos maus e bons, e sossegados os prantos daquele último apartamento, que serão tão grandes como a multidão e tão lastimosos como a causa, posto todo o Juízo em silêncio e suspensão, começará a se fazer o exame das culpas. Neste passo me havia eu de descer do púlpito, e subir a ele quem? Não um anjo, mas um profeta; não um apóstolo, mas algum dos condenados do inferno, como queria o rico avarento que viesse pregar a seus irmãos: "Quem entende os erros?" (Sl 18,13). Quem há neste mundo que entenda nem conheça os pecados? Isto dizia Davi, aquele profeta tão alumiado do céu. Só um condenado do inferno, só quem foi julgado por Deus; só quem assistiu ao rigor daquele tribunal tremendo; só quem viu o exame inescrutável com que ali se penetram e se apuram as consciências; só quem viu a anatomia tão miúda, tão delicada, tão esquisita que ali se faz do menor pecado e da menor circunstância; só quem viu a sutileza não imaginada com que ali se pesam átomos, se medem instantes, se partem indivisíveis, só este, e nem ainda este bastantemente poderá declarar o que naquele dia há de ser.

Muitas vezes me resolvi a deixar totalmente este ponto, contentando-me com confessar que não sei, nem me atrevo a falar nele, por que ninguém possa dizer no dia do Juízo que eu o enganei. Mas como a matéria é tão importante, e a principal obrigação deste dia, já que se não pode dizer tudo, nem parte, ao menos quisera que Deus me ajudasse a vos meter hoje na alma dois escrúpulos que me parecem os mais necessários ao auditório a quem falo: pecados de omissão e pecados de consequência. Estes são os dois escrúpulos que vos quisera hoje advertir e intimar da parte de Deus.

Sabei, cristãos, sabei, príncipe, sabei, ministros, que se vos há de pedir estreita conta do que fizestes, mas muito mais estreita do que deixastes de fazer. Pelo que fizeram, se hão de condenar muitos; pelo que não fizeram, todos. As culpas por que se condenam os reis são as que se contêm nos relatórios das sentenças; lede agora o relatório da sentença do dia do Juízo, e notai o que diz: "Ide, malditos, ao fogo eterno" (Mt 25,41). — E por quê? Cinco cargos e todos omissões: porque não destes de comer, "porque não destes de beber, porque não recolhestes, porque não visitastes, porque não vestistes" (Mt 25,42s). — Em suma, que os pecados que ultimamente hão de levar os condenados ao inferno são os pecados de omissão. Não se espantem os doutos de uma proposição tão universal como esta, porque assim é verdadeira em todo o rigor da teologia. O último pecado e a última disposição por que se hão de condenar os precitos é a impenitência final, e a impenitência final é pecado de omissão. Vede que coisas são omissões, e não vos espanteis do que digo. Por uma omissão, perde-se uma inspiração por uma inspiração, perde-se um auxílio por um auxílio, perde-se uma contrição; por uma contrição, perde-se uma alma. Dai conta a Deus de uma alma, por uma omissão.

Desçamos a exemplos mais públicos. Por uma omissão, perde-se uma maré; por uma maré, perde-se uma viagem; por uma viagem, perde-se uma armada; por uma armada, perde-se um estado. Dai conta a Deus de uma Índia, dai conta a Deus de um Brasil, por uma omissão. Por uma omissão, perde-se um aviso, por um aviso, perde-se uma ocasião, por uma ocasião, perde-se um negócio, por um negócio, perde-se um reino. Dai conta a Deus de tantas casas, dai conta a Deus de tantas vidas, dai conta a Deus de tantas fazendas, dai conta a Deus de tantas honras, por uma omissão. Oh! que arriscada salvação! Oh! que arriscado ofício é o dos príncipes e o dos ministros! Está o príncipe, está o ministro divertido, sem fazer má obra, sem dizer má palavra, sem ter mau nem bom pensamento, e talvez naquela mesma hora, por culpa de uma omissão, está cometendo maiores danos, maiores estragos, maiores destruições que todos os malfeitores do mundo em muitos anos. O salteador na charneca com um tiro mata um homem; o príncipe e o ministro com uma omissão mata de um golpe uma monarquia. Estes são os escrúpulos de que se não faz nenhum escrúpulo; por isso mesmo são as omissões os mais perigosos de todos os pecados.

A omissão é o pecado que com mais facilidade se comete e com mais dificuldade se conhece, e o que facilmente se comete e dificultosamente se conhece raramente se emenda. A omissão é um pecado que se faz não fazendo; e pecado que nunca é má obra, e algumas vezes pode ser obra boa; ainda os muito escrupulosos vivem muito arriscados em este pecado. Estava o profeta Elias em um deserto, metido em uma cova; aparece-lhe Deus e diz lhe: "E bem, Elias, vós aqui?" (3Rs 19,9) — Aqui, Senhor! Pois aonde estou eu? Não estou metido em uma cova? Não estou retirado do mundo? Não estou sepultado em vida? "Que fazes aqui?". E que faço eu? Não me estou disciplinando, não estou jejuando, não estou contemplando e orando a Deus? — Assim era. Pois se Elias estava fazendo penitência em uma cova, como o repreende Deus e lho estranha tanto? Porque, ainda que eram boas obras as que fazia, eram melhores as que deixava de fazer. O que fazia era devoção, o que deixava de fazer era obrigação. Tinha Deus feito a Elias profeta do povo de Israel, tinha-lhe dado ofício público; e estar Elias no deserto, quando havia de andar na corte; estar metido em uma cova, quando havia de aparecer na praça; estar contemplando no céu, quando havia de estar emendando a terra, era muito grande culpa.

A razão é fácil, porque no que fazia Elias salvava a sua alma; no que deixava de fazer, perdiam-se muitas. Não digo bem: no que fazia Elias, parecia que salvava a sua alma; no que deixava de fazer, perdia a sua e a dos outros: as dos outros, porque faltava à doutrina; a sua, porque faltava à obrigação. É muito bom exemplo este para a corte e para os ministros que tomam a ocupação por escusa da salvação. Dizem que não tratam de suas almas porque se não podem retirar. Retirado estava Elias, e perdia-se; mandam-no vir para a corte para que se salve. Não deixe o ministro de fazer o que tem de obrigação, e pode ser que se salve melhor em um conselho que em um deserto. Tome por disciplina a diligência, tome por cilício o zelo, tome por contemplação o cuidado, e tome por abstinência o não tomar, e ele se salvará.

Mas, por que se perdem tantos? Os menos maus perdem-se pelo que fazem, que estes são os menos maus; os piores perdem-se pelo que deixam de fazer, que esses são os piores: por omissões, por negligências, por descuidos, por desatenções, por divertimentos, por vagares, por dilações, por eternidades. Eis aqui um pecado de que não fazem escrúpulo os ministros, e um pecado por que se perdem muitos. Mas percam-se eles embora, já que assim o querem. O mal é que se perdem a si, e perdem a todos; mas de todos hão de dar conta a Deus. Uma das coisas de que se devem acusar e fazer grande escrúpulo os ministros, é dos pecados do tempo. Porque fizeram o mês que vem o que se havia de fazer o passado; porque fizeram amanhã o que se havia de fazer hoje; porque fizeram depois o que se havia de fazer agora; porque fizeram logo o que se havia de fazer já. Tão delicadas como isto hão de ser as consciências dos que governam em matérias de momentos. O ministro que não faz grande escrúpulo de momentos não anda em bom estado: a fazenda pode restituir; a fama, ainda que mal também se restitui; o tempo não tem restituição alguma.

E a que mandamento pertencem estes pecados do tempo? Pertencem ao sétimo, porque ao sétimo mandamento pertencem os danos que se fazem ao próximo e à república, e a uma república não se lhe pode fazer maior dano que furtar-lhe instantes. Ah! omissões, ah! vagares, ladrões do tempo! Não haverá uma justiça exemplar para estes ladrões? Não haverá quem ponha um libelo contra os vagares? Não haverá quem enforque estes ladrões do tempo, estes salteadores da ocasião, estes destruidores da república? Mas porque na Ordenação[5] não há pena contra estes delinquentes, e porque eles às vezes se acolhem a sagrado, por isso a sentença do dia do Juízo há de cair principalmente sobre as omissões.

## § VII

Pecados de consequência é o segundo escrúpulo. Há uns pecados que acabam em si mesmos; há outros que, depois de acabados, ainda duram em suas consequências. Dizia Jó a Deus: "Considerastes, Senhor, as pegadas de meus pés" (Jó 13,27). — Não diz que lhe considerou os passos, senão as pegadas, porque os passos passam, as pegadas ficam. O que fica dos pecados é o que Deus mais particularmente examina. Não só se nos há de pedir conta dos passos, senão das pegadas. Não só se nos há de pedir conta dos pecados, senão das consequências. Oh! que terrível conta será esta! Converteu Cristo, Senhor nosso, a Zaqueu, que era um mercante rico, e as resoluções de sua conversão foram estas: "Senhor, eu dou ametade de meus bens aos pobres, e da outra ametade pagarei quatro vezes em dobro tudo o que houver tomado" (Lc 19,8).

Aqui reparo: as leis da justa restituição mandam que se pague o alheio em tanta quantidade como se tomou. Pois por que quer Zaqueu que da sua fazenda se paguem e se acrescentem três tantos mais: "E se alguém o tenho defraudado, lhe restituo quadruplicado"? Se para a restituição basta uma parte, as outras três a que fim se dão? Eu o direi: dá-se uma parte para satisfação do pecado, as outras três para satisfação das consequências. Entrou Zaqueu em exame escrupuloso de sua consciência sobre o que tinha roubado, e fez estas contas: Se eu não roubara a fulano, tivera ele a sua fazenda; se a tivera, não perdera o que perdeu, adquirira o que não adquiriu, não padecera o que padeceu. Ah! sim! Pois para que a minha satisfação seja igual à minha culpa, dê-se a cada um quatro vezes tanto como lhe eu houver defraudado. Com a primeira parte se pagará o que lhe tomei; com a segunda, o que perdeu; com a terceira, o que não adquiriu; com a quarta o que padeceu. — Eis aqui o que fez Zaqueu. E que se seguiu daqui? "Hoje se pôs em estado de salvação esta casa" (Lc 19,9). — E se a casa de Zaqueu, para se pôr em estado de salvação, paga três vezes mais do que tomou, em que estado de salvação estarão tantas casas de Portugal, onde se deve tanto, e se gasta tanto, e se esperdiça tanto, e nenhuma coisa se paga? Ora o caso é que muita gente deve de se condenar, porque na vida poucos pagam; na hora da morte os mais escrupulosos mandam pagar o capital; das consequências, nem na vida, nem na morte há quem faça caso.

E se isto passa na justiça comutativa, onde enfim há número, há peso e há medida, que será na distributiva e na vindicativa? Se isto lhe sucede à justiça na mão das balanças, que será na mão da espada? Quais serão as consequências de um voto injusto em um Tribunal? Quais serão as consequências de um voto apaixonado em um conselho? Ajude-me Deus a saber-vo-las representar, pois é matéria tão oculta e de tanta importância. Consulta-se em um conselho o lugar de um vice-rei, de um general, de um governador, de um prelado, de um ministro superior da fazenda ou justiça, e que sucede? Vota o conselheiro no parente, porque é parente; vota no amigo, porque é amigo; vota no recomendado, porque é recomendado; e os mais dignos, e os mais beneméritos, porque não têm amizade, nem parentesco, nem valia, ficam de fora. Acontece isto muitas vezes? Queira Deus que alguma vez deixe de ser assim! Agora quisera eu perguntar ao conselheiro que deu este voto, e que o assinou, se lhe remordeu a consciência, ou se soube o que fazia? Homem cego, homem precipitado, sabes o que fazes? Sabes o que firmas? Sabes que, ainda que o pecado que cometeste contra o juramento de teu cargo seja um só, as consequências que dele se seguem são infinitas e maiores que o mesmo pecado? Sabes que com essa pena te escreves réu de todos os males que fizer, que consentir e que não estorvar esse homem indigno por quem votaste, e de todos os que dele se seguirem até o fim do mundo? Oh! grande miséria! Miserável é a república onde há tais votos miseráveis são os povos onde se mandam ministros feitos por tais eleições; mas os conselheiros que neles votaram são os mais miseráveis de todos: os outros levam o proveito, eles ficam com os encargos. Ide comigo.

Se o que elegestes furta — não o ponhamos em condicional, porque claro está que há de furtar — furta o que elegestes, e furta por si e por todos os seus, como costumam os semelhantes, e Deus há-vos de pedir a conta a vós, porque o vosso voto foi causa de todos aqueles roubos. Provê o que elegestes os ofícios de paz e guerra nos que têm mais que peitar, deixando os que merecem e os que serviram, e vós haveis de dar a conta a Deus, porque o vosso voto foi causa de todas aquelas injustiças. Oprime o que elegestes os pobres, choram as viúvas, padecem os órfãos, clamam os inocentes, e Deus vos há de condenar a vós, porque o vosso voto foi causa de todas aquelas opressões, de todas aquelas tiranias. Matam-se os homens no governo dos que elegestes, arruínam-se as casas, desonram-se as famílias, vive-se como em Turquia, e vós o haveis de ir pagar ao inferno, porque o vosso voto foi causa de todos aqueles homicídios, de todas aquelas afrontas, de todos aqueles escândalos. Quebram-se as imunidades da Igreja, maltratam-se os ministros do Evangelho, impedem-se as conversões da gentilidade para a propagação da fé, e vós haveis de penar por isso eternamente, porque o vosso voto foi causa de todos aqueles sacrilégios, de todas aquelas impiedades, e da perda irreparável de tantos milhares de almas. Estas são as consequências da parte do indigno que elegestes.

E da parte dos beneméritos que deixastes de fora, quais serão? Ficarem os mesmos beneméritos sem o prêmio devido a seus serviços ficarem seus filhos e netos sem remédio e sem honra, depois de seus pais e avós lha terem ganhado com o sangue, porque vós lha tirastes; ficar a república mal servida; os bons escandalizados; os príncipes murmurados, o governo odiado, o mesmo conselho em que assistis ou presidis infamado; o merecimento sem esperança; o prêmio sem justiça; o descontentamento com desculpa; Deus ofendido, o rei enganado, a pátria destruída. São pesadas e pesadíssimas consequências estas? Pois todas elas nascem daquele voto ou daquela eleição, de que vós por ventura ficastes sem escrúpulo, e de que recebestes as graças — e talvez a propina — com muita alegria. Dir-me-eis que não advertistes tais coisas. Boa escusa para um conselheiro sábio! Se o não advertistes, pecastes, porque o deveríeis advertir. Tomara poder confirmar tudo o que tenho dito em particular com exemplos das Escrituras; mas bastará por todos um, que em matérias de pecados de consequência é verdadeiramente formidável.

Matou Caim a Abel, e diz a Escritura, conforme o texto original: "Caim, a voz dos sangues de teu irmão Abel está bradando a mim" (Gn 4,10). Notável dizer! O sangue de Abel era um, como era um o mesmo Abel morto. Pois, se Abel morto, e o sangue de Abel derramado era um, como diz Deus que clamaram contra Caim muitos sangues: "A voz dos sangues?" Declarou o mistério o parafraste caldaico[6] temerosamente: "A voz dos sangues das futuras gerações de teu irmão clama por mim". Se Caim não matara a Abel, haviam de nascer de Abel quase tantas outras gerações como nasceram de Adão, com que dobradamente se propagasse o gênero humano; e o sangue ou sangues de todos estes homens, que haviam de nascer de Abel e não nasceram, eram os que clamaram a Deus e pediam vingança contra Caim, porque matando Caim, e arrancando da terra a árvore de que eles haviam de nascer, o mesmo dano lhes fez que se os matara. De sorte que Caim parecia homicida de um só homem, e era homicida de um gênero humano: o pecado era um, as consequências infinitas. Pois se Deus castiga nos pecados até as consequências possíveis, se os possíveis hão de aparecer e ressuscitar no dia do Juízo contra vós, não porque foram, nem porque deixaram de ser, senão porque haviam de ser; se os possíveis têm sangue e vozes que clamam ao céu, que clamores serão os do verdadeiro sangue derramado de verdadeiras veias? Que vozes serão as de verdadeiras lágrimas choradas de verdadeiros olhos? Que gemidos serão os de verdadeira dor, saídos de verdadeiros corações? Que serão as viudezes, as orfandades, os desamparos? Que serão as opressões, as destruições, as tiranias? E que serão as consequências de tudo isto, multiplicadas em tantas pessoas, continuadas em tantas idades e propagadas em tantas descendências, ou futuras ou possíveis, até o fim do mundo! Há quem faça escrúpulo disto?

Agora entendereis com quanta razão disse S. João Crisóstomo: "Admiro-me se será possível que alguém entre os que governam se salve". É uma das mais notáveis sentenças que se acham escritas nos Santos Padres. Torno a repeti-la: "Admiro-me — diz o grande Crisóstomo[7] — e cheio de espanto considero comigo, se será possível que algum dos que governam se salve!" — Esta proposição, e a suposição em que ela se funda, está julgada comumente por hipérbole e encarecimento retórico. Eu, contudo, digo que não é hipérbole nem encarecimento, senão verdade moralmente universal em todo o rigor teológico. Impossível moral chamam os teólogos aquilo que muito dificultosamente pode ser, e que nunca ou quase nunca sucede.

Neste sentido disse São Paulo: "É impossível que os que foram uma vez iluminados e depois disto caíram tornem a ser renovados pela penitência" (Hb 6,4.6). E no mesmo sentido disse Cristo, Senhor nosso: "Mais fácil é passar um camelo pelo fundo de uma agulha, do que entrar um rico no reino dos céus" (Mt 19,24). Donde os apóstolos tiraram a mesma admiração que São João Crisóstomo, e inferiram a mesma impossibilidade. "Ora os discípulos, ouvidas estas palavras, conceberam grande espanto dizendo: Quem poderá logo salvar-se?" (Mt 19,25). E o Senhor confirmou a sua ilação, dizendo que "aos homens é impossível, como eles diziam, mas que para Deus tudo é possível". Foi o mesmo que distinguir o impossível moral e humano, do impossível absoluto, que até em respeito da onipotência divina não é possível. E como os que governam, pelas obrigações de seus mesmos ofícios, e pelas omissões que neles cometem, e pelos danos que por vários modos causam a tantos, os quais danos não param ali, mas se continuam e multiplicam em suas consequências, tem tão dificultosa a salvação, por isso São Crisóstomo, falando lisa, sincera e moralmente, sem encarecimento nem hipérbole, disse que ele se admirava muito, e não podia entender como era possível que algum dos que governam se salve: "Admiro-me se será possível que alguém entre os que governam se salve".

E para que nós nos não admiremos, e os que governam ou desejam governar tenham tanto medo dos seus ofícios como dos seus desejos, reduzindo a verdade desta sentença à evidência da prática, argumento assim. Todo o homem que é causa gravemente culpável de algum dano grave, se o não restitui quando pode, não se pode salvar. Todos ou quase todos os que governam são causas gravemente culpáveis de graves danos, e nenhum, ou quase nenhum restitui o que pode. Logo, nenhum, ou quase nenhum dos que governam se pode salvar. Colhe bem a consequência? Pois ainda mal, porque a segunda premissa, de que só se podia duvidar, está tão provada na experiência. Eu vi governar muitos e vi morrer muitos: nenhum vi governar que não fosse causa culpável de muitos danos; nenhum vi morrer que restituísse o que podia. Sou obrigado, de acordo com a justiça atual, a crer que todos estão no inferno. Assim o creio dos mortos, assim o temo dos vivos.

## § VIII

Pedida e tomada a conta a todo o gênero humano, olhará o Senhor para a mão direita, e com o rosto cheio de glória e alegria, dirá aos bons: "Vinde, benditos de meu Pai, e possuí o reino que vos está aparelhado desde o princípio do mundo" (Mt 25,34). Quem serão os venturosos sobre que há de cair esta ditosa sentença? Bendito seja Deus, que todos os que estamos presentes o podemos ser, se quisermos. Como se darão então por bem empregados todos os trabalhos da vida, e quão verdadeiramente parecerá então jugo suave a lei de Cristo, que hoje julgamos por dificultosa e pesada. Mas ainda mal, porque muitos dos que aqui estamos, não me atrevo a o dizer, entendei-o vós: "Muitos são chamados e poucos os escolhidos" (Mt 22,14). "Apertado é o caminho que leva para a vida e poucos são os que o encontram" (Mt 7,14). Voltando-se depois o Senhor — não digo bem — não se voltando o Senhor para a mão esquerda, com rosto severo, e não compassivo — o que me não atrevera eu a crer se o não disseram as Escrituras — dirá desta maneira para os maus: "Ide, malditos, para o fogo eterno, que estava aparelhado, não para vós, senão para o demônio e seus anjos" (Mt 25,41); mas, já que assim o quisestes, ide. — Abriu-se a terra, caíram todos, tornou-se a cerrar para toda a Eternidade. Eternidade. Eternidade. Eternidade.

SERMÃO DA

# Quarta Dominga da Quaresma

Pregado em Lisboa, na Capela real,
ano de 1655.*

∾

"Tornou-se a retirar para o monte ele só."
(Jo 6,15)

---

Essa quaresma foi especial para Vieira: vem a Lisboa em busca de auxílio para sua
ação missionária no Maranhão. Expõe seus sentimentos e pensamentos pregando em todos
os domingos na Capela Real, desde a Sexagésima até a Quinta-Feira Santa; e,
na igreja da Misericórdia, o Sermão do Bom Ladrão. Hoje, faz um "sermão de deserto",
acompanhando Cristo que foge para o monte. Começa desfazendo algumas armadilhas:
ser ermitão nas cortes não é para todos; fugir não é fraqueza; doidice retirar-se das gentes?
Para desfazê-las, apoia-se principalmente em Sêneca e em outros: a pessoa bem composta
"sabe morar consigo". E longamente apresenta os exemplos de Arsênio, mestre de Arcádio,
e de Santo Antão, recusando o convite de Constantino. Jesus sobe só.
Na soledade tomada por Deus, o só nunca está só, porque Deus está com ele
e ele com Deus. Por isso, a necessidade de alternar o exercício com o retiro
e partir os dias e a vida com o deserto, a seus tempos. O deserto é uma escola
onde se aprende o modo acertado de viver. Cristo deu-nos o exemplo.

## § I

Não foge uma só vez quem foge de coração. Já o evangelista S. João tinha dito que o Senhor e Salvador dos homens fugira dos mesmos homens uma vez, e agora nos diz que "fugiu outra". Quando Herodes quis matar a Cristo para que não fosse rei, fugiu para o Egito; agora que o querem fazer rei, "foge para o monte". Os amigos e os inimigos, todos por seu modo perseguem, e quem conhece que o amor de uns e o ódio de outros tudo é perseguição, foge de todos. Não só fugiu o Senhor hoje das turbas que o seguiam, mas também dos mesmos discípulos que o acompanhavam, e por isso "fugiu só". Os apóstolos recolheram das sobras do banquete doze alcofas, uma para cada um, e parece que haviam de ser treze, para que ao obrador do milagre coubesse também a sua. Contudo, muito mais recolheu do banquete o Mestre que os discípulos: eles recolheram o pão, ele recolheu o recolher-se. Oh! se o mundo conhecera quanto se tira de um retiro e quanto colhe quem se acolhe: "Tornou-se a retirar"! O Evangelista diz que "os discípulos não entenderam o milagre dos pães" (Mc 6,52). E muito mais tem que entender o retiro de Cristo que o milagre. Ora, eu que neste lugar fiz antigamente alguns sermões de corte, quisera hoje fazer um sermão de deserto. Bem creio que será pregar em deserto, mas será pregar. Vós, Senhor, que tentado do demônio o vencestes em um deserto, e aplaudido dos homens fugistes deles para outro, sede servido de me assistir neste assunto com vossa mesma soledade, para que haja quem queira fugir de si para vós, e neste monte, onde estais tão só, viver só por só convosco.

## § II

"Tornou-se a retirar para o monte ele só" (Jo 6,15).

Não é coisa nova em Cristo, Mestre divino e Senhor nosso, depois de dar o mantimento ao corpo, dar também o seu à alma. Assim o fez na mesa do fariseu, assim nas bodas de Caná, assim quando foi hóspede de Marta, e, sobretudo, na última ceia, em que ensinou e revelou aos discípulos os mistérios mais altos da sua divindade. A sobremesa, pois, do famoso banquete de hoje, qual cuidamos que seria? Foi o exemplo com que o Senhor fugiu dos mesmos que lhe queriam dar o que ele não queria nem havia mister, e a doutrina, não de palavra, mas de obra, com que se foi meter só consigo na soledade de um monte: "Retirou-se para o monte ele só". Deixar o povoado pelo deserto, trocar as cidades pelos montes, fugir do trato e frequência das gentes, para viver com Deus e consigo grande ponto de doutrina em Cristo, e grande resolução de prudência em quem o imitar.

Bem sei que dizem os defensores das cortes, ou os enfeitiçados delas, que também se pode ser ermitão em México, como respondeu em nossos dias um varão de mui celebrado espírito a quem se queria retirar daquela grande cidade e lhe pedia conselho[1]. Mas nem todos os conselhos servem para todos os casos, como nem todas as receitas para todos os enfermos. Bem sei que dizem — e por modo de afronta — que o fugir é fraqueza. Como se quem foge se quisera acreditar de valente, e como se não fora valor quebrar as cadeias de que tantos se não desatam? Catão com César e Pompeu à vista, dizia: Sei de quem devo fugir, mas não sei para onde. E quem sabe e tem para onde, por que se envergonhará de que lhe chamem fraco quando foge com Catão? Dizem que a natureza fez ao homem animal sociável, e que trocar a sociedade e comunicação dos homens pela solidão dos desertos é querer acusar ou emendar a natureza, e como arrepender-se de ser racional. Mas quem se ri de semelhantes ditos com provar o racional pelo risível, se exime desta calúnia, e não tem por crime emendar a natureza, quando ela está tão corrupta. Dizem, como disse Aristóteles, que quem gosta de estar só "ou é Deus ou fera". Mas se ele alcançara que em Deus há três pessoas, não havia de supor que Deus estava só, e se soubera que quem se aparta dos homens é para mais se chegar a Deus, também o não havia de pôr no predicamento das feras; antes, como gentio, no número dos deuses. Dizem, finalmente, que deixar a corte, o serviço dos príncipes, e a benevolência e graça dos amigos, é falta de juízo e rematada loucura. Assim o digo, porque assim lho ouvi dizer.

Mas a esta censura, que mais pertence aos médicos que aos teólogos, responderá Hipócrates. Demócrito, aquele famoso filósofo que de tudo se ria, e fez chorar a Alexandre Magno por dizer que havia mais mundos, cansado de zombar dos despropósitos deste, que tão mal conhecemos, deixou a pátria e todo o povoado, e foi se meter em um deserto. Correu logo fama que Demócrito endoidecera, e, compadecidos os seus naturais, que eram os Abderitas, mandaram rogar por uma embaixada a Hipócrates, que, pelo amor que tinha e honra que fazia às ciências, se dignasse de querer ir curar um sujeito tão notável e tão benemérito delas. E que vos parece que responderia Hipócrates? Respondeu, como refere Laércio[2], que se a enfermidade fosse outra, ele iria logo curar a Demócrito; porém que retirar-se das gentes e ir-se viver nos desertos, o que eles reputavam por doidice, mais era para invejar que para curar, porque nunca Demócrito estivera mais sisudo, nem tivera o juízo mais são que quando fugia dos homens: "Ter nisso mais do que deseja do que o que cura;

aquele modo de vida é reparador e protetor da saúde do espírito. Nada melhor para si, cônsul, contra o ouro pestilento dos homens do que se recolher aos lugares seguros da solidão".

Isto é o que faziam e isto o que ensinavam os filósofos — já que começamos por eles — e a razão ou razões que para isto tiveram dá em vários lugares Sêneca, mais venturoso se os imitara. Escreve a seu amigo e discípulo Lucílio, o qual lhe tinha perguntado de que se havia de guardar para viver quieta e felizmente; e o primeiro documento que lhe dá é que fuja da multidão e frequência da gente: "Queres saber o que, segundo a minha opinião, se deve mais evitar? A multidão!"[3]. Oh! quanto resumiu o grande filósofo em uma só palavra! E a razão é, diz ele, porque o trato e conversação dos homens é uma espécie de contágio com que, sem querer nem sentir, nos pegamos uns a outros cada um a sua doença. E assim como nos maiores lugares se acende mais a peste, assim nas cidades mais populosas é maior o perigo: "O trato frequente dos homens é um inimigo: ninguém há que não nos passe algum vício, ou nos imprima, ou sem saber nos infeccione. Assim, quanto mais numerosa é a multidão em que nos misturamos, mais perigosa é". Já eu daqui pudera inferir que, assim como no tempo da peste deixam os que podem as cidades, e se retiram aos campos, assim é prudente cautela em qualquer tempo, pois todo é de peste, fugir para os desertos. Mas sigamos ao nosso filósofo e à bandeira da saúde que ele nos levantou: "Havemos de nos sarar, se nos separarmos logo da multidão".[4]

Prova Sêneca o seu documento, e alega a Lucílio um exemplo não alheio, senão doméstico e experimentado em si mesmo: "Confesso-te — diz o estoico — a minha fraqueza: Nunca saí a tratar com os homens, que não tornasse pior do que fui. Sempre se me descompôs alguma das paixões que já tinha composto, e sempre tornei a trazer comigo algum dos vícios que já tinha desterrado". Cuidarás porventura que te hei de dizer que torno mais avarento, mais ambicioso, mais incontinente? Pois, sabe — o que não imaginas — que também "torno mais cruel e mais desumano, só porque estive com os homens". Não se pudera mais altamente encarecer o perigo de tratar com homens! Se dissera que nos pegavam outros achaques, miséria é de século tão enfermo; mas pegarem os homens desumanidade? A humanidade não é essência do homem? As feras, com o trato do homem, não se humanam? Assim é, ou assim era; mas tem degenerado tanto a natureza humana de seu próprio ser que, em lugar de se tirar humanidade do trato com os homens, o que se bebe destas fontes é desumanidade. Éreis humano antes de tratar com eles; depois que os tratastes, sem o sentir nem saber como, achais-vos desumano: "E mais desumano, porque estive com os homens". Já se não contentam os homens com fazer desumanidades, mas chegam a fazer desumanos, que é muito pior. Fazer desumanidades é ser cruel; fazer desumanos é não ser homem; antes, ser o contrário de homem. Se víssemos que o sol, devendo alumiar, escurecia, e que o fogo, devendo aquentar, esfriava, e que um homem, em lugar de gerar homens, gerava tigres e serpentes, não seria uma horrenda monstruosidade? Pois isso é o que fazem os homens. Não só têm desumanado a sua, mas desumanam a humanidade daqueles que os tratam. Vede se é prudência fugir dos homens quem quiser conservar o ser de homem.

A segunda razão que dá Sêneca para isto é serem muitos aqueles de quem se deve fugir. Nas facções ou parcialidades "é muito natural seguir o partido dos mais". E como a multidão dos homens toda propende para os vícios, que virtude haverá tão forte que possa resistir ao ímpeto e torrente de tantos? "Uma multidão diferente pode fazer cair o seu espírito a Sócrates, Catão e Lélio. Quanto mais nós que muito cuidamos das qualidades naturais, como poderemos resistir ao ímpeto dos vícios que vêm com tão grande companhia de gente": Até Sócrates, até Catão, até Lélio, que entre gregos e romanos foram os Atlantes da virtude, se não poderiam sustentar firmes contra o peso e bataria dos vícios, acompanhados de tão numeroso exército. — E se estes, perdidas as cores da própria vida e costumes, se revestiriam das contrárias, posto que tão semelhantes, quanto mais os que conhecemos a fraqueza de nossa imperfeição e só temos o estudo de a enfeitar? Forçados, pois, da violência do exemplo comum, e quase necessitados entre os homens a ser como eles, que remédio pode haver em partido tão desigual, senão fugir? Assim o resolve o mesmo Sêneca com um argumento muito do seu engenho: "Ou os hás de imitar ou de odiar. Certamente devem ser evitados, para que não te tornes semelhante aos maus uma vez que são muitos, nem inimigo para muitos uma vez que não são semelhantes". Sendo esta a condição dos que enchem o mundo, e porventura também a dos que o mandam, que pode fazer um homem entre tais homens? Ou os há de imitar, sendo tais, ou os há de aborrecer, porque são tais; e na dúvida de os imitar ou aborrecer, nem a imitação nem o ódio lhe pode estar bem, porque para imitá-los são maus, e para inimigos são muitos: "Ou semelhante aos maus ou inimigo para muitos". Logo, o que convém é fugir, e queira Deus que baste.

A terceira razão, e que no mesmo Sêneca tinha grande lugar e o pode ter em outros, declara ele com esta queixa da sua vida primeira: "Trabalhei, diz, com todas as minhas forças, por me separar do número dos muitos, e por fazer alguma obra notável, a qual me servisse de dote para o crédito e estimação do mundo".[5] — E que tirei deste meu trabalho? O que tirei "foi provocar contra mim e expor o peito às lanças, e dar matéria à malevolência em que empregasse os dentes, e tivesse que morder". — E por quê? Dá a razão, apontando-a com o dedo: "Vês tu estes que louvam a eloquência, que seguem a cobiça, que adulam a graça, que adoram a potência? Pois sabe que todos, ou são inimigos, ou o podem ser, que vale o mesmo". "Quão grande é o povo dos que te admiram, tão grande é o número dos que te invejam". — A admiração estará por algum tempo suspensa e muda, como costuma, mas a inveja reconcentrada rebentará com mais força, como de mina, e o que foram aplausos serão estragos. Antes nos tenham inveja que compaixão, sentença foi nascida na gentilidade, que depois fez cristã São Gregório Nazianzeno; mas no mesmo Nazianzeno mostrou a experiência que antes se deve eleger o estado da compaixão que o da inveja, porque a de seus êmulos o perseguiu de tal modo — ou tão sem modo — que, obrigado a se lançar ao mar como Jonas, a mesma inveja lhe veio a ter compaixão. Enquanto ela não chega a se despicar assim, não descansa. Por isso Sêneca conclui que, arrependido do primeiro instituto da sua vida, e de se ter mostrado ao mundo, tomara por último conselho recolher-se consigo dentro em si mesmo, e cultivar a própria alma com tais exercícios, que ele só os pudesse sentir, e nenhum homem os pudesse ver: "Pelo contrário, o que mais busco é sentir algo bom e não mostrá-lo".

Estas foram as razões por que se retiravam aos desertos e fugiam da comunicação dos homens aqueles grandes filósofos, um dos quais, perguntado que fruto tinha colhido de todos seus estudos, respondeu: Saber viver só comigo. — Assim o refere Estobeu, e o qualificou o mesmo Sêneca, dizendo: "Julgo que o primeiro argumento de um espírito bem ajustado é ser senhor de si e consigo morar". O primeiro argumento, não de se ter alienado o juízo, como ao princípio se dizia, mas de estar muito em seu lugar, e bem composto, é saber um homem "morar consigo". Mas passemos da filosofia à cristandade, e dos documentos da razão sem fé aos da fé e razão, que são os dos santos.

§ III

Arsênio, aquele insigne varão em todos os estados, pedido pelo Imperador Teodósio e nomeado pelo Papa São Dâmaso para Mestre de Arcádio, já declarado sucessor do Império, era tão estimado do mesmo imperador, que entrando uma vez a ouvir dar lição a seu filho, e, vendo que Arsênio estava em pé e Arcádio sentado, repreendeu a ambos daquela que eles não tinham por indecência, e mandou que dali por diante Arsênio ensinasse assentado, e Arcádio ouvisse em pé, e com a cabeça descoberta. Com este crédito e favor de um tão grande monarca, e com o aplauso de todo o paço e corte, que por reverência ou lisonja sempre seguem ou mostram seguir o afeto dos príncipes, vivia contudo inquieto e descontente Arsênio, não se fiando nem do que era, nem do que lhe prometia aquela fortuna. Duvidoso pois da resolução que devia tomar, não pediu conselho aos amigos de maior autoridade e mais fiéis, nem menos se quis aconselhar consigo, mas recorrendo a Deus, que só é o norte seguro das bonanças ou tempestades de um mar tão incerto, ouviu uma voz do céu que lhe dizia: "Arsênio, foge dos homens, e salvar-te-ás". — Com este aviso, que não era necessário ser em voz para se entender, sem pedir licença ao Imperador — porque sabia que lha não havia de dar — se embarcou ocultamente Arsênio de Constantinopla para o Egito, e metendo-se pelo mais interior do deserto, ali escolheu para perpétua morada uma cova na qual, porque se soube enterrar em vida, tanto verificou o oráculo do céu em se salvar, como o tinha obedecido em fugir dos homens: "Foge dos homens e serás salvo".

Oh! se tomássemos este aviso como feito a todos, e se entendesse cada um que fala com ele. Quando Cristo disse a Marta: "Maria escolheu a melhor parte" (Lc 10,42), quando disse ao outro moço rico: "Vende o que tens e dá-o aos pobres" (Mt 19,21), quando disse ao que tinha sarado na piscina: "Não peques mais", as palavras eram ditas a um só, mas o documento falava com todos. Tire cada um o nome de Arsênio, e ponha no mesmo lugar o seu, e desengane-se que, no deserto e no povoado, quem de coração se quer salvar há de fugir dos homens. Assim o fez ele constantemente, e vede como. Tanto que se soube que Arsênio era passado à África, informados do lugar onde se tinha recolhido, vieram logo a visitá-lo Teófilo, Bispo de Alexandria, e o Presidente daquela real cidade; e como Arsênio os recebesse, não com as cortesias que tinha deixado no paço, mas com as que são próprias do deserto, modéstia e silêncio, rogaram-lhe os hóspedes que os não quisesse despedir tão secamente, e ao menos lhes dissesse algumas palavras de edificação, com que tornassem consolados. E que responderia Arsênio? Respondeu que assim o faria, se ambos também lhe prometessem de fazer o que ele lhes dissesse. Aceitaram facilmente a condição, e o que disse Arsênio, como refere Metafrastes,[6] foram estas palavras: "Se ouvirdes dizer onde está Arsênio, o que haveis de observar é que não torneis mais ao lugar onde ele estiver". — Este foi o sermão que fez àqueles tão autorizados ouvintes, com o qual eles se partiram tão edificados como compungidos, e como prudentes que eram, e verdadeiros amigos que tinham sido de Arsênio, de tal sorte cumpriram o que tinham prometido e se conformaram com a sua resolução, que nem esperaram dele outra correspondência, nem inquietaram mais o seu silêncio.

Viviam no mesmo deserto, não juntos, mas apartados, cada um na sua cova ou choupana, outros anacoretas, e com estes falava algumas vezes Arsênio, ouvindo-os como a mestres da disciplina monacal e vida eremítica. E como um dos mais anciãos lhe perguntasse qual fora o motivo daquela sua retirada tão estranha, a resposta que deu foi esta: que o motivo que tivera para fugir do mundo fora ter experimentado no mesmo mundo que "viver juntamente com os homens e mais com Deus não é possível". — E, declarando a razão desta impossibilidade, dizia que era porque as vontades dos homens raramente se ajustam com a vontade de Deus, e porque, sendo a vontade de Deus uma só, e sempre a mesma, as dos homens, pelo contrário, são tantas, tão diversas e tão encontradas quantos são os mesmos homens, e seus interesses e apetites, e porque, ainda no mesmo homem, não dura muito a mesma vontade, por ser inconstante e vária. Assim provava e concluía a sua razão Arsênio, e desta demonstração infalível se tira uma das três conclusões igualmente certas ou que os que cuidam que vivem com Deus e com os homens se enganam; ou que os que vivem com os homens não vivem com Deus; ou que quem quiser viver com Deus há de deixar os homens.

Se o mesmo Deus não concorda as vontades dos homens com a sua, como poderá um homem, por mais que faça ou se desfaça, concordar as vontades dos homens com a de Deus? De Davi disse Deus que "tinha achado um homem conforme seu coração, o qual faria todas as suas vontades". E com ser este homem singular entre todos os homens, e este rei a exceção de todos os reis, quando ele mandou tirar a vida a Urias, quando o fez portador de sua própria morte em uma carta aleivosa, e quando no primeiro ato desta tragédia lhe mandou roubar a mulher de casa, sem se lembrar que o mesmo Urias o estava servindo na campanha com tanto valor e lealdade, haverá algum adulador tão sábio e tão sem pejo, que pudesse concordar estas vontades com a de Deus? Mal podiam logo caber semelhantes concordatas em um ânimo tão amigo da verdade, tão reto, tão inteiro e tão constante como o de Arsênio. As experiências a que ele se referia eram as de Roma e Constantinopla, as duas maiores cortes do mundo, das quais costumava dizer que os três mais fortes inimigos que nelas lhe faziam guerra, um se chamava ver, outro ouvir, outro falar, e que de todos estes o livrara o deserto, onde se não vê, nem ouve, nem fala: "Quem está na solidão, descansa, e se livra de três guerras, a saber, do ouvido, da fala e da visão". E em um mundo onde se veem tantas coisas que se não podem ver, e se ouvem as que se não podem ouvir, e se falam e são faladas as que se não podem dizer, como pode viver um homem que não for cego, surdo, nem mudo, senão "fugindo dos homens"?

Assim o tinha já entendido, quase um século antes de Arsênio, o primeiro fundador depois de Paulo,[7] e o segundo habitador daquele mesmo deserto. Movido o Imperador Constantino Magno da fama de Antônio, também por antonomásia o Magno, — que só os grandes homens sabem estimar e não desconfiam de ter junto a si os grandes —, mandou-lhe rogar ao Egito se quisesse passar a Roma, porque o queria ter consigo, e ajudar-se de seu conselho e exemplos. Porém o Santo anacoreta, que estimava mais as faias e ciprestes de seu ermo que os palácios e torres da cabeça do mundo, dando as graças à majestade cesárea da mercê e honra que lhe desejava fazer, se escusou de a receber com os termos gerais de religião e modéstia, como convinha ao retiro da sua profissão e humildade do seu estado. Esta foi a resposta pública. Mas em particular e privadamente aos seus deu Antônio outra razão de não aceitar, tão enfática e discreta, que mais parece de algum político da mesma Roma que de um ermitão da Tebaida. E foi esta: "Se eu for ao Imperador, serei Antônio; se não for, serei Antônio, o abade". — Até nos desertos há razão de estado. Pesou o grande varão na balança da própria conveniência o que perdia com o que ganhava, e o que era com o que havia de ser, pesou Antônio no paço com Antônio no deserto, e porque no paço "Achou-se que tinha menos peso" (Dn 5,27), quis antes ser no deserto Antônio abade, que no paço só Antônio, sem este sobrenome.

Mas, dai-me licença, político santo, que nem como santo, nem como político me parece bem fundada a vossa resolução. Se chamado do imperador não ides, por não deixar de ser Antônio abade, ide e sereis muito mais. Se não fordes Antônio abade, sereis Antônio bispo, sereis Antônio arcebispo, sereis Antônio presidente, sereis Antônio conselheiro de Estado, sobretudo sereis

António valido, que sem nome é a maior dignidade, e sem jurisdição o maior poder; enfim, sereis com Constantino o que foi José com Faraó e o que foi Daniel com Nabuco: ele terá o nome de imperador, e vós o Império da monarquia. E se acaso, como político do deserto, vos não movem estas ambições cá do mundo, ao menos como santo deveis lançar mão de uma ocasião de serviço e glória de Deus, tão grande e tão oportuna como o imperador e o tempo vos oferecem. Ainda Roma não está de todo sujeita a Cristo, ainda no Capitólio é invocado e adorado Júpiter, ainda o ano acaba e começa com as festas e duas caras de Jano, ainda no redondo Panteão se ouvem os nomes e se veem em pé as estátuas de todos os falsos deuses. Se até agora servistes a Deus no deserto com o silêncio, tempo é já de o servir também com a voz. Ide a Roma, pregai, confundi, convertei, e se o zelo de Constantino começa a edificar templos, acabe o vosso de derrubar os ídolos. Lembrai-vos que viu Esdras sair dos bosques um leão, o qual só com o bramido de sua voz derrubava uma águia que tinha usurpado a potência do mundo (Esdr 4,13s); e pois esta águia é a romana, sede vós o leão africano que, saindo das brenhas desse deserto, lhe tireis o cetro das mãos e o passeis às de Cristo. Pois, se António tinha tantas razões humanas e divinas de deixar o deserto e vir a Roma, por que se escusa, por que não vem?

É certo que não recusou a jornada o grande António por recear a passagem de Sila e Caribes, mas porque temeu vir se meter outra vez entre os homens quem tantos anos havia fugido deles. Por isso diz que, se viesse, tornaria a ser o António que dantes tinha sido, e não o abade António que ao presente era. O que temia perder não era o nome da dignidade, senão o espírito da profissão. A profissão dos anacoretas era viver longe da comunicação dos homens, e isto é o que significa o mesmo nome, como escreve S. Jerônimo, que visitou pessoalmente aqueles desertos: "Chamavam-se anacoretas os que se afastavam para longe dos homens".[8] E se a profissão de António era viver longe dos homens, como podia conservar-se na sua profissão, nem conservá-la na sua inteireza, se se viesse meter não só na mais populosa cidade, mas na mesma cabeça do mundo, onde concorriam todas as gentes dele? Se António, com o seu exemplo de fugir dos homens, tinha povoado os desertos, como agora os não tornaria a despovoar com o exemplo de tornar para eles? A mesma razão por que era chamado do imperador se desfazia, se viesse, e só não vindo, nem deixando o seu deserto, se conservava. Bem sabia António que maior opinião granjeou ao Batista o seu deserto sem milagres que a Cristo os seus milagres no povoado. Quanto mais que, se viesse à corte de Roma, muito mais era o que devia temer que o que podia esperar. Que fizeram a Davi os sátrapas de el-rei Áquis, e como trataram a Daniel os conselheiros de Nabuco e de Dario? Se Constantino acaso se cansasse da austeridade de António, logo os lisonjeiros de palácio haviam de seguir o mesmo ditame, e, desacreditado o pregador, que fruto podia fazer a sua doutrina? Se, pelo contrário, o imperador o tivesse na sua graça, e essa graça fosse crescendo, que laços lhe não armaria a inveja para o derrubar e destruir? Finalmente, se o mesmo Constantino era de tão inconstante condição, e tão facilmente suspeitoso, que a seu sobrinho Licínio, e a Crispo, seu próprio filho, e à sua mulher Fausta tirou a vida sem causa, que podia não recear de tal homem qualquer outro homem? Fez muito como homem António, e muito como político, e muito como santo, em se conservar no seu deserto longe dos homens.

Só resta nesta matéria um escrúpulo muito bem fundado, porque se funda nas força e poderes do céu, com que o mesmo céu assistia e defendia a este grande varão. Ninguém alcançou maiores vitórias do inferno, ninguém desafiou a todos os demônios juntos e os venceu em todas as batalhas, como Antônio: os leões, os ursos, os tigres, as serpentes e os outros monstros da África, não só não ofendiam a Antônio, mas o obedeciam e reverenciavam. Pois, se nos dentes e peçonha das feras, se no poder e astúcias de demônios não tem que temer Antônio, por que teme e foge dos homens? Porque os homens são mais feras que as feras e mais demônios que os mesmos demônios. Os demônios não têm carne nem sangue, porque são espíritos; as feras não têm entendimento nem vontade, porque se governam por instinto; e os homens são piores demônios que os demônios, porque são demônios com carne e sangue, e são piores feras que as feras, porque são feras com entendimento e vontade. Coisa admirável é que, sujeitando Cristo em um momento e com uma só palavra uma legião de seis mil e seiscentos demônios, como lhe sucedeu em Genesaré, a Judas, com tantos benefícios, com tantos exemplos, com tantas exortações, e com tantas ameaças, o não abrandasse nem reduzisse em um ano inteiro. Assim consta da cronologia Evangélica, porque um ano antes de Judas consumar a traição, tinha o Senhor dito dele. "Um de vós é demônio" (Jo 6,71).
— Pois se Cristo sujeitou tão facilmente a tantos mil demônios, ao demônio-Judas, por que o não pode reduzir? Porque os outros demônios eram puramente espíritos; o demônio Judas era demônio com carne e sangue. Ajuntava-se em Judas o que São Paulo distinguiu, quando disse: "Não temos de lutar contra a carne e o sangue, mas sim contra os governadores das trevas, contra os espíritos de malícia" (Ef 6,12). E para reduzir demônios com carne e sangue, nem bastam razões, nem bastam exemplos, nem bastam milagres, nem bastam ameaças e terrores, nem há diligência alguma humana, ou mais que humana, que baste. Por isso não bastaram todas estas diligências juntas, tantas vezes repetidas, e por tanto tempo continuadas, para que Judas se reduzisse, nem bastou que o mesmo Cristo lhe desse sua própria carne e seu próprio sangue, porque era demônio com carne e sangue.

Esta foi a razão por que o grande Antônio, depois de vencedor de todos os outros demônios, não se quis tomar com demônios de carne e sangue; e para se não tomar com feras de entendimento, teve a mesma razão. Sendo assim que Deus desde o princípio da criação deu logo a todas as feras as suas armas naturais, e só ao homem criou desarmado, contudo não só no estado de inocência, senão também depois do dilúvio, disse que o homem seria o terror das feras: "Temam e tremam na vossa presença todos os animais da terra" (Gn 9,12). Parece que antes as feras armadas haviam de ser terror do homem, e não o homem desarmado terror das feras. Por que diz logo o autor e legislador da natureza que todos os animais, por bravos e feros que sejam, temerão e tremerão do homem? Porque ao homem, ainda desarmado, deu-lhe entendimento, e às feras armadas não. E mais para temer é um homem desarmado com entendimento, que todas as feras armadas sem ele. Mas se o entendimento dos homens se passasse e se unisse às feras, ou a fereza das feras se unisse ao entendimento dos homens, estas feras com entendimento, quem as poderia domar ou quem escaparia delas? Uma e outra coisa advertiu excelentemente São Lourenço Justiniano: "Os desertos são os acampamentos de Deus e refúgios muito seguros das incursões das feras intelectuais".⁹ — Sabeis, diz o grande patriarca — que como pastor deste gado o conhecia bem — sabeis o que são comumente os homens? São umas feras intelectuais, umas feras como as outras, mas com entendimento: "feras intelectuais"; e o único refúgio que Deus deixou no mundo para escapar destas feras não é outro mais que os desertos. — É verdade que esses mesmos desertos estão habitados das outras que vulgarmente se chamam feras, mas essas, ainda que sejam leões e tigres, reverenciam, como no primeiro Adão, a inocência, e respeitam a santidade dos que vivem entre elas; porém, das feras intelectuais, das feras que são feras com entendimento, e por isso com vontade, e má vontade, não há outro remédio seguro senão fugir, e fugir para os desertos: "Os desertos são refúgios muito seguros das feras intelectuais". Muita razão teve logo o grande Antônio, posto que domador das feras do deserto, de não querer provar força com as feras do povoado, nem arriscar-se a perder com as feras intelectuais o que tinha ganhado com as feras sem entendimento, e mais em Roma, onde os homens de tal modo eram feros e entendidos, que por jogo e recreação lançavam os homens às feras.

Mas aqui replicará alguém, ou replicarão todos, e com maior fundamento, que por isso mesmo devia Antônio vir a Roma. Venha como pedra de Davi à cabeça do mundo e da idolatria, pregue livremente a fé de uma só divindade, confute a falsidade dos que ainda são chamados deuses imortais, e se por esta causa o lançarem aos leões do anfiteatro, deixe-se comer vivo, e será o segundo Inácio; ou se os leões o respeitarem, como costumam, deixe-se cortar a cabeça, e será o segundo Batista. Confesso que esta última instância parece que tem dificultosa saída; mas assim como foi prudência em Constantino dissimular por então, e não conquistar a idolatria com as armas, assim foi prudência em Antônio não a impugnar com a pregação. É doutrina expressa de Deus pelo profeta Amós, a qual, como servia para aqueles tempos, pode também servir para outros: "Aborrecem na porta ao que os repreende e abominam o que fala sinceramente. Portanto o que for prudente guardará silêncio naquele tempo, porque o tempo será mau" (Am 5,10.13): Chegou a corrupção dos costumes a tal estado — diz o profeta — que os poderosos têm ódio a quem repreende suas injustiças, e abominam a quem lhes fala verdade, e nos tais casos o que deve fazer o prudente pregador é calar, porque ainda que a doutrina seja boa, o tempo é mau: "O prudente guardará silêncio naquele tempo, porque o tempo é mau". Prudentemente fez logo o grande Antônio em antepor o silêncio do seu deserto à pregação da cabeça do mundo, porque no mundo não podia colher fruto para os outros, e no deserto podia frutificar para si. Enfim, fez Antônio então como Cristo hoje, que podendo pregar às turbas, "fugiu delas".

§ IV

"*R*etirou-se para o monte". Diz o evangelista que fugiu o Senhor para o monte, e não diz qual fosse o monte para que fugiu. Mas até o fugir para monte sem nome é circunstância que acredita o fugir. Fugiu como quem buscava o retiro e não a fama; fugiu como quem queria que não soubessem dele, nem onde estava. Assim sepultou Deus a Moisés, sem se saber jamais aonde, e assim se deve enterrar e esconder quem toma o deserto por sepultura. E por que o nome de sepultura não faça horror aos vivos, nem os ecos do deserto aos que não sabem viver sós, ainda teve maior mistério o evangelista em não dizer o nome do monte. Tinha dito que era deserto, e por isso lhe calou o nome próprio, porque todas as prerrogativas que fizeram celebrados os montes de grande nome se encerram neste nome: deserto. Ora vamos vendo estas mesmas prerrogativas de monte em monte e de deserto em deserto, para que lhes percamos o medo.

Apareceu Deus a Moisés no deserto de Madiã, para que fosse libertar o povo do cativeiro do Egito, e porque ele dificultava a empresa, o sinal com que o Senhor assegurou do sucesso dela foi que naquele mesmo monte lhe faria sacrifício em ação de graças: "Depois de haveres tirado o meu povo do Egito, oferecerás a Deus um sacrifício sobre este monte" (Ex 3,12). Este monte era o Monte Horeb, sito no mais interior daquele deserto: "E quando levou o rebanho ao interior do deserto, veio ao monte de Deus, Horeb" (Ex 3,1). E que quer dizer Horeb? Horeb em hebreu é o mesmo que "deserto", e neste monte, que tinha por nome deserto, e se levantava no mais "interior do deserto", aqui é que os filhos de Israel deram as primeiras graças a Deus de se verem livres do cativeiro do Egito, porque a primeira prerrogativa de que gozam os que habitam o deserto é livrarem-se do cativeiro do povoado. Ouvi um lugar admirável, em confirmação desta figura. O Salmo setenta tem este título: "Salmo de Davi, o qual cantaram os filhos de Jonadab, que foram os primeiros cativos". — Os filhos de Jonadab, por outro nome os recabitas, eram uns como monges ou anacoretas da lei velha, os quais viviam solitários nos ermos de Jerusalém. E o cativeiro de que aqui fala a Escritura é aquele com que, sitiada a mesma Jerusalém, e conquistada pelos exércitos dos caldeus, todos os hebreus, que então estavam, foram levados cativos a Babilônia. Isto suposto, entra agora a dúvida: por que razão os filhos de Jonadab, que eram aqueles habitadores do ermo, se chamam "os primeiros cativos"? Porventura foram os primeiros cativos por que quando chegaram os exércitos dos caldeus, como eles estavam retirados no deserto, foram os primeiros que vieram às mãos dos inimigos? Não, porque os que governavam e defendiam a cidade de Jerusalém, tanto que tiveram novas do exército dos caldeus, a primeira diligência que fizeram foi obrigar aos mesmos eremitas que todos se retirassem dos seus desertos e se viessem meter na cidade. Pois se, rendida a mesma cidade, e com ela todo o reino, o cativeiro foi um só e comum a todos, e todos juntamente foram levados a Babilônia, como diz a Escritura que estes habitadores do deserto foram "os primeiros cativos"?

Dá a razão ou distinção S. Jerônimo, digna verdadeiramente da sua erudição e juízo: "Os filhos de Jonadab, que sempre habitavam nas tendas, no fim, por causa da irrupção do exército caldeu, foram obrigados a entrar em Jerusalém e assim se diz que sofreram o primeiro cativeiro: livres na solidão, foram confinados na cidade como em um cárcere". A razão — diz o Doutor Máximo — porque naquele cativeiro e transmigração geral os filhos de Jonadab se chamam os primeiros cativos, não foi porque os caldeus os cativassem a eles primeiro que aos demais, mas porque, sendo habitadores do deserto, os mesmos hebreus os obrigaram a se vir meter na cidade; e virem se meter na cidade homens que eram costumados a viver nos desertos, este é o que para eles foi o primeiro cativeiro, porque nos desertos se tinham por livres, e no povoado por cativos. — Os outros foram cativos, quando de Jerusalém os levaram para Babilônia; mas eles, quando do seu deserto os trouxeram para Jerusalém, então começaram a padecer a sua Babilônia e o seu cativeiro: "Livres na solidão, foram confinados na cidade como em um cárcere". Falou São Jerônimo como quem tão experimentado tinha a quietação do deserto e as perturbações do povoado. Tinha gastado a vida alternadamente já em Roma e nas cidades da Grécia, já nos desertos da Tebaida e da Palestina, e assim, escrevendo a Rústico, dizia: "para mim o povoado é cárcere, e o deserto paraíso".[10] — Livrar-se pois de tal cárcere, de tal Babilônia, de tal cativeiro, esta é, como dizia, a primeira prerrogativa dos que se deliberam a deixar o povoado e fugir com Cristo ao monte, onde por isso, como Moisés, lhe devem oferecer sacrifícios e dar infinitas graças.

Do Monte Horeb passemos ao Monte Sinai, ambos desertos, e ambos no deserto. Coisa notável e muito digna de reparar é que, havendo Deus de escrever e dar lei aos homens, escolhesse para isso um monte no meio de um deserto, qual foi o Monte Sinai nos desertos da Arábia. As leis não se fizeram para os montes nem para os desertos, senão para o povoado e para as cidades. Da cidade de Jerusalém disse o mesmo profeta que havia de sair a lei: "De Sião sairá a lei e de Jerusalém a palavra do Senhor" (Is 2,3). As partes de que se compunha a mesma lei todas se ordenam a povo, a cidade, a congregação de homens, porque na parte moral o segundo preceito da primeira tábua, e os sete da segunda, todos estão fundados na justiça e caridade do próximo, sem lesão nem ofensa do trato humano a parte cerimonial, que pertencia ao culto divino, expiações e sacrifícios, também tinha todo o seu exercício não fora, senão dentro da cidade, porque o templo era um só, e na cidade de Jerusalém, e a ele havia de concorrer todo o povo três vezes no ano; finalmente a parte civil e forense, no mesmo nome está dizendo cidade, comunidade, república, tribunais, juízes, partes.

Pois, se as leis se fizeram para os povos, porque as dá Deus no despovoado? Se para as cidades e repúblicas, porque as dá em um monte e no meio de um deserto? Porque só nos montes e nos desertos, diz Filo Hebreu, estão os homens capazes de receber em suas almas, como convém, os preceitos e ditames da Sabedoria divina. "Para receber as leis sagradas requer-se um espírito purificado, sem as manchas que se pegam por contágio com as multidões que habitam as cidades. Isso só é possível acontecer no deserto".[11] Para receber e perceber a santidade das leis divinas é necessário que os ânimos estejam puros, e sem mistura nem mancha dos afetos e cuidados terrenos, que os descompõem e alteram; e esta pureza, tranquilidade e serenidade de ânimo, não a pode haver entre a perturbação e tumulto dos povos, e labirinto das cidades, senão no retiro dos montes, e na quietação e silêncio dos desertos. — As leis de Deus são as regras da vida, os espelhos da alma e as balanças da consciência, e no meio dos embaraços, encontros e batalhas contínuas do povoado, as regras perdem a retidão, os espelhos a pureza, as balanças a igualdade, e tudo se descompõe e perturba; com que não é possível — diz Filo — que nem o que Deus manda se perceba, nem o que mal se percebe se guarde. E se não, vede-o nas tábuas da mesma lei. Enquanto estiveram no monte, conservaram-se inteiras; tanto que Moisés chegou com elas ao povo, logo se quebraram. E depois de quebradas, que remédio houve para se reformarem? Não houve outro remédio senão tornar Moisés a Deus e ao monte, porque só com Deus em um monte se guardam as suas leis sem se quebrar, e só com Deus em um monte se reformam depois de quebradas. Enfim, quando Deus deu a mesma lei, sendo lei universal para todos, em todos os preceitos dela sempre falou com um só: "Não matarás, não fornicarás, não furtarás (Ex 20, 13), para que entendêssemos que só os que vivem sós as veneram, só os que vivem sós as observam, só os que vivem sós colhem o fruto delas. E estes são os que, seguindo o nascimento das mesmas leis, do povoado se retiram para o deserto e das cidades "para o monte".

Mas por que não pareça que só na lei antiga nos deu Deus este documento, venhamos à lei nova. Publicou Cristo, Senhor e reparador nosso, a lei nova, e mais propriamente sua, e onde a publicou? Também em um deserto e em um monte: "Subiu a um monte e depois de se ter sentado, aproximaram-se dele os seus discípulos, e ele, abrindo a sua boca, os ensinava" (Mt 5,1). Era este monte, na sentença comum de todos os padres, o Monte Tabor, alto sobre as campinas de Galileia trinta estádios, e distante da corte de Jerusalém quarenta léguas, como descreve Egesipo; e neste monte, por todas as partes deserto, "assentou o Mestre divino a sua cadeira"; "aqui juntou seus discípulos"; e aqui lhes começou a ler as primeiras lições de sua celestial doutrina: "E ele, abrindo a sua boca, os ensinava". Bem pudera o Senhor escolher outro lugar no povoado, e ainda outro monte como o de Sião no meio de Jerusalém, para assentar nele a sua escola, mas elegeu este, tão distante da mesma cidade e tão apartado do mundo, para nos ensinar, com o primeiro exemplo, que a escola da sabedoria do céu é a vida solitária e do deserto. Assim o diz São Pedro Damião,[12] aquele que pelo deserto trocou a Roma, e pelo saial a púrpura: "A vida solitária é a escola da doutrina do céu, e as artes que nela se professam todas são divinas, porque tudo o que ali se aprende é Deus": "Porque tudo o que ali se aprende é Deus". Oh! quem levantara uma destas cadeiras, sem emulação nem oposição, em todas as universidades do mundo! Aqui se graduaram os já nomeados Antônios e Arsênios, aqui os Paulos, os Hilariões, os Pacômios, e todos aqueles doutíssimos idiotas laureados na eternidade, que, ou de ignorantes se fizeram sábios ou de sábios ignorantes por Cristo.

Os livros, porque estudavam sem especulação, e mais com o esquecimento que com a memória, são aqueles tão aprovados por São Bernardo, e tão alheios de toda a inveja como de toda a censura. Escrevia São Bernardo a um desejoso de saber a quem ele desejava fazer mais sábio, e diz assim: "Crede-me, como a experimentado, que mais haveis de aprender nos bosques que nos livros". Que árvore há em um bosque, ou mais alta, ou mais humilde, que não cresça sempre para o céu? E se tanto anelam ao céu as que têm raízes na terra, que devem fazer as que não têm raízes? As do povoado e cultivadas dependem da indústria dos homens; as do deserto e sem cultura dependem só do céu e de Deus, e nem por isso crescem ou duram menos. As que despe o inverno ensinam a esperar pelo verão, e as que veste e enriquece o verão, a não fiar da presente fortuna, porque lhe há de suceder o inverno. As que se dobram ao vento ensinam a conservação própria, e as que antes querem quebrar que torcer, a retidão e a constância. Enfim, cada árvore é um livro, cada folha uma lição, cada flor um desengano, e cada fruto três frutos: os verdes ainda não são, os maduros duram pouco e os passados já foram. Esta é a escola muda do deserto, em que São Bernardo estudou no seu vale, e esta a que Cristo assentou no mesmo monte, onde disse a voz do céu: "Ouvi-o" (Mt 17,5). Mas deixemos o Tabor, e pare o nosso discurso no Olivete.

O Monte Olivete, desabitado de homens e povoado só das árvores que lhe deram o nome, foi o lugar deserto donde Cristo e por onde subiu ao céu, mostrando-nos, com sua subida, que o caminho mais direito e estrada mais segura para nós também subirmos é o deserto. Duas vezes viram os anjos subir para o céu a alma santa; mas donde e por onde subia? Uma e outra coisa é bem notável. A primeira vez viam que subia pelo deserto: "Quem é esta que sobe pelo deserto? (Ct 3,6)? E a segunda vez, que subia do deserto: "Quem é esta que sobe do deserto? (Ct 8,5)? Quem sobe, aparta-se de um lugar e sobe por outro. Pois se esta alma "subia do deserto para o céu", como "subia pelo deserto"? O deserto era o lugar donde subia; e o deserto também o lugar por onde subia? Sim, porque isso é ser o deserto Monte Olivete. Cristo em sua ascensão, primeiro subiu pelo monte acima, e depois subiu do monte; e este é o modo com que também se sobe do deserto. Por isso os anjos primeiro viram que a alma subia pelo deserto: "Quem é esta que sobe pelo deserto?"; e depois viram que subia do deserto: "Quem é esta que sobe do deserto?" De sorte que o deserto é o donde e o por onde se sobe ao céu. E se eu disse que não só é o donde e o por onde, senão também o para onde, não direi coisa nova, posto que grande. Disse o mesmo Cristo, em uma parábola, que a certo pastor, o qual guardava cem ovelhas, se lhe perdera uma, e que para achar esta ovelha perdida deixou as noventa e nove no deserto: "Porventura não deixa noventa e nove no deserto?" (Lc 15,4).

O pastor é Cristo, a ovelha perdida o homem, as noventa e nove os nove coros dos anjos, e o deserto o céu. Mas se este mesmo céu o deixou o Senhor povoado com tantas jerarquias e tantos coros de anjos, como lhe chama deserto? Porque falava por comparação às coisas da terra, e na terra não há coisa que se pareça com o céu, e mereça o nome do céu, senão o deserto. Logo, o deserto é o donde, o deserto o por onde, e o deserto o para onde sobe quem sobe ao céu.

E para que a este encarecimento da suma verdade ajuntemos outro ainda maior, digo que se, depois de um bem-aventurado subir ao céu, lhe fora lícito descer de lá, por nenhum outro lugar trocara o céu, senão por um deserto. Viu São João no céu aquela famosa mulher vestida do sol: "Apareceu um grande sinal no céu: uma mulher vestida de sol" (Ap 12,1). E viu que a esta mulher "se lhe davam duas asas de águia, proporcionadas à sua grandeza" (Ap 12,14). Mas para quê? Esta mulher posta no céu, e vestida de sol significa qualquer alma santa, ilustrada já com o lume da glória, e por isso bem-aventurada. As asas de águia, que não são próprias da natureza humana, significam algum privilégio particular e sobrenatural que a esta mulher se concedeu; e suposto que já é bem-aventurada, e está no céu, de que uso lhe podem ser as asas? O mesmo texto o diz: "Deram-se-lhe duas asas de águia grande, para que voasse ao deserto". — Pois ao deserto há de voar uma alma que já está no céu e na bem-aventurança? Sim, porque nenhuma alma está no céu, por mais bem-aventurada que seja, que, se tivesse licença e privilégio de Deus para deixar por algum tempo o céu, se não viesse de boa vontade meter em um deserto. O estado do céu excede à vida do deserto em lá se gozar a Deus com maior claridade; mas o deserto excede ao céu em cá se gozar a Deus com o merecimento, que lá não tem lugar; e por isso sem agravo, antes, com lisonja do amor de Deus, se pode trocar o céu por um deserto. E como estas prerrogativas do deserto excedem às do Monte Horeb, às do Monte Sinai, às do Monte Tabor e do mesmo Monte Olivete, grande razão teve o Evangelista em calar o nome próprio do monte onde o Senhor hoje se retirou, e por isso, tendo já declarado que era deserto, se contentou com lhe chamar "monte".

§ V

"Ele só". Esta é a última cláusula que só resta do nosso texto, e pesa-me de chegarmos a ela tão tarde. Retirou-se o Senhor, ou fugiu para o monte, e retirou-se "ele só". Nesta palavra estão recompilados ou feiamente pintados todos os horrores e medos da soledade. E quantos destes medrosos, cobrindo o mesmo medo com aparências de discretos, estarão alegando como Salomão, e dizendo com ele: "Ai do só" (Ecl 4,10).
— Sentença foi esta daquele rei sapientíssimo, e sem lhe perguntarmos a razão, ele a deu logo: Ai do só, "porque, quando cair, não terá quem o levante". Mas não é necessário ser Salomão para refutar este inconveniente. Se o só não terá quem o levante, também não terá quem o derrube. E maior felicidade é carecer do perigo de quem me derrube, que haver mister o socorro de quem me levante. Quanto mais que os que podem e costumam derrubar são os muitos, e os grandes e os caídos, a quem estes derrubam, mais facilmente acharão uma lisonja, que lhe ponha o pé em cima, que uma amizade constante e valorosa, que se atreva a lhes dar a mão. Mas se lhes faltar a mão dos homens, não lhe faltará a de Deus: "Quando cair não se ferirá, porque o Senhor lhe porá a mão por baixo" (Sl 36,24), disse melhor que Salomão seu pai, Davi. Salomão dói-se do só, porque, se cair, não terá quem o levante, e Davi dá-lhe o parabém, porque, se cair, Deus lhe porá a mão debaixo, para que nada lhe faça mal. Aquele só achar-se-á só, porque lhe faltarão os homens; mas este só nunca estará só, porque sempre terá consigo e por si a Deus. Aquele só poderá cair, ainda que o não derrubem; este só, por mais que o queiram derrubar, nunca poderá cair, porque quem cai sobre as mãos de Deus, a mesma queda o levanta: "Quando cair não se ferirá, porque o Senhor lhe porá a mão por baixo".

Daqui se segue que, na soledade tomada por Deus, o só nunca está só. Está só assim como Cristo esteve só, quando hoje se retirou ao monte: "Ele só". Profetizando o mesmo Senhor aos discípulos que todos haviam de fugir e o haviam de deixar, disse-lhes assim: "Virá hora em que todos me haveis de deixar só, mas eu nunca estou só" (Jo 16,32). — E por que razão quando todos deixam a Cristo só, não está Cristo só? Porque, como Cristo é Deus e homem juntamente, nem enquanto Deus está só, porque está com o homem, nem enquanto homem está só, porque está com Deus; e isto, que faz em Cristo a união da pessoa, faz na soledade a união do lugar. O só na soledade nunca está só, porque Deus está com ele e ele com Deus. Profundamente São João Crisóstomo. Sendo este facundíssimo varão o mais eloquente de quantos escreveram, e tendo composto um livro inteiro em louvor da soledade, conclui o seu discurso com esta protestação: "Confesso, ó soledade bendita, que eu, e tudo quanto tenho dito, é muito desigual a teu merecimento e muito inferior a teus louvores; mas uma só coisa sei de ti, a qual afirmo constantemente". — E que coisa é ou será esta? O que afirmo indubitavelmente, diz Crisóstomo, "é que todo aquele que te habitar, ó soledade, será juntamente habitador e mais habitado: habitador, porque habitará em ti, e habitado, porque habitará nele Deus": "Ele habitará em ti, mas Deus habitará nele". E como Deus habita no solitário, porque o solitário habita na soledade, daqui se segue que o mesmo solitário nunca está nem pode estar só, porque mais é morar Deus nele, que morar ele com Deus. Por isso dizia São Bernardo: "Nunca estou menos só, que quando estou só"[13] — porque, quando não estou só, estou com os homens, e quando estou só, estou com Deus. E é demonstração evidente que quem está com Deus está menos só que quem está com os homens, porque a companhia dos homens, ainda que sejam muitos, é limitada, e a companhia de Deus, ainda que seja um só, é imensa.

Oh! se acabassem de entender os homens quanto perdem de si e de tudo em não saberem estar sós com Deus e consigo! Enquanto Adão estêve só, conservou-se no paraíso, na graça de Deus e na monarquia do mundo; depois que esteve acompanhado, perdeu o paraíso, perdeu a graça, perdeu o império, perdeu-se a si, perdeu-nos a nós, perdeu tudo. E desta diferença de Adão só a não só, não a notou algum ermitão ou anacoreta do deserto, senão um cortesão de Paris, o grande cancelário Gerson: "Adão enquanto esteve só, permaneceu salvo".

Só saiu Jacó da casa de seus pais, e gloriava-se ele depois que, tendo passado o Jordão só com a companhia do seu cajado, quando da volta que fez para a pátria o tornou a passar, era tão acrescentado de família, que os filhos, criados, carros, cavalos e grossos rebanhos formavam duas grandes esquadras: "Com o meu cajado passei este Jordão, e agora volto com dois bandos" (Gn 32,10). Para bem vos sejam, Jacó, todas essas boas fortunas, e todos esses grandes aumentos de casa e fazenda. Mas fazei-me graça de ajuntar com essa tão notável diferença outra, em que vós não reparais, e eu sim. Quando viestes só, vistes a escada; mas agora, quando ides tão acompanhado, não a vistes. Quando vos fazem corpo de guarda esses dois esquadrões, não ides seguro dos temores de Esaú; mas quando jazíeis só com uma pedra por cabeceira, Deus e os anjos vos guardavam o sono. Só para os sós falta a terra, mas para os sós se abre o céu. Só estava Abraão e só Moisés, quando lhes apareceu Deus; só estava Josué, só Gedeão e só Elias, quando lhes acudiram os anjos, só estava Isaías, quando viu o trono da majestade divina cercado de serafins, e só Ezequiel, quando viu o carro triunfal de suas glórias. Só também São Pedro, quando lhe foi mostrado em um painel todo o mundo gentílico convertido, que descia e se tornava a recolher ao céu; e só finalmente João, o amado, quando se lhe abriram os sete sigilos do seu Apocalipse, e os mistérios secretíssimos de todos os tempos futuros lhe foram só a ele revelados.

E por que não pareça que ponho a felicidade da solidão em revelações interiores, ocultas aos sentidos humanos, outras visões têm os solitários manifestas, e que todos veem, sendo eles, porém, mais ditosos que todos, porque as veem de longe e em lugar seguro. Nesta mesma ocasião em que Cristo, Senhor nosso, se retirou ao monte, os discípulos que se tinham embarcado padeceram uma terrível tempestade, na qual, já desconfiados de remédio, faltou pouco que o mar os não comesse; e no mesmo tempo nota o evangelista que "o Senhor estava só em terra" (Mc 6,47). O mesmo sucede a quem vive só no seu deserto. Os outros, que andam no mar deste mundo, lutam com os ventos e com as ondas: uns se perdem e se afogam, outros se salvam mal a nado, e todos correm fortuna, e só o só vê tudo isto de longe, porque está em terra: "Estava só em terra". Arde o mundo em guerras, uns vencem, outros são vencidos, combatem-se cidades, conquistam-se reinos, morrem os homens a milhares, e só o só, se lá lhe chegam os ecos, tudo isto ouve sem temor, porque a sua paz é segura: "Estava só em terra". Volta-se o mesmo mundo em perpétua roda, a uns derruba, a outros levanta, uns crescem até as nuvens, outros descem até os abismos, e só o só, que está fora da jurisdição da fortuna, nem à próspera tem inveja, nem da adversa tem medo, porque só o seu estado é incapaz de mudança: "Estava só em terra". Por isso disse altamente S. Cipriano: "Nesta vida — diz o santo — não há mais que uma só tranquilidade fiel e uma só segurança perpétua, e esta só a goza aquele que, apartado das perturbações do mundo sempre inquieto, e unido só a Deus, quando olha para as coisas que os outros estimam e têm por grandes, ele as vê todas abaixo de si, e, como todas lhe ficam abaixo, nenhuma o altera nem lhe dá cuidado".[14]

E para reduzir a breve compêndio tudo o que os outros santos disseram das excelências da solidão e felicidade sem igual dos que a habitam, os que habitam a solidão são aqueles a quem Deus escolheu de entre os outros homens, e os chamou e levou consigo a viver sós nos desertos, não porque eles não fossem dignos de ilustrar o mundo, mas, como diz o Espírito Santo, porque o mundo não era digno de os ter a eles: "Uns homens de que o mundo não era digno, errantes nos desertos" (Hb 11,38). E a solidão é aquela que, não tendo semelhante na terra, só a tem na bem-aventurança do céu, sendo tão parecidas reciprocamente uma com a outra, que a solidão só se pode retratar pela bem-aventurança, como por seu original, e a bem-aventurança só se pode ver na solidão, como em seu espelho. E assim acabo com aquela famosa exclamação, que todos quisera levásseis na memória: "Bem-aventurada solidão, única bem-aventurança!"[15].

## § VI

Tenho dado fim ao meu discurso, largo para o tempo, mas muito breve e diminuto para o merecimento da causa. Vejo, porém, que não faltaria em todo ele quem estranhasse a matéria como imprópria do lugar e do auditório, e mais acomodada para os desertos do Bussaco, ou para as serras da Arrábida, que para a Capela Real e corte de Lisboa. Assim julgam os que sabem pouco do mundo, do cristianismo e das histórias, como se não fossem as cortes católicas em todas as idades as que mais ilustremente povoaram os ermos, e por isso com melhores e mais qualificados exemplos. No baixo — ou no alto — deste pavimento, e no mais alto de umas e outras tribunas, estou eu vendo muitas almas livres ainda daquelas cadeias que se não podem quebrar, as quais, se trocassem a vaidade pela verdade, a corte pelo deserto, o paço pela clausura, as galas pelo cilício e o cativeiro do mundo pelo jugo suave de Cristo, triunfando do mesmo mundo com a fé, e de si mesmos com o entendimento, não só teriam muito de que se gloriar na outra vida, mas também de que se não arrepender nesta.

Mas, vindo em particular aos que, por estado, profissão e ofício, têm para si que se não podem retirar do povoado e deixar o trato das gentes, saibam que, para satisfazer às obrigações do mesmo estado, da mesma profissão e do mesmo ofício, também eles devem alternar o exercício com o retiro, e partir os dias e a vida com o deserto, não sempre — que isso é alternar — mas a seus tempos. Todas estas obrigações do estado e do ofício, ou são eclesiásticas, ou seculares, e nenhum homem, por mais capaz que se imagine, as poderá administrar como convém, ou no espiritual, ou no político, senão por aprender na escola do deserto o modo justo e acertado com que as há de exercitar.

Quanto aos eclesiásticos, quem mais obrigado às ovelhas que o pastor? E que pastores mais obrigados à conta, que Deus lhes há de pedir delas, que os supremos? Mas estes, se retirados ao deserto com Deus e consigo, se não tomarem a si mesmos a mesma conta, nunca a darão boa. Que pastores mais zelosos e vigilantes, que bispos e arcebispos mais doutos e santos que um Crisóstomo em Constantinopla, um Basílio em Cesareia, um Ambrósio em Milão, um Atanásio em Alexandria, um Agostinho em Hipona? E todos, se lerdes as suas vidas, já os vereis na cadeira, já no deserto, já anacoretas e sós, e já cercados de infinito povo, convertendo gentios, confutando hereges, aperfeiçoando cristãos e cultivando de tal modo as suas igrejas e dioceses, que as casas pareciam religiões e as cidades paraísos. E donde nasciam estes efeitos tão maravilhosos, senão porque os mesmos prelados no deserto recebiam a luz e a graça, e na solidão, o espírito e fervor com que no povoado acendiam as almas, arrancavam os vícios e plantavam as virtudes? Quando Saul foi a Ramá, e perguntou por Samuel, responderam-lhe que chegara a bom tempo, porque naquele dia havia de vir à cidade a oferecer sacrifício: "Ele veio hoje à cidade, porque hoje acontece o sacrifício do povo no alto" (1Rs 9,12).

E por que disseram que naquele dia havia de vir à cidade? Porque Samuel, que era o sacerdote e prelado do povo, em tal forma tinha repartido os dias, que parte deles gastava com Deus no deserto, e parte com os homens na cidade. E nota São Gregório Papa sobre as mesmas palavras que nesta repartição do tempo, a melhor e maior parte era a de estar só com Deus, porque, tanto que tinha satisfeito a obrigação dos sacrifícios e governo espiritual das almas, logo, sem se deter um momento no povoado, se tornava a recolher para o deserto: "Raramente era visto na cidade, pois vinha tarde e retiravase logo". E se isto fazia Samuel antes da vinda, antes da doutrina e antes do exemplo de Cristo, vejam os sucessores do mesmo Cristo o que devem fazer, e o que podem.

No estado secular e político parece que tem menos lugar este retiro pela frequência e multidão dos negócios, e pela maior necessidade da assistência das pessoas públicas, em matérias tantas e de tanto peso, como as que ordinariamente ocorrem no governo de uma monarquia. Assim o supõe a política humana, ou mais verdadeiramente gentílica, como se o acerto dos negócios, por muitos e grandes, necessitara menos da Providência de Deus, e, a vista das coisas da terra, ou no claro ou no escuro, não dependera toda das luzes do céu? Rei era, e de populosíssimo reino, Davi; gravíssimos foram os pontos de estado, que em quarenta anos do seu reinado, assim na paz como na guerra, assim dentro como fora de casa, lhe puseram em perigo e contingência a coroa; e aonde ia ele buscar a luz, e consultar as resoluções, senão ao deserto? Ouçamo-lo de sua mesma boca: "O meu coração está conturbado dentro de mim, e o medo da morte caiu sobre mim. Temor e tremor vieram sobre mim e as trevas me cobriram" (Sl 54,5). Oh! quantas vezes

— diz Davi — se viu o meu coração confuso e perturbado no meio de perigos e temores mortais, que o faziam palpitar e tremer, e, sobretudo, cercado e coberto de escuridão, sem o menor raio de luz que me mostrasse o caminho por onde escapar! E neste tempo, e nestas angústias, qual era o meu refúgio? "Eis que me afastei fugindo e permaneci na soledade. Ali aguardei aquele que me salvou do abatimento do espírito e da tempestade" (Sl 54,8.9). O meu refúgio e remédio nos tais casos não era outro senão fugir muito longe das cidades e meter-me na solidão dos desertos, e, ali, só por só com Deus, esperar dele que me alumiasse e me tirasse a salvamento daquelas tempestades, das quais eu, como piloto areado, e com a nau quase perdida, me não sabia nem podia livrar. E se isto fazia um coração tão animoso e intrépido e um juízo tão sábio, tão experimentado e tão prudente, como o de Davi, por que cuidarão os outros príncipes — e mais sobre a experiência de muitos erros — que sem se retirar a seus tempos das cortes, e sem consultarem sós por sós a Deus, poderão eles para si e por seus ministros conseguir os acertos do bem público, que talvez não sabem desejar, quanto mais conseguir?

E se me disserem que não há tempo para esses tempos e para esses retiros, ninguém me negará que há dias, e semanas, e meses para outros retiros, para outros desertos, para outros bosques e para outros montes, e não dentro ou perto das cortes, senão muito longe delas, sendo certo que o trabalho — chamado recreação — que se toma para cercar e ferir um javali, e, morto, o levar em triunfo, fora mais bem empregado em montear outras feras, que se tornam a trazer da caça tão vivas como se levam. Aos vícios coroados chama a Igreja "Monstros viciados"; não vícios de qualquer modo, senão monstros; e a montaria destes monstros, e também a altaneria deles, é a que se faz nos desertos só por só com Deus. Ali se quebram as asas à vaidade, ali se dá em terra com a soberba, ali se atalham os passos à cobiça, ali se cortam as mãos à vingança, ali cai em si a injustiça e a sem-razão, ali morre e se desfaz escumando a ira, e todos os outros monstros da intemperança poderosa e sem freio, ou se matam, ou se afugentam, ou se domam. Do primeiro rei que houve no mundo diz a Escritura: "que era valente caçador diante de Deus" (Gn 10,9). E estas caçadas que se fazem diante de Deus são as recreações que devem tomar os príncipes e as valentias de que mais se devem prezar, pois são as verdadeiras valentias. E se no tempo que tomam para a caça, ausentando-se das cortes, não temem perder a bênção e o morgado, como o perdeu Esaú, muito menos devem temer esta perda, ou outro detrimento da monarquia no tempo em que se retirarem a tratar com Deus, e receber dele a luz com que só a podem conservar e reger. Muitos reis na caça perderam desastradamente a vida; porém aquele a que a Escritura, não sem mistério, chamou caçador diante de Deus, não só reinou sessenta e sete anos, mas fundou uma nova monarquia, que durou mil e duzentos e se conservou mais que todas as que floresceram no mundo.

Enfim — para convencermos com o maior de todos os exemplos, assim o estado eclesiástico, como o Político — Cristo, Redentor e Senhor nosso, que juntamente era supremo Rei e Sumo Sacerdote, não só nos três anos em que exercitou no mundo uma e outra dignidade, repartiu sempre a vida entre o povoado e o deserto; mas neste mesmo dia, em que com as obras provou que o era, e todos o reconheceram por tal, uma parte do mesmo dia deu às turbas e ao povo, e a outra parte ao deserto e ao monte: "Retirou-se para o monte, ele só" (Jo 6,15).

# SERMÃO DE
# Santo Antônio

*Pregado na Dominga Infra Octavam do mesmo Santo, em o Maranhão, ano de 1657.*

∽

"Que mulher há que, tendo dez dracmas, e perdendo uma, não acenda a candeia e não varra a casa, e não busque com muito sentido, até que a ache?" (Lc 15,8) "Nem os que acendem uma candeia a metem debaixo do alqueire, mas põem-na sobre o candeeiro a fim de que ela dê luz a todos os que estão na casa."
(Mt 5,15)

---

*No domingo posterior à festa do santo, Vieira vê na parábola do domingo e em sua significação dada pelo texto da festa, uma das prerrogativas mais gloriosas de Santo Antônio: a de recuperar as almas (as dracmas) que se perderam. A graça perdida é a maior perda que se pode padecer, porque com ela se perde a Deus. E as duas coisas que perdem mais almas: a moeda e a mulher. A cobiça cega a uns e a sensualidade a outros, e a cobiça e a sensualidade juntamente a quase todos. A túnica parda de Santo Antônio é remédio de toda sensualidade: ouvir com grande benignidade e vestir o penitente com sua túnica (com o seu exemplo e sua bênção). A alma perde-se como se perde a dracma, mas não se acha assim. Vieira menciona a conversão dos vinte e dois ladrões. Cristo fala de ladrões, mas nunca pregou contra os ladrões. Por quê? Porque quem tem o vício de furtar é quase incapaz de emenda, e nunca ou quase nunca se converte. Refere-se aos exemplos do bom ladrão, do mau ladrão e de Judas no tempo em que Cristo padece. E termina com uma advertência: diz Agostinho que os reinos são grandes latrocínios (covas de ladrões). Por isso, é necessário varrer a casa, isto é, renegar ambos os vícios.*

§ I

Quando a Igreja nos propõe dois Evangelhos, mais é obrigação que demasia tomar dois temas. O primeiro é da dominga, o segundo da festa, e ambos tão próprios do santo que celebramos, que um parece o texto, outro o comento.

No primeiro Evangelho, diz Cristo, Senhor nosso, assim: Se uma mulher tem dez dracmas — dracmas eram umas moedas de prata de pouco peso, que corriam naquele tempo entre os hebreus — se uma mulher, diz o Senhor, tem dez moedas destas, e perdeu uma, que é o que faz? — Notai, os que notais os pregadores, a lhaneza das comparações daquele pregador divino. — Acende, diz, uma candeia, varre a casa, busca a sua dracma com toda a diligência, e se acaso a achou, sai à rua com grande alvoroço, chama as amigas e as vizinhas, diz-lhes que se alegrem com ela e lhe deem o parabém da sua boa ventura, porque achou a dracma que tinha perdido. Vedes esta festa? Vedes esta alegria? Pois o mesmo passa no céu, diz o senhor. Fazem-se lá grandes festas, alegram-se os anjos e dão-se os parabéns os bem-aventurados, todas as vezes que um pecador perdido se acha e se converte pela penitência: "Assim vos digo eu que haverá júbilo entre os anjos de Deus por um pecador que faz penitência" (Lc 15,10). Esta é a substância da parábola de Cristo, a qual se resume toda em três coisas particulares: a mulher, a moeda e a candeia. A mulher que perdeu, achou e festejou a moeda; a mesma moeda primeiro perdida e depois achada; e a candeia que se acendeu para se buscar e achar. Destas três coisas explicou o Senhor as duas, e deixou a terceira sem explicação. A mulher diz que é a Igreja, a qual, enquanto militante na terra, perde e acha os pecadores, e, enquanto triunfante no céu, celebra e festeja suas conversões. A dracma perdida e achada são as almas dos mesmos pecadores, que se perdem pelo pecado e se acham e recuperam pela penitência. A candeia que se acendeu para buscar a dracma, suposto que o Senhor não declarou qual fosse, haverá quem no-lo diga. Se não fora em tal dia, eu me não atrevera a o dizer facilmente; mas hoje qualquer de vós o dirá.

Dizei-me qual é no mundo o santo que depara as coisas perdidas? Qual é no mundo a luz com que as coisas perdidas se acham e se descobrem? Todos estais dizendo que é Santo Antônio. Pois essa é a candeia que no primeiro Evangelho se acendeu, e assim o diz o segundo: "E não acendem a candeia e a põem debaixo do alqueire, mas sobre o candelabro para que ilumine a todos os que estão na casa" (Mt 5,15). O primeiro Evangelho diz que a candeia se acendeu para alumiar a casa: "Acende a candeia e varre a casa" (Lc 15,8). O segundo diz que a candeia que se acendeu para alumiar a casa é o Santo que hoje celebramos: "Acendem uma candeia, a fim de que ela dê luz a todos os que estão na casa" (Mt 5,15). De sorte que um Evangelho em parábola, e outro na significação dela, nos dizem e pregam hoje, concordemente, que a luz com que se acham as dracmas ou almas perdidas, é o nosso glorioso Santo Antônio, mais glorioso por esta prerrogativa que por todas quantas dele se podem e costumam pregar. Suposta esta propriedade e concórdia de um e outro texto, nem eu posso tomar outro assunto mais evangélico, nem vós desejar outro mais útil, nem o mesmo santo querer de mim e de vós outro que mais lhe agrade. Será, pois, o argumento de todo o nosso discurso: Antônio, deparador de almas perdidas. E para que as nossas se aproveitem desta luz, que a todas mais ou menos é necessária, peçamos ao mesmo santo, como tão devoto servo e tão favorecido da Mãe da Graça, interceda por nós para que a alcancemos. *Ave Maria.*

## § II

"Acende a candeia até que a ache (Lc 15,8). Acendem a candeia a fim de que ela dê luz a todos os que estão na casa" (Mt 5,15).

Ser Santo António entre todos os santos o deparador das coisas perdidas é uma graça tão singular e um privilégio tão soberano, que parece deu Deus a Santo António melhor ofício do que tomou para si. Deus, como autor de todos os bens, é o que os dá; e quando esses bens se perdem, Santo António, como deparador, é o que os recupera, e não há dúvida que todas as coisas são mais estimadas e de maior gosto quando se recuperam depois de perdidas que quando se possuem sem se perderem. Diz o nosso texto que a mulher que perdeu a dracma "tinha dez". Pois, se tinha dez dracmas, e não pediu que lhe dessem o parabém de as ter, ou de as adquirir, como agora, quando achou uma só, convoca as amigas e vizinhas, e as convida para que a ajudem a festejar a sua ventura, e faz tantos extremos de alegria por ela? Porque, ainda que a dracma era uma só, era perdida. As outras eram adquiridas e possuídas; esta era recuperada depois de perdida, e por isso a estimou tanto. Quando a estrela apareceu aos Magos no Oriente, não fizeram festas ao seu aparecimento; mas quando, depois de a perderem e lhes desaparecer em Jerusalém, a tornaram outra vez a ver, não acham termos os evangelistas com que bastantemente encarecer o excesso de gosto e alegria com que a festejaram: "Foi sobremaneira grande o júbilo que sentiram" (Mt 2,10). A estrela no Oriente e em Jerusalém não era a mesma? Sim, mas em Jerusalém era a mesma depois de perdida. Esta foi a razão das extraordinárias festas que o pai fez ao filho pródigo, tão invejadas do outro irmão. A mim, Senhor, que jamais me apartei de vós, nunca me fizestes um regalo, e para este que vos deixou, e se perdeu a si e a quanto lhe destes, tantas festas, tantos banquetes, tantas despesas? Sim, filho, respondeu o pai — e por isso mesmo. A ti, que sempre estiveste comigo, nunca te perdi; este, tinha-o perdido e vejo-o recuperado: "Estava morto, e achou-se" (Lc 15,32). Tanto ganham de estimação as coisas quando se perdem, e tanto acrescentam de gosto quando se recobram, para que entendais que não deveis menos a Santo António quando vos depara o perdido, senão tanto, e mais ainda, que se de novo vos dera o mesmo que perdestes.

E se isto é verdade nestas coisas materiais e exteriores, que tão pouco importam, que será nas da alma, e na perda das mesmas almas, de que também é deparador Santo António, como hoje vos pretendo mostrar? Voltemos sobre os mesmos exemplos que acabo de referir, mais interiormente considerados. Que filho pródigo, que estrela, que dracma é aquela? A dracma, como já dissemos, é a alma, a estrela a graça, o pródigo cada um de nós. A graça perdida, a alma perdida, o homem perdido; e sendo estas as maiores perdas que se podem padecer nem imaginar, porque juntamente com elas se perde a Deus, é pasmo do entendimento, e ainda da fé, ver o pouco sentimento com que se passa por elas, e o pouco caso que se faz de as reparar, fazendo-se tanto de outras, que por sua vileza e baixeza não merecem nome de perdas. Em se perdendo, ou desaparecendo alguma coisa de gosto ou de valor, e também as do uso doméstico mais miúdas, ver como chamais logo por Santo Antônio, e só com dizer Santo Antônio, sem outra oração, já vós entendeis e ele entende que lhe pedis vos depare o que perdestes. Verdadeiramente que em nenhum outro exemplo, sendo tantos e tão raros os seus, me admira mais a humildade e caridade deste Santo, que em se não dar por ofendido de semelhantes petições, e acudir, como está sempre acudindo, tão prontamente a elas. Não digo que o não façais, nem que é afrontar os poderes de tão grande Santo ocupá-lo em coisas tão baixas e tão miúdas, porque a Providência e Onipotência divina tanto mostra sua grandeza na formiga como no elefante, e tanto em criar o hissope da parede como o cedro do Líbano. O que só vos digo, e peço em nome do mesmo Santo Antônio, e o intento de todo este sermão, em que o desejo agradar, é que ocupeis sua valia e empregueis seus poderes em que vos recupere as verdadeiras perdas, e vos depare as almas, que tão perdidas andam. Agora vos peço atenção.

## § III

Como com todos os pecados se perde a Deus, em todos os vícios se perdem também as almas; e porque seria matéria infinita discorrer por todos, para provar em cada um o meu assunto, assim como a dracma se perdeu em um lugar da casa, podendo cair em todos, assim eu me contentarei com mostrar a Santo Antônio deparador de almas perdidas nos dois vícios universais em que mais ordinariamente caem os homens, e as almas se perdem. Quais sejam estes dois vícios, bem creio que, antes de eu os nomear, o tendes já entendido; mas no Evangelho temos duas figuras que, sem mudar os trajos nem o apelido, por seu próprio nome nos dizem quais são. Diz o Evangelho que a mulher buscou a moeda, e estas são as duas coisas que perdem mais almas: a moeda e a mulher. Uns se perdem pelas dracmas, outros pelas damas. A cobiça cega a uns, a sensualidade cega a outros, e a cobiça e a sensualidade juntamente a quase todos. E estes são os dois feitiços que levam após si o mundo, e o trazem perdido.

No Evangelho do domingo passado, introduziu Cristo em parábola um banquete, que significava a glória e bem-aventurança do céu. Foram chamados muitos convidados a este banquete, e escusaram-se dele com três gêneros de escusas. O primeiro disse que tinha comprado uma quinta, e que a ia ver; o segundo que tinha comprado uns bois, e que os ia provar; o terceiro que se tinha casado naquele dia, e que não podia ir. De maneira que os dois primeiros escusaram-se com a fazenda, e o último escusou-se com a mulher, porque mulher e fazenda são as duas coisas que mais apartam os homens do céu e os dois laços do demônio em que mais almas se prendem e se perdem. E notai que os dois primeiros escusaram-se com fazenda, mas com fazenda que compraram: "Comprei uma quinta, comprei cinco juntas de bois" (Lc 14,18s). O terceiro escusou-se com mulher, mas com mulher com que se recebera: "Casei" (Lc 15,20). Pois, se a fazenda comprada vos impede que não vades ao céu, que fará a fazenda roubada? Se a mulher própria vos estorva que não vades às bodas da glória, que será a mulher alheia? Alheio e mulher? Deus vos livre, e isto é o que todos buscam.

Nenhum homem criou Deus neste mundo com maior segurança do paraíso que Adão, porque foi criado sem pecado, que é o que nos tira do paraíso, e criado no mesmo paraíso, sem lhe ser necessário fazer diligência para ir a ele. E que causas, ou que coisas houve tão poderosas, que puderam arrancar do paraíso a Adão? As duas que dizemos: a mulher e o alheio. A mulher, porque Eva foi a que o fez comer do pomo vedado; o alheio, porque, sendo de Adão todas as coisas que havia no mundo, só o pomo vedado não era seu. Se o alheio botou a perder a Adão quando todas as coisas eram suas, que será a quem tem pouco de seu? Se a mulher botou a perder a Adão, quando não havia no mundo outra mulher, que será quando há tantas e tais! Este é o triste patrimônio que herdaram os homens do primeiro homem: perdê-los a mulher e o alheio; perdê-los a sensualidade e a cobiça.

Agora entendereis a razão por que, proibindo Deus os outros vícios com um só preceito expresso, o da sensualidade e o da cobiça os proíbe com dois: o da sensualidade com o sexto e com o nono; o da cobiça, com o sétimo e com o décimo. Muitos dos outros pecados, ou todos, são geralmente mais graves que estes dois, porque, ou se opõem à maior virtude ou contêm maior injustiça. Pois, por que ata e aperta Deus a cobiça com dois preceitos, e a sensualidade com outros dois, e aos outros vícios, sendo mais graves, com um só? Porque, entre todos os vícios da natureza corrupta, estes dois são os mais rebeldes e mais indômitos. Por isso os atou com duas cadeias. Os outros preceitos facilmente se guardam e raramente se quebram; nestes dois, não só é muito rara e dificultosa a observância, mas vaga e desenfreada a soltura. Tanto assim que, se bem repararmos nas quebras dos outros preceitos, acharemos que ou se quebram por sensualidade ou por cobiça. Levantam-se falsos testemunhos; mas, ou é por cobiça, como o de Nabot, ou por sensualidade, como o de Susana. Matam-se homens, mas, ou é por sensualidade, como Davi a Urias, ou por cobiça, como Abimelec a seus irmãos. E se a cegueira chega a tanto desatino, que até contra o primeiro preceito se cometa o enormíssimo pecado da idolatria, ou é por cobiça, como a de Geroboão, que levantou os ídolos, ou por sensualidade, como a de Salomão, que os adorou. Finalmente, se quereis mais breve e mais prudente prova desta miserável verdade, meta cada um a mão na própria consciência, e achará que, se traz a alma perdida, ou é por algum destes dois vícios, ou por ambos juntos, que por isso também os ajuntou a Lei: "Não fornicarás, não furtarás" (Ex 20,14).

Sendo pois estes dois vícios as raízes universais donde nascem todos os outros, e os dois escândalos comuns da fragilidade humana onde mais tropeçam, caem e se perdem as Almas, assim como a mulher do primeiro Evangelho, para achar a dracma perdida, acendeu a candeia, assim no-la mostra o segundo Evangelho acesa sobre aquele Altar, para que vejamos quão eficaz luz é Santo Antônio em alumiar as Almas que se perdem nestes dois vícios, e quão certa para as deparar depois de perdidas: "Acende a candeia até que a ache. Acendem uma candeia, a fim de que ela dê luz a todos".

§ IV

Começando pelas almas perdidas no vício da sensualidade — do qual, como também do outro, não referirei mais que um exemplo, para o poder ponderar com largueza, e nele a virtude admirável do Santo deparador — houve um monge mui combatido de tentações sensuais, ao qual não tinham bastado nem os desertos, nem os jejuns, nem as asperezas e penitências, para que, naquelas batalhas tanto mais cruéis quanto mais domésticas, ou não fraqueasse muitas vezes na resistência, ou não ficasse conhecidamente vencido. Para que temam as outras árvores mais sujeitas à corrupção, quando aos ciprestes do paraíso não perdoa a deste vício. Perdida enfim a graça de Deus, e perdida sem Deus e sem graça esta pobre alma, veio se ter por último remédio com Santo Antônio. Confessou-se de todos seus pecados, manifestou-lhe toda sua consciência, deu-lhe conta, por uma parte, de seus bons desejos, e por outra, da rebeldia de sua carne e da grande força ou fraqueza que experimentava nela. Não fez espantos Santo Antônio, como alguns confessores menos prudentes, porque sabia — como disse com grande juízo Tertuliano[1] sobre as palavras: "Mas a carne é fraca" (Mt 26,41). — que aquela fraqueza é uma forte força. Ouviu ao monge com grande benignidade, e com que vos parece que o curaria? Recolheu-se para dentro, despiu a túnica que trazia vestida, trouxe-a ao monge, que estava esperando de joelhos, disse-lhe que vestisse aquela túnica e que nunca mais seria tentado da sensualidade, e assim sucedeu. Oh! quem soubera ponderar dignamente este nunca visto e estupendo caso!

Quando os de Jerusalém apedrejaram a Santo Estêvão, diz o texto que puseram as suas vestiduras aos pés de um mancebo chamado Saulo, que foi o que depois, mudando de vida e nome, se chamou Paulo. Tem para si S. Bernardo que estas vestiduras, que se puseram aos pés de Saulo, não foram as dos apedrejadores, senão as do mesmo Santo Estêvão. E se perguntarmos ao santo, a que fim? Diz que da parte dos homens a um, e da parte de Deus a outro: da parte dos homens, a fim de que as guardasse; da parte de Deus, a fim de que, tocando aquelas vestiduras de Santo Estêvão em Saulo, o convertessem: "Depuseram as suas vestes junto dos pés do adolescente, a fim de que se convertesse ao contato com as vestes santas".[2] Alto pensamento de São Bernardo, e alto sentir e presumir da virtude dos vestidos de Santo Estêvão, se o sucesso o aprovara; mas não foi assim. Depois de Saulo ter a seus pés, e guardar aquelas vestiduras, tão longe estêve de ficar convertido, que antes podemos dizer que as pedras de Santo Estêvão lhe pegaram a fúria e a dureza, e não as suas vestiduras a fé e a santidade, porque depois deste caso se foi Saulo a pedir poderes e provisões contra os cristãos de Damasco, para os prender, para os castigar, para os destruir e para arrancar do mundo, se pudesse, a fé de Cristo; e assim ia como um leão, diz o texto, espumando ira e ameaças contra os discípulos do Senhor, quando, descendo segunda vez do céu, o mesmo Cristo o derrubou e o converteu. Oh! divino Antônio, quanto quis Deus levantar vossas glórias, não só sobre os grandes santos, senão sobre os maiores de toda a Igreja! Vós quisestes ser mártir, e não o alcançastes; mas que importa que vos não concedesse Deus, ou vos trocasse esta lauréola, quando vos levantou e sublimou não só sobre os outros mártires, mas sobre o mesmo protomártir. As vestiduras de Estêvão tocaram a Saulo, mas ficou como dantes. Era herege da lei nova, e ficou herege; era perseguidor da Igreja, e ficou perseguidor; era inimigo de Cristo, e ficou inimigo; era Saulo, e ficou Saulo. Porém as vossas vestiduras, tanto que tocaram o monge tentado e caído, no mesmo ponto ficou totalmente mudado e outro do que era. Era sensual, e ficou casto; era fraco, e ficou forte; era combatido, e ficou em paz; era homem, e muito homem, e ficou anjo. Tanta é a eficácia, e tão singular a virtude do nosso deparador para almas perdidas neste vício.

E se algum douto escrupuloso me puser dúvida a este paralelo, por serem aquelas vestiduras de Estêvão só em opinião, posto que em opinião de tão grande autor, vistamos a comparação com outras, em que não possa haver dúvida, e sejam as daquele famoso herói, que entre todos os do Testamento Velho se levantou com o sobrenome de casto. Levado José cativo a Egito, afeiçoou-se-lhe tão perdidamente a mulher de seu senhor Putifar que, não bastando menores demonstrações, chegou a querê-lo render com violências declaradas. Fugiu José, largando-lhe a capa, ficou o monstro da sensualidade com aqueles despojos da castidade nas mãos. E que se seguiu daqui? Porventura ficou mais casta? Ficou menos cega? Ficou mais desenganada? Ficou mais conhecida do erro e da baixeza a que seu vil apetite a sujeitara? Antes mais sujeita, antes mais escrava, antes mais enganada, antes mais cega, antes mais louca, antes mais furiosa que dantes. Não nos diz a Escritura de que pano fosse a capa de José, mas se ela fora cortada do burel do manto de Santo Antônio, eu vos prometo que, tanto que a má egiptana a teve nas mãos, a castidade lhe correria pela vista aos olhos, e a honra pelas veias ao coração. Esteve porém tão longe José de esperar ou presumir tais efeitos por sua capa por sua, que, só por ser tocada das mãos lascivas, a largou e fugiu dela, temendo, diz Santo Ambrósio, que pela mesma capa, como por roupa empestada, se lhe pegasse o contágio da sensualidade: "Considerou que o contágio da sensualidade, caso demorasse mais tempo, poderia passar pelas mãos da adúltera".[3] Ora, notai quanto vai de José a Antônio: pela capa de José, uma vez que a teve a egípcia nas mãos, pudera se pegar a sensualidade a José; mas pela túnica de Antônio, uma vez que a vestiu o monge tentado, pegou-se a castidade ao monge. Serem contagiosos os vícios é mal ordinário de todas as enfermidades, mas serem contagiosas as virtudes, só em Santo Antônio se viu. Vistes já muitos enfermos que pegaram as suas enfermidades aos sãos? Sim, vistes. E vistes alguma hora algum são que pegasse a sua saúde ao enfermo? Isto nunca se viu, senão em Santo Antônio. José, sendo são e santo, temeu que a egípcia lhe pegasse a enfermidade; e o monge, sendo enfermo, e tão enfermo, pegou-lhe Santo Antônio a saúde. E tudo isto, para maior assombro, "com o tato só da sua túnica".

Mas por que não cuidem, os que me ouvem, que nestas duas comparações da túnica de Antônio com a capa de José e vestiduras de Estêvão tenho dito alguma coisa, passemos, ou voemos mais alto, e, com a devida reverência, peçamos licença àquele benigníssimo Senhor que Santo Antônio tem nos braços, para que neste caso nos lembremos também dos seus vestidos, pois está sem eles. Pregado Cristo na cruz, em cumprimento da profecia: "Repartiram entre si os meus vestidos" (Sl 21,19), tomaram os soldados que tinham crucificado ao Senhor suas sagradas vestiduras, para as repartirem entre si. Estas vestiduras, segundo o uso comum com que se vestiam os Hebreus, eram uma túnica comprida até os pés, e com mangas, e sobre esta um manto quadrado, com que se cobriam, como nós com a capa. Entenderam, pois, os soldado primeiramente com o manto do Senhor, partiram-no em quatro partes, recolheu cada um a sua. Tomando, porém, e tendo nas mãos as vestiduras sacratíssimas do mesmo Filho de Deus humanado, e cingido porventura cada um ao redor de si a parte que lhe coube — como aquela gente costuma — nem por isso se lhes abriram os olhos, como a Longuinhos; nem por isso bateram nos peitos, como o centurião: nem por isso disseram: Senhor, lembrai-vos de nós, quando chegardes ao vosso reino, como o bom ladrão. O que fizeram foi passarem da repartição do manto à túnica, em cumprimento da segunda parte da profecia: "E lançaram sorte sobre a minha túnica" (Sl 21,19).

Era a sagrada túnica inconsútil, ou tecida de uma só peça; e como não tinha costura, resolveram-se os soldados não a partir entre os quatro, mas jogá-la, a ver quem a levava toda. Fez-se assim, veio uma caixa, lançaram os dados, levou um aquele preciosíssimo tesouro, mais precioso que quanto vale o mundo; e que tal vos parece que ficaria este homem com a túnica de Cristo? Fora ela tecida pelas puríssimas mãos da Virgem Santíssima, e era tão milagrosa que ia crescendo juntamente com a sagrada humanidade, e não se gastava com o tempo nem com o uso, e, o que é mais, que havia trinta e três anos que o Senhor a trazia vestida. Que tal pois vos parece que ficaria aquele venturoso soldado, não digo já depois de vestir a túnica do Filho de Deus, senão tanto que a tocou somente? Cuidava eu que no mesmo ponto havia de ficar alumiado pela fé e cercado de resplendores; que no mesmo lugar se havia de prostrar por terra, reconhecendo e adorando a divindade do Cristo, que havia logo de arremeter à cruz, para desencravar o Senhor como o tinha pregado nela, ou, quando menos, que entrasse por Jerusalém publicando e confessando a gritos que aquele homem crucificado era o verdadeiro Messias, e verdadeiro Filho de Deus e de Jacó, e com a mesma túnica ensanguentada nas mãos, ou na ponta da lança, pregasse e perguntasse ao cego Israel: "Vê se porventura é a túnica de teu filho" (Gn 37,32)? Isto é o que eu cuidava, mas nada disto fez o soldado; ficou tão soldado, tão gentio, tão infiel, tão cruel, tão tirano, tão algoz como dantes era. E nós com esta túnica e a de

Santo Antônio à vista, assombrados e atônitos, que diremos? Não há senão dizer e exclamar com Davi: "Admirável é Deus em seus santos!" (Sl 67,36). Quando Deus não quis obrar nenhuma destas maravilhas por meio daquela túnica tecida por sua Mãe e vestida por seu Filho, deu tanta graça e tanta eficácia à túnica de Santo Antônio, que, tanto que o monge a vestiu, como se naquele hábito estiveram os hábitos de todas as virtudes, a sensualidade se converteu em pureza, a rebeldia em sujeição, a intemperança em modéstia, a tentação em sossego, a fraqueza em constância, a carne em espírito, o fogo do inferno em açucenas do paraíso, e a natureza humana, não em natureza — que fora menos — mas em graça angélica, que maior maravilha é ser anjo em carne que anjo sem ela.

§ V

*O*s anjos, de sua própria natureza, nem podem pecar neste vício, nem ser tentados nele, e este segundo foi o maior privilégio que a túnica de Santo Antônio comunicou juntamente ao monge, o qual, desde o ponto em que a vestiu, como se o demônio a reverenciara, ou fugira dela, nunca mais foi tentado de sensualidade. Mas como poderei eu, Senhor, declarar a maravilha e grandeza desta graça, com que sublimastes a vosso servo, senão entrando outra vez no "Sancta Sanctorum" [Santo dos Santos] de vossos divinos mistérios? O mistério altíssimo do Santíssimo Sacramento do Altar é a memória das maravilhas de Deus: "Deixou memória das suas maravilhas" (Sl 110,4). E uma das principais maravilhas daquele sagrado mistério é fazer os homens castos: "Pão dos escolhidos e vinho que gera virgens (Zc 9,17). E de que sorte nos faz castos o Santíssimo Sacramento? Faz-nos castos de maneira que resistamos ao vício, mas não nos faz castos de tal modo que nos isente das tentações. Depois de comungarem muitas vezes os mais santos e os mais castos, ainda são tentados da sensualidade. E sendo isto assim verdade, que assombro de maravilha, ou que encanto de virtude é que vista a túnica de Santo António um homem pecador e tentado, e que fique de repente não só isento de um tal vício, senão de toda a tentação dele? Não posso deixar de me lembrar neste passo de como em outro se portou aquele mesmo Senhor em respeito da sua própria túnica.

Vendo uma enferma os grandes milagres que Cristo obrava, teve tanta Fé que disse: "Se eu tocar somente a veste dele, serei salva" (Mt 9,21). Se esta multidão de gente me consentir que eu chegue só a tocar a ponta da sua túnica, eu ficarei sã. — Assim lhe sucedeu, como tinha imaginado. Mas, tanto que tocou a ponta da túnica, voltou o Senhor, e disse: "Quem me tocou? (...) Porque eu senti que saiu de mim a virtude" (Lc 8,46). Não sei se reparais na exceção e resguardo destas palavras. A enferma prometeu-se que havia de receber a saúde com o toque da túnica, e o Senhor acudiu a declarar que a virtude milagrosa que a sarou não era da túnica, senão do seu corpo, para que a seu corpo se atribuísse, e não à túnica, posto que a tinha vestida. Pois se os milagres de seu corpo os não quer Cristo repartir com a sua própria túnica, como permite que obre a túnica de Santo António um tão extraordinário milagre, que em seu próprio corpo não experimentamos? Basta, Senhor, que há de obrar a túnica de António vestida por fora, o que não obra em nós vosso próprio e santíssimo Corpo recebido por dentro? Eu bem sei que Santo António é muito benemérito desse diviníssimo Sacramento, e que pelejou grandes batalhas em defesa de sua fé contra os hereges, e que alcançou deles grandes vitórias, e que lhe fez outros muitos serviços, mas não cuidei que merecia tanto. Enfim, aquele Senhor que se fez tão pequenino para que António junto de sua pessoa parecesse grande, lá tem com ele seus segredos: deixemos a ambos os porquês desta diferença.

A que só podem dar os filósofos e teólogos, neste caso, é que a túnica de Santo António tocou o corpo do monge que a vestiu; mas o corpo de Cristo no Sacramento não toca o dos homens que o recebem. É verdade que real e verdadeiramente recebemos o Corpo de Cristo, mas como o Corpo de Cristo no Sacramento está por modo indivisível, assim como o sentido da vista o não vê, assim o sentido do tacto o não toca; e assim como o que só vemos são as espécies quanto à cor, assim o que só tocamos são as mesmas espécies quanto à quantidade. Mas nesta mesma diferença se confirma ainda com maior proporção a glória de Santo António. As espécies sacramentais são uma túnica branca, de que está vestido o Corpo de Cristo no Sacramento; e a graça que Cristo não quis conceder aos vestidos do seu Corpo Sacramentado, concedeu-a aos de Santo António. Aquela túnica branca não tira as tentações da castidade, e a túnica parda de Santo António tirou-as.

Parece que se não pode passar daqui, e que já o encarecimento vai por cima dos altares; mas ainda há grandes passos que dar adiante. Quando Cristo, Redentor nosso, partiu deste mundo, encomendou a seus discípulos que se não saíssem de Jerusalém, "até que fossem vestidos da virtude do alto" (Lc 24,49). Desceu sobre eles o Espírito Santo, ficaram de repente vestidos daquela soberana virtude. Mas quais foram os efeitos destes vestidos? Foram, em suma, que ficaram confirmados em graça, com privilégio de não haver de pecar gravemente. E assim como ficaram isentos dos pecados, ficaram também isentos das tentações? Isso não. Tanto assim, que nesta mesma matéria de que falamos, confessa São Paulo de si, que era grave e importunamente tentado: "Permitiu Deus que eu sentisse na minha carne um estímulo, que é o anjo de Satanás, para me esbofetear" (2Cor 12,7). Pois, se os apóstolos, por meio dos vestidos que Cristo lhes mandou do céu e a mesma pessoa do Espírito Santo lhes vestiu na terra, não ficaram livres das tentações, e de tentações neste mesmo gênero, como ficou livre delas o monge, por meio da túnica de Santo Antônio? Aqui não há senão levantar as mãos ao céu, e glorificar outra vez e infinitas vezes ao Altíssimo, que com tanto excesso de maravilhas quis honrar, como ele prometeu, a quem tanto o honrava. Eu não faço comparação, nem é lícito, entre os vestidos do Espírito Santo e a túnica de Santo Antônio; mas, comparados os efeitos em um e outro caso, só refiro o que se não pode negar. O vestido do Espírito Santo isentou os apóstolos de ser vencidos, mas de ser tentados não os isentou; a túnica de Santo Antônio não só isentou ao monge de ser vencido, mas também de ser tentado. São Paulo, com o vestido do Espírito Santo, estava livre do pecado da sensualidade, mas não se livrou dos estímulos da sensualidade; o monge, com a túnica de Santo Antônio, ficou livre do pecado da sensualidade, e também livre dos estímulos.

Daqui tiro eu quão escusado foi aquele grande empenho do Seráfico Patriarca, um dia que se viu apertado de semelhante tentação. Tentado um dia São Francisco do espírito da sensualidade, que imaginais que faria, como tão valente e famoso soldado e tão insigne da milícia de Cristo? Parte de corrida a um lago congelado, e a puras balas de neve apagou os incêndios daquele fogo, até afogar no mesmo lago a seu inimigo. Notável tentação, notável valor, mas escusado empenho. Notável tentação, que a um homem como São Francisco, a um serafim em carne, se atreva a tentar a carne! Notável valor, que não repare Francisco no rigor do regelo, e meta em tanto risco a vida por não arriscar a pureza! Mas escusado empenho, glorioso santo meu. Se, sem embargo de serdes serafim, pagais essa pensão à humanidade, se o demônio, tantas vezes de vós vencido, se atreve a tentar vossa pureza quando tendes o remédio em casa, e tão fácil, para que é ir buscá-lo fora, e tão custoso? Pedi a Santo Antônio — ou mandai-lho, pois é vosso súdito —, pedi a Santo Antônio que vos empreste a sua túnica, vesti-a, e ficareis livre da tentação. Oh! grande glória de tal pai com tal filho! Trocassem as túnicas Santo Antônio e São Francisco, e ver-se-iam duas grandes maravilhas. A túnica de Francisco não obraria nada em Antônio, porque já estava consumado na perfeição do seu hábito, e a túnica de Antônio ainda teria que obrar em Francisco, porque lhe seria defensivo contra as tentações. Mas assim repartiu Deus as graças entre o pai e o filho, para que o pai fosse o exemplo dos fortes, e o filho o remédio dos fracos.

§ VI

Concluindo pois com o nosso monge, dantes tão fraco, e agora tão forte, dantes tão perdido, e agora tão venturosamente achado, vede se é tão certo deparador de almas perdidas Antônio, como eu vos prometi. E se alguma das que me ouvem está perto de se perder, ou já perdida nas ondas, nas cegueiras, nos labirintos de um vício tão dificultoso de curar, e em que tanto periga a salvação, ponha diante dos olhos este exemplo de tão notável mudança, e, como o seguiu na perdição, imite-o também em lhe buscar o seguro e eficaz remédio. Recorra todo o caído ou tentado ao deparador das almas perdidas, pois é ofício ou graça em que Deus o constituiu; encomende-lhe muito de coração a sua, e não cesse de pedir, instar e buscar, até que a ache e tire do estado de perdição: "Até que a ache".

Só advirto, por fim, uma cautela muito necessária, e sem a qual tudo o que se intentar será sem efeito. A mulher do Evangelho perdeu a dracma na casa, buscou-a na casa e achou-a na casa. A alma perde-se assim, mas não se acha assim. Todas as outras coisas se acham onde se perdem, e aí se hão de buscar. A alma não se há de buscar onde se perdeu, sob pena de não se achar, ou se tornar a perder. Perdeu a sua alma São Pedro, negando três vezes a Cristo; e notai que uma mulher foi a primeira ocasião, e outra mulher a segunda. Pôs-lhe seus divinos olhos o Senhor, para que não perseverasse naquele estado, e o que logo fez São Pedro, para achar a sua alma perdida, foi sair-se do lugar onde a perdera: "Tendo saído para fora" (Lc 22,62). Esta é e há de ser a primeira diligência de quem tem a alma perdida, se a quer achar. É a alma como o sol, que se não pode achar no lugar onde se perdeu, senão no oposto. Perde-se o sol no ocaso, e, se o quiserdes buscar e achar, há de ser no Oriente. Quando assim se acha a alma, então está segura de se tornar a perder, onde se perdia. Davi, que também perdeu a sua e a soube achar, o disse: "Quanto vai do ocaso ao nascer do sol" (Sl 102,12). Tão longe estou, por mercê de Deus, do pecado em que me perdi, quanto vai do Ocidente ao Oriente. — À letra se podia entender este verso de um sujeito bem qualificado, que eu conheci, o qual só por se livrar de uma ocasião, se embarcou para a Índia. Assim faz quem se quer salvar, não só fora, como Pedro, mas longe, e muito longe, como Davi. O piloto que fez naufrágio em um baixo, o seu primeiro cuidado é fugir muito longe dele. Por falta desta cautela, as almas perdidas, que alguma vez se acham, se tornam logo a perder. Se São Pedro perseverara no mesmo lugar, assim como negou três vezes, havia de negar trinta: as três, em cumprimento da profecia, e as demais, por força da ocasião; por isso, a primeira coisa que fez foi sair-se dela: "Assim, afasta de nós as nossas iniquidades".

## § VII

Sobre esta advertência, em que da nossa parte consiste o remédio do primeiro vício, passemos à consideração do segundo, e vejamos como não é menos eficaz nem menos certo deparador o nosso Santo para almas perdidas pelo pecado da cobiça, de que também, como dizia, ponderarei um só exemplo.

No tempo em que Santo Antônio pregava por Itália, assim como a fama dos milagres de Cristo chegava aos cárceres: "Como João, estando no cárcere, tivesse ouvido as obras de Cristo" (Mt 11,2), assim a das maravilhas de Santo Antônio penetrava até as charnecas e covis dos ladrões. Andavam vinte e dois de companhia ou de alcateia em uma mata, os quais, ouvindo que todo o homem que ouvia pregar a Santo Antônio se convertia, parecendo-lhes coisa mui dificultosa, e ainda impossível, quiseram fazer a experiência em si. Deixam os rebuços e os disfarces, vestem-se à cortesã, vão-se ao povoado, cada um por seu caminho, entram na Igreja onde o santo pregava, e ainda o sermão não era acabado, quando já cada um não era o que ali entrara. Converteram-se todos, todos se confessaram com o santo, e todos mudaram de ofício e de vida. Um dos santos prodigiosos de que se escrevem maiores milagres, é Santo Antônio; mas se entre todos os seus milagres quiséramos averiguar o maior, a minha opinião havia de estar por este. Vinte e dois ladrões convertidos em um dia, e em um sermão? É a maior coisa que se pode dizer nem imaginar, porque não há almas mais desalmadas nem mais dificultosas de reduzir que as dos ladrões.

Coisa é muito notada e muito notável que pregando Cristo, Senhor nosso, contra todos os vícios, nunca pregasse contra os ladrões. Lede todos os quatro evangelistas; achareis que no Sermão do Bom Pastor, na parábola do samaritano, na dos servos vigilantes, e em outros muitos lugares fala o Senhor em ladrões; mas que lhes pregasse, nunca. O que só lemos que fizesse em matéria de ladrões é que no dia em que entrou por Jerusalém aclamado por rei, foi logo ao Templo, e, fazendo um açoite das cordas com que vinham atadas as reses para os sacrifícios, com ele lançou fora os que as vendiam, dizendo que o seu templo era casa de oração, e que eles "o tinham feito cova de ladrões" (Mt 21,13). Que Cristo, como rei, açoitasse os ladrões, foi ação mui própria do ofício e obrigação de rei; mas Cristo não só era rei, senão rei e pregador juntamente: "Eu, porém, fui constituído rei sobre Sião, seu monte santo, para promulgar o seu decreto" (Sl 2,6). Pois, se Cristo açoitou os ladrões como rei, por que lhes não pregou também, e mais estando no Templo, como pregador? Porque os ladrões são casta de gente em que se emprega melhor o castigo do que se pode esperar a emenda. A pregação é para emenda, e converter aqueles a quem se prega, e gente costumada ao vício de furtar, é tão dificultosa e quase incapaz de emenda, que nunca ou quase nunca se converte. Cinco dias depois deste se viu por experiência, e com tais circunstâncias que excedem toda a admiração.

O maior dia que houve no mundo foi aquele em que o Filho de Deus deu a vida no Monte Calvário pela redenção do gênero humano. Neste mesmo dia morreram três ladrões: dois aos lados de Cristo, e um do seu lado, que era mais. Morreu o bom ladrão, morreu o mau ladrão, morreu Judas. E que sucesso e fim foi o destes três ladrões? O bom ladrão converteu-se, o mau ladrão e Judas condenaram-se. De maneira que, no maior dia do mundo, em que o Redentor dele estava com cinco fontes de graça e de misericórdia abertas, de três ladrões, condenam-se dois e converte-se um; e em um dia particular em que Santo Antônio sobe ao púlpito, vêm-no ouvir vinte e dois ladrões e convertem-se todos vinte e dois. Se Santo Antônio, dos vinte e dois convertera sete, fazia o que fez Cristo, e era assaz maravilha, de ladrões converter a terça parte; mas que sendo tantos, e todos, torno a dizer, ladrões, se convertessem todos? É caso tão admirável e tão singular, que nem em si mesmo, nem no dia da Redenção quis Cristo que tivesse exemplo.

Ponderai comigo, por caridade, a salvação ou condenação de cada um destes três ladrões do dia da Paixão, e vereis quão grande maravilha foi esta do nosso santo. Ao mau ladrão, quem lhe pregou para o converter? Pregou-lhe para o converter a paciência e inocência de Cristo; pregou-lhe o cumprimento com a repreensão que lhe deu, e muito mais, com o exemplo; pregou-lhe o sol, escurecendo-se pregaram-lhe as mesmas pedras, partindo-se pregou-lhe, finalmente, o maior pregador que há no mundo, que é a morte, e não só lhe pregou uma morte, senão três mortes: a morte de Cristo, a morte do outro ladrão e a sua. E quando nem a inocência e paciência do Filho de Deus, nem a exortação, conversão e exemplo do companheiro, nem o portento de se escurecer totalmente o sol por tantas horas, nem a novidade tremenda de se quebrarem as pedras, nem o horror da mesma morte, e de três mortes à vista, bastaram para converter um ladrão, bastou um só sermão de Santo Antônio para converter vinte e dois ladrões.

Vamos a Judas. Judas ouvia, como os demais apóstolos, todas as pregações de Cristo, e ultimamente fez Cristo ao mesmo Judas em particular sete pregações: a primeira, um ano antes da Paixão, quando disse aos apóstolos que ele tinha escolhido doze, e que um dos doze era o demônio; a segunda, cinco dias antes, quando Judas murmurou do unguento da Madalena, com pretexto dos pobres, e o Senhor, para o admoestar a ele com decoro, repreendeu a todos; a terceira, na mesa do cordeiro, quando protestou que o que metia com ele a mão no prato o havia de entregar; a quarta, no lavatório dos pés, quando, tendo dito a Pedro que ele e os outros discípulos estavam limpos, acrescentou: Mas não todos; a quinta, na consagração do pão, quando disse: Este é o meu corpo, o qual por vós será entregue; a sexta, na prática depois da mesa, quando exclamou: Ai daquele por quem será entregue o Filho do homem: melhor lhe fora a tal homem nunca ser nascido; a sétima, quando Judas saiu do Cenáculo a executar a venda, e o Senhor lhe disse por ironia que só ambos entenderam: O que vais fazer, faze-o depressa. — Tudo isto eram setas que Cristo uma sobre outra ia tirando ao coração de Judas, tanto mais fortes, quanto mais breves, tanto mais eficazes, quando mais secretas, e tanto mais honestamente dirigidas a ele, quanto ditas universalmente a todos. Mas que aproveitou tanta e tão bem repartida retórica, em que o amoroso Mestre empregou toda a arte de sua sabedoria divina? Acabou Judas obstinado, e com a morte e paga que merecia quem vendeu a Vida. E quando todas as pregações de Cristo juntas, e sete pregações de Cristo dirigidas em particular a reduzir e converter um ladrão, o não convertem nem reduzem, que uma só pregação de Santo Antônio, não em particular, senão em comum, não dirigida de propósito àquela espécie de pecado, senão pregada e ouvida acaso, converta e reduza de uma vez a vinte e dois ladrões, vede se se pode imaginar maior maravilha? Pois ainda não está ponderada.

Ponderai e adverti o cabedal que meteu Cristo para converter a Judas, e o que meteu Santo Antônio para converter os vinte e dois ladrões, e então acabareis de conhecer melhor a maravilha. Santo Antônio, para converter os ladrões que converteu, não fez mais que continuar a pregação que tinha começado; Cristo para converter a Judas, que não converteu, fez-lhe tantas admoestações em comum e em particular, como temos visto: prostrou-se de joelhos diante dele, lavou-lhe os pés com suas sagradas mãos, acrescentou à água do lavatório muita de seus olhos, com que também lhos lavava, deu-lhe a comungar depois de sacramentado, assim na hóstia como no cálix, finalmente deu-lhe a face, e admitiu a falsa paz com que o entregava, chamou-lhe amigo, e desejou de o ser muito de coração; e quando Cristo — notai agora — e quando Cristo, com a boca exortando, com os joelhos prostrando-se, com as mãos lavando, com os olhos chorando, com a face sofrendo, com o coração perdoando, e com todo o seu corpo e sangue, e com toda a sua alma e divindade metendo-a dentro no peito de Judas, não pode converter um ladrão, Santo Antônio, só com a língua, converteu vinte e dois ladrões. Quis Deus, sem dúvida, nestes dois exemplos, mostrar quanto pode chegar a dureza do coração humano e quanto pode obrar a eficácia da graça divina. Mas a maravilha é que, repartindo-se estes dois efeitos, a dureza humana se provasse contra a pregação e contra todos os empenhos de Cristo, e que a eficácia divina se mostrasse só na pregação de Antônio, sem nenhum outro empenho.

## § VIII

Mas vamos ao ladrão que se converteu, e veremos, entre ladrão convertido e ladrões convertidos, quão grande diferença houve. Converteu-se o bom ladrão com todos aqueles atos heroicos e concurso de excelentes virtudes, que os Santos celebram e eu não comparo: mas nos ladrões que converteu Santo Antônio, além do excesso do número, houve uma circunstância ou suposição mui diversa, a qual, assim como fazia a sua conversão muito mais dificultosa, assim a fez nesta parte muito mais admirável. Não falo nos privilégios daquele grande dia, na presença e vizinhança do mesmo Cristo visto e ouvido, na assistência da Virgem Santíssima, na sombra da cruz, na semelhança do suplício, nos prodígios do céu e da terra, e na mesma terra regada com o sangue fresco e manante das veias divinas, que ainda naquele pão seco — melhor que na vara de Arão — não podia deixar de produzir no mesmo tempo flores e frutos. Toda esta constelação de influências próprias e únicas daquele dia e daquele lugar concorreu e cooperou poderosissimamente para facilitar a fé e penitência do bom ladrão, e não havendo, nem podendo haver nada disto na conversão dos ladrões de Santo Antônio, convertidos só pelas palavras do santo nuas e desacompanhadas de todo o outro influxo exterior que lhe pudesse acrescentar a eficácia, bem se está vendo a diferença tão venturosa da parte daquele ladrão, como admirável da parte destes. Mas não é esta, como dizia, a circunstância e suposição muito diversa entre um e outros, a qual só quero ponderar.

Abstraindo, pois, de tudo o mais, e fazendo a comparação igual de homem a homens e de ladrão a ladrões, digo que a conversão dos de Santo Antônio era muito mais dificultosa, e por isso foi muito mais admirável. O bom ladrão era um homem preso e cercado de guardas: estes andavam soltos e livres; estes não estavam em poder da justiça, aquele estava não só condenado, mas atualmente justiçado e posto no suplício; aquele tinha a morte atravessada na garganta, com que já não podia viver, e tinha as mãos pregadas na cruz, com que já não podia furtar: e estes podiam furtar, como até então, livremente, e viver do que furtassem. Donde se segue que só os ladrões de Santo Antônio mudaram propriamente a vida e deixaram o ofício, o que não fez nem podia fazer o do Calvário, porque antes a vida e o ofício o deixou a ele. E converter-se um ladrão, por duro e obstinado que seja, com o desengano dos últimos embargos, quanto mais ao pé da forca e já posto nela, é coisa muito fácil; porém, converter-se e converterem-se tantos, e passarem-se de uma vida tão solta e larga à moderação e estreiteza da lei da razão e de Cristo, e resolver-se uma comunidade inteira, sem discrepância, a mudar de instituto e a granjear dali por diante o sustento com o trabalho de suas mãos, aqueles que as tinham tão costumadas a se encherem dos trabalhos alheios, esta era a grande dificuldade, e esta foi a maravilha.

É coisa tão dificultosa acomodar-se a trabalhar para viver quem está costumado a outra vida, que esta mesma dificuldade é a que inventou a arte e artes de furtar. Aquele feitor do pai de famílias, que refere o Evangelho, vendo-se privado da administração da fazenda de que comia, e não se acomodando a trabalhar para viver, que conselho tomou? Falsificou as escrituras, diz o texto, e fez-se ladrão por tal arte, que o amo lhe perdoou o fruto pela indústria. Esta é a providência do diabo, com que ele compete com Deus em sustentar o mundo. Para que não desconfieis da Providência divina, "olhai, diz Cristo, para as aves do céu" (Mt 6,26). As aves não aram a terra, nem semeiam, nem colhem, e, contudo, sustentam-se, o mesmo fazem por providência do diabo estas aves de rapina. Os outros cavam, os outros trabalham, os outros suam, e o que estes recolheram na eira, ou venderam na praia, embolsam eles na estrada. O primeiro ladrão que houve no mundo foi o primeiro homem — tão antigo costume é serem os primeiros homens os primeiros ladrões. — Condenou Deus este primeiro ladrão a que "comesse o seu pão com o suor do seu rosto" (Gn 3,19). Mas os ladrões que vieram depois souberam e puderam tanto, que trocaram a sentença, e em lugar de comerem o seu pão com o suor do seu rosto, comem o pão não com o suor do rosto alheio. E homens costumados a esta vida tão sem cuidado nem trabalho, que a trocassem de comum consentimento, e se deixassem prender e roubar das palavras de Santo Antônio? Tomara saber o motivo com que o santo os persuadiu, para vo-lo pregar: mas, suposto que a história o não diz, devendo andar escrito em lâminas de bronze, quero continuar a maravilha do caso com maior ponderação da dificuldade dele.

Pouco era, se o comer do alheio tivera só o alívio do trabalho de o cavar e suar, mas dizem que é tão gostoso e saboroso, que é nova e muito maior maravilha haver quem se abstivesse dele. Se o disseram os mesmos ladrões, eu os não crera, como apaixonados do ofício e subornados da própria inclinação. Mas é dito e sentença do Espírito Santo: "A água furtada é mais doce, e o pão que se come às escondidas mais suave" (Pr 9,17). — O que me admira nestas palavras, e deve admirar a todos, é que, para declarar o grande sabor do alheio e do furtado, se ponha a comparação em pão e água. A água não tem sabor, e se tem sabor não é boa água; o sabor do pão também é tão pouco que se não se acompanha ou engana com outro, só a muita fome o pode fazer tolerável; enfim, sustentar-se um homem com pão e água não é comer, é jejuar, e o mais estreito e rigoroso jejum. Como declara logo o Espírito Santo, não só o sabor, senão a doçura e suavidade do alheio com pão e água: "As águas furtadas são mais doces, e o pão comido às ocultas é mais suave"? Não se pudera melhor declarar, nem ainda encarecer. Como se dissera o Divino Oráculo: é tão grande o sabor do alheio, é tal a doçura e suavidade do que se furta, que até pão e água, se é furtado, é manjar muito saboroso. Viver do próprio a pão e água é a maior penitência; viver do alheio, ainda que seja a pão e água, é grande regalo. Tão saboroso bocado é o alheio.

Muito me pesa ser de rei o exemplo com que hei de confirmar esta verdade. Mas não debalde disse Santo Agostinho: "Que coisa são os grandes reinos, senão grandes latrocínios"?[4] — Andava el-rei Acab desejoso de roubar a Nabot a sua vinha, e como achasse dificuldade na execução — que até os maus reis daquele tempo achavam dificuldade em tomar os bens dos vassalos — tomou tanto sentimento de não conseguir tão depressa como queria este apetite que, chamado para a mesa, "não quis comer" (3Rs 21,4 LXX), diz o texto dos Setenta, e acrescenta Santo Ambrósio[5]: Não quis comer o seu pão, "porque apetecia o alheio". Ora, grande sabor é o do alheio, até para o gosto e paladar daqueles que o trazem costumado aos mais esquisitos manjares. De maneira que, posta de uma parte a mesa real e da outra o pão do pobre Nabot, porque Acab não pôde comer o pão alheio, perdeu todo o apetite à mesa real.

Pôs-se uma vez à mesa el-rei D. João, o Terceiro,[6] e trazia grande fastio. Estava, entre os fidalgos que o assistiam, um muito conhecido por discreto. Disse-lhe el-rei: Que remédio me dais, Dom Fulano, para comer, que de nenhuma coisa gosto? — Coma Vossa Alteza do alheio, como eu faço, e verá como lhe sabe bem. — Assim respondeu aquele cortesão, e, rindo, disse a verdade. Quereis que vo-la acabe de encarecer? Ora, ouvi quão saboroso é o alheio. O alheio é uma pírola do inferno, ouro por fora, mas inferno por dentro, porque ninguém come o alheio que não trague o inferno juntamente. E manjar que, levando de mistura todo o inferno, ainda se come com tanto gosto, vede se é grande o seu sabor. Sendo, pois, tal o apetite, o gosto e o feitiço do alheio, que pessoas de tão diferente suposição, e que têm e possuem muito de próprio, prende, cativa e cega com tanto extremo, que vinte e dois homens de ofício e de costume ladrões, e que não tinham outro patrimônio ou remédio de vida mais que os roubos contínuos de que a sustentavam, sem reparar na diferença daquela mudança, a fizessem todos resolutamente sobre a palavra de um homem vestido de burel e atado com uma corda, não há dúvida que da sua parte foi a mais maravilhosa e prodigiosa conversão, e da parte de Santo Antônio a maior façanha, a maior vitória e o maior triunfo que nenhum pregador alcançou.

## § IX

Eis aqui outra vez quão admirável deparador de almas perdidas é a nosso santo, tanto neste segundo vício, como no primeiro. Se eu agora vos quisesse exortar a que também vos aproveitásseis deste exemplo, ou destes vinte e dois exemplos, tê-lo-íeis por afronta. Bem sei que nesta terra não há ladrões por ofício, mas há ofícios em que se pode furtar; e tudo o que é tomar, ou reter, ou não pagar o alheio, por mais honrado nome que lhe deis, igualmente pertence ao sétimo mandamento. E assim vos digo que, se debaixo de qualquer título trazeis a alma perdida ou desejosa de se perder no vício da cobiça, que recorrais ao patrocínio de Santo Antônio, para que vo-la depare a tempo. Pedi-lhe que vos ouça, e ouvi-o, pois tanta é a eficácia de suas palavras. Sobretudo, não vos enganeis com opiniões que alargam e perdem as consciências: conhecei, primeiro que tudo, que onde cuidais que ganhais fazenda, perdeis a alma, e, pois, sem dúvida a tendes perdida, não descanseis "até a achar".

Por fim, assim como fiz uma advertência necessária, e sem a qual se não pode curar o vício da sensualidade, assim quero que ouçais outra igualmente, ou mais importante ainda, para o da cobiça, e para desembaraçar a alma dos laços do alheio. A mulher do Evangelho, diz o nosso texto que, para achar a dracma perdida, varreu a casa: "Acendeu a candeia e varreu a casa" (Lc 15,8). Todos, para se salvar, ao menos na hora da morte, querem restituir, mas não querem varrer a casa. É muito para ver ou para chorar lá na nossa terra como morrem os poderosos: testam de quarenta, de sessenta e de cem mil cruzados de dívida, fazem seu testamento, em que carregam a seus herdeiros que paguem, e, deixando no mesmo tempo a casa cheia de baixelas, de joias, de tapeçarias e de outras peças de muito valor, além das fazendas desobrigadas com que logo puderam pagar o que devem, feita a diligência do testamento, abraçam-se com um Cristo, e ficam os parentes e amigos muito consolados, dizendo que morreu como um S. Paulo. Esta é a frase com que se declaram e consolam, e porventura com que se animam a morrer do mesmo modo. Senhores meus, ouvi-me, posto que de tão longe. São Paulo não tomou nem devia nada a ninguém, e disso fez um protesto ou manifesto público quando disse: "Não cobicei prata, nem ouro nem vestidos de nenhum, como vós mesmos sabeis" (At 20,33). E ainda que São Paulo devera alguma coisa, ou muito, como não tinha nada de seu, a impossibilidade o desobrigava de restituição. Porém, morrer sem restituir, deixando a casa cheia, e salvar? Não ensina esta teologia a lei de Cristo. Há-se de varrer a casa de todo esse cisco — que cisco é em comparação da alma — e depois da casa assim varrida, então se pode segurar ao dono a salvação.

Entrou Cristo, Senhor nosso, em casa de Zaqueu, e os sinais evidentes de que entrou naquela casa foram os efeitos: "Eis Senhor, que dou aos pobres a metade de meus bens, e se alguém defraudei devolvo o quádruplo" (Lc 19,8). Senhor, diz Zaqueu, ametade de todos os meus bens dou logo aos pobres, e com a outra ametade pago quatro vezes em dobro tudo o que devo, para satisfazer o principal, os réditos e os danos. — Isto disse Zaqueu; e que respondeu Cristo? "Hoje entrou a salvação nesta casa" (Ibid. 9). — Notai aqui muitas coisas, e todas tão dignas de grande reparo como de suma importância.

Primeiramente disse Cristo que a salvação entrara naquela casa; mas quando o disse? Não quando entrou o mesmo Senhor, senão quando Zaqueu se resolveu a restituir logo. Não entrou a salvação na casa quando entrou nela Cristo, senão quando saiu dela o alheio. Zaqueu varreu a casa de maneira que não ficou nela coisa alguma: ametade para os pobres e ametade para os acredores; tudo fora. E quando assim se varreu e assim ficou varrida a casa, então se achou a dracma perdida e entrou a salvação. Mais. Zaqueu fez duas disposições: a primeira da primeira ametade de seus bens para esmolas; a segunda da segunda ametade, para satisfação das dívidas; e Cristo, com ser tão amigo dos pobres, enquanto ele falou só nas esmolas, não disse palavra; mas quando passou à satisfação das dívidas, então disse e assegurou que entrara a salvação na casa. Pagai prontamente o que deveis, e não deixeis esmolas nem legados. Tantas mil missas, tantos ofícios, tantos funerais, tantas pompas, tantos acompanhamentos: estes cantando e os acredores chorando. Restituí, e se não tiverdes mais, não mandeis dizer uma Missa por vossa alma, porque a Missa sem restituição não vos há de salvar, e a restituição sem Missa sim. Mas, para o que é pompa e vaidade, fazem-se novos empenhos e novas dívidas, acrescentando nova circunstância ao pecado irremissível de não pagar as contraídas.

Dizeis, e dizem porventura os que vos aconselham, que com as confessar no vosso testamento, e com as mandar pagar, satisfazeis. Enganais-vos, e enganam-vos; e, se não, respondei-me. Quando herdastes a casa de vosso pai, deixou dívidas? Muitas. E mandou-vos e encomendou-vos muito que as pagásseis? Sim. E pagaste-las vós? Não, antes acrescentastes outras maiores. Pois se vós não cumpristes o testamento de vosso pai, e sabeis com certeza moral que vosso filho não há de cumprir o vosso, como cuidais que enganais a Deus, e vos quereis enganar e condenar a vós mesmo, deixando a casa cheia do que é alheio e não vosso? Zaqueu não encomendou a restituição a outro; ele mesmo a fez. Não disse: "restituirei", senão: "restituo". Não disse depois, senão "logo". E, porque o não guardou para amanhã, por isso Cristo lhe disse: Hoje. "Hoje a salvação entrou nesta casa".

§ X

Parece-me que vos tenho bastantemente mostrado quão certo deparador de almas perdidas é o nosso santo. E porque reduzi toda esta demonstração aos dois vícios capitais em que mais geralmente se perdem as almas, perguntar-me-eis, com cristã curiosidade, em qual deles são mais dificultosas de recobrar as que se perdem? Por uma parte, a sensualidade tem por objeto o deleitável, a cobiça o útil; a sensualidade inclina à conservação da espécie, a cobiça à do indivíduo; a sensualidade é inimigo natural, interior e doméstico a cobiça exterior, e, por todas estas razões, parece mais dificultoso de arrancar e vencer o vício da sensualidade. Por outra parte, a cobiça cresce com a idade, a sensualidade diminui; a matéria da cobiça permanece ainda depois da morte, a da sensualidade acaba antes da vida; para emenda da sensualidade basta arrepender, para a da cobiça é necessário arrepender e restituir, com que parece mais dificultoso o remédio deste vício, e mais certa nele a condenação, por onde os gentios, que a cada vício sinalavam o seu deus, ao deus da cobiça puseram-no no inferno. Assim que a verdadeira decisão desta proposta, e o conselho certo e seguro, é fugir e guardar, renegar de ambos estes vícios. Contudo, para responder com a distinção que entre um e outro pode haver, digo que mais facilmente se deve esperar a conversão de uma alma perdida na sensualidade que na cobiça, e que, se na matéria da cobiça e do alheio for ajustada com a lei de Deus, posto que na sensualidade tenha pecados, se pode ter por grande indício de sua salvação.

Não houve homem mais perdido e desbaratado, nas desordens da sensualidade que o filho pródigo; contudo, tornou em si, arrependeu-se, confessou seus pecados, restituiu-se à graça de Deus, enfim achou-se depois de perdido, como vimos: "Era morto, e achou-se" (Lc 15,32). E que indício ou disposição houve neste homem para uma tal mudança de vida? Lede toda a que tinha feito antes de sua conversão, e achareis que, sendo tão estragado no vício da sensualidade, na matéria do alheio era de tão ajustada consciência, e tão escrupuloso como o pudera ser um santo. Depois de consumir quanto tinha herdado de seu pai — "Vivendo dissolutamente" (Lc 15,13) — chegou a tal extremo de miséria, que se pôs com amo, e lhe servia de pastor de um gado tão imundo e asqueroso como sua própria vida: "A guardar os porcos" (Lc 15,15). Notai agora o que diz o texto: "Desejava matar a fome que padecia com as landes ou bolotas de que se sustentava o seu gado, mas nem estas lhe davam" (Ibid. 16), e perecia. — Pois, se aquele era o pasto do seu gado, que ele tinha em seu poder, por que o não tomava também para si, posto que lho não dessem? Porque era tão escrupuloso do alheio, sendo tão estragado do seu, que ainda em tão grave necessidade se não atrevia a o tomar sem licença de seu dono. E homem tão escrupuloso em matéria do alheio, que nem para o miserável e preciso sustento da vida, ousa lançar a mão a quatro bolotas agrestes que caíam do montado, ainda que na matéria da sensualidade seja tão perdido, grandes indícios tem de que se há de converter e salvar. Deus livre a toda a alma de uma e outra perdição, mas desta segunda ainda mais, como tanto mais perigosa.

E suposto que no nosso santo deparador temos tão pronto e tão certo remédio de ambas e de todas as almas perdidas, ou nestes, ou em qualquer outro vício, o que resta é que todas as que se acham em semelhante estado, ou perigo, recorram a seu poderosíssimo patrocínio, com segura confiança de que serão ouvidas e, sem dúvida, remediadas. E para que vos confirmeis mais na certeza desta confiança, ouvi o modo com que haveis de recorrer a santo Antônio. Não haveis de pedir a este santo, como aos outros, nem como quem pede graça e favor, senão como quem pede justiça. Quem pede justiça a quem tem por ofício fazê-la, pede requerendo; e quem pede a dívida a quem está obrigado a pagá-la, pede demandando. E assim haveis de pedir a Santo Antônio: não só pedindo e rogando, mas requerendo e demandando; requerendo, como a quem tem por ofício deparar tudo o perdido, e demandando, como a quem deve e está obrigado a o deparar. E, se não, dizei-me por que atais e prendeis este santo, quando parece que tarda em vos deparar o que lhe pedis? Porque o deparar o perdido em Santo Antônio não é só graça, mas dívida; e assim como prendeis a quem vos não paga o que vos deve, assim o prendeis a ele. Eu não me atrevo nem a aprovar esta violência, nem a condená-la de todo, pelo que tem de piedade. Mas dar-vos-ei outro modo com que ateis a Santo Antônio muito mais apertada e fortemente.

O Menino Jesus, como aquele a quem tanto custaram as almas, também atou a Santo Antônio, para que lhe deparasse as suas almas perdidas. Primeiro, atou-o com a correia de Santo Agostinho, depois com o cordão de São Francisco, e ultimamente com os braços, como o vedes. "Ata com o abraço", disse São Pedro Crisólogo, e este é o mais decente, o mais nobre, o mais devoto, o mais pio e o mais apertado modo de o atar. Lançai-vos àqueles pés descalços de Santo Antônio, abraçai-vos com eles apertadíssimamente, e dizei-lhe como Jacó: "Não te largarei se me não abençoares" (Gn 32,26). Aqui estou a vossos pés, gloriosíssimo santo, e não vos hei de largar, nem apartar-me deles, até que me comuniqueis a bênção de que Deus vos dotou entre todos os santos para remédio de tantas almas. A minha há tantos tempos que anda perdida, sem eu saber dela nem de mim. Assim como deparastes as de tantos outros pecadores, cuja perdição eu segui, mereça eu também alcançar daquele ardentíssimo zelo, que está hoje igualmente vivo em vós, a piedade que eles alcançaram. Alumiai-me, guiai-me, encaminhai-me e ensinai-me a buscar e achar esta perdida alma, e não me desampare vossa luz, vosso patrocínio e vossa poderosa eficácia e intercessão, "até que a ache".

# SERMÃO DE
# Santa Catarina

*Pregado à Universidade de Coimbra,
ano 1663.*

∽

"Mas cinco de entre elas eram loucas,
e cinco prudentes."
(Mt 25,2)

---

*O contexto de vida de Vieira nesse ano de 1663 é adverso: perde o favor na corte com a posse de Alfonso VI. O Conselho Ultramarino decide contra as proposições dos jesuítas no Brasil e a Mesa da Inquisição o convoca pela primeira vez. Ele se recolhe na cidade do Porto e em Coimbra, onde prega este sermão. Pressupondo que as vitórias da sabedoria são mais gloriosas que as das armas, tendo em conta o auditório e a celebridade do dia, só falará das vitórias de Santa Catarina, doutora e sábia. Em particular, a vitória sobre o imperador Maximino e seus filósofos. Primeira diferença: o número, vencedora uma contra tantos! Os exemplos de Davi e Golias, dos Horácios e Coreácios, de Deus e a Torre de Babel comprovam a excelência de Catarina, que venceu a todos com uma só vitória; sem dividi-los nem confundi-los, convenceu e confortou a todos. Segunda diferença: o sexo, vencedora mulher entre homens! Contra o ensinamento de Paulo, Catarina fala, ensina, define, conclui e vence. Terceira diferença: a sabedoria, vencedora sábia entre sábios! Sempre com exemplos bíblicos e profanos comprova a sabedoria do seu discurso. Se não se pode imitar Catarina porque inimitável, podem ser imitados os filósofos vencidos: dóceis à verdade e constantes até a morte na defesa da mesma verdade.*

## § I

*A* casa que edificou para si a Sabedoria: "A sabedoria edificou para si uma casa" (Pr 9,1), era aquela parte mais interior e mais sagrada do Templo de Salomão, chamada por outro nome "Sancta Sanctorum" (Santo dos Santos). Levantavam-se no meio dela dois grandes querubins, cujo nome quer dizer sábios, e são entre todos os coros dos anjos os mais eminentes na sabedoria. Com as asas cobriam estes querubins a Arca do Testamento e com as mãos sustentavam o propiciatório, que eram os tesouros e o assento da Sabedoria divina. A Arca era o tesouro da Sabedoria divina em letras, porque nela estavam encerradas as tábuas da lei, primeiro escritas, e depois ditadas por Deus; o propiciatório era o assento da mesma Sabedoria em voz, porque nele era consultado Deus, e respondia vocalmente, que por isso se chamava oráculo. As paredes de toda a casa em roda estavam ornadas com sete palmas, cujos troncos formavam outras tantas colunas, e os ramos de umas para as outras faziam naturalmente seis arcos, debaixo dos quais se viam em pé seis estátuas, também de querubins. Esta era a forma e o ornato da casa da Sabedoria, edificada por Salomão, porém traçada por Deus, e não se viam em toda ela mais que querubins e palmas, em que a mesma Sabedoria, como vencedora de tudo, ostentava seus troféus e triunfos.

Mas se Deus naquele tempo se chamava "O Senhor dos exércitos", e se prezava de mandar sobre os exércitos e batalhas, e dar ou tirar as vitórias, parece que as estátuas colocadas debaixo de arcos triunfais de palmas não haviam de ser de querubins sábios, senão de capitães famosos. Não pareceria bem, debaixo do primeiro arco, a estátua de Abraão com a espada sacrificadora de seu próprio filho, vencendo a quatro reis só com os guardas das suas ovelhas? Não diria bem, debaixo do segundo arco, a estátua de Moisés com o bastão da vara prodigiosa, afogando no Mar Vermelho a Faraó, e triunfando de todo Egito? Não sairia bem, debaixo do terceiro arco, a estátua de Josué com o sol parado, desfazendo o poder e geração dos gabaonitas, sem deixar homem à vida? Não avultaria bem, debaixo do quarto arco, a estátua de Gedeão com a tocha na mão esquerda e a trombeta na direita, metendo em confusão e ruína os exércitos inumeráveis de Madiã e Amalec? Não campearia bem, debaixo do quinto arco, a estátua de Sansão com o leão aos pés e a queixada do jumento na mão, matando a milhares dos filisteus? Finalmente, não fecharia esta famosa fileira a estátua de Davi com a funda e a pedra, derrubando o gigante e cortando-lhe a cabeça com a sua própria espada? Pois se estas seis estátuas famosas ornariam pomposamente a sala do Senhor dos exércitos, por que razão os arcos triunfais das palmas cobrem antes estátuas de querubins sábios que de capitães valorosos? Por que é certo na estimação de Deus, ainda que alguns homens cuidem o contrário, que as vitórias da Sabedoria são muito mais gloriosas que as das armas quanto vai das mãos à cabeça. Por isso quis o mesmo Deus que lhe edificasse a casa, não o pai, senão o filho, não Davi, o valente, senão Salomão, o sábio.

Suposta esta verdade, que em toda a parte, e muito mais neste empório das letras, se deve supor sem controvérsia, acomodando-me à profissão do auditório e à celebridade do dia, só falarei de Santa Catarina hoje enquanto doutora e sábia. Lá diz Ezequiel que viu "uma roda junto a um querubim" (Ez 10,9). E que querubim é aquele que tem a roda ao lado, senão Santa Catarina? Na casa da Sabedoria, a cada palma respondia um querubim; nesta, que também é da sabedoria, veremos um querubim com muitas palmas. O assunto pois do sermão serão as vitórias de Catarina, e o título: A sábia vencedora. *Ave Maria.*

## § II

O mais formoso teatro que nunca viu o mundo, a mais grave e ostentosa disputa que nunca ouviram as Academias, a mais rara e portentosa vitória que nunca alcançou da ignorância douta e presumida a verdadeira sabedoria, é a que hoje teve por defendente um querubim em hábito de mulher, ou um rosto de mulher com entendimento e asas de querubim, Santa Catarina. A aula, ou teatro desta famosa representação, foi o palácio imperial; os ouvintes e assistentes, o Imperador Maximino, o senado de Alexandria e toda a corte e nobreza do Oriente; a questão, a da verdadeira divindade de um ou de muitos deuses, e a fé ou religião que deviam seguir os homens; os defendentes, de uma parte, uma mulher de poucos anos, e da outra cinquenta filósofos, escolhidos de todas as seitas e universidades; e a expectação da disputa e sucesso da controvérsia igual nos ânimos de todos à grandeza de tão inaudito certame. Em primeiro lugar propuseram os filósofos inchados seus argumentos, aplaudidos e vitoriados de todo o teatro, e só da intrépida defendente recebidos com modesto riso. E depois que todos disseram quanto sabiam em defesa e autoridade dos deuses mortos e mudos, que eles chamavam imortais, então falou Catarina, por parte da divindade eterna e sem princípio, do Criador do céu e da terra e da humanidade do Verbo, tomada em tempo, para remédio do mundo.

Falou Catarina, e foi tal o peso das suas razões, a sutileza do seu engenho e a eloquência mais que humana com que orou e perorou, que não só desfez facilmente os fundamentos ou erros dos enganados filósofos, mas, redarguindo e convertendo contra eles seus próprios argumentos, os confundiu e convenceu com tal evidência, que sem haver entre eles quem se atrevesse a responder ou instar, todos confessaram a uma voz a verdade infalível da fé e religião cristã. E que faria com este sucesso Maximino,[1] imperador empenhado e cruel? Afrontado de se ver vencido nos mesmos mestres da sua crença, de quem tinha fiado a honra e defensa dela, e enfurecido e fora de si, por ver publicamente demonstrada e conhecida a falsidade dos vãos e infames deuses, a quem atribuía o seu império, em lugar de seguir a luz e docilidade racional dos mesmos filósofos, com sentença bárbara e ímpia, mandou que ou sacrificassem logo aos ídolos, ou morressem todos a fogo. Todos, sem duvidar nem vacilar algum, aceitaram a morte por Cristo, não só constantemente, mas com grande alegria e júbilo, e na mesma hora, e do mesmo teatro onde tinham entrado filósofos, saíram teólogos; onde tinham entrado gentios, saíram cristãos; e onde tinham entrado idólatras, saíram mártires. Oh! vitória da fé a mais ilustre e ostentosa, que antes nem depois celebraram os séculos da cristandade! Oh! triunfo de Catarina, não com duas palmas nas mãos, de virgem e mártir, mas com cinquenta palmas aos pés, de sutil, de angélica e de invencível doutora! Digna por esta inaudita façanha de que no mais alto do monte Sinai, depois de ser trono do supremo legislador, as mesmas mãos, que escreveram as primeiras letras divinas, levantassem eterno troféu à memória das suas.

Esta foi, Senhores, a famosa ação, tão própria do dia como do lugar, sobre que determino discorrer neste breve espaço; e para ponderar os quilates dela nas circunstâncias mais particulares e relevantes de tão admirável vitória, me ofereceu o Evangelho as palavras que propus: "Cinco delas eram fátuas, e cinco prudentes" (Mt 25,2). Eram as virgens, que saíram a receber o Esposo, dez, e destas dez, cinco sábias e cinco néscias. Sábias e néscias quando saíram: "Saíram a receber o "esposo e a esposa" (Mt, 25,1); sábias e néscias quando se detiveram: "E, tardando o esposo" (Mt 25,5); sábias e néscias quando umas entraram às bodas e outras ficaram de fora: "E as que estavam apercebidas entraram com ele a celebrar as bodas, e fechou-se a porta" (Mt 25,10). O em que agora reparo é que, sendo estas duas parelhas semelhantes no sexo, iguais no número e diferentes no entendimento: semelhantes no sexo, porque todas eram mulheres; iguais no número, porque eram cinco e cinco; diferentes no entendimento, porque umas foram sábias, outras néscias — nem todas estas néscias, nem parte, nem sequer uma delas, com a companhia, com o trato e com a conversação das sábias se emendasse e deixasse de ser néscia. Se todas as néscias aprendessem, e todas as sábias ensinassem a o ser, não parece demasiada maravilha de mulheres a mulheres, de cinco a cinco e de sábias a néscias, mas de mulheres a mulher, de cinco a uma, e de sábias a néscia, que nem esta uma e única se mudasse com a companhia, nem se emendasse com o trato, nem se convertesse com o exemplo? Assim foi, e assim costuma ser, sendo mais digno de admiração que as néscias não pervertessem a todas as sábias, que todas as sábias não converterem uma néscia.

Passemos agora a Santa Catarina, e vejamos estas mesmas parelhas no sexo, no número e no entendimento, quão diversas foram na sua batalha e quanto mais admiráveis na sua vitória. Lá o sexo era o mesmo, porque umas e outras eram mulheres; o número igual, porque umas e outras eram cinco; as armas e a força maior, porque umas eram sábias e outras néscias; porém, na batalha de Catarina com os filósofos, ela era uma e eles cinquenta; ela mulher e eles homens; ela sábia, e eles sábios, que é muito mais forte e muito mais dificultosa oposição. E que uma mulher, ou menos que mulher, porque apenas chegara a dezoito anos, posta em campo contra tantos e tais homens, não só vencesse a um, nem a muitos, senão a todos, e os sujeitasse a defender com a vida a mesma fé que impugnavam, estas digo que foram as circunstâncias da sua vitória que a fazem sobre toda a imaginação gloriosa. Vamos agora discorrendo e ponderando cada uma por si, e veremos quão singular foi em cada uma e em todas a nossa sábia vencedora.

§ III

Começando pela primeira diferença, que é eles de número a número, e de uma a muitos, se a antiguidade, ainda fabulosa, assentou por axioma indubitável que nem Hércules contra dois, que desafio pode haver mais desigual, e que vitória mais gloriosa que a de um, ou de uma, que ainda é menos, contra cinquenta? No desafio do gigante filisteu contra os exércitos de Saul, sempre admirei muito a forma do cartel com que os irritava ou provocava ao campo: "Escolhei de todo o vosso exército o homem que quiserdes — dizia o gigante — e saia comigo a certame singular", isto é, de corpo a corpo, de soldado a soldado, de homem a homem.

— Assim continuou a blasonar o filisteu quarenta dias inteiros, e por mais que experimentava que não havia quem se atrevesse a aceitar o desafio, nunca mudou nem acrescentou o cartel. E isto é o que eu admiro. A estatura deste gigante, como descreve o texto sagrado, "era de seis côvados e um palmo" (1Rs 17,4). Pois, se era tamanho como três homens, por que não desafiava a sua arrogância, ou a três, ou quando menos a dois, senão a um só: "A um combate singular?" Porque sabia, como soldado que era, que um homem contra mais que um homem, por mais gigante e por mais valente que seja, não tem partido. Ainda não está ponderado. Saem as danças a receber a Davi em triunfo depois da vitória, e o que cantavam era: "Matou Davi dez mil" (1Rs 18,7). Davi, em matar o gigante, matou dez mil. Pois um homem, que valia por dez mil homens, não se atreve a desafiar mais que a um homem? Não. A arrogância nos valentes sempre é maior que a valentia, e não há valentia nem soberba tão agigantada que se atreva a sair a campo mais que um com um.

Oh! que afrontada ficaria a arrogância de Golias, se neste dia ressuscitara, à vista do desafio e certame de Catarina! Uma em campo contra cinquenta, e não contra cinquenta homens, senão contra cinquenta gigantes, porque cada um era o maior e o corifeu da sua escola. Como os opositores eram cinquenta, pudera justamente Catarina dividir o desafio em cinquenta batalhas e o certame em cinquenta disputas, sustentando a verdade que defendia singular e separadamente contra cada um; mas que tivesse confiança para se opor a todos juntamente, e valor para os impugnar e vencer a todos juntos? Esta foi a maior circunstância da maravilha. Naquele famoso desafio dos três Horácios romanos contra os três Coriácios albaneses, dois Coriácios mataram dois Horácios, e o terceiro Horácio, que ficou, matou aos três Coriácios. Mas como? Vendo-se só, lançou a fugir, e os outros após ele. Alcançou-o o que mais corria, e voltando-se contra este, matou-o, e continuou a fugir; alcançou-o o segundo, e também o matou; e depois que não ficava mais que o último, então pelejou só por só com ele, e com a sua morte acabou de vingar as dos dois irmãos, e ficou com a inteira vitória. Tito Lívio e os outros historiadores romanos celebram muito esta façanha, dizendo que o terceiro Horácio venceu aos três Coriácios, mas não dizem bem. Venceu por três vezes a cada um, mas não venceu a todos três. É evidente, porque ele venceu aqueles com quem pelejou, e nunca pelejou com todos três, nem com dois, senão com um só. Foram três vitórias de um, mas não foi uma vitória de três. E é tanto assim, que dos três fugiu, e também dos dois, porque nem com três, nem com dois se atreveu a pelejar, senão só com um.

Muito antes deste caso tinha dito Salomão: que "o cordão de três fios dificultosamente se rompe" (Ecl 4,12). — E por isso o prudente e valoroso Horácio, aos mesmos três que juntos se não atreveu a desafiar, desafiou-os, e deste modo rompeu fio a fio o cordão que não podia romper unido. Mas não assim Catarina. Não dividiu os seus combatentes, nem pelejou com eles um a um, mas com serem não dois, nem três, senão cinquenta, a todos cinquenta admitiu juntos, e a todos juntos venceu.

É tão sublime e tão mais que humano este modo de vencer, que até a mesma Onipotência, se não obra extraordinariamente, divide para vencer, ou vence dividindo. A maior guerra que a soberba humana intentou contra Deus foi a dos edificadores da Torre de Babel. Presumiam de chegar com ela ao céu: "Cujo cume chegue até o céu" (Gn 11,4). E chegou a dizer Deus que o haviam de conseguir, se se não acudisse com tempo à temeridade de seus intentos: "E pois que eles começaram esta obra, não desistirão do seu intento, menos que o não tenham de todo executado" (Gn 11,6). Enfim, acudiu o mesmo Deus em pessoa, e o modo com que desbaratou os intentos daqueles homens, que eram todos os que havia no mundo, foi dividindo-os. Juntos edificavam a torre contra o céu; divididos não houve mais quem continuasse a obra, e o mesmo edifício que começou em torre acabou em confusão, e por isso se chamou Babel.

Assim venceu Deus então, mas não venceu assim Catarina hoje, posto que uma e outra empresa fossem mui semelhantes. Os pensamentos com que se uniram os filósofos também eram, não de edificar uma torre que chegasse, mas de sustentar outra que já chegava ao céu, porque no céu, e em todos os céus punham as falsas divindades que defendiam. Em um céu a Júpiter, em outro céu a Saturno, em outro a Mercúrio, em outro a Vênus, em outro a Marte, em outro a Diana, em outro a Apolo. E que fez Catarina? Deus, aos edificadores da torre, "confundiu-lhes as línguas" (Gn 11,7). E Catarina, aos filósofos também lhes confundiu as línguas, mas por outro modo. Deus confundiu as línguas aos edificadores, mudando-lhas de modo que se não entendessem; e Catarina confundiu as línguas aos filósofos, atando-lhas de modo que não pudessem falar nem tivessem que responder. Uns e outros ficaram confusos, e uns e outros vencidos, mas Deus venceu aos seus opositores dividindo-os, e Catarina aos seus sem os dividir. Aludindo a este mesmo artifício de Deus, lhe dizia Davi em semelhante caso: "Destrói, Senhor, confunde as línguas deles, porque tenho visto a injustiça e a contradição na cidade" (Sl 54,10). Os meus inimigos, Senhor, unidos todos com Absalão, já se começam a dividir em Jerusalém, uns seguindo o conselho de Aquitofel, outros o de Cusai; o que agora vos peço é que os dividais de todo e a todos, como fizestes na Torre de Babel, porque os que não posso vencer juntos, eu os vencerei divididos. Oh! Davi! Oh! Catarina! Davi, imitando aquela vitória de Deus, quer se tomar com os inimigos divididos para os vencer; e Catarina, sem imitação nem exemplo, não pede que venham os inimigos um por um, nem divididos, senão juntos, porque não quer vencer a cada um com muitas vitórias, senão a todos com uma.

§ IV

A razão desta dificuldade e diferença em vencer os mesmos juntos ou divididos é porque, ainda que a multidão se compõe de unidades, as mesmas unidades, que divididas são fracas, ou menos fortes, unidas são fortíssimas. Daqui se entenderá aquele enigma teológico, que, com ser verdade definida, sempre se explica e declara com novidade, e nunca acaba de se entender. É certo que só com os auxílios ordinários ninguém pode vencer todas as tentações em matéria leve; e também é certo que só com os mesmos auxílios pode todo o homem vencer cada uma dessas mesmas tentações. Pois, se cada uma das tentações em singular é a que forma aquela coleção ou multidão de todas, e todas se compõem só de cada uma delas, sem se lhe acrescentar outra alguma, eu, que posso vencer a cada uma, por que não posso vencer a todas? Porque esse é o mistério e a força da multidão. Os mesmos contrários, que divididos se podem vencer sem grande dificuldade, todos, e juntamente tomados, ou é muito dificultoso, como nos outros casos, ou impossível, como neste. E notai, ou lembrai-vos — como sabeis — que não falam os Concílios de coleção simultânea, senão sucessiva, para que se veja quanto é sobre as hipérboles da admiração vencer Catarina e convencer juntamente a todos os cinquenta filósofos, quando fora vitória mais que admirável vencer e convencer sucessivamente a cada um, sendo tantos.

Disse vencer e convencer, e disse pouco, porque bem pudera Catarina vencer e convencer todos aqueles filósofos sem os reduzir nem converter, e este foi o ponto mais árduo da vitória, e por isso mais gloriosa. Não houve teatro mais semelhante ao de Alexandria, em que estamos, que o outro famosíssimo de Mênfis, em que o bárbaro Faraó fez o papel de Maximino. Estava Moisés só de uma parte, e da outra todos os magos do Egito, presente o rei e a corte, suspenso ele e toda ela na expectação do sucesso. Não refere o mesmo Moisés — que é o autor da história — quantos eram os magos, porque ele foi tão confiado e generoso, que não pôs limite ao número. E posto que São Paulo só nomeia a dois, Janes e Mambres (2Ti 3,8), tanto importava que fossem dois como duzentos. E esta é outra grande circunstância e excelência do número que Catarina venceu, porque os cinquenta não foram limitados por ela, senão escolhidos pelo imperador; donde se segue que tanto montou vencer a cinquenta, como se foram cinco mil. Converteu, pois, Moisés a sua vara em serpente, e os magos também as suas em outras igualmente ferozes e grandes, e o fim da batalha foi que a serpente de Moisés comeu todas as outras: "Comeu as varas deles" (Ex 7,12). Agora pergunto: e não bastara que a serpente de Moisés matara as serpentes dos Magos? Parece que não só bastava, senão que deste modo ficaria a superioridade mais conhecida, a vitória mais ostentosa, o teatro mais funesto e temeroso, e o mesmo Faraó mais confuso e compungido. Pois, por que razão as serpentes dos egípcios não foram somente mortas, senão comidas? Porque nesta batalha da serpente de Moisés com as dos egípcios eram significadas as batalhas e vitórias que a sabedoria cristã havia de alcançar de todas as seitas dos gentios, tão fantásticas, aparentes e falsas, como as serpentes dos magos; e nestas batalhas da fé e da religião é maior e mais dificultosa vitória ficarem os contrários comidos, que somente mortos. E por quê? Porque ficarem somente mortos é ficarem vencidos e convencidos, sem força, alento, nem voz para persistir no que defendiam; porém, ficarem comidos, e incorporados em quem os comeu, é ficarem não só vencidos e convencidos, senão também convertidos, assim como o que se come se converte na substância de quem o come. É mistério altíssimo declarado, não menos que pelo mesmo Deus a São Pedro, quando lhe mostrou todos os gentios em figuras de feras e serpentes, e lhe mandou que não só as matasse, senão que também as comesse, isto é, que as convertesse e incorporasse em si mesmo: "Mata e come" (At 10,13).

Tal foi a vitória de Catarina, que não só venceu e convenceu os filósofos e suas seitas, mas, vencidos e convencidos, os converteu a todos da falsa crença das mesmas seitas à verdade da fé, que pretendiam impugnar, fazendo-os de membros do demônio, membros de Cristo, e incorporando-os em si mesma, bem assim como a serpente de Moisés às serpentes dos Magos. A serpente de Moisés era uma, e Catarina uma; as serpentes dos Magos muitas, e os filósofos muitos; aquelas não só vencidas, mas comidas;

estes não só vencidos, mas convertidos; aquelas todas, e estes todos, sem haver um só que persistisse no seu erro. Só houve de caso a caso, e de vitória a vitória esta notável diferença: que a serpente de Moisés comeu as serpentes dos Magos uma a uma, e cada uma por si, assim como eles as formaram: "E lançaram cada um deles a sua vara, as quais se converteram em dragões" (Ex 7,12). Porém, Catarina não venceu e converteu os filósofos um por um, e cada um por si, em disputa ou batalha particular, senão a todos juntamente, e de uma vez. Da serpente de Moisés, diz a propriedade do texto, que devorou e engoliu as serpentes dos Magos, para mostrar que nenhuma teve força para resistir, assim como o que não tem dureza ou resistência se engole facilmente. Mas se esta serpente engolira as outras não cada uma por si, senão todas juntas e de um bocado, não seria muito maior prodígio? Claro está. Pois isto que não fez a serpente milagrosa de Moisés, fez Catarina sem milagre, convencendo e convertendo a tantos e tão assinalados filósofos, não a cada um particularmente em muitas disputas, senão a todos em uma só: maravilha singular e sem exemplo.

Quatro vezes, em diversos tempos, entrou em disputa pública, à vista de toda África, Santo Agostinho.[2] Mas com quantos contendeu? A primeira vez com Fortunato, maniqueu, a segunda com Félix, também maniqueu, a terceira com Fortúnio, donatista, a quarta com Emérito, também donatista. Que saísse sempre vencedor Agostinho, não é necessário que se diga; mas o que fez mais gloriosas estas vitórias, foi que os mesmos vencidos as confessaram e se reduziram à fé que negavam. E se é tanta glória do maior atleta da Igreja, que de pessoa a pessoa, e de doutor a doutor vencesse em quatro disputas a quatro homens insignes nas suas seitas, que glória incomparável será a de Catarina vencer e convencer em uma só disputa a cinquenta muito mais famosos nas suas? De São Gregório Magno sabemos que em disputa singular venceu também e reduziu a Eutíquio. Mas quão raras e contadas têm sido em todos os séculos da Igreja semelhantes vitórias, sendo tão frequentes os exemplos contrários? Em presença do Papa Zeferino convenceu Caio a Proco, montanista, mas não se reduziu Proco. No Concílio Antioqueno convenceu Melchior a Paulo Samosateno, mas não se reduziu Paulo. Diante de muitos juízes de todas as faculdades convenceu Arquelau a Manete, maniqueu, mas não se reduziu Manete. Em congresso de muitos bispos, em que se achou também o mesmo rei de França, convenceu São Bernardo a Pedro Abailardo, mas não se reduziu Pedro. Assim convenceu São Cirilo Alexandrino a Nestório, Máximo Abade a Pirro, São Cesário a Juliano, São Jerônimo a Helvídio, Joviniano, a Vigilâncio, e nenhum deles reconheceu a vitória da verdade, antes, afrontados de se verem convencidos, se obstinaram mais.

Mas, para que é referir exemplos de homem a homem, se aos mesmos Concílios inteiros sucedeu outro tanto? Ponde-vos com a memória em Jerusalém, em Niceia, em Constantinopla, em Roma, em Cartago, em Trento: que é o que vedes?[3] Em Trento, vereis que contra a majestade e autoridade ecumênica, e contra a sabedoria universal de toda a Igreja Católica, se atreve a resistir um Lutero, e não se rende ao Concílio Tridentino. Em Cartago, que um Celéstio, assim mesmo convencido, resiste ao Concílio Cartaginense. Em Roma, que um Macedônio se não sujeita ao Concílio Romano. Em Niceia, que um Ario contradiz o Concílio Niceno. Em Constantinopla, que um Dióscoro se opõe ao Concílio Constantinopolitano. Em Jerusalém, finalmente, que ao Concílio Jerosolimitano, em que presidiu São Pedro e assistiram os apóstolos, um Cerinto contraria e impugna suas definições, e levanta a primeira seita contra sua doutrina. Tal é a rebeldia e obstinação do entendimento humano, quando se deixa inchar da presunção e cegar da soberba. Agora voltemos com o mesmo pensamento a Alexandria, e ponhamos juntamente os olhos naqueles grandes teatros da cristandade e neste. Naqueles, tantos e tão eminentes homens, ainda que convencem claramente, não bastam a reduzir um homem batizado e cristão; e neste, uma só Catarina convence, rende e sujeita a Cristo tantos e tão eminentes homens, idólatras e gentios. Ali, tantos não prevalecem contra um; aqui, uma prevalece contra tantos. O conceito que da combinação deste paralelo resulta, forme-o cada um, se acaso o compreende, que eu não tenho palavras com que o rastear, quanto mais encarecer.

## § V

Se na consideração do número venceu Santa Catarina as Virgens sábias do Evangelho, reduzindo ela só a cinquenta, quando elas, sendo cinco, não puderam nem souberam reduzir a uma, não foi menos ilustre a sua vitória na consideração do sexo. As virgens, sendo mulheres, não ensinaram a uma mulher; Catarina, sendo mulher, ensinou a cinquenta homens. O apóstolo São Paulo fiou tão pouco do gênero feminino que "a todas as mulheres proibiu o ensinar" (1Tm 2,12). E que razão teve São Paulo para um preceito tão universal e tão odioso a metade do gênero humano, e na parte mais sensitiva dele? A razão que teve foi a maior de todas as razões, que é a experiência: "Adão não foi enganado, mas a mulher sendo enganada, caiu em transgressão" (1Tm 2,4). Em Adão e Eva — diz o apóstolo — se viu a diferença que há entre o entendimento do homem e o da mulher porque Eva foi enganada, Adão não. Ensine logo Adão, ensine o homem; Eva e a mulher, não ensine. O que só lhe convém, e o que lhe mando, é que aprenda e cale: "A mulher aprenda em silêncio" (1Tm 2,11). Segundo este preceito, que mais parece natural que positivo, pois o apóstolo o deduz desde Adão e Eva, Catarina havia de aprender e calar, como mulher, e os filósofos ensinar, como homens, como filósofos, como graduados nas suas ciências, e como os primeiros e mais insignes mestres delas. Mas que Catarina fale e os filósofos ouçam; que Catarina ensine e os filósofos aprendam; que Catarina não só dispute, mas defina, não só argumente, mas conclua, não só impugne, mas vença, e tantos homens, e tais se reconheçam e confessem vencidos, foi vitória que de sexo a sexo só teve um exemplo, e de entendimento a entendimento nenhum.

Quis Deus humilhar a potência de Jabim, rei dos cananeus, os quais tinham mui abatido e humilhado o povo de Israel: "Naquele dia, pois, humilhou Deus a Jabim, rei de Canaã, diante dos filhos de Israel" (Jz 4,23). E diz o mesmo texto que para esta grande empresa "escolheu ou inventou Deus uma guerra nova" (Jz 5,8). Em guerra nova, e inventada por Deus, parece que havia de ser nova e nunca vista a ordem dos esquadrões, novas e nunca vistas as armas, novas as máquinas, novos os estratagemas; mas nada disto houve. Pois, em que consistiu esta novidade tão celebrada? Consistiu em que da parte dos cananeus foram vencidos muitos homens, e da parte dos israelitas foi a vencedora uma mulher. Assim o disse

Débora a Barac, que era o general do exército israelítico: "Esta vez, não há de ser a vitória vossa, porque Sisara, general dos cananeus, e todo seu exército há de ser vencido por uma mulher" (Jz 4,9). — Notai a palavra: "esta vez", porque vencer uma mulher, e serem vencidos os homens, não é coisa que suceda muitas vezes, senão uma vez em todos os séculos: uma vez nas batalhas das armas, como em Débora, e outra vez nas das letras, como em Catarina. E se foi tão gloriosa e decantada a vitória de Débora só por ser de mulher contra homens, posto que levasse consigo quarenta mil, quanto mais admirável e admirada deve ser a de Catarina, não acompanhada de outros, senão ela só, nem em guerra de espada a espada, senão de entendimento a entendimento.

Mulher era de alto entendimento, posto que de baixa fortuna, a Samaritana, como mostrou no discurso que teve com Cristo; e com a ciência que bebeu no poço de Sicar, ficou tão profundamente sábia como a que mereceu ouvir da boca do mesmo Senhor aquele altíssimo segredo, ainda não revelado ao mundo, de que ele era o Messias: "Eu sou, que falo contigo" (Jo 4,26). Com esta enchente de sabedoria e luz sobrenatural, em lugar da água que viera buscar, se voltou logo a Samaritana para a sua cidade, a levar a fé e notícia de Cristo. Mas de que modo? É caso em que todos os santos e expositores fazem grande reparo. O que somente disse foi que ela, no poço de Sicar, encontrara um homem, o qual lhe dissera tudo quanto tinha feito em sua vida: que fossem eles ver se porventura seria o Messias: "Vinde e vede o homem que me disse tudo o que fiz: porventura ele é o Cristo?" (Jo 4,29)? Pois, se a Samaritana sabia de certo que Cristo era o Messias, por que o não prega declaradamente, por que o põe ou propõe somente em dúvida, e diz aos seus cidadãos que vão eles ver se porventura é aquele: "Porventura ele é o Cristo?" Quando Santo André, pela doutrina de seu mestre, S. João Batista, soube que Cristo era o Messias, logo foi dizer declaradamente a seu irmão, São Pedro, que tinham achado o Messias: "Temos achado o Messias (que quer dizer o Cristo)" (Jo 1,41). E São Filipe, quando teve a mesma notícia, também deu a nova declaradamente a Natanael: "Achamos aquele de quem falou Moisés na lei, e de quem escreveram os profetas, a saber, Jesus" (Jo 1,45). Pois, por que não falou com a mesma clareza a Samaritana, e somente pôs em dúvida e questão o que sabia de certo?

Santo Agostinho, São Crisóstomo e todos os Padres dizem que obrou a Samaritana prudentissimamente, não fiando que os da sua cidade lhe dessem crédito em matéria tão grave. Mas quem declarou a razão desta mesma desconfiança com admirável energia foi o mesmo evangelista São João, referindo o caso. Notai as palavras: "A mulher, pois, deixou o seu cântaro, e foi-se à cidade, e disse àqueles homens" (Jo 4,28). Foi a mulher à cidade, e disse àqueles homens; e como aqueles a quem havia de converter eram homens, e ela mulher, não teve a samaritana confiança para crer nem ânimo para esperar que eles se persuadissem só pelo que ela lhes dissesse. Por isso tocou somente o ponto, e excitou a questão: "Porventura ele é o Cristo?". Por isso lhes disse que "fossem eles e vissem"? Como se discorrera assim consigo: se a matéria é tão grave, e eles são homens, e eu mulher, como me hão de crer a mim? Vão eles, e vejam o que eu vi vão, e ouçam o que eu ouvi e eles se persuadirão a si, que não eu a eles. Tal foi o prudente temor da Samaritana, desconfiando totalmente de poder converter a homens, sendo ela mulher, posto que tão alumiada por Cristo. Para que se veja que quando Catarina não convencera nem convertera os filósofos, só a confiança com que se ofereceu a sair em campo com eles era, de mulher para homens, uma grande vitória. Convenceu-os, porém, e converteu-os tanto sobre o crédito de todas as mulheres, e tanto sobre o conceito de todos os homens, como agora veremos.

§ VI

Apareceram os anjos às Marias na manhã da Ressurreição, e apareceu-lhes o mesmo Senhor ressuscitado, o qual lhes mandou — como já lhes tinham mandado os anjos — que levassem a alegre nova aos apóstolos. Foram, disseram todas o que viram, e o que os anjos e o Senhor dos anjos lhes tinham dito; e que conceito fizeram os apóstolos assim da embaixada como do testemunho das Marias: "Mas o que as mulheres lhes diziam pareceu-lhes um como desvario, e não lhes deram crédito" (Lc 24,11). O conceito que fizeram de tudo foi dizerem que eram delírios, e nenhum crédito lhe deram. Por certo que não sei quais eram neste caso os delirantes. Para serem dignas de crédito estas testemunhas, cada uma por si, e muito mais todas juntas, bastava serem escolhidas pelos anjos e pelo mesmo Cristo para tal embaixada. A qualidade e juízo de Maria Madalena era bem conhecida e respeitada; as outras duas Marias eram parentas muito chegadas do Senhor; e Maria Salomé, mãe de dois apóstolos, e Maria Jacó de três. Pois, se por tantos respeitos eram dignas de todo crédito, e todas afirmavam o mesmo como testemunhas oculares, por que razão não só se lhes nega o crédito, mas é censurado de delírios tudo o que dizem? Mais.

No mesmo dia disse São Pedro que Cristo lhe aparecera, e todos creram logo que era verdadeiramente ressuscitado: "Na verdade o Senhor ressuscitou, e apareceu a Simão" (Lc 24,34). Pois a Pedro, que pouco há negou três vezes a seu Mestre, se dá tanto crédito, e às três Marias, que o assistiram na Cruz e o foram buscar ao sepulcro, nenhum? Se Pedro é discípulo, elas também são discípulas; se Pedro é santo, elas também são santas; se Pedro é verdadeiro, elas também são verdadeiras; se a Pedro apareceu Cristo, a elas também apareceu, e mais os anjos, que São Pedro não viu; sobretudo, Pedro é um, e elas três; e que a mesma verdade na boca de São Pedro haja de ser verdade, e na boca das Marias delírio? Sim, que Pedro é homem, e as Marias mulheres, e não há nem houve outra razão.

Ouvi aos discípulos, que desesperados iam para Emaús: "Nós esperávamos; mas, hoje é já o terceiro dia e, além disso, umas mulheres das nossas disseram que viram anjos, e que ele é vivo e ressuscitado" (Lc 24,21ss). Pois este mesmo testemunho de ser o Senhor vivo e ressuscitado no mesmo terceiro dia não era grande motivo, antes de crerem, que de desesperarem? Sim, era, se não fora testemunho de mulheres. Mas como era testemunho de mulheres, posto que mulheres da mesma escola: "Mulheres que estavam conosco" (Lc 24,22), tão longe estiveram de os confirmar na fé, que antes lhes tiraram a esperança: "Ora nós esperávamos, mas certas mulheres nos alarmaram" (Lc 24, 22).

Vamos agora ao nosso caso, e vejamos o que não persuadiram as Marias e o que persuadiu Catarina, e quais eram os homens a quem elas não persuadiram, e quais aqueles a quem Catarina persuadiu. Os homens a quem não persuadiram as Marias eram os apóstolos; os que persuadiu Catarina eram os filósofos. Os apóstolos eram Cristãos, os filósofos gentios. Os apóstolos eram discípulos de Cristo, e todos da mesma escola; os filósofos, uns eram discípulos de Pitágoras, outros de Sócrates, outros de Platão, outros de Aristóteles, outros de Demócrito, outros de Epicuro, e as escolas e seitas que seguiam, tão diversas e ainda contrárias, como a dos pitagóricos, a dos cínicos, a dos peripatéticos, a dos estoicos, a dos acadêmicos, e as demais. Sobretudo os apóstolos amavam a Cristo e desejavam a mesma ressurreição que não criam, e esta, que os teólogos chamam "pia affectio" [piedoso afeto], é a melhor disposição para crer; pelo contrário, os filósofos eram inimigos do mesmo Cristo e sua lei, e esta mesma malevolência era a disposição mais repugnante que podiam ter para a fé, porque "Na alma perversa não entrará a sabedoria" (Sb 1,4). E sendo uns e outros tão dispostos, os apóstolos para crer, e os filósofos para não crer, as Marias, por serem mulheres, não persuadiram aos apóstolos um só mistério da fé, qual era o da Ressurreição, e Catarina, com ser mulher, persuadiu aos filósofos todos os mistérios da mesma fé, sendo todos contrários às suas opiniões.

Os filósofos, uns criam em muitos Deuses, outros negavam totalmente a divindade; e Catarina persuadiu a todos que havia Deus, e que este era um em essência, e trino em pessoas, e que, sendo cada uma Deus, não eram três deuses, senão um só Deus. Os filósofos criam que o mundo fora "eterno", e uns diziam que o criara Deus necessária, e não livremente; outros que era incriado, e tinha o ser de si, ou que ele se criara e se fizera a si mesmo; e Catarina persuadiu-lhes que o mundo tivera princípio, e havia de ter fim, e que Deus o criara voluntariamente em tempo, e não composto de átomos, como outros diziam, senão criado de nada. Os filósofos ensinavam que todas as coisas sucediam acaso, que umas não podiam deixar de ser, porque assim o tinham decretado os fados, e outras eram mudáveis e contingentes, sem outra dependência que o arbítrio da fortuna; e Catarina persuadiu-lhes que não havia fortuna nem fados, nem as coisas sucediam acaso, senão todas governadas com suma sabedoria, e que a Providência divina era a ordem e governo delas. Os filósofos nunca souberam que houvesse pecado original nem remédio dele, e Catarina persuadiu-lhes que no primeiro homem pecaram todos os homens antes de serem, e que para remédio deste e dos outros pecados o Verbo, segunda Pessoa da Trindade, sem deixar de ser Deus, se fizera homem. Os filósofos não conheceram que uma natureza se pudesse supositar na subsistência de outra; e Catarina persuadiu-lhes que no composto inefável de Cristo subsistiam no mesmo suposto duas naturezas realmente distintas, e que, sendo o mesmo Cristo juntamente Deus e homem, juntamente era infinito e finito, juntamente imenso e limitado, juntamente impassível e passível, juntamente imortal e mortal.

Os filósofos, uns negavam a imortalidade da alma, outros a duvidavam; e Catarina persuadiu-lhes que não só a alma era imortal, senão que também os corpos o haviam de ser depois de ressuscitados, e que então os havia de julgar Cristo, mandando os maus para o inferno, e levando os bons para o céu, a ver e gozar de Deus para sempre; e que nesta vista clara de Deus consistia a bem-aventurança do homem, sobre a qual os mesmos filósofos tinham tantas e tão diversas opiniões. Finalmente, os filósofos abominavam sobretudo, e tinham por coisa indigna de homens com juízo, adorar por Deus a um crucificado: "Uma estultícia para os gentios"; (1Cor 1,23); e Catarina lhes persuadiu que não só haviam de adorar o crucificado, senão também a cruz, ainda que fosse ou tivesse sido o instrumento do mais infame suplício; e não só a mesma Cruz, senão qualquer imagem dela. E que todos estes mistérios da fé, sendo tão superiores à razão humana, que muitos parecem contrários a ela, os persuadisse uma mulher a cinquenta filósofos gentios, quando três santas, e de tanta autoridade, só por serem mulheres, não puderam persuadir um só mistério da Ressurreição a onze discípulos de Cristo, vede se foi estupenda vitória.

Mas a maior circunstância dela, a meu sentir, ainda não foi esta. E qual foi? Foi que não só persuadiu Catarina aos filósofos toda a fé de Cristo, senão a virtude mais própria de Cristo, e nunca conhecida da filosofia, e a mais dificultosa de aprender, que é a humildade. Porque, tendo entrado naquele grande teatro tão soberbos e vãos com as suas ciências, nenhum duvidou de se sujeitar e render à sabedoria e doutrina de uma mulher, sem repararem nem fazerem caso de que todos os circunstantes vissem e todo o mundo soubesse que uma mulher os vencera. Tendo Abimelec entrado à força de armas os muros de Tebas, e não lhe restando por render mais que a última torre, a cujas portas estava pondo fogo, uma mulher lançou de cima sobre ele uma grande pedra, de que caiu mortalmente ferido na cabeça, mas ainda teve acordo para dizer ao seu pajem da lança estas palavras: "Tira depressa pela espada, e mata-me, por que se não diga no mundo que me matou uma mulher" (Jz 9,54). Tão injuriosa coisa é aos homens, principalmente grandes e famosos, qual era Abimelec, poder-se dizer que uma mulher os venceu, que antes se deixarão e mandarão matar,

que sofrer tal injúria. Porém os cinquenta filósofos ensinados por Catarina, de tal maneira tinham desprezado o mundo e todos seus ditos, que não só não tiveram por afronta confessar que uma mulher os vencera, mas, em testemunho de ela os ter vencido, e da fé que lhes tinha ensinado, não duvidaram em se deixar matar e queimar vivos, como todos foram mortos e queimados por esta causa. Pudera-se dizer que nesta ação eles se mostraram mais que homens, como Catarina mais que mulher; mas baste que ela fique mulher, e eles homens, para que não excedamos o nosso assunto.

## § VII

$\mathcal{P}$onderada a vitória de Catarina pelas duas considerações de número a número e de sexo a sexo, se foi maravilhosamente insigne, e por ser de uma a cinquenta, e de mulher a homens, a terceira e última consideração, e que mais a qualifica de admirável, é ser de sábia a sábios. Que as cinco virgens sábias do Evangelho não reduzissem uma néscia, costume é dos néscios serem incorrigíveis, mas que uma sábia reduzisse a tantos sábios, esta digo que foi a mais prodigiosa circunstância daquela vitória, e o troféu mais ilustre da nossa sábia vencedora.

Aquele prolóquio vulgar dos filósofos, que um semelhante não tem atividade contra outro semelhante: "um semelhante não age contra outro semelhante", em nenhuma gente se verifica mais que de sábio a sábio. Como pelejam com armas iguais, podem-se resistir, mas não se podem vencer. A mais celebrada disputa de que há memória nas divinas letras, e como tal a primeira e mais antiga coisa que se escreveu no mundo, foi a de Jó com aqueles três filósofos que o vieram visitar em seus trabalhos (Jó 2,11). Aconteceu-lhes o que acontece ordinariamente entre letrados, que começa a visita em conversação e acaba em questão e disputa. Disse, pois, Jó o que lhe ditava a sua dor, e quando esta lastimosa proposta pedia mais consolações que argumentos, argumentou contra ela, em primeiro lugar, Elifaz, em segundo Beldad, em terceiro Sofar, e, posto que Jó respondeu copiosa e eficazmente assim aos argumentos como às instâncias, que uma e outra vez replicaram sobre as suas respostas. Eliú, que ouvia de fora, tomou a mão sobre todos, e o arguiu de novo tão furiosamente que, se o mesmo Deus não interpusera sua autoridade, favorecendo a parte de Jó, não se sabe em que viria a parar a disputa. Pois, se Jó tinha tanta ciência, assim adquirida como infusa, se natural e sobrenaturalmente era tão sábio, se falou tanto e tão altamente, e com aquela força de eloquência que a mesma dor ensina ainda aos que não sabem falar; sobretudo, se tinha de sua parte a razão, e respondeu a todas as contrárias, como não rendeu nem convenceu estes amigos, antes os irritou mais? Porque todos eram filósofos, todos sábios, todos doutos, e não há mais dificultosa vitória que de sábio a sábios. É verdade que a razão estava da parte de Jó, como definiu o mesmo Deus, mas eles, como eram filósofos e doutos, ainda que lhes faltasse a razão, ou sofísticas ou verdadeiras, para tudo tiveram razões. Lede com atenção o que disseram, para que, depois de admirados da profundidade de suas filosofias, vos admireis mais de que Santa Catarina convencesse a tantos filósofos.

O que a mim me admira e pasma, sobretudo, é que toda esta vitória fosse unicamente da sabedoria e eloquência da nossa santa, sem se valer de prodígios nem milagres, como em semelhantes conflitos fizeram outros santos, e o mesmo Santo dos Santos. Ponde-vos à vista da cidade de Damasco, vereis toldar-se o céu, bramir os ventos, escurecer-se e acender-se as nuvens, tudo relâmpagos, tudo trovões, tudo raios (At 9,3)! Que é isto? É que desce Cristo do céu a reduzir e converter a Saulo. Pois, tanto empenho, tanto aparato, tanto estrondo, tanta máquina, para reduzir a um homem? Não sois vós, Senhor, aquele mesmo que com um "Vinde após mim" (Mt 4,19), reduzistes a Pedro e André, a João e Diogo? Com um "Segue-me" (Mt 9,9) a Mateus? E com um "Desce" (Lc 9,5) a Zaqueu? Pois, para reduzir também a Saulo, não bastam poucas ou muitas palavras, senão acompanhadas de tamanhos prodígios? Sim, diz a mesma Sabedoria descida do céu. Não sabeis que Saulo é um homem douto, graduado na escola de Gamaliel, e o mais vivo engenho de toda ela? Pois esta é a dificuldade e diferença que há entre sábios e letrados aos que o não são, para se reduzirem e converterem. Por isso se veem tantas letras e tão poucas conversões. Levantam-se os indoutos e idiotas com o reino do céu, e nós, com as nossas letras, estamo-nos indo ao inferno, dizia Agostinho a Alípio, e Alípio a Agostinho,[4] e com esta consideração aquele grande par de doutores se fizeram igualmente santos. Mas já que estamos com São Paulo à vista, entremos com ele na Coimbra da Grécia, e vejamos os progressos que faz a sua eloquência e espírito naquelas escolas.

Entrou São Paulo na cidade e Universidade de Atenas, mãe até aquele tempo de todas as ciências do mundo; encontrou-se ali — diz o texto — (At 17,16s) — com vários filósofos, particularmente estoicos e epicureus, com os quais disputou, e estes o levaram ao Areópago, que era o tribunal supremo da justiça e da ciência, para que desse conta da nova doutrina que pregava. Era Paulo aquele famosíssimo orador, que de três coisas que desejava ver Santo Agostinho, a primeira era a humanidade de Cristo, e a segunda a Paulo pregando. Pregou pois em presença dos areopagitas com maior peso de sentenças, com maior eficácia e energia de eloquência do que nunca foi ouvido em Atenas Demóstenes. E quantos converteu daqueles sábios? Caso maravilhoso! Um só, Dionísio Areopagita, nos diz São Lucas que convertesse; mas eu vos digo que, sendo esta conversão e vitória de um só, não foi toda de São Paulo. Lembrou-se Dionísio que, peregrinando no Egito com Apolofanes, vinte anos pontualmente antes, em vinte e cinco de março, tinha visto na cidade de Heliópolis aquele estupendo eclipse que o obrigou a exclamar, como ele mesmo escreve: "Ou Deus padece da natureza, ou a máquina do mundo se dissolve".[5] E combinado o que tinha visto com o que ouvia a Paulo, inferindo de uma verdade a outra, deu crédito a tudo o mais que pregava. De sorte que, bem considerada esta conversão do Areopagita, não foi Paulo propriamente o que o converteu a ele, senão ele, pelo seu discurso, o que se converteu a si mesmo. E se contudo a quisermos atribuir às coisas ou instrumentos que para ela concorreram, só a metade da vitória foi de Paulo, e a outra metade do sol. O sol foi, como pedra de Davi, o que deu o primeiro golpe naquela grande cabeça, e a espada de Paulo a que consumou a vitória. E se do apóstolo das gentes, se do vaso de eleição, escolhido nomeadamente por Deus para doutor e mestre da gentilidade, apenas se pode afirmar, com inteiro elogio, que de todos os filósofos de Atenas converteu um, quem poderá dignamente compreender, ó Catarina, a imensidade de louvor devido a vossos triunfos, pois de cinquenta filósofos escolhidos, não só na mesma Atenas, senão em toda a Grécia, Egito e Palestina, nenhum houve que resistisse à vossa sabedoria e eloquência: a todos inteiramente vencestes e convencestes. Mas ainda não está adequado o paralelo.

O modo com que São Paulo quis introduzir em Atenas a fé do verdadeiro Deus, foi dizendo que ele achara naquela cidade um altar, o qual tinha por título "Ao Deus desconhecido", e que este mesmo Deus, o qual Atenas já adorava, mas não conhecia, era o que ele pregava. A razão deste raro e prudentíssimo invento foi porque não esperava São Paulo poder persuadir aos atenienses que recebessem outro Deus, constando que Sócrates, na mesma cidade, fora condenado à morte com duzentos e oitenta e um votos do senado, só por querer introduzir deuses novos. Acomodando-se, pois, o Apóstolo à capacidade, ou incapacidade dos homens por uma parte tão supersticiosos da religião, e por outra tão presumidos da sabedoria, absteve-se de nomear nova divindade, ou nova adoração, e só lhes propôs e pregou um novo conhecimento da que já adoravam: "Pois, o que honrais sem conhecer, esse eu vos anuncio" (At 17,23). Como se dissera: não vos prego que não adoreis o que adorais, mas só que conheçais o que não conheceis. Aquele a quem levantastes altar, vós mesmos credes que é Deus, e vós mesmos confessais que o não conheceis: "Ao Deus desconhecido". Pois este Deus, que vós já reconheceis por Deus, é o que eu vos prego, e deste, que vós confessais por não conhecido, é que eu vos anuncio o conhecimento. Tão cortês, e tão suavemente, e com tanto decoro e reverência da sabedoria ateniense lhes quis introduzir São Paulo a fé do verdadeiro Deus, mas não pode. Lá vai São Paulo navegando para Corinto (At 18,1), sem outro despojo de Atenas mais que um filósofo. Porém, Catarina, sem mover pé do teatro imperial, tanto maior e mais ilustre que o Areópago, ali exprobra livremente aos filósofos a falsidade de seus deuses, ali declara por idolatria as suas adorações e altares, ali os obriga e convence, não só a crer com o entendimento a verdadeira divindade de um só Deus, e todos os outros mistérios da fé cristã, mas a confessá-los a vozes diante de todos.

## § VIII

Não sei se ponderais e sondais bem o fundo desta última cláusula. Conhecer um sábio a sua ignorância ou o seu erro é muito fácil: não fora sábio, se o não conhecera. Porém, chegar a o confessar, e confessá-lo publicamente, é o ponto mais árduo e dificultoso a que se pode reduzir o brio humano, e tanto mais quanto maior for o nome, a opinião e o grau que tiver de douto. Ponderou Nicodemos a doutrina de Cristo, juntamente com a grandeza de seus milagres, e veio a conhecer que só ela era a verdadeira, e toda a outra falsa: "Sabemos que és Mestre, vindo de Deus, porque ninguém pode fazer esses sinais que tu fazes" (Jo 3,2). Delibera-se a ir buscar o divino Mestre e lançar-se a seus pés, para que o ensine, mas como? "Havia um homem dentre os fariseus, de nome Nicodemos. Este uma noite veio até Jesus" (Jo 3,1). Despiu a toga, ou a beca, e disfarçado e desconhecido foi buscar ao Senhor de noite. Vede como o argui São João Crisóstomo: "Sabemos, disse, que vieste de Deus, Mestre. Portanto, por que vens, à noite e secretamente, até ele, que ensina coisas divinas, e que de Deus veio? Por que não confessas abertamente?"[6] Se conheceis que Cristo é mestre vindo do céu, se conheceis que a sua doutrina é divina, e o vindes buscar para que vos ensine, por que vindes de noite e às escondidas, por que não confessais isso mesmo clara e publicamente? Porque Nicodemos era um mestre de grandíssima reputação em Israel. Assim o declara o texto grego: "Tu és um mestre em Israel".[7] E posto que ele já reconhecia os seus erros, isso era em segredo, e das portas do seu entendimento para dentro; porém, que esses mesmos erros e ignorâncias, de que já estava convencido, os houvesse de confessar publicamente, de nenhum modo fez ou se atreveu a fazer tal coisa Nicodemos, porque lho não consentia a reputação e o crédito, e por isso vinha de noite. De noite reconhecia que era morcego; de dia queria ostentar-se águia.

Oh! se os livros falaram, quantas ignorâncias haviam de dizer, que consultam com eles de noite os que de dia se publicam grandes letrados? Mas não é só a capa da noite a que dissimula estes defeitos. Quantas vezes reconhece o quinau na consciência o mesmo que na cadeira o defende a vozes? Pouco sabe quem não conhece a força do argumento e a fraqueza da solução. Uma coisa é responder, outra falar no cabo. Mas sendo mui frequentes as contrições destes pecados lá no secreto da consciência, chegar com eles à pública confissão quem tem opinião de sábio, é milagre só da graça de Santa Catarina. Todos aqueles cinquenta filósofos eram os primeiros mestres nas suas universidades, como vimos; e que cada um reconhecesse a força das demonstrações com que os impugnava Catarina, e dentro de si mesmo se descesse das opiniões que tinha estudado e ditado, muito foi, mas não foi tanto; porém que todos, em um ato tão público, não duvidassem de confessar esses mesmos erros, e detestar as suas seitas, e não sustentar a toda a força, e sem ela, os dogmas das suas escolas, aqui pasma a admiração e perde o nome o encarecimento.

Pus no último lugar o não sustentar os dogmas das suas escolas, porque este é o último castelo em que o erro dos sábios, ainda depois de convencido, se sustenta e defende obstinadamente, sem se render à mais conhecida verdade. Grandes exemplos viu a nossa idade destas batalhas do entendimento, e se perguntardes a uns e outros combatentes a causa, não é outra que o amor natural ou parcial bebido com o leite da primeira doutrina e a honra e reputação da própria escola. Mas vamos à primitiva Igreja. Contra a publicação da lei da graça, que Santo Estêvão pregava, diz a história dos Atos apostólicos que entre outras escolas de Cilícia e de Ásia "se levantaram nomeadamente a dos libertinos, a dos alexandrinos e a dos cirenenses, os quais disputavam com Estêvão, porém que não podiam resistir à força do espírito e sabedoria que nele falava" (At 6,9). Suposto, pois, que não podiam resistir, segue-se que se renderam? Nada menos. Antes se viu aqui praticada uma que parece implicação porque, faltando de uma parte a resistência, da outra não resultou a vitória. Eles não podiam resistir, e Estêvão não os podia vencer. Pois, homens sábios, ou presumidos de sábios, se disputastes, se arguistes, se respondestes, se tendes dito uma e outra vez quanto sabíeis, e vedes que não podeis resistir, por que vos não rendeis, por que vos não confessais vencidos? Porque libertinos, alexandrinos e cirenenses, todos pugnavam pelas suas escolas, e quem pugna pela própria escola, poderá não poder resistir, mas chegar a se confessar vencido não pode ser. Faltar-lhes-ão as razões, faltar-lhes-ão os argumentos, ver-se-ão atalhados e mudos, e quando não tiverem outro gênero de defesa, arremeterão às pedras, e assim foi. Em lugar de Estêvão sair vencedor da disputa, saiu apedrejado, e eles tão obstinados e duros como as pedras, mas não convencidos. Alexandrinos podemos dizer que eram todos os cinquenta filósofos que hoje se acharam no teatro de Alexandria, mas todos de tão diferentes seitas e escolas como as que já nomeei. O espírito e sabedoria que falava em Catarina reduziu-os a termos que não podiam resistir: "Não podiam resistir à sabedoria e ao Espírito, que falava". Mas a vitória maior e o ponto mais subido dela, foi que se confessassem vencidos e convencidos, não só contra o crédito das próprias opiniões de cada um, mas contra a soberba e arrogância das suas mesmas escolas.

Desta maneira triunfou a nossa sábia vencedora de todas as escolas mais famosas da filosofia gentílica, e assim conseguiu de todos os cinquenta filósofos, com o discurso de poucas horas, o que as sábias do Evangelho não puderam conseguir de uma só néscia em muitos dias de companhia e trato. A primeira vez que Ezequiel viu aquele carro triunfal, chamado da glória de Deus, tiravam por ele quatro animais enigmáticos, compostos de homem, de leão, de águia, de boi (Ez 1,10). Tornou depois o mesmo profeta a ver o mesmo carro, e dos quatro animais, o boi estava transformado em querubim: "Uma face era face de querubim, e a segunda face era face de homem, e no terceiro havia face de leão, e no quarto face de águia" (Ez 10,14). E donde lhe veio ao boi uma tão notável melhora? Veio-lhe da companhia e trato que teve no mesmo carro com o homem e com a águia, para que entendam os que desejam aprender e saber quanto importa ainda aos mais rudes tratar com sábios. O querubim é um rosto humano com asas, e como o boi no carro acompanhava com o homem e com a águia, do homem tomou o rosto, e da águia as asas, e por isso, sendo boi, saiu querubim. O mesmo se pudera esperar das cinco néscias, por mais rudes que fossem; mas foi tão pouco eficaz a companhia e trato das sábias, que todas ficaram tão néscias como dantes eram. Ficou porém reservado o milagre da transformação para o carro triunfal de Catarina com muito maior maravilha da que viu Ezequiel.

E se não, pergunto: por que se transformou ali o boi, e não o leão? A rudeza ou bruteza do leão, como a do boi, ambas são de quatro pés; pois, se o leão igualmente andava junto com o homem e com a águia, por que se não transformou também em querubim? Porque o boi é animal sujeito e humilde, o leão é inchado e soberbo, e, por mais racional que seja o entendimento do homem, e mais sublime que seja a agudeza da águia, onde há inchação e soberba, nem o homem, nem a águia podem introduzir a sua forma. Esta é a alegoria do famoso carro, o qual, para maior glória de Catarina, também hoje transformou os leões. Que eram os cinquenta filósofos, senão outros tantos leões soberbos e inchados com a presunção e arrogância das suas ciências, aos quais lançou o imperador Maximino a Catarina, naquele segundo anfiteatro de Alexandria, como faziam no de Roma. Mas as razões do juízo de Catarina eram tão superiores às de todos os homens, e a agudeza do seu discurso tanto mais penetrante que a de todas as águias, que nenhuma soberba a pode rebater, nenhuma inchação resistir. Sujeitos, pois, e humilhados assim os cinquenta leões, todos com a grenha caída, e todos com a boca tapada, essa mesma sujeição e humildade os fez capazes da forma de querubins, e, transformados nesta nova figura, com pompa jamais vista no mundo, foram os que levaram até o céu o carro triunfal de Catarina, laureado de outras tantas palmas. Eles diante, como sábios vencidos, e ela no trono, como sábia vencedora: vencedora uma de tantos, vencedora mulher de homens, e vencedora sábia de sábios.

§ IX

Tenho acabado o meu discurso, e não sei se satisfeito ao que prometi. Seguia-se agora a peroração e exortar nela os ouvintes, como se costuma, à imitação da santa: mas a nossa sábia vencedora, assim na sabedoria como nas vitórias, é inimitável. O que só posso, e desejo aconselhar, é que todos os estudiosos e doutos, já que não podem imitar a santa vencedora, imitem os filósofos vencidos. Duas coisas tiveram insignes estes famosos catedráticos: a primeira, a docilidade, a segunda, a constância. A docilidade; com que se renderam à verdade conhecida da doutrina de Catarina, e a constância firme até a morte com que defenderam a mesma verdade, apesar e a despeito do imperador.

Quem não é dócil, senhores, não pode ser douto; antes, a mesma docilidade é um sinônimo da ciência. Disse Deus a Salomão que pedisse o que quisesse, porque tudo lhe concederia. O que pediu foi docilidade: "Darás a teu servo um coração dócil" (3Rs 3,9). E o que o Senhor lhe concedeu foi a maior sabedoria que nunca teve nem terá outro homem: "Eu te dei um coração tão sábio e inteligente que nenhum, antes de ti, te foi semelhante, nem se levantará outro depois de ti" (3Rs 3,12). Pois, se Deus tinha prometido a Salomão que lhe daria o que pedisse, e ele pediu docilidade, como lhe deu ciência? Por isso mesmo. Porque docilidade e ciência são a mesma coisa, e não podia Deus, segundo a sua promessa, deixar de lhe dar ciência, tendo ele pedido docilidade. Assim lho disse o mesmo Deus: "Eis que eu te fiz de acordo com tuas palavras" (3Rs 3,12). A ciência nenhuma outra coisa é que o conhecimento claro de muitas verdades, umas em si, que são os princípios, e outras que delas se seguem, que são as conclusões. E aqueles que não têm docilidade — como são os tenazes do próprio juízo, e ferrados à sua opinião — ainda que a verdade se lhes represente, não são capazes de a receber. Por isso estes tais cada vez sabem menos, e todas as vezes que a opinião passa a erro, perseveram nele. O mesmo havia de suceder aos filósofos de Santa Catarina, persistindo e obstinando-se mais nos erros das escolas que seguiam e em que foram criados; mas a sua docilidade, que é o que só tinham de sábios, foi a que lhes tirou dos olhos o véu da cegueira, com que conheceram claramente a verdade, e, conhecida, a abraçaram e defenderam.

Nesta defesa consistiu a sua admirável constância, conservando-se firmes no maior perigo e invencíveis na maior tentação em que costumam fraquear e cair os doutos. Qual vos parece que é a maior e mais forte tentação em que se pode ver um homem letrado? A maior tentação de um letrado é conhecer a inclinação, a vontade e o empenho do rei, e não torcer da verdade, nem acomodar as suas letras ao que ele quer. E neste ponto tão árduo e dificultoso é que se provou a constância dos cinquenta filósofos verdadeiramente sábios e doutos, depois que, na escola de Santa Catarina, aprenderam o que não sabiam e conheceram a verdade. A vontade e empenho do imperador Maximino era que pugnassem pela divindade de seus falsos deuses e defendessem sua adoração; mas eles, sendo chamados e escolhidos a esse fim, e conhecendo a vontade e empenho do imperador, e o risco a que se expunham de cair na sua desgraça e nas mãos da sua crueldade enfurecida, antes quiseram perder a vida e ser lançados, como foram, em uma fogueira, que desdizer nem torcer um mínimo ponto do que entenderam que era verdade.

Oh! que ditosas seriam as repúblicas, que veneráveis as universidades e que bem-aventurados os mestres e doutores delas, se imitassem a verdade, o valor e a constância destes filósofos! "Bem-aventurado o homem que não anda segundo o conselho dos ímpios, nem se detém no caminho dos pecadores, nem se assenta na cátedra da peste" (Sl 1,1).[8] Estas são as primeiras palavras com que Davi, rei e profeta, deu princípio ao Livro dos Salmos, cheios de tão altos mistérios, sendo muito digno de se notar que os homens, também primeiros, de que falou, fossem os doutores e catedráticos. — Bem-aventurados, diz, os que não ajuntarem o seu voto ao conselho dos ímpios, os que não assistirem e defenderem o caminho dos pecadores, e os que se não assentarem na cadeira da peste. E se os que isto fazem, são por isso bem-aventurados, os que fizerem o contrário, que serão? As cadeiras das universidades, ainda que sejam de Teologia, de Leis, de Cânones, todas são de Medicina, porque todas se ordenam à saúde pública. E que seria se os catedráticos da saúde se trocassem "em catedráticos da peste"? Pois, saibam que tais são os que, tentados da ambição, da lisonja ou do temor, em lugar de desenganarem com a verdade aos príncipes que os consultam, se deixam enganar do seu ou de outros respeitos, e o que eles desejam ou pretendem, isso respondem que é justo. Mudam as leis como as velas, segundo o vento que corre, dissera eu; mas Davi o declarou com comparação mais vil, e por isso mais própria, dizendo que "se deixam levar do mesmo vento como o pó da terra" (Sl 1,4). Os que são ou podem ser tentados desta tentação ouçam ao grande Teodoreto na exposição deste mesmo texto: "Quando o vento da tentação soprar, os doutores inconstantes serão considerados como o pó da terra, dispersos daqui e dali segundo a vontade dos dinastas".[9] A tentação é a esperança ou o temor; os doutores inconstantes são o pó solto e leve; a vontade ou inclinação dos dinastas é o vento; e o voto, a sentença e a interpretação das leis, o que eles querem ou se presume quererem. E por esta perversão das letras e dos letrados, as mesmas universidades e cadeiras, donde havia de manar a saúde pública, vêm a ser o veneno, a ruína e a peste dos reinos: "Cátedra da peste".

Se eu pregara onde agora me não querem ouvir, não deixara de representar aos reis, ou a seus ministros, o exemplo nunca assaz louvado de Baltasar, e o prêmio que tirou Daniel da verdade e constância com que lhe interpretou as suas letras. Continha-se nelas não menos que a morte do rei, a perda da coroa imperial e a sujeição de toda a monarquia a seus inimigos; e não lhe restando a Baltasar mais que poucas horas de vida, na mesma em que lhe anunciou Daniel uma tão funesta sentença, o mandou vestir de púrpura e levantar à maior dignidade. Assim premiou um tal desengano quem tão enganado vivia. Mas esta generosidade e justiça de um rei gentio falta hoje em muitos príncipes cristãos e desejosos de parecer justos, os quais antes querem imitar ao imperador Juliano, tão apóstata da verdade, da razão e da sua mesma coroa, como o tinha sido da fé. Tendo frequentado Juliano a Universidade de Atenas, e prezando-se de douto, só estimava e premiava aqueles letrados que não conheciam outra lei mais que a da sua vontade. Assim o escreve dele seu antigo condiscípulo, São Gregório Nazianzeno: "Cativando os outros com honras, certamente aqueles que nenhuma lei conheciam senão a vontade do príncipe".[10] E onde os professores das letras têm os aumentos seguros na adulação e perigosos na verdade, vede se lhes é mais necessário serem jubilados na constância que graduados nas ciências?

Sobre esta injustiça dos prêmios ainda acresce outra maior e que mais reforça a tentação. E qual é? É que estes hereges das leis — ainda que sejam canônicas — são os aplaudidos de letrados e os reputados por doutos; e, pelo contrário, os que defendem a razão e pugnam pela verdade, ficam tidos por idiotas e ignorantes, como ficaram os nossos filósofos na opinião de Maximino e dos seus aduladores. Esta circunstância de tentação, como dizia, é a mais forte, e, para ânimos generosos, a mais sensível, quanto vai do interesse à honra. Mas, para que todo o letrado cristão não tema o boato destas opiniões, posto que coroadas, e vença a vaidade delas com a verdade, tome na memória uma só sentença, com que acabo, digna de se mandar gravar com letras de bronze em todas as universidades do mundo: "Guarda-te de querer ser tido por sábio no conceito dos reis" (Eclo 7,5). — E de quem é este conselho, este aviso e esta cautela? Não é menos que do Espírito Santo, por boca do Eclesiástico, para que ninguém a duvide. Mas, se o que mais estimam os homens, e por que mais trabalham, assim na paz como na guerra, é que os reis tenham boa opinião deles, que razão particular há nos sábios para que a não queiram? A razão é porque os reis — comumente — não têm por doutos e sábios senão aqueles que em tudo aprovam e se conformam com os seus ditames e interesses políticos, e com as razões ou pretextos com que os querem justificar, e como isto muitas vezes não pode ser sem ofensa das leis divinas e violência das humanas, melhor é para os tais casos ser reputado por menos douto, e não ter para com os reis opinião de sábio: "Guarda-te de querer ser tido por sábio no conceito dos reis". E notai que não só diz o Espírito Santo: não queiras ter tal opinião com os reis, mas o que diz é: "não queiras querê-la ter", isto é, "não queiras querer". De sorte que não só proíbe o desejo, senão o desejo do desejo; nem só proíbe a vontade, senão a vontade da vontade: "Não queiras querer" porque, se quem não quer, está longe de desejar, quem não quer querer, ainda está mais longe. E tão longe como isto deve estar "todo o sábio de querer parecer sábio diante dos reis".

Isto é o que todo o sábio deve não querer querer; e queira Deus que todos não queiram, assim como não quiseram todos os filósofos que Santa Catarina fez, não só verdadeira, mas constantemente sábios. A mesma sábia vencedora, pela grande valia que tem com Deus, alcance a todos os presentes esta fortaleza e constância, para que, vencedores de tão grave tentação, e perseverando até a morte na mesma vitória, mereçam ser admitidos, com os que ela ensinou, à companhia e glória de seu triunfo. Amém.

## SERMÃO DE

# Dia de Ramos

*Pregado na Matriz do Maranhão.*
*Ano 1656.*

∽

"E outros cortavam ramos de árvores,
e estendiam com eles a passagem."
(Mt 21,8)

---

No início da Semana Maior, a Sancta Sanctorum do tempo, Vieira propõe o que deve fazer todo cristão para que a Semana seja Santa. Passado o dilúvio de misericórdia, o tempo da Quaresma, ele retoma os principais textos evangélicos lidos nesses dias com as suas lições e advertências. Agora e não depois são os dias da salvação. Os ramos de palma e de oliveira "falam" de paciência e compaixão. Cristo nos mereceu em seu corpo e em sua alma. Acompanharemos seu santíssimo corpo padecendo alguma coisa em todos os cinco sentidos, à imitação de seus sofrimentos. E acompanharemos a sua alma compadecendo-nos na meditação de suas dores, perguntando-nos: Quem padece? Que padece? Por que padece? Lembremo-nos de suas dores, penas, chagas e, sobretudo, lembremo-nos de seu amor. Depois de advertir os soldados sobre as casas de jogos pede que o comportamento de todos seja silencioso, modesto e devoto.

§ I

Como Deus não se agrada de afetos súbitos, senão de corações preparados, maravilhosas são as disposições, cada vez maiores e mais estreitas, com que a Igreja Católica, nossa mãe, governada pelo Espírito Santo, de muito longe nos começou a preparar, e foi preparando sempre, para que chegássemos dignamente a este dia, e entrássemos como convém nesta sagrada semana. Para chegar ao "Sancta Sanctorum" [Santo dos Santos], que era o lugar mais sagrado do templo de Jerusalém, traçou Deus a entrada com tal artifício, que primeiro se passasse por três estâncias, tão misteriosas no sítio como na medida, porque quanto eram mais interiores, tanto se estreitavam mais. A primeira e a segunda se chamavam átrios, e a terceira propriamente templo. Por estes como degraus de reverência e culto, e com todas estas disposições de sempre maior recolhimento e aperto, se chegava finalmente ao *Sancta Sanctorum;* e com as mesmas quer e ordenou a Igreja que entrássemos nós à Semana Santa, porque assim como o *Sancta Sanctorum* era o lugar mais sagrado do templo, assim a Semana Santa é o *Sancta Sanctorum* do tempo.

As três estâncias que o precedem, e já passamos, tanto mais estreitas quanto mais interiores, foram, a primeira, desde a Septuagésima até a Quaresma; a segunda, do princípio da Quaresma até a Dominga próxima, chamada da Paixão; a terceira, da mesma Dominga da Paixão até o dia presente. Na entrada da Septuagésima se começaram a enlutar os altares, e cessaram no canto eclesiástico as aleluias, sendo esta cerimônia exterior o primeiro prelúdio ou reclamo da penitência, para que não dissolutos, mas compungidos, entrássemos no tempo santo da Quaresma. Começou a Quaresma com a memória da cinza e do pó que somos, e com o jejum universal; continuou com tanta frequência de sermões, com tantas procissões de modéstia, compunção e piedade cristã, com tantas mortificações secretas e públicas, e com tanta efusão violenta do próprio sangue; e, não se dando por satisfeita com todas estas demonstrações, a Igreja, para maior representação de sua justa dor e tristeza, na Dominga proximamente passada, correu totalmente as cortinas aos altares, e até as imagens sacrossantas de Cristo crucificado nos encobriu e escondeu com aquele véu negro, para que, eclipsado assim e escurecido o Divino Sol de nossas almas, chegássemos com maior assombro e santo horror aos dias em que somos entrados.

Os antigos, como se lê em São Bernardo, chamavam a esta semana a Semana Penosa, pelos tormentos e penas que Cristo nosso Redentor nela padeceu, e pelo sentimento e dor com que nós as devemos corresponder e acompanhar. A Igreja universal lhe chama a Semana Maior, porque nela se consumaram os maiores mistérios de nossa Redenção, os maiores excessos do amor e misericórdia divina, o maior e mais tremendo exemplo de sua justiça. Nós, em significação de todas estas coisas juntas, chamamos vulgarmente à mesma semana a Semana Santa; mas não sei se as nossas ações e exercícios nela respondem às obrigações de tão sagrado nome. Ora eu, tão escandalizado do que algumas vezes acontece como zeloso do que é bem se veja e reconheça em todos estes santos dias, o assunto que somente vos determino pregar hoje é este: que deve fazer todo o cristão para que a Semana Santa seja santa? A matéria, nem pode ser mais pia, nem mais útil, nem mais própria da ocasião, se aquele Senhor, que hoje chorou sobre a cidade de Jerusalém, puser seus divinos olhos na nossa, e nos assistir com sua graça. Peçamo-la por intercessão da Virgem Senhora, com tão devoto afeto de nossos corações que a mereçamos alcançar. *Ave Maria*.

## § II

Santo Agostinho, São Basílio e São Pedro Crisólogo comparam os quarenta dias da Quaresma aos quarenta dias do Dilúvio universal. Naquele dilúvio esteve Deus quarenta dias chovendo castigos; neste está outros quarenta dias chovendo misericórdia. Mas somos os homens tão protervos, que nem por bem nem por mal pode Deus conosco: os castigos não nos emendam, as misericórdias não nos abrandam. Barro, enfim. Assim como o barro se endurece com os raios do sol, assim nós com os favores do céu não nos abrandamos, antes nos endurecemos mais. O mesmo que lhes sucedeu àqueles antigos homens no primeiro dilúvio, nos acontece a nós neste segundo.

Começou a chover o dilúvio de Noé: alagaram-se na primeira semana os vales e os quartos baixos dos edifícios: subiram-se os homens aos quartos altos; choveu a segunda semana, venceram as águas os quartos altos: subiram-se aos telhados; choveu a terceira semana; sobrepujou o dilúvio os telhados: subiram-se às torres; choveu a quarta semana; ficaram debaixo das águas as torres e as ameias mais altas: subiram-se aos montes; choveu a quinta semana; ficaram também afogados os montes: subiram-se finalmente às árvores, e assim estavam suspensos e pegados nos ramos. Postos neste estado, os homens já não tinham para onde subir, e não lhes restava mais que uma de duas: ou nadar ou acolher-se à Arca, ou deixar-se afogar e perecer no dilúvio. Oh! se nos víssemos bem neste grande espelho! E quantos de nós estamos hoje no mesmo estado! Desde o princípio da Quaresma começou Deus a querer-nos conquistar as almas, e nós sempre a retirar e a fugir de Deus de semana em semana. Passou a primeira semana da Quaresma, guardamo-nos para a segunda; passou a segunda, deixamo-nos para a terceira; passou a terceira, esperamos para a quarta; passou a quarta, dilatamo-nos para a quinta; passou a quinta, apelamos para a sexta; já estamos na sexta e na última semana deste dilúvio espiritual; já estamos, como os do outro dilúvio, com as mãos nos ramos das árvores, ou com os ramos das árvores nas mãos: "Cortavam ramos das árvores" (Mt 21,8).

Em dia de ramos estamos, e chegados a este dia e a esta semana precisa, em que não há já para onde retirar, que é o que nos resta? Ou afogar e perecer, ou resolver e nadar para a Arca. Os daqueloutro dilúvio não podiam nadar nem salvar-se na Arca de Noé, uns porque estavam muito longe, outros porque não sabiam dela, e todos porque a Arca não tinha mais que uma porta, e essa estava fechada por fora, e tinha Deus levado as chaves, como diz o texto. Cá no nosso dilúvio não é assim. O Noé é Cristo, Salvador e reparador do mundo; e a Arca em que salvou o gênero humano é a sua cruz. Assim lhe chama a Igreja no hino corrente deste tempo: "E apenas tu, Arca, foste digna de preparar o porto para o mundo naufragado". O antigo Noé não tinha porta por onde recolher os que se quisessem valer da Arca; mas o nosso Noé divino está com cinco portas abertas, e abertas em si mesmo, para recolher e salvar todos os que se quiserem valer dele e de sua cruz. Oh! que diferente dilúvio é este daquele! Naquele morreram todos os homens, e salvou-se só Noé; neste morreu e afogou-se só o divino Noé: "Cheguei ao alto mar e a tempestade me submergiu" (Sl 68,3), para que todos os homens se salvem. Os que pereceram naquele dilúvio são os que não se quiseram persuadir, e se foram dilatando até que não tiveram remédio. E será bem que nós, chegados a este dia, ainda nos dilatemos mais, e pereçamos como eles? Perecer não, cristãos, pelo que nos merece o amor de Cristo e suas santíssimas chagas. Aproveitemo-nos ao menos destes poucos dias da Semana Santa, já que dos de toda a Quaresma nos não soubemos aproveitar.

Diz São Basílio Magno que os anjos de cada cidade, desde o princípio da Quaresma, vão escrevendo em um livro os que jejuam e os que não jejuam. Assim como os párocos no mesmo tempo tomam a rol todos os fregueses, para lhes pedirem conta da confissão e comunhão, assim o fazem os anjos para a tomarem do jejum. Mas além destes dois livros, ainda há outro terceiro, de que muito mais dificultosamente nos havemos de desobrigar. E que livro é este? É o que vedes naquele altar. O primeiro livro é o do pároco; o segundo o do anjo; o terceiro o de Cristo. Em todos os dias da Quaresma nos manda Cristo ler um novo Evangelho — o que não se faz nos outros dias do ano — e por este diário da doutrina Cristã havemos de ser também examinados todos os que nos chamamos cristãos. Ouvi ao profeta Davi, falando deste livro em nome da Igreja universal, que daquele altar e desta cadeira nos lê estas lições tão mal aprendidas: "Os vossos olhos, Senhor — diz a Igreja — veem as minhas imperfeições, isto é, as imperfeições daqueles de que eu me componho — que são os cristãos —; todos se escreverão no vosso livro; formar-se-ão os dias, e ninguém neles" (cf. Sl 138,16).

O lugar é escuro, mas admirável. Que tenha Deus livro em que se escrevam os defeitos e pecados de todos, e os nomes de todos os que os cometem, e os dias em que se cometem, é coisa muito sabida e vulgar nas Escrituras. Mas que dias são estes que "se chamam formados, e nos quais ninguém se acha". São propriíssimamente os dias da Quaresma, em cada um dos quais nos propõe Cristo uma forma particular do Evangelho, pela qual forma, como por exemplar e ideia de nossas ações, nos devemos nós também formar e reformar, que esse é o intento deste tempo santo. E porque geralmente ninguém se reforma nem conforma com o que se lhe propõe no Evangelho daquele dia, por isso diz o profeta que "os dias se formam, e ninguém se acha neles". De sorte que "ninguém" refere-se ao "se formam", como se dissera: "Os dias se formam, e ninguém se acha neles, isto é, ninguém se forma". Os dias dão a forma, e ninguém se conforma com ela, porque, sendo a forma de cada Evangelho ordenada cada dia à reformação de cada vício, em vez de se ver a emenda e reformação, continuam as mesmas deformidades, e pode ser que maiores.

Oh! se aqui aparecera agora este livro como está notado e cotado na mente divina, se se abrira este livro diante de todos, e se começara a ler publicamente o que cada um fez ou deixou de fazer nesta Quaresma, que vergonha havia de ser, e que confusão a de muitos, quando se fossem confrontando dia por dia a forma dos Evangelhos e a deformidade das vidas! Veio um primeiro dia da Quaresma, veio uma Quarta-feira de Cinza, pôs-nos a Igreja diante dos olhos não só a memória, senão a mesma morte, e quantos houve que mudassem de vida? Veja-se o livro neste dia: "Os dias se formam, e ninguém se acha neles". Passou o dia, e ninguém se achou escrito nele. Continuamos na mesma vida, como se ela nunca houvera de acabar, e tão esquecidos da conta, como se Deus no-la não houvera de pedir. Chegou uma primeira sexta-feira de Quaresma, leu-se aquele admirável Evangelho do amor dos inimigos, e quantos houve que deixassem os ódios, quantos que se arrependessem dos propósitos da vingança, quantos que se reconciliassem e se pedissem perdão? "Os dias se formam, e ninguém se acha neles". Passou o dia, e os ódios não passaram: ainda fulano se não corre com fulano, ainda se não falam, ainda se não saúdam, ainda inimigos, ainda escandalosos, ainda não cristãos, como de antes. Chegou o Domingo das Tentações, vimos como Cristo no-las ensinou a vencer com tanto despego, sendo tão naturais, e com tanta resolução, sendo tão fortes; mas quantas vitórias alcançamos depois disso contra o demônio? "Os dias se formam, e ninguém se acha neles". O demônio sempre vencedor, e vencedor sem batalha, porque onde o pecar é hábito, não há resistência. Tantas vezes vencidos; quantas tentados, e o que pior é, antes de tentados, vencidos não sendo já necessário ao demônio tentar a muitos, porque eles são os que buscam as tentações e os piores tentadores.

Chegou o segundo Domingo da glória: vimos transfigurado a Cristo, e arrebatado a São Pedro no Monte Tabor. E quem houve que por saudades do céu se despegasse um pouco da terra? Também em tal dia folha em branco: "Os dias se formam, e ninguém se acha neles". Tão apegados à terra, tão cegos, tão enterrados e tão toupeiras nela, como se o céu não fora criado para nós, nem nós para ele; e como se o Filho de Deus o não comprara para nós com seu próprio sangue. Chegou o terceiro Domingo do Diabo Mudo, e quantos houve que aprendessem a saber calar os pecados alheios, e a confessar, como convém, os próprios? "Os dias se formam, e ninguém se acha neles". Ainda aquele miserável, ainda aquela mesquinha, que traz encoberto o pecado há tanto tempo, se não deliberou a o confessar, acrescentando em cada confissão fingida um novo sacrilégio, sem reparar que é justo juízo de Deus, provado com muitos exemplos, que falte a fala e a confissão na morte a quem a não faz como deve na vida. Chegou finalmente uma sexta-feira de Lázaro ressuscitado de quatro dias, e que moço ou velho houve que, à sua imitação, se levantasse da sepultura, em que podres de seus vícios jazem há tantos meses, e pode ser que tantos anos? Chegaram os dias da conversão da Samaritana e da Madalena, uma de baixa condição, outra nobre e senhora, e que mulher houve perdida, ou arriscada a se perder, que reparasse na sua mesma perdição, e abrisse os olhos à sua cegueira? "Os dias se formam, e ninguém se acha neles". Ainda continuam os mesmos pensamentos e malditos cuidados, ainda as mesmas correspondências, ainda as mesmas ocasiões, ainda as mesmas torpezas, ainda os mesmos escândalos, e ainda continua e arde o mesmo fogo para se continuar no do inferno.

Eis aqui, cristãos, como muitos de vós tendes passado a Quaresma, perdendo tantos dias em que pudéreis abrir os olhos, e em que pudéreis entrar dentro em vós, cerrando sempre os ouvidos às vozes do céu, e fechando os corações às inspirações divinas. Os dias que passaram já não podem tornar, nem têm remédio; os que estão por vir daqui até quinta-feira — que é a última reserva das consciências mais descuidadas — não são mais que três dias; vede se será bem que até estes deixemos passar debalde, e que nem de um prazo tão estreito nos aproveitemos.

Vomitado da baleia, como muitas vezes ouvistes, o profeta Jonas nas praias de Nínive, entrou por aquela grandíssima cidade pregando ou apregoando a altas vezes: "Daqui a quarenta dias Nínive se há de subverter" (Jn 3,4). Assim se lê no texto sagrado da Bíblia, chamada Vulgata, de que hoje usa a Igreja. Porém os Setenta intérpretes, que também são autores canônicos, em lugar de quarenta dias, põem somente três, e dizem que disse Jonas: "Daqui a três dias Nínive se há de subverter". — Todos estais vendo o encontro destas duas escrituras e a dificuldade delas, porque se é certo que Jonas disse daqui a quarenta dias, como pode concordar com a mesma verdade que dissesse: daqui a três? S. Isidoro Pelusiota soltou admiravelmente a dúvida, e diz que uma e outra coisa disse o profeta, não no mesmo, senão em diferentes tempos. Quando começou disse: daqui a quarenta dias; quando acabou, disse: daqui a três. Foi o caso desta maneira. Entrou Jonas o primeiro dia pregando e dizendo: Daqui a quarenta dias se há de subverter Nínive — e muitos dos Ninivitas zombaram do que dizia o estrangeiro. Amanheceu o segundo dia, continuou o profeta a mesma pregação, mas diminuindo um dia, que era o que já tinha passado, e disse assim: Daqui a trinta e nove dias se há de subverter Nínive; porém os que não tinham feito caso dos primeiros brados, também o não fizeram dos segundos. Amanheceu o dia terceiro, foi por diante Jonas com sua pregação; daqui a trinta e oito dias se há de subverter Nínive; e os maus ouvintes como dantes. Passaram dez dias, passaram vinte, passaram trinta, e Jonas sempre diminuindo, até que finalmente chegaram os dias a ser trinta e sete; então disse o profeta o que referem os Setenta intérpretes: "Daqui a três dias Nínive se há de subverter" — porque estes só faltavam para cumprimento do prazo que Deus lhe tinha dado. Vendo pois os rebeldes que já lhes não restavam mais que três dias, ainda que até ali tinham estado tão obstinados e insensíveis, o mesmo aperto do tempo os fez entrar em si. Consideraram que a ameaça do profeta era muito conforme a suas culpas, creram que as vozes daquele homem verdadeiramente eram de Deus, e, reconhecendo de perto o mesmo perigo, em que não reparavam quando se lhes representava mais longe, resolveram-se de todo o coração a se converter. Cobrem as cabeças de cinza, vestem-se de cilício, publicam jejum universal, em que ninguém comesse bocado, prostram-se por terra, batem os peitos, choram e clamam ao céu, e desde o rei até o menor da cidade, desde os homens até os animais do campo, fizeram aquela tão celebrada e tão notável penitência, com que mereceram que Deus levantasse o castigo e lhes perdoasse.

Os ninivitas eram gentios; nós por graça de Deus somos cristãos. Cada cidade é uma Nínive grande, cada casa uma Nínive pequena e cada alma uma Nínive maior que ambas. Ainda que em todos os dias nos podemos converter a Deus, o tempo que sua divina misericórdia nos sinalou particularmente para a penitência dos pecados são "os quarenta dias da Quaresma". O dia maior destes quarenta, e em que todos, ou por verdadeira devoção, ou por costume e cerimônia, nos lançamos geralmente aos pés de Cristo e lhe pedimos perdão em um Sacramento e o recebemos em outro, é o dia de Quinta-feira de Endoenças. Neste grande dia, segundo a disposição de cada um, ou se convertem ou se subvertem as Nínives; ou se convertem ou se perdem as almas, como se perdeu a de Judas. Lançai agora a conta aos dias que nos restam para este último, e achareis que somos chegados a termos que não são já mais que três: "Ainda três dias". Oh! que desgraça seria tão indigna do caráter e piedade cristã, se os que imitaram aqueles gentios em se dilatar, os não imitarem, posto que tarde, em se converter! Os ninivitas, diz Cristo que se hão de levantar no dia do juízo e acusar aquele povo duro e incrédulo, a quem o Senhor pregava e não se convertia. Por reverência do mesmo Cristo, que não queiramos nós também que se levantem contra nós. Se os ninivitas, sem fé nem Batismo, se o seu rei, que era Sardanapalo, o mais vicioso de todos os homens, vendo-se reduzidos a um termo tão apertado, conheceram o seu perigo, e por meios tão extraordinários lhe buscaram remédio, nós, a quem Deus com os braços abertos, há tantos dias no-lo está oferecendo tão fácil, por que o desprezaremos?

Acabemos de nos desenganar, antes que se acabe o tempo: "Eis aqui agora o tempo aceitável" (2Cor 6,2). Acabemos de tratar da salvação, antes que se fechem as portas da misericórdia: "Eis aqui agora o dia da salvação" (2Cor 6,2). Ou fazemos conta de nos converter deveras a Deus alguma hora, ou não: se não fazemos esta conta, para que somos cristãos? Por outro caminho mais largo podíamos ir ao inferno. Mas se nenhum há tão rematadamente inimigo de sua alma, que ao menos não tenha tenção de algum dia a tirar do poder do demônio e a dar a Deus, quando há de ser este dia? Que dia, ou que dias mais a propósito podemos ter ou esperar que estes da Semana Santa? Que dias mais a propósito para pedir a Deus perdão dos pecados, que aqueles mesmos dias em que Deus se pôs em uma cruz por meus pecados? Que dias mais a propósito para alcançar e ter parte nos merecimentos do sangue de Cristo que os dias em que se está derramando o mesmo sangue? Agora, agora, e não depois, "é o tempo aceito a Deus". Estes dias, estes, e não os futuros, incertos e enganosos, "são os dias da salvação".

## § III

Suposto pois, cristãos, que este é o tempo, e suposto que os dias são tão precisos que não temos outros para que apelar, o que resta é recuperar o perdido, e que nos aproveitemos deles com tais atos de verdadeira contrição e devoção, que esta Semana Santa, como o é em si, seja em nós também santa. Os ramos que cortaram das árvores os que hoje saíram a receber a Cristo: "Cortavam os ramos das árvores", posto que São Mateus não declare quais fossem, São João diz que eram de palma, e São Lucas de oliveira. E com os dois afetos que estes ramos significavam, devemos nós seguir e acompanhar o Senhor em todos seus passos, oferecendo estes humildes obséquios a seus sacratíssimos pés, que isto quer dizer: "E estendiam com eles a passagem" (Mt 21,8). A palma é símbolo da paciência, como a oliveira da misericórdia e compaixão; e tais eram os dois mistérios que encerrava o aparato e diferença daqueles ramos: padecer e compadecer. Desta maneira receberemos e acompanharemos a nosso bom rei e Redentor muito melhor que a ingrata e inconstante Jerusalém, se não só hoje, mas todos estes dias padecermos alguma coisa com ele, e nos compadecermos dele. Tudo resumiu São Paulo a uma só palavra, quando disse: "Se é que todavia nós padecemos com ele" (Rm 8,17). Uma coisa é compadecer e outra padecer com: compadecer, é compadecer dele; padecer com, é padecer com ele; e tanto nos merecem a paciência as suas penas como a compaixão o seu amor. Toda a sua sagrada humanidade do corpo e alma de Cristo nos mereceu sempre muito, mas nunca tanto como nestes dias: padecendo na imitação de seus tormentos, acompanharemos seu santíssimo corpo, e compadecendo-nos na meditação de suas dores, acompanharemos sua santíssima alma.

Digo pois, quanto ao corpo, que havemos nesta semana de procurar padecer alguma coisa em todos os cinco sentidos, assim como Cristo padeceu em todos. Adão e Eva, em um só pecado, pecaram com todos os cinco sentidos. Pecaram com o ouvir, ouvindo a serpente; pecaram com o ver, olhando para a fruta; pecaram com o palpar, tirando-a; pecaram com o cheirar, cheirando-a; pecaram com o gostar, comendo-a. Com todos os cinco sentidos pecaram nossos primeiros pais, e nós, tão herdeiros de suas misérias como de suas culpas, em todos pecamos infinitas vezes. E como Cristo vinha pagar pelo pecado de Adão e pelos nossos, quis padecer também em todos os cinco sentidos.

Padeceu no sentido de ver, vendo fugir a todos seus discípulos: vendo que um o entregou tão aleivosamente; vendo que outro o negou três vezes; vendo-se atar e levar preso, e a tantos tribunais; vendo-se tapar os olhos; vendo-se despir no Pretório, e estar despido no Calvário tantas horas à vista de todo o mundo e no meio de dois ladrões; sobretudo, vendo a desconsolada Mãe ao pé da cruz, em cujo coração e em cujos olhos estava outras três vezes crucificado. Finalmente, vendo os meus pecados e os vossos, com que tão ingratos havíamos de ser a tanto amor, que todos naquela hora lhe eram presentes.

Padeceu no sentido do ouvir, ouvindo o Deus te salve aleivoso da boca de Judas; ouvindo os crimes e testemunhos falsos com que foi acusado; ouvindo as vozes e brados com que os mesmos que hoje o aclamaram rei lhe pediam a morte; ouvindo a sentença com que o iníquo juiz o entregou à vontade de seus inimigos; ouvindo o pregão de malfeitor e alvorotador do povo; ouvindo as injúrias e blasfêmias dos príncipes dos sacerdotes na cruz, e as dos mesmos ladrões que com ele estavam crucificados, e não ouvindo em todo este tempo uma só palavra de consolação aquele mesmo Senhor que com palavras e obras tinha consolado a tantos.

Padeceu no sentido do olfato, ou de cheirar, porque morreu entre os ascos e horrores do Monte Calvário, chamado assim das caveiras e ossos dos malfeitores que ali se justiçavam, os quais, ou porque os enterravam mal os algozes, ou porque depois os desenterravam os cães, estavam espalhados por todo o monte, e de mistura com a corrupção do sangue faziam aquele infame lugar horrendo, hediondo, asqueroso e insuportável ao cheiro. E como divino pagador de nossos pecados, não só escolheu o gênero da morte, senão também a circunstância do lugar, para satisfazer nele pelos excessos do olfato, quis que fosse tão infeccionado e mal-cheiroso.

Padeceu no sentido do gosto, não só pelo fel e vinagre que lhe deram a beber, senão muito mais por aquela ardentíssima sede, maior incomparavelmente que todos os outros tormentos, porque só ela obrigou ao pacientíssimo Redentor a pedir alívio. Mas podendo mais o desejo de padecer por nós que a força da natureza na humanidade enfraquecida e exausta, provou o azedo do vinagre e o amargoso do fel, para mortificar o gosto, e não quis levar para baixo o úmido, para não moderar o ardor nem aliviar a sede.

Padeceu, finalmente, no sentido do tacto, não ficando em todo o sagrado corpo parte alguma que não fosse martirizada com particular tormento. Padeceu nos braços as cordas e cadeias, no rosto as bofetadas, na cabeça a coroa de espinhos, nos ombros o peso da cruz, nas costas os milhares de açoites, nas mãos e nos pés os cravos, e em todos os ossos, em todos os nervos, em todas as veias, em todas as artérias a suspensão, a aflição, a violência mais que mortal de estar três horas no ar pendente de um madeiro até expirar nele.

Pois, se estes são os dias em que o meu Deus padeceu tão cruelmente em todos os cinco sentidos, e tão amorosamente por mim, não será justo que eu também em todos os sentidos padeça alguma coisa por ele? Nenhum coração me parece que haverá tão ingrato e tão insensível, que se não deixe mover desta razão: diz São Paulo. "O que Cristo Jesus sentiu em si, devemos nós sentir em nós" (Fl 2,5) — ele por amor de nós e nós por amor dele. E se a vossa devoção deseja saber e me pergunta de que modo poremos em prática este recíproco sentimento, mortificando-nos também em todos os nossos sentidos, digo primeiramente que mortifiquemos o ver, andando nestes dias com grande modéstia e recato, e negando aos olhos as vistas de todas as criaturas, e apartando-os principalmente daquelas que mais nos agradam e mais nos apartam de Deus. Os olhos têm dois ofícios: ver e chorar, e mais parece que os criou Deus para chorar que para ver, pois os cegos não veem e choram. Já que tantos dias damos aos olhos para ver, já que tão cansados andam os nossos olhos de ver, não lhes daremos alguns dias de férias, para que descansem em chorar? Chorem os nossos olhos os nossos pecados nestes dias, e chorem muito em particular o não haverem antes cegado que ofendido a Deus. Ah! Senhor, quanto melhor fora não ter olhos, que ter-vos ofendido com eles!

O sentido de ouvir mortificá-lo-emos retirando-nos esta semana de todas as práticas e conversações, não só ilícitas e ociosas, mas ainda das lícitas. Troquemos o ouvir pelo ler, lendo todos estes dias algum livro espiritual em que Deus nos fale e nós o ouçamos. A quem não está muito exercitado no orar, é mais fácil o ler, e muitas vezes mais proveitoso. Na oração falamos nós com Deus; na lição, fala Deus conosco. E de quantas coisas — que fora melhor não ouvir — ouvimos todo o ano aos homens estes dias ao menos, bem é que ouçamos a Deus.

No sentido do olfato pouco têm que mortificar os homens nesta terra, porque não vejo nela este vício. Nas mulheres, se nelas há alguma demasia, lembrem-se que nesta semana derramou a Madalena os seus cheiros e os seus unguentos aos pés de Cristo. E para os aborrecerem e detestarem para sempre, saibam que a última disposição da morte do mesmo Senhor foram estes cheiros. Porque a Madalena derramou os unguentos, se excitou a cobiça de Judas; porque em Judas se excitou a cobiça, tratou da venda: porque vendeu a seu Mestre, o prenderam e o mataram. Por isso o Senhor — disse e este é o sentido literal: "Derramando ela este bálsamo sobre o meu corpo, foi para me sepultar" (Mt 26,12), como se dissera: Estes unguentos são para a minha sepultura, porque destes unguentos se me há de ocasionar a morte.

O sentido do gosto, ainda que se tenha mortificado por toda a Quaresma com o jejum ordinário, nestes dias é bem que haja para ele alguma particular mortificação. Muitos santos do ermo passavam esta semana inteira sem comer; e pessoas de mui diferente estado, não no ermo, senão nas cortes, passam em jejum de quinta-feira até sábado. Nos maiores dias desta semana é estilo das mesas dos grandes príncipes não se porem nelas mais que ervas; para estes dias se fizeram propriamente os jejuns de pão e água; ao menos estes dias não são para regalo. O cordeiro mandava Deus que se comesse com alfaces agrestes, porque o agreste e desabrido no comer destes dias é a melhor disposição para comer quinta-feira o Divino Cordeiro sacramentado.

O sentido do tacto, como o mais vil e mais delinquente que todos, é razão que seja nestes dias mais mortificado. Quando Urias veio do exército com aviso a el-rei Davi, disse-lhe o rei que fosse descansar à sua casa. E ele, que respondeu? E bem, Senhor: está o meu general dormindo sobre a terra na campanha, e eu que me haja de deitar em cama? Não farei tal desprimor. E foi-se deitar em uma tábua no corpo da guarda. A cama em que dormiu o último sono da morte o nosso Jesus, bem sabeis qual foi. Pois, será justo que quando ele tem por cama o duro madeiro da cruz, descanse o nosso corpo tão regaladamente como nos outros dias? Alguma diferença é bem que haja nestes. Ao menos o nosso rei e seus filhos, de quinta-feira até domingo não se deitam em cama, nem se assentam, senão no chão, assistindo sempre ao Senhor, sem sair nunca da Capela Real, nem de dia, nem de noite. Estas são as noites e os dias para que se fizeram as penitências: para estas noites se fizeram os pés descalços, para estas noites as disciplinas e para estes dias e para estas noites os cilícios. Que poucos cilícios deve de haver no Maranhão? Não vos escuseis com isto.

Quando os ninivitas se resolveram a fazer penitência, mandaram que todos, não só os homens, senão também os animais, se cobrissem de cilício. Que fosse tão universal a penitência, que até aos animais a estendessem, não me espanta, porque a contrição, quando é verdadeira, dá nestes extremos. O que sobretudo pode admirar a muitos é que, sendo a cidade tão grande, que só de crianças inocentes tinha cento e vinte mil, e, sendo os moradores tão ociosos, que os mandava Deus subverter, houvesse em tal cidade e entre tal gente tantos cilícios que se pudessem cobrir deles tanta imensidade de homens, mulheres e meninos, e até os animais. Se o não dissera a Escritura, parecera coisa incrível, mas é muito fácil de crer.

Os cilícios, não é necessário que sejam tecidos de sedas de camelo, como os do Batista; de qualquer coisa áspera se faz um cilício, se há devoção e vontade de o trazer. Um irmão tivemos na Companhia, chamado Luís Gonzaga,[1] o qual era filho herdeiro dos Marqueses de Castiglione, em Itália: e como em casa de seu pai houvesse mais instrumentos de cavalaria que de penitência, tomava o devoto moço umas esporas de roseta, e, pondo-as de uma parte e de outra, fazia delas cilício. E porque aplicou as esporas desta maneira a seu corpo, correu com tanta velocidade a carreira da virtude e perfeição, que em menos de vinte e três anos, que só teve de vida, mereceu ser — como já é — contado entre os beatos. Assim que, para haver cilícios, não são necessários camelos nem teares, se há vontade e devoção.

Estas são as mortificações com que os nossos cinco sentidos hão de imitar nesta semana as penas de Cristo. Não falo na continência de outros vícios, porque sei que estamos em terra de cristãos. Mas porque também estamos em terra de soldados, advirto que em dia de Ramos se cerram as portas às casas de jogo, e que não é coisa que devam consentir os oficiais, nem ao soldado mais perdido. Queixa-se Cristo pelo profeta de que no dia de sua Paixão lhe jogassem as vestiduras: "E lançaram sorte sobre a minha túnica" (Sl 21,19). Assim foi que os que crucificaram ao Senhor, depois que o tiveram posto na cruz, lançaram as mãos aos dados, e jogaram os sagrados vestidos. E acrescenta logo o evangelista: "E os que fizeram isto foram os soldados" (Jo 19,24). — Os soldados foram também os que crucificaram ao Senhor, mas o evangelista não faz a reflexão em que eles o crucificaram, senão em que jogaram as vestiduras, porque o crucificar a Cristo foi obediência de seus maiores, o jogar as vestiduras foi vício depravado seu. Sabeis quem joga em tais dias como estes? Só quem crucifica a Cristo, e quem jogara suas sagradas vestiduras, se as tivera. Quero-vos contar o que me sucedeu em Inglaterra. Iam comigo dois portugueses, os quais em um domingo se puseram a jogar as tábulas em uma estalagem; saiu o hóspede muito assustado, e como fora de si: — E bem, Senhores, quereis que me venham queimar a casa? — Queimar a casa? E por quê? — Porque é esse um jogo que se pode ouvir de fora, e se o ouvirem, ou souberem os magistrados, sou perdido. Assim o dizia este homem, e assim havia de ser. E para que mais vos admireis, a cidade, ou vila, era Dovres, porto e escala marítima, onde todos, sem se excetuar um só, são hereges. Oh! vergonha dos que tanto nos prezamos do nome de católicos! Se em terra de hereges é sacrilégio jogar as tábulas em um domingo ordinário, que será jogar, ou estes ou outros jogos, em uma Semana Santa, em terra onde se adora a cruz e as imagens de Cristo, e se celebram os mistérios de sua morte? Seja esta também uma das mortificações que pertencem ao corpo.

## § IV

E a alma, que há de fazer? O corpo, imitar; a alma, meditar: o corpo com os ramos da palma, a alma com os da oliveira. A alma nestes santos dias há de fazer do coração um Monte Calvário, levantar nele um Cristo crucificado, e pôr-se desta maneira a contemplar suas dores. Oh! quem pudera explicar-se agora com o pensamento, e falar com o silêncio! Quando os amigos de Jó o foram visitar nos seus trabalhos, diz a Escritura Sagrada que estiveram uma semana inteira olhando só para ele, sem falarem palavra. Assim o hão de fazer nossas almas esta semana, se são amigas de Jesus: olhar, calar e pasmar. Oh! que vista! Oh! que silêncio! Oh! que admiração! Oh! que pasmo! Só três coisas dou licença a nossas almas que se possam perguntar a si mesmas no meio desta suspensão. Quem padece? Que padece? Por quem padece? E que meditação esta para uma eternidade!

Quem padece? Deus, aquele ser eterno, infinito, imenso, todo-poderoso; aquele que criou o céu e a terra com uma palavra, e o pode aniquilar com outra; aquele, diante de cujo acatamento, os principados, as potestades e as dominações, e todas as jerarquias estão tremendo. Este Deus, cuja grandeza, este Deus, cuja majestade, este Deus, cuja soberania incompreensível só ele conhece inteiramente, e todos os entendimentos criados com infinita distância de nenhum modo podem alcançar, este, este é o que padece. Aqui se há de fazer uma pausa, e pasmar. São Bernardo, cheio de pasmo e assombro nesta mesma consideração, rompeu dizendo: "Portanto não se deve crer que este seja Deus, que é flagelado, que é cuspido, que é crucificado?".[2] É possível que se há de crer que este, que padece tantas injúrias e afrontas, e a mesma morte, é aquele mesmo Deus imortal, impassível, eterno, que não teve princípio, e é o princípio e fonte de todo ser? Este, este é: que nem ele fora Deus, nem a nossa fé fora fé, se ela não fizera, e nós não crêramos o que excede toda a capacidade humana. Por isso Isaías, quando entrou a falar da Paixão, como profeta que sobre todos era o mais eloquente, o exórdio por onde começou, foi aquela pergunta: "Quem deu crédito à nossa pregação?" (Is 53,1). Quem haverá que dê crédito ao que há de ouvir de minha boca? Tão alheio é quem padece do que padece, e este é Deus. Vede se há bem de que pasmar aqui.

Depois de considerarmos que é Deus quem padece, então se segue a consideração do que padece. E não só havemos de trazer à memória o que já vimos que padeceu exteriormente em todos os sentidos do corpo, mas muito mais devemos considerar e ponderar o que padeceu no interior da alma e em todas suas potências. Com dois nomes, ou com duas semelhanças nos declarou nosso amorosíssimo Redentor o que padeceu em sua Paixão: com nome e semelhança de cálix, quando disse a S. Pedro: "O cálix que me deu meu Pai, não queres que o beba?" (Jo 18,11) — E com nome e semelhança de Batismo, quando disse a todos os discípulos: "Eu hei de ser batizado em um batismo, o qual desejo com grandes ânsias e aperto do coração até que chegue" (Lc 12,50). — De sorte que declarou o Senhor o que havia de padecer por nós, já chamando-lhe cálix, já batismo, e por quê? Porque o batismo recebe-se por fora, o cálix bebe-se por dentro; e Cristo, Redentor nosso, em toda sua Paixão não só padeceu por fora os martírios do corpo, senão também, e muito mais, por dentro os tormentos da alma. Por fora padeceu os tormentos dos açoites, dos espinhos, dos cravos, da lança, que o banharam todo em sangue, e por isso lhes chamou Batismo; por dentro padeceu as tristezas, os tédios, os temores, as angústias e agonias, que, sem ferro, lhe tiraram também sangue no Horto, e lhe penetravam mortalmente a alma: "Minha alma está triste até a morte" (Mt 26,38).

Oh! quem pudesse entrar profundamente no interior da alma de Jesus, e entender o que naquele consistório sacratíssimo e secretíssimo das suas três potências passava e se conferia em tantas horas! A memória, desde o princípio do mundo representava os pecados de todos os homens, por quem satisfazia a divina justiça; o entendimento ponderava o pouco número dos mesmos homens que se haviam de aproveitar do preço infinito daqueles tormentos; e a vontade se desfazia com dor de ver perder tantas almas por sua culpa, sem achar consolação alguma a tamanha perda; e esta era a tristeza que ocupava toda a alma do Salvador, e com três cravos mais agudos e penetrantes a crucificava. Aqui havemos de fazer a segunda pausa, e pasmar tanto daquele infinito amor como da nossa infinita cegueira. Oh! Senhor, quantos pode ser que vísseis então dos que agora se acham nesta mesma Igreja, que, por que haviam de desprezar e condenar as suas almas, agonizavam a vossa? Considere cada um se por ventura, ou eterna desventura, é algum destes, e veja bem o seu perigo, enquanto tem tempo.

Este é o Deus que padece, estas as penas e dores que padece, e só resta ver por quem padece. Se a fé me não ensinara outra coisa, cuidara eu que padecia Deus pelo céu, porque vejo o sol eclipsado e coberto de luto; cuidara que padecia pela terra, porque a vejo tremer e arrancar-se de seu próprio centro; cuidara que padecia pelas pedras, porque as vejo quebrarem-se umas com outras e abrirem-se as sepulturas; cuidara que padecia pelo Templo de Jerusalém, porque vejo rasgar-se de alto abaixo o véu do *Sancta Sanctorum;* cuidara que padecia por este mundo elementar, porque vejo confusos, perturbados, atônitos e com prodígios de sentimento e assombro todos os elementos. Mas não são estas as criaturas por quem padece Deus, posto que todas confessam que padece seu Criador; e, com serem irracionais e insensíveis, quiseram acabar com ele quando o veem morrer. Quem são logo aqueles por quem padece o Autor da natureza, e por quem morre o Autor da vida? Sou eu, sois cada um de vós, e somos todos os homens. Por nós, e só por nós padece Deus; por nós, e só por nós padece quanto padece. Por nós que, depois de nos criar, o não respeitamos; por nós que, depois de nos sustentar, o não servimos; por nós que, depois de nos remir, o não obedecemos; por nós que, depois de morrer por nosso amor, o não amamos; por nós que, depois de se pôr em uma cruz por nós, o tornamos a crucificar mil vezes; por nós que, esperando-nos assim, e chamando-nos com os braços abertos, não queremos acudir a suas vozes; por nós, enfim, que, sabendo que nos há de julgar, e nos promete o céu, se o não ofendermos, queremos antes o inferno sem ele que o céu com ele. Isto é o que faz todo o homem que peca mortalmente, e isto o que continua a fazer enquanto se não tira do pecado, para que vejais se tem razão, não só de pasmar, mas de perder o juízo.

§ V

Estes são, cristãos, os três pontos breves e altíssimos que havemos de meditar nestes poucos dias, os quais torno a repetir, para que vos fiquem bem na memória: Quem padece, o que padece, e por quem padece. Espero de vossa cristandade, que não só para estes dias da Semana Santa, senão para todos os de vossa vida, haveis de tomar esta devoção tão devida ao que nos merece o amor de quem deu a sua por nós. E ninguém se escuse com dizer que não sabe meditar ou discorrer, porque Deus não quer discursos, senão vontades; antes, nem ainda vontades nos pede, só com memórias se contenta: "Fazei isto em memória de mim" (Lc 22,19). Filhos — diz Cristo — dei a vida, dei o sangue, dei-me todo a mim mesmo por vosso amor; não quero de vós outra paga, senão que vos lembreis de mim. — De quantas coisas disse e fez o Filho de Deus na vida e na morte, nenhuma é mais para enternecer, e ainda magoar qualquer coração humano, que esta última recomendação com que se despediu de nós. Que Deus, feito homem por amor dos homens, e morto por amor dos homens, chegue a pedir aos mesmos homens que se lembrem dele? Oh! amor! Oh! benignidade Divina! Oh! dureza! Oh! ingratidão humana! É Deus tão amoroso e tão benigno que nos pede a nossa memória, e somos tão duros e tão ingratos que é necessário a Deus que no-la peça. Não me enternece tanto, nem me move tanto à compaixão tudo o que Cristo padeceu quanto o que argui no seu coração e nos nossos esta lastimosa recomendação. E que lástima seria, Cristãos, ou que lástima é tão indigna e tão afrontosa de nossos corações que, pedindo-nos um tão bom Senhor só a memória, ainda essa lhe neguemos?

Ora, por reverência do sangue, da morte e de toda a Paixão de Jesus, que não seja assim ao menos nestes santos dias. Lembremo-nos de suas dores, lembremo-nos de suas penas, lembremo-nos de suas chagas, e, sobretudo, lembremo-nos de seu amor. Com esta memória nos levantemos ao amanhecer, com esta memória nos recolhamos à noite e nesta memória gastemos alguma parte dela. Particularmente vos encomendo muito esta única memória nas igrejas e no correr das igrejas. Grande fraqueza é a dos homens, e grande a astúcia do demônio, que até nesta Santa Semana nos arme laços e no-los teça da nossa própria devoção. As igrejas não se hão de correr por ostentação, nem por festa, nem por curiosidade, nem para ver quem vai, e como vai, e com quem vai, senão para ir com os olhos no chão e a alma mui dentro em si mesma, considerando que naquele mesmo dia e por aqueles mesmos passos ia Deus com uma cruz às costas a morrer por mim, para que eu não morresse eternamente, e padecendo tantas afrontas e penas para me livrar das do inferno. Oh! que memória esta para nos tirar tudo o mais da memória! Finalmente, chegados à igreja, haveis de imaginar que chegais ao Monte Calvário — que não é imaginação, senão verdade de fé, porque ali está realmente o mesmo Cristo — e fazer com efeito o que fizéreis, se então estivera o Senhor na cruz, e o víreis com vossos olhos.

Com esta modéstia e com esta consideração havemos de correr e visitar as Igrejas, e com a mesma, e muito maior, assistir nelas aos Divinos Ofícios; e não olhando, falando e conversando, que é um abuso maldito, o qual, não se vendo em outra alguma parte da cristandade, só em Espanha e Portugal — onde tanto nos prezamos de católicos — se tem introduzido, com escândalo e abominação até dos hereges. Oh! se assistíramos nas nossas igrejas como eles nas suas, posto que indignas de tão sagrado nome, onde não há altar, nem cruz, nem está Cristo! Por amor do mesmo Cristo, cristãos e cristãs, que não cometamos uma tão grande indecência, e não façamos um tão público e manifesto agravo à fé com que cremos que aquele Senhor que temos presente no Santíssimo Sacramento, é o mesmo que esteve por nós crucificado no Calvário. No Calvário assistiram a Cristo a Virgem Senhora nossa, São João, Santa Maria Madalena, e outras Marias; e é coisa digníssima de se notar que em todos os quatro evangelistas se não diz que alguma de todas estas pessoas falasse uma só palavra. Todos viam e consideravam o que passava, mas ninguém falava,

porque os mistérios da Paixão querem-se venerados com suma atenção e meditados com sumo silêncio.

Façamos, pois, todos nestes dias este pequeno sacrifício — de que ninguém tem causa para se escusar — e em satisfação do muito que temos ofendido a Deus com nossas línguas, ofereçamos-lhe o não falarmos com outrem, senão com ele, ao menos enquanto estivermos na sua presença. De tudo o mais que até aqui tenho dito, fará cada um o que seu fervor e devoção lhe ditar; mas deste silêncio, modéstia e reverência nas igrejas, a ninguém excetua o mesmo Cristo. Lembremo-nos que somos cristãos, e que em alguma coisa se há de ver que o somos, e que deste mesmo sermão, e das advertências que nele vos tenho feito, vos há de pedir Deus estreita conta. Lembremo-nos de quantas Semanas Santas têm passado sem nos aproveitarmos delas, e que pode mui bem ser que seja esta a última para alguns de nós. Quantos viram a passada, que não veem esta, e quantos verão esta, que não hão de ver a que vem? Se soubéramos de certo que havia de ser esta a última Semana Santa de nossa vida, que havíamos de fazer? Pois, façamos isso mesmo, e não o façamos por temor da nossa morte, senão por amor da de Jesus.

Ah! Senhor, que as minhas palavras são de regelo, e estes corações, sem vossa graça, de bronze. Quando expirastes na cruz, inclinastes a cabeça sobre o peito em sinal que havíeis de pôr os olhos em vós, e não em nós, em vosso coração, e não em nossos pecados. Desse mesmo coração alanceado e ofendido saíram os dois elementos com que formastes vossa Igreja; saiam também agora os espíritos vitais, espíritos de vida e graça, com que a reformeis; e assim como alumiastes e destes vista ao mesmo que vos feriu, assim, posto que tão ferido e ofendido de nós — pois está sempre vivo no vosso coração o mesmo amor — saia dele um raio de luz que alumie nossas cegueiras. Fertilize, Senhor, esse sangue, e regue esta água que saiu de vosso coração, nossas almas, que todas rendidas a vosso amor, e prostradas ao pé de vossa cruz, contritas e humilhadas, vos pedem perdão de todas suas culpas e de todas as ofensas vossas até esta hora cometidas. Nunca mais, Senhor, ofender-vos, nunca mais, por serdes vós quem sois. Assim o prometemos e protestamos firmissimamente. E assim o esperamos, clementíssimo Jesus, de vossa misericórdia infinita, dos merecimentos de vossa Paixão, e dos auxílios de vossa graça. Amém.

## SERMÃO DO
# Bom Ladrão

*Pregado na Igreja da Misericórdia de Lisboa,
ano 1655.*

∽

"Senhor, lembra-te de mim quando entrares no teu reino.
(...) Hoje estarás comigo no Paraíso."
(Lc 23,42s)

---

É um dos sermões mais conhecidos, pronunciado na Semana Santa mais trabalhada e pública de Vieira. Ele volta, sem aviso prévio, a Lisboa. De início, uma circunstância o incomoda: prega na Misericórdia um tema que pertence à Capela Real: que os reis se lembrem não só de levar os ladrões ao paraíso, senão de os levar consigo. A novidade do assunto é a clareza e a atualidade com que fala. Funda-se num pressuposto: sem restituição do alheio não pode haver salvação. É preceito da Lei Velha! É obrigação de todos, súditos e príncipes. Acrescenta um esclarecimento: de quais ladrões ele fala? Não os miseráveis, mas os de mais alta esfera. Os que roubam cidades e reinos, sem temor nem perigo; os que furtam e enforcam. Esses ladrões levam consigo os reis ao inferno, porque os reis lhes dão os ofícios, conservam-nos neles, promovem-nos e não restituem os danos causados. Não se desculpem os reis com a misericórdia de Deus, e também não é critério a piedade dos beneficiados. Recorda a resposta de Francisco Xavier numa carta a Paris quando afirma que a conjugação do verbo furtar (rapio) compreende todos os tempos, modos, pessoas etc. O ladrão que furta com ofício, nem um momento se há de conservar nele. Uma única maneira de inverter a situação: mandando que os ladrões restituam tudo o que roubaram. Salvam-se os ladrões e os reis. Nu se entra no mundo, nu se sai, não é melhor ir com o bom ladrão ao paraíso, que com o mau ao inferno?

## § I

Este sermão, que hoje se prega na Misericórdia de Lisboa, e não se prega na Capela Real, parecia-me a mim que lá se havia de pregar, e não aqui. Daquela pauta havia de ser, e não desta. E por quê? Porque o texto em que se funda o mesmo sermão, todo pertence à majestade daquele lugar e nada à piedade deste. Uma das coisas que diz o texto é que foram sentenciados em Jerusalém dois ladrões, e ambos condenados, ambos executados, ambos crucificados e mortos, sem lhes valer procurador nem embargos. Permite isto a Misericórdia de Lisboa? Não. A primeira diligência que faz é eleger por procurador das cadeias um irmão de grande autoridade, poder e indústria; e o primeiro timbre deste procurador é fazer honra de que nenhum malfeitor seja justiçado em seu tempo. Logo esta parte da história não pertence à Misericórdia de Lisboa. A outra parte — que é a que tomei por tema — toda pertence ao Paço e à Capela Real. Nela se fala com o rei: "Senhor"; nela se trata do seu reino: "Quando entrares no teu reino"; nela se lhe presentam memoriais: "lembra-te de mim"; e nela os despacha o mesmo rei logo, e sem remissão a outros tribunais: "Hoje estarás comigo no Paraíso". O que me podia retrair de pregar sobre esta matéria, era não dizer a doutrina com o lugar. Mas deste escrúpulo, em que muitos pregadores não reparam, me livrou a pregação de Jonas. Não pregou Jonas no paço, senão pelas ruas de Nínive, cidade de mais longes que esta nossa, e diz o texto sagrado que logo "a sua pregação chegou aos ouvidos do rei" (Jn 3,6). Bem quisera eu que o que hoje determino pregar chegara a todos os reis, e mais ainda aos estrangeiros que aos nossos. Todos devem imitar ao Rei dos reis, e todos têm muito que aprender nesta última ação de sua vida. Pediu o Bom Ladrão a Cristo "que se lembrasse dele no seu reino". E a lembrança que o Senhor teve dele foi que ambos se vissem juntos no Paraíso: "Hoje estarás comigo no Paraíso". Esta é a lembrança que devem ter todos os reis, e a que eu quisera lhes persuadissem os que são ouvidos de mais perto. Que se lembrem não só de levar os ladrões ao Paraíso, senão de os levar "consigo". Nem os reis podem ir ao Paraíso sem levar consigo os ladrões, nem os ladrões podem ir ao inferno sem levar consigo os reis. Isto é o que hei de pregar. *Ave Maria*.

## § II

Levarem os reis consigo ao Paraíso ladrões, não só não é companhia indecente, mas ação tão gloriosa e verdadeiramente real que com ela coroou e provou o mesmo Cristo a verdade do seu reinado, tanto que admitiu na Cruz o título de rei. Mas o que vemos praticar em todos os reinos do mundo é tanto pelo contrário que, em vez de os reis levarem consigo os ladrões ao Paraíso, os ladrões são os que levam consigo os reis ao inferno. E se isto é assim, como logo mostrarei com evidência, ninguém me pode estranhar a clareza ou publicidade com que falo e falarei em matéria que envolve tão soberanos respeitos, antes admirar o silêncio e condenar a desatenção com que os pregadores dissimulam uma tão necessária doutrina, sendo a que devera ser mais ouvida e declamada nos púlpitos. Seja, pois, novo hoje o assunto que devera ser muito antigo e mui frequente, o qual eu prosseguirei tanto com maior esperança de produzir algum fruto, quanto vejo enobrecido o auditório presente com a autoridade de tantos ministros de todos os maiores tribunais, sobre cujo conselho e consciência se costumam descarregar as dos reis.

## § III

E para que um discurso tão importante e tão grave vá assentado sobre fundamentos sólidos e irrefragáveis, suponho primeiramente que sem restituição do alheio não pode haver salvação. Assim o resolvem com Santo Tomás todos os teólogos, e assim está definido no capítulo "Se uma coisa alheia", com palavras tiradas de Santo Agostinho, que são estas: Quer dizer: "Se o alheio, que se tomou ou retém, se pode restituir, e não se restitui, a penitência deste e dos outros pecados não é verdadeira penitência, senão simulada e fingida, porque não se perdoa o pecado sem se restituir o roubado, quando quem o roubou tem possibilidade de o restituir".[1] — Esta única exceção da regra foi a felicidade do Bom Ladrão, e esta a razão por que ele se salvou, e também o mau se pudera salvar sem restituírem. Como ambos saíram do naufrágio desta vida despidos e pegados a um pau, só esta sua extrema pobreza os podia absolver dos latrocínios que tinham cometido, porque, impossibilitados à restituição, ficavam desobrigados dela. Porém, se o Bom Ladrão tivera bens com que restituir, ou em todo ou em parte o que roubou, toda a sua fé e toda a sua penitência, tão celebrada dos santos, não bastara a o salvar, se não restituísse. Duas coisas lhe faltavam a este venturoso homem para se salvar: uma como ladrão que tinha sido, outra como cristão que começava a ser. Como ladrão que tinha sido, faltava-lhe com que restituir; como cristão que começava a ser, faltava-lhe o Batismo; mas assim como o sangue que derramou na cruz lhe supriu o Batismo, assim a sua desnudez e a sua impossibilidade lhe supriu a restituição, e por isso se salvou. Vejam agora, de caminho, os que roubaram na vida, e nem na vida nem na morte restituíram, antes na morte testaram de muitos bens e deixaram grossas heranças a seus sucessores, vejam onde irão ou terão ido suas almas, e se se podiam salvar.

Era tão rigoroso este preceito da restituição na lei velha, que se o que furtou não tinha com que restituir, mandava Deus que fosse vendido e restituísse com o preço de si mesmo: "Se não tiver com o que pagar, será vendido por seu furto" (Ex 22,3). De modo que, enquanto um homem era seu, e possuidor da sua liberdade, posto que não tivesse outra coisa, até que não vendesse a própria pessoa e restituísse o que podia com o preço de si mesmo, não o julgava a lei por impossibilitado à restituição, nem o desobrigava dela. Que uma tal lei fosse justa não se pode duvidar, porque era lei de Deus, e posto que o mesmo Deus na lei da graça derrogou esta circunstância de rigor, que era de direito positivo; porém na lei natural, que é indispensável, e manda restituir a quem pode e tem com que, tão fora esteve de variar ou moderar coisa alguma, que nem o mesmo Cristo na cruz prometeria o Paraíso ao ladrão, em tal caso, sem que primeiro restituísse. Ponhamos outro ladrão à vista deste, e vejamos admiravelmente no juízo do mesmo Cristo a diferença de um caso a outro.

Assim como Cristo Senhor nosso disse a Dimas: "Hoje estarás comigo no Paraíso" — assim disse a Zaqueu: "Hoje entrou a salvação nesta casa" (Lc 19,9). — Mas o que muito se deve notar é que a Dimas prometeu-lhe o Senhor a salvação logo, e a Zaqueu não logo, senão muito depois. E por que, se ambos eram ladrões, e ambos convertidos?

Porque Dimas era ladrão pobre, e não tinha com que restituir o que roubara; Zaqueu era ladrão rico, e tinha muito com que restituir: "Zaqueu era um dos principais entre os publicanos, e pessoa rica" (Lc 19,2), diz o evangelista. E ainda que ele o não dissera, o estado de um e outro ladrão o declarava assaz. Por quê? Porque Dimas era ladrão condenado, e se ele fora rico, claro está que não havia de chegar à forca; porém Zaqueu era ladrão tolerado, e a sua mesma riqueza era a imunidade que tinha para roubar sem castigo, e ainda sem culpa. E como Dimas era ladrão pobre, e não tinha com que restituir, também não tinha impedimento a sua salvação, e por isso Cristo lha concedeu no mesmo momento. Pelo contrário, Zaqueu, como era ladrão rico, e tinha muito com que restituir, não lhe podia Cristo segurar a salvação antes que restituísse, e por isso lhe dilatou a promessa. A mesma narração do Evangelho é a melhor prova desta diferença.

Conhecia Zaqueu a Cristo só por fama, e desejava muito vê-lo. Passou o Senhor pela sua terra, e como era pequeno de estatura, e o concurso muito, sem reparar na autoridade da pessoa e do ofício: "Um dos principais dos publicanos", subiu-se a uma árvore para o ver, e não só viu, mas foi visto, e muito bem visto. Pôs nele o Senhor aqueles divinos olhos, chamou-o por seu nome, e disse-lhe que se descesse logo da árvore, porque lhe importava ser seu hóspede naquele dia: "Zaqueu, desce depressa, porque importa que eu fique hoje em tua casa" (Lc 19,5). Entrou, pois, o Salvador em casa de Zaqueu, e aqui parece que cabia bem o dizer-lhe, que então entrara a salvação em sua casa; mas nem isto, nem outra palavra disse o Senhor. Recebeu-o Zaqueu e festejou a sua vinda com todas as demonstrações de alegria: "Recebeu-o alegremente" (Lc 19,6), e guardou o Senhor o mesmo silêncio. Assentou-se à mesa abundante de iguarias, e muito mais de boa vontade, que é o melhor prato para Cristo, e prosseguiu na mesma suspensão. Sobre tudo disse Zaqueu que ele dava aos pobres a metade de todos seus bens: "Eu estou para dar aos pobres a metade de meus bens" (Lc 19,8). E sendo o Senhor aquele que no dia do Juízo só aos merecimentos da esmola há de premiar com o reino do céu, quem não havia de cuidar que a este grande ato de liberalidade com os pobres responderia logo a promessa da salvação? Mas nem aqui mereceu ouvir Zaqueu o que depois lhe disse Cristo. — Pois, Senhor, se vossa piedade e verdade tem dito tantas vezes que o que se faz aos pobres se faz a vós mesmo, e este homem na vossa pessoa vos está servindo com tantos obséquios, e na dos pobres com tantos empenhos, se vos convidastes a ser seu hóspede para o salvar, e a sua salvação é a importância que vos trouxe à sua casa; se o chamastes, e acudiu com tanta diligência; se lhe dissestes que se apressasse: "Desce depressa" (Lc 19,5), e ele se não deteve um momento, por que lhe dilatais tanto a mesma graça que lhe desejais fazer, por que o não acabais de absolver, por que lhe não segurais a salvação?

Porque este mesmo Zaqueu, como "cabeça de publicanos", tinha roubado a muitos, e como rico que era: "Era pessoa rica", tinha com que restituir o que roubara, e enquanto estava devedor e não restituía o alheio, por mais boas obras que fizesse, nem o mesmo Cristo o podia absolver, e por mais fazenda que despendesse piamente, nem o mesmo Cristo o podia salvar. Todas as outras obras que depois daquela venturosa vista fazia Zaqueu, eram muito louváveis; mas enquanto não chegava a fazer a da restituição, não estava capaz da salvação. Restitua, e logo será salvo: e assim foi. Acrescentou Zaqueu que tudo o que tinha mal adquirido restituía em quatro dobros: "Naquilo em que eu tiver defraudado a alguém, pagar-lho-ei quadruplicado" (Lc 19,8). E no mesmo ponto o Senhor, que até ali tinha calado, desfechou os tesouros de sua graça e lhe anunciou a salvação: "Hoje entrou a salvação nesta casa" (Lc 19,9). De sorte que, ainda que entrou o Salvador em casa de Zaqueu, a salvação ficou de fora, porque, enquanto não saiu da mesma casa a restituição, não podia entrar nela a salvação. A salvação não pode entrar sem se perdoar o pecado, e "o pecado não se pode perdoar sem se restituir o roubado".

## § IV

Suposta esta primeira verdade certa e infalível, a segunda coisa que suponho com a mesma certeza é que a restituição do alheio, sob pena da salvação, não só obriga aos súditos e particulares, senão também aos cetros e às coroas. Cuidam ou devem cuidar alguns príncipes que, assim como são superiores a todos, assim são Senhores de tudo, e é engano. A lei da restituição é lei natural e lei divina. Enquanto lei natural obriga aos reis, porque a natureza fez iguais a todos; e enquanto lei divina também os obriga, porque Deus, que os fez maiores que os outros, é maior que eles. Esta verdade só tem contra si a prática e o uso. Mas por parte deste mesmo uso argumenta assim Santo Tomás, o qual é hoje o meu doutor, e nestas matérias o de maior autoridade: Quer dizer: "a rapina, ou roubo, é tomar o alheio violentamente contra a vontade de seu dono; os príncipes tomam muitas coisas a seus vassalos violentamente e contra sua vontade: logo, parece que o roubo é lícito em alguns casos, porque, se dissermos que os príncipes pecam nisto, todos eles, ou quase todos se condenariam": Oh! que terrível e temerosa consequência, e quão digna de que a considerem profundamente os príncipes e os que têm parte em suas resoluções e conselhos! Responde ao seu argumento o mesmo Doutor Angélico, e, posto que não costumo molestar os ouvintes com latins largos, hei de referir as suas próprias palavras: "Respondo — diz Santo Tomás — que se os príncipes tiram dos súditos o que segundo justiça lhes é devido para conservação do bem comum, ainda que o executem com violência, não é rapina ou roubo. Porém, se os príncipes tomarem por violência o que se lhes não deve, é rapina e latrocínio. Donde se segue que estão obrigados à restituição, como os ladrões; e que pecam tanto mais gravemente que os mesmos ladrões quanto é mais perigoso e mais comum o dano com que ofendem a justiça pública, de que eles estão postos por defensores".[2]

Até aqui acerca dos príncipes o Príncipe dos Teólogos. E por que a palavra rapina e latrocínio, aplicada a sujeitos da suprema esfera, é tão alheia das lisonjas que estão costumados a ouvir que parece conter alguma dissonância, escusa tacitamente o seu modo de falar e prova a sua doutrina o santo Doutor com dois textos alheios, um divino, do profeta Ezequiel, e outro pouco menos que divino, de Santo Agostinho. O texto de Ezequiel é parte do relatório das culpas por que Deus castigou tão severamente os dois reinos de Israel e Judá, um com o cativeiro dos assírios, e outro com o dos babilônios; e a causa que dá, e muito pondera, é que os seus príncipes, em vez de guardarem os povos como pastores, os roubavam como lobos: "Os seus príncipes estavam no meio deles como uns lobos que arrebatam a sua presa (Ez 22,27).

Só dois reis elegeu Deus por si mesmo, que foram Saul e Davi, e a ambos os tirou de pastores, para que, pela experiência dos rebanhos que guardavam, soubessem como haviam de tratar os vassalos; mas seus sucessores, por ambição e cobiça, degeneraram tanto deste amor e deste cuidado que, em vez de os guardar e apascentar como ovelhas, "os roubavam e comiam como lobos".

O texto de Santo Agostinho fala geralmente de todos os reinos, em que são ordinárias semelhantes opressões e injustiças, e diz que, entre os tais reinos e as covas dos ladrões — a que o Santo chama latrocínios — só há uma diferença. E qual é? "Que os reinos são latrocínios ou ladroeiras grandes, e os latrocínios ou ladroeiras são reinos pequenos"?[3] É o que disse o outro pirata a Alexandre Magno. Navegava Alexandre em uma poderosa armada pelo mar Eritreu a conquistar a Índia, e como fosse trazido à sua presença um pirata que por ali andava roubando os pescadores, repreendeu-o muito Alexandre de andar em tão mau ofício; porém ele, que não era medroso nem lerdo, respondeu assim: Basta, Senhor, que eu, porque roubo em uma barca, sou ladrão, e vós, porque roubais em uma armada, sois imperador? — Assim é. O roubar pouco é a culpa, o roubar muito é grandeza; o roubar com pouco poder faz os piratas, o roubar com muito, os Alexandres. Mas Sêneca, que sabia bem distinguir as qualidades e interpretar as significações, a uns e outros definiu com o mesmo nome: "No mesmo lugar em que ponho o ladrão e o pirata está o rei com espírito de ladrão e de pirata".[4] Se o rei de Macedônia, ou qualquer outro fizer o que faz o ladrão e o pirata, o ladrão, o pirata e o rei, todos têm o mesmo lugar e merecem o mesmo nome.

Quando li isto em Sêneca, não me admirei tanto de que um filósofo estoico se atrevesse a escrever uma tal sentença em Roma, reinando nela Nero; o que mais me admirou, e quase envergonhou, foi que os nossos oradores evangélicos, em tempo de príncipes católicos e timoratos, ou para a emenda, ou para a cautela, não preguem a mesma doutrina. Saibam estes eloquentes mudos que mais ofendem os reis com o que calam que com o que disserem, porque a confiança com que isto se diz é sinal que lhes não toca e que se não podem ofender; e a cautela com que se cala é argumento de que se ofenderão, porque lhes pode tocar. Mas passemos brevemente à terceira e última suposição, que todas três são necessárias para chegarmos ao ponto.

§ V

Suponho finalmente que os ladrões de que falo não são aqueles miseráveis, a quem a pobreza e vileza de sua fortuna condenou a este gênero de vida, porque a mesma sua miséria, ou escusa ou alivia o seu pecado, como diz Salomão: "Não é grande culpa quando alguém furtar para saciar a sua esfaimada alma" (Pr 6,30). O ladrão que furta para comer não vai nem leva ao inferno; os que não só vão, mas levam, de que eu trato, são outros ladrões de maior calibre e de mais alta esfera, os quais debaixo do mesmo nome e do mesmo predicamento distingue muito bem S. Basílio Magno: "Não são só ladrões, os que cortam bolsas ou espreitam os que se vão banhar, para lhes colher a roupa; os ladrões que mais própria e dignamente merecem este título são aqueles a quem os reis encomendam os exércitos e legiões, ou o governo das províncias, ou a administração das cidades, os quais já com manha, já com força, roubam e despojam os povos".[5] —

Os outros ladrões roubam um homem, estes roubam cidades e reinos; os outros furtam debaixo do seu risco, estes sem temor nem perigo; os outros, se furtam, são enforcados, estes furtam e enforcam. Diógenes, que tudo via com mais aguda vista que os outros homens, viu que uma grande tropa de varas e ministros de justiça levavam a enforcar uns ladrões, e começou a bradar: — Lá vão os ladrões grandes a enforcar os pequenos. — Ditosa Grécia, que tinha tal pregador! E mais ditosas as outras nações, se nelas não padecera a justiça as mesmas afrontas! Quantas vezes se viu Roma ir a enforcar um ladrão, por ter furtado um carneiro, e no mesmo dia ser levado em triunfo um cônsul, ou ditador, por ter roubado uma província. E quantos ladrões teriam enforcado estes mesmos ladrões triunfantes? De um, chamado Seronato, disse com discreta contraposição Sidônio Apolinar: "Não cessa de punir e de fazer ao mesmo tempo furtos".[6] Seronato está sempre ocupado em duas coisas: em castigar furtos e em os fazer. Isto não era zelo de justiça, senão inveja. Queria tirar os ladrões do mundo, para roubar ele só.

## § VI

Declarado assim por palavras não minhas, senão de muito bons autores, quão honrados e autorizados sejam os ladrões de que falo, estes são os que disse e digo que levam consigo os reis ao inferno. Que eles fossem lá sós, e o diabo os levasse a eles, seja muito na má hora, pois assim o querem; mas que hajam de levar consigo os reis é uma dor que se não pode sofrer, e por isso nem calar. Mas se os reis tão fora estão de tomar o alheio, que antes eles são os roubados, e os mais roubados de todos, como levam ao inferno consigo estes maus ladrões a estes bons reis? Não por um só, senão por muitos modos, os quais parecem insensíveis e ocultos, e são muito claros e manifestos. O primeiro, porque os reis lhes dão os ofícios e poderes com que roubam; o segundo, porque os reis os conservam neles; o terceiro, porque os reis os adiantam e promovem a outros maiores; e, finalmente, porque, sendo os reis obrigados, sob pena de salvação, a restituir todos estes danos, nem na vida, nem na morte os restituem. E quem diz isto já se sabe que há de ser Santo Tomás. Faz questão Santo Tomás, se a pessoa que não furtou, nem recebeu ou possui coisa alguma do furto, pode ter obrigação de o restituir. E não só resolve que sim, mas, para maior expressão do que vou dizendo, põe o exemplo nos reis. Vai o texto: "Aquele que tem obrigação de impedir que se não furte, se o não impediu, fica obrigado a restituir o que se furtou. E até os príncipes, que por sua culpa deixarem crescer os ladrões, são obrigados à restituição, porquanto as rendas com que os povos os servem e assistem são como estipêndios instituídos e consignados por eles, para que os príncipes os guardem e mantenham em justiça"[7]. — É tão natural e tão clara esta teologia, que até Agamenon, rei gentio, a conheceu quando disse: "Quem, podendo, não impede o pecado, ordena-o".

E se nesta obrigação de restituir incorrem os príncipes pelos furtos que cometem os ladrões casuais e involuntários, que será pelos que eles mesmos, e por própria eleição, armaram de jurisdições e poderes, com que roubam os mesmos povos? A tenção dos príncipes não é nem pode ser essa; mas basta que esses oficiais, ou de guerra, ou de fazenda, ou de justiça, que cometem os roubos, sejam eleições e feituras suas, para que os príncipes hajam de pagar o que eles fizeram.

Ponhamos o exemplo da culpa, onde a não pode haver. Pôs Deus a Adão no Paraíso, com jurisdição e poder sobre todos os viventes, e com senhorio absoluto de todas as coisas criadas, excepta somente uma árvore. Faltavam-lhe poucas letras a Adão para ladrão, e ao fruto para furto não lhe faltava nenhuma. Enfim, ele e sua mulher — que muitas vezes são as terceiras — aquela só coisa que havia no mundo que não fosse sua, essa roubaram. Já temos a Adão eleito, já o temos com ofício, já o temos ladrão. E quem foi o que pagou o furto? Caso sobre todos admirável! Pagou o furto quem elegeu e quem deu o ofício ao ladrão. Quem elegeu e quem deu o ofício a Adão foi Deus; e Deus foi o que pagou o furto tanto à sua custa, como sabemos. O mesmo Deus o disse assim, referindo o muito que lhe custara a satisfação do furto e dos danos dele: "Paguei então o que não tinha roubado" (Sl 68,5). Vistes o corpo humano de que me vesti, sendo Deus; vistes o muito que padeci, vistes o sangue que derramei, vistes a morte a que fui condenado, entre ladrões; pois então, e com tudo isso, pagava o que não furtei. Adão foi o que furtou, e eu o que paguei: "O que não roubei, então eu pagava".

Pois, Senhor meu, que culpa teve vossa divina Majestade no furto de Adão? — Nenhuma culpa tive, nem a tivera, ainda que não fora Deus, porque na eleição daquele homem, e no ofício que lhe dei, em tudo procedi com a circunspecção, prudência e providência com que o devera e deve fazer o príncipe mais atento a suas obrigações, mais considerado e mais justo. Primeiramente, quando o fiz, não foi com império despótico, como as outras criaturas, senão com maduro conselho, e por consulta de pessoas não humanas, senão divinas: "Façamos o homem à nossa imagem e semelhança, o qual presida" (Gn 1,26). As partes e qualidades que concorriam no eleito eram as mais adequadas ao ofício que se podiam desejar nem imaginar, porque era o mais sábio de todos os homens, justo sem vício, reto sem injustiça e Senhor de todas suas paixões, as quais tinha sujeitas e obedientes à razão. Só lhe faltava a experiência, nem houve concurso de outros sujeitos na sua eleição, mas ambas estas coisas não as podia então haver, porque era o primeiro homem, e o único. — Pois, se a vossa eleição, Senhor, foi tão justa e tão justificada, que bastava ser vossa para o ser, por que haveis vós de pagar o furto que ele fez, sendo toda a culpa sua? Porque quero dar este exemplo e documento aos príncipes, e porque não convém que fique no mundo uma tão má e perniciosa consequência, como seria se os príncipes se persuadissem em algum caso, que não eram obrigados a pagar e satisfazer o que seus ministros roubassem.

§ VII

*M*as estou vendo que com este mesmo exemplo de Deus se desculpam ou podem desculpar os reis, porque, se a Deus lhe sucedeu tão mal com Adão, conhecendo muito bem Deus o que ele havia de ser, que muito é que suceda o mesmo aos reis, com os homens que elegem para os ofícios, se eles não sabem nem podem saber o que depois farão? A desculpa é aparente, mas tão falsa como mal fundada, porque Deus não faz eleição dos homens pelo que sabe que hão de ser, senão pelo que de presente são. Bem sabia Cristo que Judas havia de ser ladrão; mas quando o elegeu para o ofício em que o foi, não só não era ladrão, mas muito digno de se lhe fiar o cuidado de guardar e distribuir as esmolas dos pobres. Elejam assim os reis as pessoas, e provejam assim os ofícios, e Deus os desobrigará nesta parte da restituição. Porém as eleições e provimentos que se usam não se fazem assim. Querem saber os reis se os que provêm nos ofícios são ladrões ou não? Observem a regra de Cristo: "O que não entra pela porta, esse é ladrão e roubador" (Jo 10,1). A porta por onde legitimamente se entra ao ofício é só o merecimento. E todo o que não entra pela porta, não só diz Cristo que é ladrão, senão "ladrão e ladrão". E por que é duas vezes ladrão? Uma vez porque furta o ofício, e outra vez porque há de furtar com ele. O que entra pela porta poderá vir a ser ladrão, mas os que não entram por ela já o são. Uns entram pelo parentesco, outros pela amizade, outros pela valia, outros pelo suborno e todos pela negociação. E quem negocia não há mister outra prova: já se sabe que não vai a perder. Agora será ladrão oculto, mas depois ladrão descoberto, que essa é, como diz S. Jerônimo, a diferença de "fur a latro" [o que furta do que rouba].

Coisa é certo maravilhosa ver a alguns tão introduzidos e tão entrados, não entrando pela porta nem podendo entrar por ela. Se entraram pelas janelas, como aqueles ladrões de que faz menção Joel: "Entrarão pelas janelas como um ladrão" (Jl 2,9), grande desgraça é que, sendo as janelas feitas para entrar a luz e o ar, entrem por elas as trevas e os desares. Se entraram minando a casa do pai de famílias, como o ladrão da parábola de Cristo: "Se o pai de famílias soubesse a hora em que viria o ladrão, não deixaria minar a sua casa" (Lc 12,39), ainda seria maior desgraça que o sono ou letargo do dono da casa fosse tão pesado que, minando-se-lhe as paredes, não o espertassem os golpes. Mas o que excede toda a admiração é que haja quem, achando a porta fechada, empreenda entrar por cima dos telhados, e o consiga; e mais sem ter pés, nem mãos, quanto mais asas. Estava Cristo Senhor nosso curando milagrosamente os enfermos dentro em uma casa, e era tanto o concurso que, não podendo os que levavam um paralítico entrar pela porta, subiram-se com ele ao telhado, e por cima do telhado o introduziram. Ainda é mais admirável a consideração do sujeito, que o modo e o lugar da introdução. Um homem que entrasse por cima dos telhados, quem não havia de julgar que era caído do céu: "Caiu-nos do céu um terceiro Catão"[8]. E o tal homem era um paralítico que não tinha pés, nem mãos, nem sentido, nem movimento, mas teve com que pagar a quatro homens, que o tomaram às costas e o subiram tão alto.

E como os que trazem às costas semelhantes sujeitos estão tão pagos deles, que muito é que digam e informem — posto que sejam tão incapazes — que lhes sobejam merecimentos por cima dos telhados. Como não podem alegar façanhas de quem não tem mãos, dizem virtudes e bondades. Dizem que, com seus procedimentos, cativa a todos; e como os não havia de cativar, se os comprou? Dizem que, fazendo sua obrigação, todos lhe ficam devendo dinheiro; e como lho não hão de dever, se lho tomaram? Deixo os que sobem aos postos pelos cabelos, e não com as forças de Sansão, senão com os favores de Dalila. Deixo os que, com voz conhecida de Jacó, levam a bênção de Esaú, e não com as luvas calçadas, senão dadas ou prometidas. Deixo os que, sendo mais leprosos que Naamã Siro, se alimparam da lepra, e não com as águas do Jordão, senão com as do Rio da Prata. É isto, e o mais que se podia dizer, entrar pela porta? Claro está que não. Pois se nada disto se faz: "Como um ladrão de noite" (1Ts 5,2), senão na face do sol e na luz do meio-dia, como se pode escusar quem ao menos firma os provimentos de que não conhecia serem ladrões os que por estes meios foram providos? Finalmente, ou os conhecia, ou não: se os não conhecia, como os proveu sem os conhecer? E se os conhecia, como os proveu conhecendo-os? Mas vamos aos providos com expresso conhecimento de suas qualidades.

### § VIII

*D*om Fulano — diz a piedade bem intencionada — é um fidalgo pobre: dê-se-lhe um governo. — E quantas impiedades, ou advertidas ou não, se contém nesta piedade? Se é pobre, deem-lhe uma esmola honestada com o nome de tença, e tenha com que viver. Mas porque é pobre, um governo? Para que vá desempobrecer à custa dos que governar? E para que vá fazer muitos pobres à conta de tornar muito rico? Isto quer quem o elege por este motivo. Vamos aos do prêmio e também aos do castigo. Certo capitão mais antigo tem muitos anos de serviço: deem-lhe uma fortaleza nas conquistas. Mas se estes anos de serviço assentam sobre um sujeito que os primeiros despojos que tomava na guerra eram a farda e a ração dos seus próprios soldados, despidos e mortos de fome, que há de fazer em Sofala ou em Mascate? Tal graduado em leis leu com grande aplauso no Paço; porém, em duas judicaturas e uma correição não deu boa conta de si: pois vá degradado para a Índia com uma beca. E se na Beira e Além-Tejo, onde não há diamantes nem rubis, se lhe pegavam as mãos a este doutor, que será na relação de Goa?

Encomendou el-rei D. João, o Terceiro, a S. Francisco Xavier o informasse do estado da Índia por via de seu companheiro, que era mestre do príncipe; e o que o santo escreveu de lá, sem nomear ofícios nem pessoas, foi que o verbo "Furtar" na Índia se conjugava por todos os modos. A frase parece jocosa em negócio tão sério, mas falou o servo de Deus como fala Deus, que em uma palavra diz tudo Nicolau de Lira,[9] sobre aquelas palavras de Daniel: "Despachou o rei Nabucodonosor correios para que se juntassem os sátrapas, os magistrados e os juízes" (Dn 3,2), declarando a etimologia de sátrapas, que eram os governadores das províncias, diz que este nome foi composto de *sat* e de *rapio:* Sat [bastante] rápio [roubo]. Chamam-se sátrapas porque costumam roubar assaz. E este assaz é o que especificou melhor S. Francisco Xavier, dizendo que conjugam o verbo furtar por todos os modos. O que eu posso acrescentar, pela experiência que tenho, é que não só do Cabo da Boa Esperança para lá, mas também das partes daquém, se usa igualmente a mesma conjugação. Conjugam por todos os modos o verbo furtar, porque furtam por todos os modos da arte, não falando em outros novos e esquisitos, que não conheceu Donato nem Despautério.

Tanto que lá chegam, começam a furtar pelo modo indicativo, porque a primeira informação que pedem aos práticos é que lhes apontem e mostrem os caminhos por onde podem abarcar tudo. Furtam pelo modo imperativo, porque, como têm o mero e misto império, todo ele aplicam despoticamente às execuções da rapina. Furtam pelo modo mandativo, porque aceitam quanto lhes mandam, e, para que mandem todos, os que não mandam não são aceitos. Furtam pelo modo optativo, porque desejam quanto lhes parece bem e, gabando as coisas desejadas aos donos delas, por cortesia, sem vontade, as fazem suas. Furtam pelo modo conjuntivo, porque ajuntam o seu pouco cabedal com o daqueles que manejam muito, e basta só que ajuntem a sua graça para serem quando menos meeiros na ganância. Furtam pelo modo potencial, porque, sem pretexto nem cerimônia, usam de potência. Furtam pelo modo permissivo, porque permitem que outros furtem, e estes compram as permissões. Furtam pelo modo infinitivo, porque não tem o fim o furtar com o fim do governo, e sempre lá deixam raízes em que se vão continuando os furtos. Estes mesmos modos conjugam por todas as pessoas, porque a primeira pessoa do verbo é a sua, as segundas os seus criados, e as terceiras quantas para isso têm indústria e consciência. Furtam juntamente por todos os tempos, porque do presente — que é o seu tempo — colhem quanto dá de si o triênio; e para incluírem no presente o pretérito e futuro, do pretérito desenterram crimes, de que vendem os perdões, e dívidas esquecidas, de que se pagam inteiramente; e do futuro empenham as rendas e antecipam os contratos, com que tudo o caído e não caído lhes vem a cair nas mãos. Finalmente, nos mesmos tempos, não lhes escapam os imperfeitos, perfeitos, mais que perfeitos, e quaisquer outros, porque furtam, furtaram, furtavam, furtariam e haveriam de furtar mais, se mais houvesse. Em suma, que o resumo de toda esta rapante conjugação vem a ser o supino do mesmo verbo: a furtar para furtar. E quando eles têm conjugado assim toda a voz ativa, e as miseráveis províncias suportado toda a passiva, eles, como se tiveram feito grandes serviços, tornam carregados de despojos e ricos, e elas ficam roubadas e consumidas.

É certo que os reis não querem isto, antes mandam em seus regimentos tudo o contrário; mas como as patentes se dão aos gramáticos destas conjugações, tão peritos ou tão cadimos nelas, que outros efeitos se podem esperar dos seus governos? Cada patente destas, em própria significação, vem a ser uma licença geral autorizada, ou um passaporte para furtar. Em Holanda, onde há tantos armadores de corsários, repartem-se as costas da África, da Ásia e da América com tempo limitado, e nenhum pode sair a roubar sem passaporte, a que chamam carta de marca. Isto mesmo valem as provisões, quando se dão aos que eram mais dignos da marca que da carta. Por mar padecem os moradores das conquistas a pirataria dos corsários estrangeiros, que é contingente; na terra suportam a dos naturais, que é certa e infalível. E se alguém duvida qual seja maior, note a diferença de uns a outros. O pirata do mar não rouba aos da sua república, os da terra roubam os vassalos do mesmo rei em cujas mãos juraram homenagem; do corsário do mar posso me defender: aos da terra não posso resistir; do corsário do mar posso fugir, dos da terra não me posso esconder; o corsário do mar depende dos ventos, os da terra sempre têm por si a monção; enfim, o corsário do mar pode o que pode, os da terra podem o que querem, e por isso nenhuma presa lhes escapa. Se houvesse um ladrão onipotente, que vos parece que faria a cobiça junta com a onipotência? Pois isso é o que fazem estes corsários.

§ IX

Dos que obram o contrário com singular inteireza de justiça e limpeza de interesse, alguns exemplos temos, posto que poucos. Mas folgara eu saber quantos exemplos há, não digo já dos que fossem justiçados como tão insignes ladrões, mas dos que fossem privados do governo por estes roubos. Pois, se eles furtam com os ofícios, e os consentem e conservam nos mesmos ofícios, como não hão de levar consigo ao inferno os que os consentem? O meu Santo Tomás[10] o diz, e alega com o texto de São Paulo: "São dignos de morte, não somente os que estas coisas fazem, senão também os que consentem aos que a fazem" (Rm 1,32). E porque o rigor deste texto se entende não de qualquer consentidor, senão daqueles que, por razão de seu ofício ou estado, tem obrigação de impedir, faz logo a mesma limitação o Santo Doutor, e põe o exemplo nomeadamente nos príncipes: "Somente, porém, quando obriga a alguém *ex officio*, como aos príncipes da terra". Verdadeiramente não sei como não reparam muito os príncipes em matéria de tanta importância, e como os não fazem reparar os que no foro exterior, ou no da alma, têm cargo de descarregar suas consciências. Vejam uns e outros como a todos ensinou Cristo, que o ladrão que furta com o ofício, nem um momento se há de consentir ou conservar nele.

Havia um Senhor rico, diz o divino Mestre, o qual tinha um criado, que com ofício de ecônomo ou administrador, governava as suas herdades — tal é o nome no original grego, que responde ao "Villico [caseiro]" da Vulgata. — Infamado pois o administrador de que se aproveitava da administração e roubava, tanto que chegou a primeira notícia ao Senhor, mandou-o logo vir diante de si, e disse-lhe que desse contas, porque já não havia de exercitar o ofício. Ainda a resolução foi mais apertada, porque não só disse que não havia, senão que não podia: "Já não poderás ser meu administrador" (Lc 16,2). Não tem palavra esta parábola que não esteja cheia de notáveis doutrinas a nosso propósito. Primeiramente, diz que este senhor "era um homem rico" (Lc 16,1). Porque não será homem quem não tiver resolução, nem será rico, por mais herdades que tenha, quem não tiver cuidado, e grande cuidado, de não consentir que lhas governem ladrões. Diz mais que, para privar a este ladrão do ofício, bastou somente a fama, sem outras inquirições: "E este foi acusado diante dele" (Lc 16,1), porque se em tais casos houverem de mandar buscar informações à Índia ou ao Brasil, primeiro que elas cheguem, e se lhes ponha remédio, não haverá Brasil nem Índia. Não se diz, porém, nem se sabe quem fossem os autores ou delatores desta fama, porque a estes há-lhes de guardar segredo o senhor inviolavelmente, sob pena de não haver quem se atreva a o avisar, temendo justamente a ira dos poderosos. Diz mais, que mandou vir o delatado diante de si: "E o chamou", porque semelhantes averiguações, se se cometem a outros, e não as faz o mesmo senhor por sua própria pessoa, com dar o ladrão parte do que roubou, prova que está inocente. Finalmente desengana-o e notifica-lhe que não há de exercitar jamais o ofício, nem pode: "Já não poderás ser meu administrador", porque nem o ladrão conhecido deve continuar o ofício em que foi ladrão, nem o senhor, ainda que quisesse, o pode consentir e conservar nele, se não se quer condenar.

Com tudo isto ser assim, eu ainda tenho uns embargos que alegar, por parte deste ladrão, diante do Senhor e autor da mesma parábola, que é Cristo. Provará que nem o furto, por sua quantidade, nem a pessoa, por seu talento, parecem merecedores de privação do ofício para sempre. Este homem, Senhor, posto que cometesse este erro, é um sujeito de grande talento, de grande indústria, de grande entendimento e prudência, como vós mesmo confessastes, e ainda louvastes, que é mais: "E o Senhor louvou o administrador iníquo, por haver obrado com prudência" (Lc 16,8); pois, se é homem de tanto préstimo, tem capacidade e talentos para vos tornardes a servir dele, por que o haveis de privar para sempre do vosso serviço: "Já não poderás ser meu administrador"? Suspendei-o agora por alguns meses, como se usa, e depois o tornareis a restituir, para que nem vós o percais nem ele fique perdido. — Não, diz Cristo. Uma vez que é ladrão conhecido, não só há de ser suspenso ou privado do ofício temporariamente, senão para sempre e para nunca jamais entrar ou poder entrar: "Já não poderás", porque o uso ou abuso dessas restituições, ainda que parece piedade, é manifesta injustiça. De maneira que, em vez de o ladrão restituir o que furtou no ofício, restitui-se o ladrão ao ofício, para que furte ainda mais? Não são essas as restituições pelas quais se perdoa o pecado, senão aquelas por que se condenam os restituídos, e também quem os restitui. Perca-se embora um homem já perdido, e não se percam os muitos que se podem perder e perdem na confiança de semelhantes exemplos.

Suposto que este primeiro artigo dos meus embargos não pegou, passemos a outro. Os furtos deste homem foram tão leves, e a quantidade tão limitada, que o mesmo texto lhes não dá nome de furtos absolutamente, senão de quase furtos: "Como se houvesse dissipado seus bens" (Lc 16,1). Pois em um mundo, Senhor, e em um tempo em que se vêm tolerados nos ofícios tantos ladrões, e premiados, que é mais, os "mais que" ladrões, será bem que seja privado do seu ofício, e privado para sempre, um homem que só chegou a ser quase ladrão? Sim, torna a dizer Cristo, para emenda dos mesmos tempos e para que conheça o mesmo mundo quão errado vai. Assim como nas matérias do sexto Mandamento teologicamente não há mínimos, assim os deve não haver politicamente nas matérias do sétimo, porque quem furtou e se desonrou no pouco, muito mais facilmente o fará no muito. E se não, vede-o nesse mesmo quase ladrão. Tanto que se viu notificado para não servir o ofício, ainda teve traça para se servir dele e furtar mais do que tinha furtado. Manda chamar muito à pressa os rendeiros, rompe os escritos das dívidas, faz outros de novo com antedatas, a uns diminui a metade, a outros a quinta parte, e por este modo, roubando ao tempo os dias, às escrituras a verdade e ao amo o dinheiro, aquele que só tinha sido quase ladrão, enquanto encartado no ofício, com a opinião que só tinha de o ter, foi mais que ladrão depois. Aqui acabei de entender a ênfase com que disse a pastora dos Cantares: "Tomaram-me a minha capa a mim" (Ct 5,7), porque se pode roubar a capa a um homem, tomando-a não a ele, senão a outrem. Assim o fez a astúcia deste ladrão, que roubou o dinheiro a seu amo, tomando-o não a ele, senão aos que lho deviam. De sorte que o que dantes era um ladrão, depois foi muitos ladrões, não se contentando de o ser ele só, senão de fazer a outros. Mas vá ele muito embora ao inferno, e vão os outros com ele, e os príncipes imitem ao Senhor, que se livrou de ir também, com o privar do ofício tão prontamente.

§ X

Esta doutrina em geral, pois é de Cristo, nenhum entendimento cristão haverá que a não venere. Haverá porém algum político tão especulativo que a queira limitar a certo gênero de sujeitos, e que funde as exceções no mesmo texto. O sujeito em que se fez esta execução, chama-lhe o texto "caseiro"; logo, em pessoas vis, ou de inferior condição, será bem que se executem estes e semelhantes rigores, e não em outras de diferente suposição, com as quais, por sua qualidade e outras dependências, é lícito e conveniente que os reis dissimulem. Oh! como está o inferno cheio dos que com estas e outras interpretações, por adularem os grandes e os supremos, não reparam em os condenar! Mas, para que não creiam a aduladores, creiam a Deus, e ouçam. Revelou Deus a Josué que se tinha cometido um furto nos despojos de Jericó, depois de lho ter bem custosamente significado com o infeliz sucesso do seu exército. E mandou-lhe que, descoberto o ladrão, fosse queimado. Fez-se diligência exata, e achou-se que um, chamado Acã, tinha furtado uma capa de grã, uma regra de ouro e algumas moedas de prata, que tudo não valia cem cruzados. Mas quem era este Acã? Era porventura algum homem vil, ou algum soldadinho da fortuna, desconhecido e nascido das ervas? Não era menos que do sangue real de Judá, e por linha masculina, quarto neto seu. Pois uma pessoa de tão alta qualidade, que ninguém era ilustre em todo Israel senão pelo parentesco que tinha com ele, há de morrer queimado por ladrão? E por um furto que hoje seria venial, há de ficar afrontada para sempre uma casa tão ilustre? Vós direis que era bem se dissimulasse; mas Deus, que o entende melhor que vós, julgou que não. Em matéria de furtar não há exceção de pessoas, e quem se abateu a tais vilezas, perdeu todos os foros. Executou-se com efeito a lei, foi justiçado e queimado Acã, ficou o povo ensinado com o exemplo, e ele foi venturoso no mesmo castigo, porque, como notam graves autores, comutou-lhe Deus aquele fogo temporal pelo que havia de padecer no inferno, felicidade que impedem aos ladrões os que dissimulam com eles.

E quanto à dissimulação que se diz devem ter os reis com pessoas de grande suposição, de quem talvez depende a conservação do bem público e são mui necessárias a seu serviço, respondo com distinção. Quando o delito é digno de morte, pode-se dissimular o castigo e conceder-se às tais pessoas a vida: mas quando o caso é de furto, não se lhes pode dissimular a ocasião, mas logo logo devem ser privadas do posto. Ambas estas circunstâncias concorreram no crime de Adão. Pôs-lhe Deus preceito que não comesse da árvore vedada, sob pena de que "morreria no mesmo dia" (Gn 2,17). Não guardou Adão o preceito, roubou o fruto e ficou sujeito, "*ipso facto* [por isso mesmo]", à pena de morte. Mas que fez Deus neste caso? Lançou-o logo do Paraíso, e concedeu-lhe a vida por muitos anos. Pois se Deus o lançou do Paraíso pelo furto que tinha cometido, por que não executou também nele a pena de morte a que ficou sujeito? Porque da vida de Adão dependia a conservação e propagação do mundo, e quando as pessoas são de tanta importância, e tão necessárias ao bem público, justo é que, ainda que mereçam a morte, se lhes permita e conceda a vida. Porém se juntamente são ladrões, de nenhum modo se pode consentir nem dissimular que continuem no posto e lugar onde o foram, para que não continuem a o ser. Assim o fez Deus, e assim o disse. Pôs um querubim com uma espada de fogo à porta do Paraíso, com ordem que de nenhum modo deixasse entrar a Adão. E por quê? Porque assim como tinha furtado da árvore da ciência, "não furtasse também da árvore da vida" (Gn 3,22). Quem foi mau uma vez, presume o Direito que o será outras, e que o será sempre. Saia pois Adão do lugar onde furtou, e não torne a entrar nele, para que não tenha ocasião de fazer outros furtos, como fez o primeiro. E notai que Adão, depois de ser privado do Paraíso, viveu novecentos e trinta anos. Pois a um homem castigado e arrependido, não lhe bastarão cem anos de privação do posto, não lhe bastarão duzentos ou trezentos? Não. Ainda que haja de viver novecentos anos, e houvesse de viver nove mil, uma vez que roubou, e é conhecido por ladrão, nunca mais deve ser restituído, nem há de entrar no mesmo posto.

§ XI

Assim o fez Deus com o primeiro homem do mundo, e assim o devem executar com todos os que estão em lugar de Deus. Mas que seria se não só víssemos os ladrões conservados nos lugares onde roubam, senão, depois de roubarem, promovidos a outros maiores? Acabaram-se-me aqui as Escrituras, porque não há nelas exemplo semelhante. De reis que mandassem conquistar inimigos, sim, mas de reis que mandassem governar vassalos, não se lê tal coisa. Os Assueros, os Nabucos, os Ciros, que dilatavam por armas os seus impérios, desta maneira premiavam os capitães, acrescentando em postos os que mais se sinalavam em destruir cidades e acumular despojos, e daqui se faziam os Nabusardões, os Holofernes e os outros flagelos do mundo. Porém os reis, que tratam os vassalos como seus, e os Estados, posto que distantes, como fazenda própria e não alheia, lede o Evangelho, e vereis quais são os sujeitos, e quão úteis, a quem encomendam o governo deles.

Um rei, diz Cristo Senhor nosso, fazendo ausência do seu reino à conquista de outro, encomendou a administração da sua fazenda a três criados. O primeiro acrescentou-a dez vezes mais do que era, e o rei, depois de o louvar, o promoveu ao governo de dez cidades: "Está bem, servo bom: porque foste fiel no pouco, serás governador de dez cidades" (Lc 19,17). O segundo também acrescentou à parte que lhe coube cinco vezes mais, e com a mesma proporção o fez o rei governador de cinco cidades: "E tu serás sobre cinco cidades" (Lc 19,19). De sorte que os que o rei acrescenta e deve acrescentar nos governos, segundo a doutrina de Cristo, são os que acrescentam a fazenda do mesmo rei, e não a sua. Mas vamos ao terceiro criado. Este tornou a entregar quanto o rei lhe tinha encomendado, sem diminuição alguma, mas também sem melhoramento, e no mesmo ponto, sem mais réplica, foi privado da administração: "Tirai-lhe a moeda de prata" (Lc 19,24). Oh! que ditosos foram os nossos tempos, se as culpas por que este criado foi privado do ofício foram os serviços e merecimentos porque os dagora são acrescentados! Se o que não tomou um real para si, e deixou as coisas no estado em que lhas entregaram, merece privação do cargo, os que as deixam destruídas e perdidas, e tão diminuídas e desbaratadas que já não têm semelhança do que foram, que merecem? Merecem que os despachem, que os acrescentem e que lhes encarreguem outras maiores, para que também as consumam e tudo se acabe? Eu cuidava que, assim como Cristo introduziu na sua parábola dois criados que acrescentaram a fazenda do rei, e um que a não acrescentou, assim havia de introduzir outro que a roubasse, com que ficava a divisão inteira. Mas não introduziu o divino Mestre tal criado, porque falava de um rei prudente e justo, e os que têm estas qualidades — como devem ter, sob pena de não serem reis — nem admitem em seu serviço, nem fiam a sua fazenda a sujeitos que lha possam roubar: a algum que não lha acrescente, poderá ser, mas um só; porém a quem lhe roube, ou a sua, ou a dos seus vassalos — que não deve distinguir da sua — não é justo, nem rei quem tal consente. E que seria se estes, depois de roubarem uma cidade, fossem promovidos ao governo de cinco e, depois de roubarem cinco, ao governo de dez? Que mais havia de fazer um príncipe cristão, se fora como aqueles príncipes infiéis, de quem diz Isaías: "Os teus príncipes são infiéis, sócios de ladrões" (Is 1,23). Os príncipes de Jerusalém não são fiéis, senão infiéis, porque são companheiros dos ladrões. — Pois saiba o profeta que há príncipes fiéis e cristãos, que ainda são mais miseráveis e mais infelizes que estes, porque um príncipe que entrasse em companhia com os ladrões: *Socii furum*, havia de ter também a sua parte no que se roubasse; mas estes estão tão fora de ter parte no que se rouba, que eles são os primeiros e os mais roubados. Pois, se são os roubados estes príncipes, como são ou podem ser companheiros dos mesmos ladrões: "Os teus príncipes sócios de ladrões?" Será porventura porque talvez os que acompanham e assistem aos príncipes são ladrões? Se assim fosse, não seria coisa nova. Antigamente os que assistiam ao lado dos príncipes chamavam-se "*laterones* [laterais]". E depois, corrompendo-se este vocábulo, como afirma Marco Varro, chamaram-se "*latrones* [ladrões]". E que seria se assim como se corrompeu o vocábulo se corrompessem também os que o mesmo vocábulo significa? Mas eu nem digo nem cuido tal coisa. O que só digo e sei, por ser teologia certa, é que em qualquer parte do mundo se pode verificar o que Isaías diz dos príncipes de Jerusalém: "Os teus príncipes são companheiros dos ladrões". E por quê? São companheiros dos ladrões, porque os dissimulam; são companheiros dos ladrões porque os consentem; são companheiros dos ladrões porque lhes dão os postos e os poderes; são companheiros dos ladrões porque talvez os defendem; e são finalmente seus companheiros, porque os acompanham e hão de acompanhar ao inferno, onde os mesmos ladrões os levam consigo.

Ouvi a ameaça e sentença de Deus contra estes tais: "Se vias um ladrão, corrias com ele" (Sl 49,18); O hebreu lê "*concurrebas* [concorrias]", e tudo é, porque há príncipes que correm com os ladrões e concorrem com eles. Correm com eles porque os admitem à sua familiaridade e graça; e concorrem com eles porque, dando-lhes autoridade e jurisdições, concorrem para o que eles furtam. E a maior circunstância desta gravíssima culpa consiste no "Se vias". Se estes ladrões foram ocultos, e o que corre e concorre com eles não os conhecera, alguma desculpa tinha; mas se eles são ladrões públicos e conhecidos, se roubam sem rebuço e à cara descoberta, se todos os veem roubar, e o mesmo que os consente e apoia o está vendo: "Se vias um ladrão", que desculpa pode ter diante de Deus e do mundo? "Cuidas tu, ó injusto" (Sl 49,21) — diz Deus — que hei de ser semelhante a ti, e que assim como tu dissimulas com estes ladrões, hei eu de dissimular contigo? Enganas-te: "Eu te acusarei e estabelecerei contra a tua face". Dessas mesmas ladroíces, que tu vês e consentes, hei de fazer um espelho em que te vejas; e quando vires que és tão réu de todos esses furtos como os mesmos ladrões, porque os não impedes, e mais que os mesmos ladrões, porque tens obrigação jurada de os impedir, então conhecerás que tanto, e mais justamente que a eles, te condeno ao inferno. Assim o declara com última e temerosa sentença a paráfrase caldaica do mesmo texto: "Neste mundo arguirei a tua consciência", como agora a estou arguindo; e "no outro mundo condenarei tua alma ao inferno", como se verá no dia do Juízo.

## § XII

Grande lástima será naquele dia, senhores, ver como os ladrões levam consigo muitos reis ao inferno; e para que esta sorte se troque em uns e outros, vejamos agora como os mesmos reis, se quiserem, podem levar consigo os ladrões ao Paraíso. Parecerá a alguém, pelo que fica dito, que será coisa muito dificultosa e que se não pode conseguir sem grandes despesas, mas eu vos afirmo, e mostrarei brevemente, que é coisa muito fácil, e que sem nenhuma despesa de sua fazenda, antes com muitos aumentos dela, o podem fazer os reis. E de que modo? Com uma palavra, mas palavra de rei. Mandando que os mesmos ladrões, os quais não costumam restituir, restituam efetivamente tudo o que roubaram. Executando-o assim, salvar-se-ão os ladrões e salvar-se-ão os reis. Os ladrões salvar-se-ão, porque restituirão o que têm roubado; e os reis salvar-se-ão também porque, restituindo os ladrões, não terão eles obrigação de restituir. Pode haver ação mais justa, mais útil e mais necessária a todos? Só quem não tiver fé, nem consciência, nem juízo o pode negar.

E porque os mesmos ladrões se não sintam de haverem de perder por este modo o fruto das suas indústrias, considerem que, ainda que sejam tão maus como o mau ladrão, não só deviam abraçar e desejar esta execução, mas pedi-la aos mesmos reis. O Bom Ladrão pediu a Cristo, como a rei, que se lembrasse dele no seu reino; e o mau ladrão, que lhe pediu? "Se és do Cristo, salva-te a ti mesmo e a nós" (Lc 23,39). Se sois o rei prometido, como crê meu companheiro, salvai-vos a vós e a nós. — Isto pediu o mau ladrão a Cristo, e o mesmo devem pedir todos os ladrões a seu rei, posto que sejam tão maus como o mau ladrão. Nem Vossa Majestade, Senhor, se pode salvar, nem nós nos podemos salvar sem restituir: nós não temos ânimo nem valor para fazer a restituição, como nenhum a faz, nem na vida, nem na morte; mande-a, pois, fazer executivamente Vossa Majestade, e por este modo, posto que para nós seja violento, salvar-se-á Vossa Majestade a si, e mais a nós: "Salva-te a ti mesmo e a nós". Creio que nenhuma consciência haverá cristã, que não aprove este meio. E para que não fique em generalidade, que é o mesmo que no ar, desçamos à prática dele, e vejamos como se há de fazer. Queira Deus que se faça!

O que costumam furtar nestes ofícios e governos os ladrões de que falamos, ou é a fazenda real, ou a dos particulares, e uma e outra têm obrigação de restituir depois de roubada, não só os ladrões que a roubaram, senão também os reis, ou seja porque dissimularam e consentiram os furtos quando se faziam, ou somente — que isto basta — por serem sabedores deles depois de feitos. E aqui se deve advertir uma notável diferença — em que se não repara — entre a fazenda dos reis e a dos particulares. Os particulares, se lhes roubam a sua fazenda, não só não são obrigados à restituição, antes terão nisso grande merecimento se o levarem com paciência, e podem perdoar o furto a quem os roubou. Os reis são de muito pior condição nesta parte porque, depois de roubados, têm eles obrigação de restituir a própria fazenda roubada, nem a podem dimitir ou perdoar aos que a roubaram. A razão da diferença é porque a fazenda do particular é sua; a do rei não é sua, senão da república. E assim como o depositário ou tutor não pode deixar alienar a fazenda que lhe está encomendada e teria obrigação de a restituir, assim tem a mesma obrigação o rei, que é tutor e como depositário dos bens e erário da República, a qual seria obrigado a gravar com novos tributos, se deixasse alienar ou perder as suas rendas ordinárias.

O modo pois com que as restituições da fazenda real se podem fazer facilmente, ensinou aos reis um monge, o qual, assim como soube furtar, soube também restituir. Refere o caso Mayolo, Crantzio e outros. Chamava-se o monge frei Teodorico, e porque era homem de grande inteligência e indústria, cometeu-lhe o imperador Carlos Quarto algumas negociações de importância, em que ele se aproveitou de maneira que competia em riquezas com os grandes senhores. Advertido o imperador, mandou-o chamar à sua presença, e disse-lhe que se aparelhasse para dar contas. Que faria o pobre ou rico monge? Respondeu sem se assustar que já estava aparelhado, que naquele mesmo ponto as daria, e disse assim: — Eu, César, entrei no serviço de Vossa Majestade com este hábito, e dez ou doze tostões na bolsa, da esmola das minhas Missas; deixe-me Vossa Majestade o meu hábito e os meus tostões, e tudo o mais que possuo mande-o Vossa Majestade receber, que é seu, e tenho dado contas. Com tanta facilidade como isto fez a sua restituição o monge, e ele ficou guardando os seus votos, e o imperador a sua fazenda. Reis e príncipes mal servidos, se quereis salvar a alma e recuperar a fazenda, introduzi, sem exceção de pessoa, as restituições de frei Teodorico. Saiba-se com que entrou cada um, o de mais torne para donde saiu, e salvem-se todos.

## § XIII

A restituição que igualmente se deve fazer aos particulares parece que não pode ser tão pronta nem tão exata, porque se tomou a fazenda a muitos e a províncias inteiras. Mas como estes pescadores do alto usaram de redes varredouras, use-se também com eles das mesmas. Se trazem muito, como ordinariamente trazem, já se sabe que foi adquirido contra a lei de Deus ou contra as leis e regimentos reais, e por qualquer destas cabeças, ou por ambas, injustamente. Assim se tiram da Índia quinhentos mil cruzados, de Angola duzentos, do Brasil trezentos, e até do pobre Maranhão mais do que vale todo ele. E que se há de fazer desta fazenda? Aplicá-la o rei à sua alma e às dos que a roubaram, para que umas e outras se salvem. Dos governadores que mandava a diversas províncias o Imperador Maximino se dizia, com galante e bem apropriada semelhança, que eram esponjas. A traça ou astúcia com que usava destes instrumentos era toda encaminhada a fartar a sede da sua cobiça. Porque eles, como esponjas, chupavam das províncias que governavam tudo quanto podiam; e o imperador, quando tornavam, espremia as esponjas, e tomava para o fisco real quanto tinham roubado, com que ele ficava rico e eles castigados. Uma coisa fazia mal este imperador, outra bem, e faltava-lhe a melhor. Em mandar governadores às províncias homens que fossem esponjas, fazia mal; em espremer as esponjas quando tornavam, e lhes confiscar o que traziam, fazia bem e justamente; mas faltava-lhe a melhor, como injusto e tirano que era, porque tudo o que espremia das esponjas não o havia de tomar para si, senão restituí-lo às mesmas províncias donde se tinha roubado. Isto é o que são obrigados a fazer em consciência os reis que se desejam salvar, e não cuidar que satisfazem ao zelo e obrigação da justiça com mandar prender em um castelo o que roubou a cidade, a província, o estado. Que importa que por alguns dias ou meses se lhe dê esta sombra de castigo, se passados eles se vai lograr do que trouxe roubado, e os que padeceram os danos não são restituídos.

Há nesta, que parece justiça, um engano gravíssimo, com que nem o castigado nem o que castiga se livram da condenação eterna; e para que se entenda ou queira entender este engano é necessário que se declare. Quem tomou o alheio fica sujeito a duas satisfações: à pena da lei e à restituição do que tomou. Na pena, pode dispensar o rei como legislador; na restituição não pode, porque é indispensável. E obra-se tanto pelo contrário, ainda quando se faz ou se cuida que se faz justiça, que só se executa a pena, ou alguma parte da pena e a restituição não lembra nem se faz dela caso. Acabemos com Santo Tomás. Põe o santo Doutor em questão: Se, para satisfazer à restituição, basta restituir outro tanto quanto foi o que se tomou?[11] — E depois de resolver que basta, porque a restituição é ato de justiça e a justiça consiste em igualdade, argumenta contra a mesma resolução com a lei do capítulo vinte e dois do Êxodo, em que Deus mandava que quem furtasse um boi restituísse cinco; logo, ou não basta restituir tanto por tanto, senão muito mais do que se furtou; ou, se basta, como está resoluto, de que modo se há de entender esta lei? Há-se de entender, diz o Santo, distinguindo na mesma lei duas partes, uma enquanto lei natural, pelo que pertence à restituição, e outra enquanto lei positiva, pelo que pertence à pena. A lei natural, para guardar a igualdade do dano, só manda que se restitua tanto por tanto; a lei positiva, para castigar o crime do furto, acrescentou em pena mais quatro anos, e por isso manda pagar cinco por um. Há-se porém de advertir, acrescenta o santo Doutor, que entre a restituição e a pena há uma grande diferença, porque à satisfação da pena não está obrigado o criminoso antes da sentença, porém à restituição do que roubou, ainda que o não sentenciem nem obriguem, sempre está obrigado.

Daqui se vê claramente o manifesto engano ainda dessa pouca justiça, que poucas vezes se usa. Prende-se o que roubou e mete-se em livramento. Mas que se segue daí? O preso, tanto que se livrou da pena do crime, fica muito contente; o rei cuida que satisfez à obrigação da justiça, e ainda se não tem feito nada, porque ambos ficam obrigados à inteira restituição dos mesmos roubos, sob pena de se não poderem salvar. O réu porque não restitui, e o rei porque o não faz restituir. Tire, pois, o rei executivamente a fazenda a todos os que a roubaram, e faça as restituições por si mesmo, pois eles as não fazem nem hão de fazer, e deste modo — que não há nem pode haver outro — em vez de os ladrões levarem os reis ao inferno, como fazem, os reis levarão os ladrões ao Paraíso, como fez Cristo: "Hoje estarás comigo no paraíso".

## § XIV

Tenho acabado, Senhores, o meu discurso, e parece-me que demonstrado o que prometi, de que não estou arrependido. Se a alguém pareceu que me atrevi a dizer o que fora mais reverência calar, respondo com Santo Hilário: "O que ousamos falar, não podemos calar".[12] O que se não pode calar com boa consciência, ainda que seja com repugnância, é força que se diga. — Ouvinte coroado era aquele a quem o Batista disse: "Não te é lícito" (Mc 6,18); e coroado também, posto que não ouvinte, aquele a quem

Cristo mandou dizer: "Dizei a esse raposo" (Lc 13,32). Assim o fez animosamente Jeremias, porque era mandado por pregador "Aos reis de Judá e aos seus príncipes" (Jr 1,18). E se Isaías o tivera feito assim, não se arrependera depois, quando disse: "Ai de mim, porque calei" (Is 6,5). Os médicos dos reis com tanta e maior liberdade lhes devem receitar a eles o que importa à sua saúde e vida, como aos que curam nos hospitais. Nos particulares, cura-se um homem; nos reis, toda a República.

Resumindo pois o que tenho dito, nem os reis, nem os ladrões, nem os roubados se podem molestar da doutrina que preguei, porque a todos está bem. Está bem aos roubados, porque ficarão restituídos do que tinham perdido; está bem aos reis, porque sem perda, antes com aumento da sua fazenda, desencarregarão suas almas. E, finalmente, os mesmos ladrões, que parecem os mais prejudicados, são os que mais interessam. Ou roubaram com tenção de restituir, ou não: se com tenção de restituir, isso é o que eu lhes digo, e que o façam a tempo. Se o fizeram sem essa tenção, fizeram logo conta de ir ao inferno, e não podem estar tão cegos que não tenham por melhor ir ao Paraíso. Só lhes pode fazer medo haverem de ser despojados do que despojaram aos outros, mas, assim como estes tiveram paciência por força, tenham-na eles com merecimento. Se os esmoleres compram o céu com o próprio, por que se não contentarão os ladrões de o comprar com o alheio? A fazenda alheia e a própria toda se alija ao mar sem dor, no tempo da tempestade. E quem há que, salvando-se do naufrágio a nado e despido, não mande pintar a sua boa fortuna, e a dedique aos altares com ação de graças? Toda a sua fazenda dará o homem de boa vontade por salvar a vida, diz o Espírito Santo, e quanto de melhor vontade deve dar a fazenda, que não é sua, por salvar, não a vida temporal, senão a eterna? O que está sentenciado à morte e à fogueira, não se teria por muito venturoso se lhe aceitassem por partido a confiscação só dos bens? Considere-se cada um na hora da morte, e com o fogo do inferno à vista, e verá se é bom partido o que lhe persuado. Se as vossas mãos e os vossos pés são causa de vossa condenação, cortai-os, e se os vossos olhos, arrancai-os, diz Cristo, porque melhor vos está ir ao Paraíso manco, aleijado e cego, que com todos os membros inteiros ao inferno. É isto verdade, ou não? Acabemos de ter fé, acabemos de crer que há inferno, acabemos de entender que, sem restituir, ninguém se pode salvar. Vede, vede ainda humanamente o que perdeis, e por quê. Nesta restituição, ou forçosa, ou forçada, que não quereis fazer, que é o que dais e o que deixais? O que dais é o que não tínheis; o que deixais é o que não podeis levar convosco, e por isso vos perdeis. Nu entrei neste mundo, e nu hei de sair dele, dizia Jó, e assim saíram o bom e o mau ladrão. Pois, se assim há de ser, queirais ou não queirais, despido por despido, não é melhor ir com o bom ladrão ao Paraíso, que com o mau ao inferno?

Rei dos reis e Senhor dos senhores, que morrestes entre ladrões para pagar o furto do primeiro ladrão, e o primeiro a quem prometestes o Paraíso foi outro ladrão, para que os ladrões e os reis se salvem, ensinai com vosso exemplo, e inspirai com vossa graça a todos os reis que, não elegendo, nem dissimulando, nem consentindo, nem aumentando ladrões, de tal maneira impidam os furtos futuros e façam restituir os passados, que em lugar de os ladrões os levarem consigo, como levam, ao inferno, levem eles consigo os ladrões ao Paraíso, como vós fizestes hoje: "Hoje estarás comigo no paraíso".

# SERMÃO DO

# Mandato

Pregado em Lisboa, no Hospital Real.
Ano 1643.

❧

"Sabendo Jesus que era chegada a sua hora de passar deste mundo ao Pai, como tinha amado os seus que estavam no mundo, amou-os até o fim."
(Jo 13,1)

---

Há dois anos em Portugal, com trinta e seis anos, um dos temas mais repetidos e queridos por ele: o amor sem fim de Jesus; amor incurável e sem remédio. É o tema do sermão: os remédios do amor e o amor sem remédio. Quatro são os remédios: o tempo, a ausência, a ingratidão, e sobretudo a melhoria do objeto. O tempo: "como amasse". Tudo cura o tempo, tudo faz esquecer, tudo gasta. O tempo é natureza, tira ao amor a novidade. Em Cristo, o tempo não diminuiu o amor; o amor é que diminuiu o tempo.
A ausência: "de passar deste mundo". A ausência, como a morte, divide e esfria. Longe, passando de tiro de seta, não chegam lá as forças do amor. A ausência pode ser força. Tira-lhe a comunicação. Em Cristo, o amor não podia deixar de amar em nenhum lugar, em nenhum tempo, porque é amor. A ingratidão: "os que estavam neste mundo". É o remédio mais sensitivo do amor, o mais efetivo. Tem sua parte de razão. E é sempre um delito. Em Cristo, as ingratidões, em vez de diminuírem o amor, acrescentaram-no. Foram motivo para mais amar. A melhoria do objeto: "deste mundo ao Pai". Um amor com outro se paga e se apaga. No mesmo coração não cabem dois amores. Em Cristo, o Pai foi o fim da jornada e os homens o fim do amor. Os homens não perderam o amor do Filho que partia, e adquiriram de novo o amor do Pai. Amemos a quem tanto nos amou.

## § I

Quem entrar hoje nesta casa — todo-poderoso e todo-amoroso Senhor — quem entrar hoje nesta casa, que é o refúgio último da pobreza e o remédio universal das enfermidades, quem entrar, digo, a visitar-vos nela — como faz todo este concurso da piedade cristã — com muito fundamento pode duvidar se viestes aqui por pródigo, se por enfermo. Destes o céu, destes a terra, destes-vos a vós mesmo, e quem tão prodigamente despendeu quanto era e quanto tinha, não é muito que viesse a parar em um hospital. Quase persuadido estava eu a este pensamento, mas no juízo dos males sempre conjeturou melhor quem presumiu os maiores. Diz o vosso evangelista, Senhor, que a enfermidade vos trouxe a este lugar, e não a prodigalidade. Enfermo diz que estais, e tão enfermo que a vossa mesma ciência vos promete poucas horas de vida, e que por momentos se vem chegando a última: "Sabendo Jesus que era chegada a hora" (Jo 13,1). Qual seja esta enfermidade, também o declara o evangelista. Diz que é de amor, e de amor nosso, e de amor incurável. De amor: "Como tinha amado"; de amor nosso: "Os seus que estavam no mundo"; e de amor incurável e sem remédio: "Amou-os até o fim". Este é, enfermo Senhor, e saúde de nossas almas; este é o mal ou o bem de que adoecestes, e o que vos há de tirar a vida. E porque quisera mostrar aos que me ouvem que, devendo-vos tudo pela morte, vos devem ainda mais pela enfermidade, só falarei dela. Acomodando-me pois ao dia, ao lugar e ao Evangelho, sobre as palavras que tomei dele, tratarei quatro coisas e uma só. Os remédios do amor e o amor sem remédio. Este será, amante divino, com licença de vosso coração, o argumento do meu discurso. Ainda não sabemos de certo se o vosso amor se distingue da vossa graça. Se se não distinguem, peço-vos o vosso amor, sem o qual se não pode falar dele; e se são coisas distintas, por amor do mesmo amor vos peço a vossa Graça. *Ave Maria*.

## § II

Os remédios do amor e o amor sem remédio são as quatro coisas, e uma só, de que prometi falar, porque, sendo a enfermidade do amor a que tirou a vida ao Autor da vida, não se pode mostrar que foi amor sem remédio sem se dizer juntamente quais sejam os remédios do amor. Desta matéria escreveu eruditamente o Galeno[1] do amor humano, nos livros que intitulou "*De Remedio Amoris* [O Remédio do Amor]", cujos aforismos, porque hão de ser convencidos, entrarão sem texto e sem nome, como quem não vem a autorizar, senão a servir. Os remédios, pois, do amor mais poderosos e eficazes que até agora tem descoberto a natureza, aprovado a experiência e receitado a arte, são estes quatro: o tempo, a ausência, a ingratidão e, sobretudo, o melhorar de objeto. Todos temos nas palavras que tomei por tema, e tão expressos que não hão mister comento: "Como tinha amado", eis aí o tempo; "Os seus que estavam no mundo", eis aí a ingratidão; "De passar", eis aí a ausência; "Deste mundo para o Pai", eis aí a melhoria do objeto. E com se aplicarem todos estes remédios à enfermidade, todos estes defensivos ao coração, e todos estes contrários ao amor do divino Amante, nem o tempo o diminuiu, nem a ingratidão o esfriou, nem a ausência o enfraqueceu, nem a melhoria do objeto o mudou um ponto: "Amou-os até o fim". Estas são as quatro partes do nosso discurso; vamos acreditando amor e desacreditando remédios.

## § III

O primeiro remédio que dizíamos é o tempo. Tudo cura o tempo, tudo faz esquecer, tudo gasta, tudo digere, tudo acaba. Atreve-se o tempo a colunas de mármore, quanto mais a corações de cera! São as afeições como as vidas, que não há mais certo sinal de haverem de durar pouco que terem durado muito. São como as linhas que partem do centro para a circunferência, que, quanto mais continuadas, tanto menos unidas. Por isso os antigos sabiamente pintaram o amor menino, porque não há amor tão robusto que chegue a ser velho. De todos os instrumentos com que o armou a natureza o desarma o tempo. Afrouxa-lhe o arco, com que já não tira; embota-lhe as setas, com que já não fere; abre-lhe os olhos, com que vê o que não via; e faz-lhe crescer as asas, com que voa e foge. A razão natural de toda esta diferença é porque o tempo tira a novidade às coisas, descobre-lhes os defeitos, enfastia-lhes o gosto, e basta que sejam usadas para não serem as mesmas. Gasta-se o ferro com o uso, quanto mais o amor? O mesmo amar é causa de não amar, e o ter amado muito, de amar menos. Baste por todos os exemplos o do amor de Davi.

Amou Davi a Bersabé com aqueles extremos que todos sabem, e, sendo o coração deste homem feito pelos moldes do coração de Deus, e Deus tão picado de ciúmes, como ele confessa de si: "Eu sou Deus zeloso" (Ex 20,5), coisa é digníssima de grande reparo que o mesmo Deus o deixasse continuar naquele amor sem lhe procurar o remédio, senão ao cabo de um ano, quando o mandou reduzir pelo profeta Natã. Quanto Deus sentisse este desamor de Davi, bem se vê da circunstância deste mesmo cuidado, pois ele, sendo o ofendido, foi o que solicitou a reconciliação, sem esperar que Davi a procurasse. Pois, se Deus queria e desejava tanto que Davi se apartasse do amor de Bersabé, por que dilatou esta diligência tanto tempo, e não lhe procurou o remédio senão no fim de um ano? Pois esse mesmo ano, e esse mesmo tempo foi o primeiro remédio com que o começou a curar. As outras enfermidades têm na dilação o maior perigo; a do amor tem na mesma dilação o melhor remédio. Via o que só vê os corações dos homens, que, enquanto duravam aqueles primeiros fervores da afeição de Davi, dificultosamente se lhe havia de arrancar do coração um amor em que estava tão empenhado; pois deixe-se a cura ao tempo, que ele pouco a pouco o irá dispondo, e assim foi. Ao princípio não reparava Davi no que devia ao vassalo, nem no que se devia a si, nem no que devia a Deus: matava homens, perdia exércitos, não fazia caso da fama nem da consciência, que tanta violência trazia aquele bravo incêndio em seus princípios; mas foi andando um dia e outro dia, foi passando uma semana e outra semana, foi continuando um mês e outro mês, e quando já chegou o fim do ano, em que estado estava o amor de Davi? Estava a chaga tão disposta, o coração tão moderado e o calor tão remetido, que bastou uma só palavra do profeta para o sarar de todo. O que era desejo se trocou subitamente em dor; o que era cegueira, em luz; o que era gosto, em lágrimas; e o que era amor, em arrependimento. E se tanto pode um ano, que farão os muitos?

Estes são os poderes do tempo sobre o amor. Mas sobre qual amor? Sobre o amor humano, que é fraco; sobre o amor humano, que é inconstante; sobre o amor humano, que não se governa por razão, senão por apetite; sobre o amor humano, que, ainda quando parece mais fino, é grosseiro e imperfeito. O amor, a quem remediou e pode curar o tempo, bem poderá ser que fosse doença, mas não é amor. O amor perfeito, e que só merece o nome de amor, vive imortal sobre a esfera da mudança, e não chegam lá as jurisdições do tempo. Nem os anos o diminuem, nem os séculos o enfraquecem, nem as eternidades o cansam: "Aquele que é amigo o é em todo o tempo" (Pr 17,17), disse nos seus Provérbios o Salomão da Lei Velha; e o Salomão da Nova, Santo Agostinho, comentando o mesmo texto, penetrou o fundo dele com esta admirável sentença: Quis-nos declarar Salomão — diz Agostinho — "que o amor que é verdadeiro tem obrigação de ser eterno, porque, se em algum tempo deixou de ser, nunca foi amor".[2] Notável dizer! Em todas as outras coisas o deixar de ser é sinal de que já foram; no amor o deixar de ser é sinal de nunca ter sido. Deixou de ser? Pois nunca foi. Deixastes de amar? Pois nunca amastes. O amor que não é de todo o tempo, e de todos os tempos, não é amor, nem foi, porque se chegou a ter fim, nunca teve princípio. É como a eternidade, que se, por impossível, tivera fim, não teria sido eternidade: "Declarou que a amizade é eterna, se é verdadeira".

Tão isento da jurisdição do tempo é o verdadeiro amor. Porém um tal amor, onde se achará? Só em vós, Fênix divino, só em vós. Isso quer dizer: "como tivesse amado". E quando, ou desde quando? Primeiramente, desde o princípio sem princípio da eternidade, porque desde então começou o Verbo eterno a amar os homens, ou desde então os amou sem começar, como ele mesmo disse: "Achando as minhas delícias em estar com os filhos dos homens" (Pr 8,31). E um amor que teve as raízes na eternidade, vede como podia achar remédio no tempo? O tempo começou com a criação do mundo, porque antes do mundo não havia tempo. E este tempo em Cristo divide-se em duas partes: o tempo em que amou desde o princípio do mundo, com a vontade divina, e o tempo em que amou desde o princípio da vida, com a vontade divina e humana. Desde o princípio da vida passaram trinta e quatro anos; desde o princípio do mundo passaram mais de quatro mil, e em tantos anos e tantos séculos de amor, nenhum poder teve sobre ele o tempo. Oh! amor só verdadeiro! Oh! amor só constante! Oh! amor só amor! Que não desfez, que não acabou a continuação pertinaz de tantos anos, quantos correram desde o princípio do mundo até o fim da vida de Cristo? Que cidade tão forte que não arruinasse? Que mármore que não gastasse! Que bronze que não consumisse? Todas as coisas humanas, em tão comprida continuação, acabou o tempo, e o que é mais, até a memória delas; só o amor de Jesus, apesar dos anos e dos séculos, sempre inteiro, sem diminuição, sempre firme, sempre perseverante, sempre o mesmo, porque, assim "como tinha amado no princípio", assim amou, e com a mesma intenção, "no fim".

Tão fora esteve o tempo — vede o que digo — tão fora esteve o tempo de poder diminuir o amor de Cristo, que antes o amor de Cristo diminuiu o tempo. No mesmo texto do nosso Evangelho o temos: "Sabendo Jesus que era chegada a sua hora de passar deste mundo ao Pai". Sabendo Jesus que era chegada a hora de passar deste mundo ao Pai. — Isto disse o evangelista, falando dos mistérios da última Ceia, em que Cristo, com o maior prodígio da sua humildade e com o maior milagre da sua onipotência, manifestou aos homens qual era o extremo com que os amava. Mas a hora em que o Senhor passou deste mundo ao Pai não foi neste dia, senão no dia de sua Ascensão, quarenta e dois dias depois deste. Pois, se ainda lhe restavam a Cristo quarenta e dois dias para estar no mundo antes de subir ao Pai, como diz o evangelista que "já era chegada a hora"? Eram tantos dias, e era uma só hora? Sim. Porque todos estes dias em que o Senhor se havia de deter no mundo, eram dias de estar com os seus amados: "Como tinha amado os seus"; e ainda que pela medida do tempo eram muitos dias, pela conta do seu amor era uma só hora: "A sua hora". Notai muito agora o cômputo destes mesmos dias, e reparai no que nunca reparastes. Desde a hora da Ceia até a hora em que Cristo subiu ao céu, passaram-se pontualmente mil horas, sem faltar nem sobejar uma só. E todos estes dias que, medidos pelas rodas do tempo, faziam cabalmente mil horas, contadas pelo relógio do amor que Cristo tinha no peito, eram uma só hora. Por isso se chama: "hora sua", porque para o mundo e para o tempo eram mil horas, e para Cristo e para o seu amor era uma. E se o amor de Cristo de mil horas fazia uma só hora, vede quão certo é o que eu dizia, que em vez de o tempo diminuir o amor, o amor diminuiu o tempo.

De Jacó dizia a Escritura que, sendo sete os anos que serviu por Raquel, "lhe pareciam poucos dias, porque era grande o amor com que a amava" (Gn 29,20). Não seria Jacó tão celebrada figura de Cristo se também o seu amor não tivesse a propriedade de diminuir o tempo. Mas nesta mesma diminuição é necessário advertir que os anos que a Jacó lhe pareciam poucos dias não foram só sete, senão muitos mais, ou muito maiores. Assim como o gosto faz os dias breves, assim o trabalho os faz longos. A Abraão disse Deus que seus descendentes serviriam aos egípcios quatrocentos anos, sendo que serviram cem anos somente, porque o trabalho dobra e redobra o tempo, e cem anos de servir são quatrocentos anos de padecer. Do mesmo modo se hão de contar os anos de Jacó. Jacó serviu com tanto trabalho, de dia e de noite, como ele bem encareceu a Labão, não sendo os enganos e trapaças do mesmo Labão a menor parte do seu grande trabalho. Logo, assim como o amor de Jacó diminuía os anos por uma parte, assim o trabalho os acrescentava por outra e, concorrendo juntamente o amor a diminuir e o trabalho a acrescentar os mesmos anos, já que eles se não multiplicassem tanto que fossem três vezes dobrados, ao menos haviam de ficar inteiros. Como podia logo ser que a Jacó lhe não parecessem anos, senão dias, e esses poucos? Não há dúvida que esta mesma que parece implicação é o maior encarecimento do amor de Jacó. O tempo fazia os anos, o trabalho multiplicava o tempo, mas o amor de Jacó, maior que o trabalho e maior que o tempo, não só diminuía os anos que fazia o tempo, senão também os que multiplicava o trabalho. Com o gosto de servir diminuía o amor uns anos; com o gosto de padecer diminuía os outros; e por isso, ainda que fossem anos sobre anos, e muitos sobre muitos, todos eles "lhe pareciam dias, e poucos dias".

Muito estimara eu que estes dias do amor de Jacó, que a Escritura chama poucos, nos dissesse também a mesma Escritura quantos eram, ou quantos seriam. Mas dado — impossivelmente — que cada ano lhe parecesse um só dia, ainda o amor do figurado excede infinitamente ao da figura, e o de Jesus ao de Jacó. No tempo que diminuiu o amor de Cristo entra também o tempo da sua Paixão; e se o trabalho acrescenta e multiplica o tempo à medida do que se padece, quem poderá medir neste caso o tempo com o trabalho, e a duração do que o Senhor padecia com o excesso do que padeceu? Padeceu

Cristo em sua Paixão, como provam todos os teólogos com Santo Tomás,[3] mais do que padeceram nem hão de padecer todos os homens, desde o princípio até o fim do mundo. Os tormentos em si mesmos eram acerbíssimos, e fazia-os incomparavelmente maiores a delicadeza do sujeito, a viveza da apreensão, a tristeza suma, bastante ela só a tirar a vida, e, sobretudo, o conhecimento compreensivo da injúria infinita cometida contra Deus naquele e em todos os pecados do gênero humano. E quantos séculos de padecer vos parece que caberiam naquelas compridíssimas horas? Foram tão compridas, que bastou a duração delas para satisfazer pela eternidade das penas do inferno, que com a mesma duração se pagavam. E que sendo tão compridas, ou tão eternas aquelas horas, as reduzisse o amor de Cristo a uma só hora: "A sua hora?" Oh! amor verdadeiramente imenso! Que as outras horas e dias parecessem ao amorosíssimo Senhor muito breves, não é tão grande maravilha, porque eram horas de estar com os que tanto amava; mas que também as da Paixão, sendo de tão excessivas penas, as abreviasse igualmente o seu amor? Sim, e pela mesma causa. As outras eram breves, porque eram horas de estar conosco, e estas eram também breves, porque eram horas de padecer por nós. Não sofreu o amor que pudesse menos contra o tempo o gosto da paciência que o da presença; por isso diminuiu igualmente as horas tanto o gosto de padecer pelos homens como o gosto de estar com eles.

Uma e outra coisa compreendeu e declarou S. Paulo em uma só palavra, quando disse, falando da morte de Cristo: "Que gostou [provou] a morte por todos" (Hb 2,9). Não diz que padeceu o Senhor a morte por todos, senão que "a gostou": Esta palavra *gustaret* quer dizer gostar e provar, e por isso diz com grande energia que Cristo gostou a morte, porque o gosto com que a padeceu a abreviou de tal sorte, como se somente a provara. Excelentemente S. Anselmo, comentando as mesmas palavras: "Para que a gostasse, durante o tempo de uma hora e não longa, como se o gosto a fizesse passar".[4] Quer dizer o apóstolo — diz Anselmo — que padeceu o Senhor a morte com tanto gosto como se a não padecera toda, e somente a tocara, e passara por ela: "Como se o gosto a fizesse passar". E por isso, sendo de tantas horas, e tão longas, lhe pareceu "de uma só hora". Notai o novo adjetivo "*Horariam* [uma só hora], formado sem dúvida do *hora ejus* [a sua hora] de São João. E vede que remédio podia ser o do tempo para curar o nosso divino enfermo, se a força do seu mal, ou do seu e nosso bem, era tão forte e tão aguda que, em vez de o tempo diminuir o amor, o amor foi o que diminuiu o tempo: "Como tinha amado, amou".

§ IV

O segundo remédio do amor é a ausência. Muitas enfermidades se curam só com a mudança do ar; o amor com a da terra. É o amor como a lua que, em havendo terra em meio, dai-o por eclipsado. À sepultura chamou Davi discretamente "terra do esquecimento" (Sl 87,13). E que terra há que não seja a terra do esquecimento, se vos passastes a outra terra? Se os mortos são tão esquecidos, havendo tão pouca terra entre eles e os vivos, que podem esperar, e que se pode esperar dos ausentes? Se quatro palmos de terra causam tais efeitos, tantas léguas que farão? Em os longes, passando de tiro de seta, não chegam lá as forças do amor. Seguiu Pedro a Cristo de longe, e deste longe que se seguiu? Que aquele que na presença o defendia com a espada, na ausência o negou e jurou contra ele. Os filósofos definiram a morte pela ausência: "A morte é a ausência da alma". E a ausência também se há de definir pela morte, posto que seja uma morte de que mais vezes se ressuscita. Vede-o nos efeitos naturais de uma e outra. Os dois primeiros efeitos da morte são dividir e esfriar. Morreu um homem, apartou-se a alma do corpo: se o apalpardes logo, achareis algumas relíquias de calor; se tornastes daí a um pouco, tocastes um cadáver frio, uma estátua de regelo. Estes mesmos efeitos ou poderes tem a vice-morte, a ausência. Despediram-se com grandes demonstrações de afeto os que muito se amavam, apartaram-se enfim, e, se tomardes logo o pulso ao mais enternecido, achareis que palpitam no coração as saudades, que rebentam nos olhos as lágrimas e que saem da boca alguns suspiros, que são as últimas respirações do amor. Mas, se tornardes depois destes ofícios de corpo presente, que achareis? Os olhos enxutos, a boca muda, o coração sossegado: tudo esquecimento, tudo frieza. Fez a ausência seu ofício, como a morte: apartou, e, depois de apartar, esfriou.

Ouvi o maior exemplo que pode haver desta verdade. Foi a Madalena ao sepulcro de Cristo na madrugada da Ressurreição, olhou, não achou o sagrado corpo, tornou a olhar, persistiu, chorou. E qual cuidais que era a causa de todas estas diligências tão solícitas? Diz, com notável pensamento, Orígenes, que não era tanto pelo que a Madalena amava a Cristo, quanto pelo que temia de si: "Temia que se lhe esfriasse o amor no coração, se não encontrasse o corpo dele. Uma vez visto, reacenderia".[5] Sabia a Madalena, como experimentada, que a ausência tem os efeitos da morte: apartar e depois esfriar; e como se via apartada do seu amado, que é o primeiro efeito, "temia que se lhe esfriasse o amor no coração", que é o segundo". Pois o amor da Madalena, tão forte, tão animoso, tão constante, tão ardente; o amor da Madalena canonizado de grande, engrandecido de muito: "Porque amou muito" (Lc 7,47), tão pouco fiava de si mesmo que temesse esfriar-se? Sim, que tais são os poderes da ausência contra o mais qualificado amor. E como o coração se aquenta pelos olhos, por isso procurava com tanta diligência achar o corpo de seu Senhor, para que, com a sua vista, se tornasse a aquentar o amor, ou se não esfriasse sem ela: "Se não encontrasse o corpo dele; uma vez visto, reacenderia".

Estes costumam ser os efeitos da ausência, ainda nos corações mais finos, qual era o da Madalena, coração humano enfim. Porém, o coração de Cristo, humano e divino juntamente, ainda que, como humano, se aparta, como divino não se esfria. O fogo pode se apartar, mas não se pode esfriar. Ao perto e ao longe, ou presente ou ausente, sempre arde igualmente, porque sempre é fogo. Poderá ser tão distante a ausência, que o tire da vista; mas nenhuma tão poderosa, que lhe mude a natureza. Tal o amor de Cristo — diz São Bernardo — Assim como o amor de Cristo não podia deixar de amar em nenhum tempo, porque é eterno, assim "não pode deixar de amar em nenhum lugar ou distância, porque é amor". — O amor não é união de lugares, senão de vontades; se fora união de lugares, pudera-o desfazer a distância; mas como é união de vontades, não o pode esfriar a ausência. A ausência mais distante que se pode imaginar é a que hoje fez Cristo: "De passar deste mundo para o Pai". ausência deste para o outro mundo. Todas as outras ausências, por mais distantes que sejam, sempre se fazem dentro do mesmo elemento, de uma parte da terra para a outra. A ausência de Cristo era tão distante, que excedia a esfera de todos os elementos, e passava da terra até o céu. Mas com a distância e a ausência serem tão excessivas, pôde a distância apartar os corpos, mas não pôde dividir os corações; pôde a ausência impedir a vista, mas não pôde esfriar o amor.

Tão longe esteve a ausência com os seus longes de ser remédio para o amor de Cristo, e tão longe de causar os seus efeitos, que antes produziu os contrários. Os efeitos da ausência, como vimos, são dividir e esfriar; e a ausência de Cristo, em vez de dividir, uniu, e em vez de esfriar, acendeu. Em vez de dividir, uniu as pessoas, e em vez de esfriar, acendeu o amor. Quando São Paulo, antes de ser santo nem Paulo, caminhava furioso para Damasco, as vozes com que Cristo o derrubou e converteu foram: "Saulo, Saulo, por que me persegues?" (At 9,4) — Sucedeu este grande caso no ano vinte do imperador Tibério, dois anos depois da subida de Cristo ao céu. Pois, se Cristo estava no céu — pergunta Santo Agostinho — se estava no céu, onde não podiam chegar as fúrias de Saulo nem os poderes das provisões que levava da sinagoga, como se queixa o mesmo Cristo de que Saulo o perseguia? Se dissera que perseguia a seus discípulos, isso é o que refere o texto: "Saulo, respirando ainda ameaças e morte contra os discípulos do Senhor" (At 9,1). Mas dizer que Saulo, o qual estava na terra, o perseguia a ele, estando no céu? Sim, responde o mesmo Santo Agostinho, porque, ainda que o Senhor estava tão distante dos discípulos quanto vai do céu à terra, estava contudo tão unido com eles que os não distinguia de si. Se os distinguira de si, dissera: Por que persegues a meus discípulos? Mas, porque os não distinguia de sua própria pessoa, por isso disse: "Por que me persegues a mim"? Bem se encaminhava este texto a concluir o que eu pretendo provar, se não tivera contra si uma grande réplica. Quando no Horto vieram prender a Cristo os ministros dos Príncipes dos Sacerdotes, e disseram que buscavam a Jesus Nazareno, apontando o Senhor para os discípulos que o acompanhavam, disse: "Se me buscais a mim, deixai ir a estes" (Jo 18,8). Agora entra o meu reparo. Pois, se Cristo no Horto faz tão grande distinção de si aos seus discípulos, quando está no céu, por que se não distingue deles? Porque no Horto estava ainda presente; no céu estava já ausente, e o primeiro efeito que causou a ausência em Cristo foi uni-lo mais com os mesmos de quem se ausentara. Quando estava presente, Cristo e os discípulos eram eu e estes: "Se me buscais, deixai que estes saiam"; porém, depois que esteve ausente, já não havia eu e estes, senão eu; já não havia "por que os persegues a eles, senão a mim"? E se a ausência com efeito tão contrário a si mesma, em vez de dividir uniu as pessoas, também em vez de esfriar, acendeu o amor.

Depois da Ceia deste dia despediu-se o divino Mestre amorosamente dos mesmos discípulos, e vendo-os tristes por sua partida, consolou-os com estas palavras: Discípulos meus, não vos desconsole a minha partida. Ausento-me de vós, mas adverti que "a vós vos convém e importa muito esta mesma ausência, porque, se eu não for para o céu, não virá o Espírito Santo; porém se for, como vou, eu vo-lo mandarei de lá" (Jo 16,7). — Todos os Teólogos concordam, e é sem dúvida, que tanto podia vir o Espírito Santo ausentando-se Cristo da terra como não se ausentando; que consequência tem logo haver de vir se Cristo se ausentasse e se fosse para o céu, e não haver de vir se se não ausentasse?

Ninguém ignora que o Espírito Santo essencialmente é amor; mas em que amor se viu jamais tal consequência? Ir-se o amor quando se vai o amante, essa é a consequência ordinária do que cá chamamos amor; mas haver-se de ir o amante para que venha o amor, e não haver de vir o amor se não se for e se não se ausentar o amante? Só na ausência e no amor de Cristo se acha tal consequência. Assim o prometeu o Senhor, e assim o cumpriu. Partiu-se, foi-se para o céu, e dentro em poucos dias, ficando lá a pessoa do amante, veio cá em pessoa o seu amor. Mas como veio? Não menos intenso, não menos ardente, não menos abrasado que em forma de fogo. Bem dizia eu logo que, em vez da ausência lhe esfriar o amor, o havia de acender mais.

O mesmo Cristo o tinha já dito muito tempo antes. Falava deste fogo de seu amor, e disse que "ele viera pôr fogo à terra, e que nenhuma coisa mais desejava senão que se acendesse" (Lc 12,49). Pois, se o Senhor desejava tanto que o fogo de seu amor se acendesse na terra, por que o não acendeu enquanto esteve nela? Porque é propriedade maravilhosa deste fogo divino aguardar pela ausência para se acender. As mesmas palavras, se bem se consideram, o dizem: "Vim trazer fogo à terra". Não diz que veio para trazer o fogo à terra, senão para o mandar; logo sinal era que se havia de ausentar primeiro, e tornar para o céu, donde o mandasse. E isso é o que disse aos discípulos em próprios termos: "Se eu for, o enviarei para vós". Se eu me for, se eu me ausentar de vós, então vos mandarei o fogo do meu amor, ou o meu amor em fogo, para que vejais quanto vos convém esta minha ausência, e para que não receeis que ela, como costuma, me haja de esfriar o amor, porque antes o há de intender e acender mais.

O amor da Madalena, que ainda era imperfeito, buscava o remédio da vista para se não esfriar: "Uma vez visto reacenderia". porém, o amor perfeitíssimo, qual era o do coração de Cristo, não depende do ver para amar; antes, quando a ausência e distância lhe impedem a vista, então se reconcentra e arde mais. Os olhos são as frestas do coração, por onde respira; e daqui vem que o coração na presença, em que tem abertos os olhos, por eles evapora e exala os afetos; porém na ausência, em que os tem tapados pela distância, que lhe sucede? Assim como o vaso sobre o fogo, que, tapado e não tendo por onde respirar, concebe maior calor e o reconcentra todo em si, e talvez rebenta, assim o coração ausente, faltando-lhe a respiração da vista, e não tendo por onde dar saída ao incêndio, recolhe dentro em si toda a força e ímpeto do amor, o qual cresce naturalmente, e se acende e adelgaça, de sorte que, não cabendo no mesmo coração, rebenta em maiores e mais extraordinários efeitos.

Tudo o que acabo de dizer é filosofia não minha, senão do mesmo Cristo, e nesta mesma hora, declarando aos mesmos discípulos quais haviam de ser os efeitos da sua ausência. Na presença de seu soberano Mestre obravam os discípulos aquelas prodigiosas maravilhas com que assombravam o mundo, e cuidavam agora, entristecidos, que com a ausência do sol ficariam destituídos de todas estas influências. — Mas não há de ser assim, diz o Senhor; cada um de vós não só há de fazer as mesmas obras que dantes fazia, nem só tão grandes como as minhas, senão ainda maiores, e isto não por outra razão, senão porque me ausento: "Esse fará também as obras que eu faço, e fará outras ainda maiores, porque eu vou para o Pai" (Jo 14,12). Esta última cláusula: "Porque eu vou para o Pai", é digna de sumo reparo. — De maneira, Senhor, que porque ides para o Pai, e porque vos ausentais de vossos discípulos, por isso hão eles de fazer maiores obras que as suas, e maiores também que as vossas? Porventura haveis de ser mais poderoso no céu, do que éreis na terra? Não, responde o divino Amante. Não hão de experimentar esta diferença meus discípulos porque lá hajam de ser maiores as jurisdições do meu poder, senão porque hão de ser maiores os efeitos do meu amor. "Porque eu vou", por isso hão de ver o que pode comigo a ausência; e porque vou para tão longe, "Para o Pai", por isso hão de ver o que obram em mim as distâncias. Os longes só hão de servir de mais os favorecer, de mais os honrar, de mais os estimar, porque o meu amor todo é estimação, e o preço da estimação são os longes: "Longe, e a partir dos últimos é o seu preço" (Pr 31,10).

Com razão chamei sol a Cristo nesta ocasião. O profeta chamou-lhe sol de Justiça, e eu chamo-lhe sol da ausência. Quando a lua se mostra oposta ao sol no seu ocaso, então está maior e mais cheia, e faz em sua ausência outro novo dia. Mas donde lhe vêm à lua estas enchentes de luz e de resplendores? Sábia e discretamente Apuleio: "Quanto mais longe está do sol, tanto mais a lua é iluminada; iguala-se o aumento da distância e da luz": Quando a lua está mais longe do sol, então se vê mais alumiada, porque tão longe estão os longes do sol de lhe diminuir a luz que, antes, à medida da distância lhas comunica maiores. — E se estes são os efeitos ou os primores do sol quando se ausenta, quais serão os daquele Senhor que criou o sol? Já ele o tinha dito de si pelo profeta Jeremias: "Cuidais que eu só sou Deus de perto, e não Deus de longe?" (Jr 23,23). Enganai-vos. De perto sou Deus, e de longe Deus; antes, do modo que pode ser, mais Deus ainda de longe do que de perto, porque de perto mostro a minha presença, e de longe a minha imensidade. Tal o amor do nosso Deus, ou o nosso Deus do amor. Aparta-se e ausenta-se de nós nesta hora: "Hora de passar"; a distância é tão grande quanto vai da terra ao céu: "Deste mundo para o Pai"; mas as gages da sua presença não se diminuem, antes crescem: "Ditam o aumento a distância e a luz", porque, quanto são mais remotas as distâncias da sua ausência, tanto são maiores e mais intensos os afetos e efeitos de seu amor: "Para passar deste mundo amou-os até o fim".

§ V

O terceiro remédio do amor é a ingratidão. Assim como os remédios mais eficazes são ordinariamente os mais violentos, assim a ingratidão é o remédio mais sensitivo do amor, e juntamente o mais efetivo. A virtude que lhe dá tamanha eficácia, se eu bem o considero, é ter este remédio da sua parte a razão. Diminuir o amor o tempo, esfriar o amor a ausência, é sem-razão de que todos se queixam; mas que a ingratidão mude o amor e o converta em aborrecimento, a mesma razão o aprova, o persuade e parece que o manda. Que sentença mais justa que privar do amor a um ingrato? O tempo é natureza, a ausência pode ser força, a ingratidão sempre é delito. Se ponderarmos os efeitos de cada um destes contrários, acharemos que a ingratidão é o mais forte. O tempo tira ao amor a novidade, a ausência tira-lhe a comunicação, a ingratidão tira-lhe o motivo. De sorte que o amigo, por ser antigo, ou por estar ausente, não perde o merecimento de ser amado; se o deixamos de amar não é culpa sua, é injustiça nossa;

porém, se foi ingrato, não só ficou indigno do mais tíbio amor, mas merecedor de todo o ódio. Finalmente o tempo e a ausência combatem o amor pela memória, a ingratidão pelo entendimento e pela vontade. E ferido o amor no cérebro, e ferido no coração, como pode viver? O exemplo que temos para justificar esta razão ainda é maior que os passados.

O primeiro ingrato depois de Adão foi Caim: ingrato a Deus, ingrato aos pais, ingrato ao irmão e a toda a natureza ingrato. Matou a Abel, e, morto ele, parece que ficava segura a ingratidão de ter a correspondência que merecia no coração ofendido; mas vede o que diz Deus ao mesmo Caim: "A voz do sangue de teu irmão desde a terra", onde o derramaste, "está clamando a mim" e pedindo vingança (Gn 4,10). — Notável caso! Três razões acho em Abel, que desafinam muito nos meus ouvidos estas suas vozes. Ser irmão, ser santo e ser morto. Se era morto, como brada? Onde está a insensibilidade da morte? Se era santo, como não perdoa? Onde está o sofrimento da virtude? Se era irmão, como pede vingança? Onde está o afeto da natureza? Aqui vereis quão poderosa é a ingratidão para trocar em aborrecimento ainda o mais bem fundado amor. Aonde achará amor um ingrato, se nem em um irmão achou piedade, nem em um santo perdão, nem em um morto silêncio? É tão justa e tão certa paga da ingratidão o aborrecimento, que porque houve um ingrato homicida houve logo um aborrecimento ressuscitado. E se a ingratidão ressuscita o aborrecimento até nos mortos, como achará amor nos vivos?

A natureza e a arte curam contrários com contrários. Sendo, pois, a ingratidão o maior contrário do amor, quem duvida que este terceiro remédio seria também o último, e o mais presente e eficaz, ou para extinguir de todo, ou quando menos para mitigar o amor de Cristo? Assim o ensinam os aforismos da arte, assim o confirmam as experiências da natureza, mas não foi assim. É a ingratidão com o amor como o vento com o fogo: se o fogo é pequeno, apaga-o o vento; se é grande, acende-o mais. Mais ofendido foi Cristo que Abel, maiores ingratidões usaram com ele os homens que a de Caim, mas nenhuma, nem todas juntas foram bastantes para lhe remitirem um ponto o amor, nem vivo, nem morto: "Como tinha amado os seus que estavam no mundo, amou-os até o fim". Aquelas palavras: "os seus que estavam no mundo" — parecem supérfluas, e que antes limitam do que encarecem o amor. Cristo, Senhor e Redentor nosso, como Senhor e Redentor de todos os homens, não só amou aos que estavam no mundo, senão também aos que não estavam. Não só amou os presentes, senão os passados e os futuros, porque por todos os que eram, foram e haviam de ser, deu o preço de seu sangue. Fez porém, expressa menção o evangelista só "dos presentes e dos que então estavam no mundo", porque estes foram os mais ingratos. Os futuros ainda não eram; os passados, pela maior parte, não conheceram a Cristo; os presentes conheceram-no, ouviram sua doutrina, viram seus milagres, receberam seus benefícios, e como lhe pagaram? Deixando-o, negando-o, vendendo-o, crucificando-o. Pode haver correspondências mais desiguais, mais contrárias, mais ingratas? Não pode. Mas não podendo as ingratidões ser maiores, tiveram tão pouco poder contra o amor de Cristo — que assim como dissemos dos outros remédios — em vez de as ingratidões o diminuírem, o acrescentaram, e em vez de serem remédio para aborrecer, foram motivo para mais amar.

Quando os filhos de Israel caminhavam pelo deserto para a terra de Promissão, acompanhava-os milagrosamente uma penha, da qual saíam ribeiras de água também sucessiva, com que o povo matava a sede. Fala deste milagre S. Paulo, e diz assim: "Bebiam da pedra que o seguia, e esta pedra era Cristo" (1Cor 10,4). Se fora no passo em que estamos, não era muito que Cristo se convertesse em pedra, porque não há coisa que tanto seque e endureça como a ingratidão. Mas que achou São Paulo nesta pedra milagrosa, para dizer que era Cristo? O mesmo texto que conta a história no-lo dirá: "Ferindo duas vezes com a vara a pederneira, saíram dela águas copiosíssimas" (Nm 20,11). Aquela pedra era "pederneira"; feriu-a Moisés "duas vezes com a vara"; e o que a pedra ferida brotou de si "foi grande cópia de água". Daqui tirou a sua consequência o apóstolo. O natural da pederneira, quando lhe dão golpes, é lançar de si faíscas de fogo; e pedra — diz São Paulo — que ferida uma e outra vez, em vez de responder com fogo, se desfaz em água, esta pedra não "era pedra, era Cristo". Ponhamo-nos agora com o pensamento no Cenáculo de Jerusalém, e veremos este mesmo milagre, não só repetido, mas verificado. Dois golpes deram hoje naquela pedra divina; com dois golpes feriram hoje o coração de Cristo dois homens, de quem ele devera esperar e a quem merecia bem diferente tratamento. Um golpe lhe deu Judas, que o vendeu; outro golpe lhe deu Pedro, que o negou. E que aconteceu? Oh! milagre de amor verdadeiramente divino! Em lugar de sair da pedra fogo, "saiu água"; em lugar de sair fogo — castigo próprio de infiéis — com que os abrasasse, o que saiu foi água, com que, por suas próprias mãos, lhes lavou os pés: "Lançou água numa bacia e começou a lavar os pés dos discípulos" (Jo 13,5).

Notai agora, e notai muito, que lavando o Senhor os pés a todos os discípulos, só de Judas e de Pedro faz menção neste ato o evangelista. De Judas: "Como já o diabo tinha metido no coração de Judas a determinação de o entregar, levantou-se da ceia e depôs suas vestiduras" (Jo 13,2.4); de Pedro: "Lançou água numa bacia e começou a lavar os pés dos discípulos. Veio pois a Simão Pedro" (Jo 13,5s). — Pois, Senhor, vós que tudo sabeis e estais vendo, vós os pés de Judas? Vós os pés de Pedro? Não são os pés de Pedro aqueles pés covardes que vos hão de seguir de longe? Não são os pés de Pedro aqueles pés desleais que o hão de levar ao paço, onde vos há de negar três vezes? Os pés de Judas não são aqueles pés infiéis que deste mesmo lugar hão de partir a vender-vos? Os pés de Judas não são aqueles pés traidores que hão de guiar vossos inimigos a vos prender no Horto? Pois, diante de pés tão indignos estais vós prostrado de joelhos? Estes pés lavais com vossas próprias mãos e com a água que sobre essa água estão derramando vossos olhos? Sim, que não fôreis vós, Deus e Senhor meu, quem sois, nem o vosso amor fora amor, nem fora vosso, se o puderam mudar ingratidões ou diminuir agravos. Porque nesses dois homens andou a ingratidão mais refinada, por isso com eles se mostra o vosso amor mais fino. E não só mais fino no ato do lavatório dos pés, que foi comum a todos os discípulos, senão mais fino também nos favores particulares com que a estes dois mais ingratos singularizou entre todos vosso amor.

Se bem repararmos antes e depois da morte de Cristo, acharemos que o mais favorecido na Ceia foi Judas, e o mais favorecido na Ressurreição foi Pedro. Na Ceia todos os discípulos comeram igualmente, e só a Judas fez o Senhor um mimo particular:

"e tendo molhado o pão, deu-o a Judas" (Jo 13,26). Na Ressurreição a todos igualmente mandou a nova, e só a Pedro nomeou em particular: "Dizei a seus discípulos e a Pedro" (Mc 16,7). E por que só a Judas e só a Pedro estes favores particulares? Porque só Judas e só Pedro tiveram particularidade na ingratidão. Na Ceia o que mais ofendeu a Cristo foi Judas; na Paixão o que mais o ofendeu foi Pedro. E como o amor de Cristo das maiores ingratidões faz motivos de mais amar, foram estes dois os mais favorecidos, porque foram estes dois os mais ingratos. Se o amor de Cristo fora como o nosso, haviam de ser as ingratidões motivos de aborrecer; mas como o seu amor era o seu, foram incentivos de mais amar, e razões sobre toda a razão de mais bem fazer.

Ora, eu buscando a causa destes contrários efeitos — que todos, creio, desejam saber — e filosofando sobre a diferença deles, acho que toda procedia da qualidade singular do coração de Cristo. Era tal a qualidade daquele soberaníssimo coração que, metidas nele as ingratidões dos homens, e estiladas com o fogo do seu amor, o estilado das mesmas ingratidões vinham a ser favores e benefícios. O mesmo Cristo se queixava por boca de Davi de que, semeando benefícios nos corações dos homens, de grandes benefícios colhia maiores ingratidões; porém o seu amor — que é o que agora digo — estilando essas mesmas ingratidões dentro no coração, de grandíssimas ingratidões tirava maiores benefícios. Já o vimos nos exemplos de Cristo vivo e de Cristo ressuscitado; vejamo-lo agora, com maior assombro, no de Cristo morto.

Morto o Redentor na Cruz, abriram-lhe com uma lança o peito, e "saiu dele sangue e água" (Jo 19,34). Mas que sangue foi este em um corpo que o tinha derramado todo, e que água em um morto, morto a sede? Nem a água nem o sangue eram o que tinham sido. São Cirilo Jerosolimitano diz que o sangue fora o sangue que tomaram sobre si os que procuraram a morte do Senhor: "O seu sangue caia sobre nós" (Mt 27,25), e que a água fora a água com que Pilatos lavou as mãos quando o condenou ou entregou à morte: "Com a água lavou as mãos à vista do povo" (Mt 27,24). As palavras do santo são breves, mas expressas: "Saíam os dois do lado aberto, a água para o que julgava, o sangue para os que clamavam". E como esta injustiça foi tão ímpia e bárbara, e a ingratidão tão desumana e tão atroz, não é muito que o Senhor a sentisse como merecia, e que — ao modo que se diz da água do dilúvio: "Tocado interiormente de dor" (Gn 6,6) — a mesma água e o mesmo sangue lhe chegassem ao coração e se conservassem nele até a morte. Isto é o que tinham sido aquele sangue e aquela água, quando entraram no coração de Cristo. E quando saíram, que foram? Tertuliano, S. Crisóstomo, Santo Agostinho e o comum sentir dos Padres concordam em que o sangue era o Sacramento da Eucaristia, e a água o Sacramento do Batismo, dos quais se formou a Igreja, saindo do lado de Cristo como Eva do lado de Adão. Deixo as autoridades, porque são sabidas. Pois se este sangue e esta água, quando entraram no coração de Cristo, foram os dois instrumentos de sua morte, como agora, quando saem do mesmo coração, são os dois elementos de nossa vida? Porque esta é a qualidade soberana do coração de Cristo, e assim se mudam e trocam nele as ingratidões dos homens. Os agravos se trocam em benefícios, as injustiças em misericórdias, os sacrilégios em sacramentos e o consumado da ingratidão no estilado do amor. "Os agravos se trocam", disse Teofilato.

Mas qual foi o motivo que teve o mesmo amor para sair com este prodígio? Foi porventura a fé do centurião que, reconhecendo a divindade do crucificado, "confessou publicamente que era Filho de Deus"? Foi porventura a contrição e penitência dos que "tornavam do Calvário para Jerusalém batendo nos peitos" (Lc 23,48)? Não. O motivo que tomou o amor para converter nos dois maiores benefícios as duas maiores ingratidões foi outra ingratidão maior que todas. A maior de todas as ingratidões que os homens usaram com Cristo é, sem contrvérsia, que foi a lançada. Porque as outras foram cometidas contra Cristo vivo, e a lançada, não só contra Cristo morto, mas morto pela salvação dos mesmos homens, que assim lhe pagaram o morrer por eles. Por isso o mesmo Senhor, naquele salmo em que se referem todos os tormentos da Paixão, só da lançada pediu a Deus o livrasse: "Livra, ó Deus a minha alma da espada" (Sl 21,21). Não pela dor que houvesse de sentir o corpo, que já estava morto, mas pelo horror que já lhe feria e penetrava a alma, na apreensão de uma atrocidade tão feia e tão ingrata. E essa foi a razão por que não disse que lhe livrasse da lança o seu corpo, senão nomeadamente a sua alma: "Livra, ó Deus a minha alma da espada" (Sl 21,21). Sendo, pois, esta a mais cruel e desumana ingratidão que jamais se cometeu nem podia cometer no mundo, que não só a convertesse o coração de Cristo no maior e mais consumado benefício, mas que esperasse com o peito fechado até que a lança, como diz São Crisóstomo, fosse a chave que lho abrisse, por que pela mesma ferida nos comunicasse sem nenhuma reserva os últimos tesouros de sua graça? Não há dúvida que, assim como da parte da ingratidão foi o maior excesso a que podia chegar a fereza humana, assim da parte do amor foi o maior extremo com que a podia corresponder a benignidade divina. E se este é o modo com que Cristo vinga os agravos, e esta a moeda com que paga as ingratidões, como podia sarar o seu amor com este remédio, ou deixar de amar os seus, por mais que lhe fossem ingratos: "Os seus que estavam no mundo, amou-os até o fim".

## § VI

Não havendo aproveitado até agora, nem o remédio natural do tempo, nem o artificial da ausência, nem o violento da ingratidão, antes, tendo mostrado a experiência que com os remédios cresce a enfermidade e com os contrários se aumenta, como já disse Ricardo Vitorino: "Porque o incêndio do amor aumenta com os contrários"[6], também eu parara aqui, e deixara de aplicar ou explicar o quarto remédio, se ele não fora tão poderoso e superior na eficácia a todos, que sobre a maior desconfiança pode dar esperanças da melhoria.

É pois o quarto e último remédio do amor, e com o qual ninguém deixou de sarar: o melhorar de objeto. Dizem que um amor com outro se paga, e mais certo é que um amor com outro se apaga. Assim como dois contrários em grau intenso não podem estar juntos em um sujeito, assim no mesmo coração não podem caber dois amores, porque o amor que não é intenso não é amor. Ora, grande coisa deve de ser o amor, pois, sendo assim, que não bastam a encher um coração mil mundos, não cabem em um coração dois amores. Daqui vem que, se acaso se encontram e pleiteiam sobre o lugar, sempre fica a vitória pelo melhor objeto. É o amor entre os afetos como a luz entre as qualidades. Comumente se diz que o maior contrário da luz são as trevas, e não é assim. O maior contrário de uma luz é outra luz maior. As estrelas no meio das trevas luzem e resplandecem mais, mas em aparecendo o sol, que é luz maior, desaparecem as estrelas. Grande luz era o Batista antes de vir Cristo ao mundo; apareceu Cristo, que era a verdadeira luz: "Era a luz verdadeira que ilumina todo homem" (Jo 1,9), e que lhe sucedeu ao Batista? Logo deixou de ser luz: "Ele não era a luz" (Jo 1,8). O mesmo lhe sucede ao amor, por grande e extremado que seja. Em aparecendo o maior e melhor objeto, logo se desamou o menor.

Entre as injustiças que el-rei Saul cometeu contra Davi, a mais sensível e a mais sentida dele foi negar-lhe a princesa Micol, que era o preço da vitória do gigante; e não só negar-lha, que fora menor injúria, senão dá-la a seu despeito a Faltiel. Dissimulou esta dor Davi, até que se viu com a coroa de Israel na cabeça, e a primeira coisa que fez, ou a primeira condição com que aceitou a mesma coroa, foi que Micol lhe fosse logo restituída. — Sofriam-se estes câmbios na moeda corrente de cada dia —. Conta o caso a Escritura, e refere uma circunstância muito digna de reparo: Quer dizer que "mandou Isboset, filho de Saul, tirar a Faltiel sua mulher Micol, e que ele a acompanhou chorando até o lugar onde se havia de entregar" (2Rs 3,15), e não diz mais. O que agora noto é que neste apartamento chorasse Faltiel, e não chorasse Micol. Para Micol chorar, bastava ver chorar a Faltiel; e quando não bastasse, concorriam nela outras duas razões naturais, não só para chorar, senão para chorar mais. A primeira, porque nas despedidas costumam enternecer-se mais os que vão que os que ficam. Assim o temos por exemplo em Davi, quando se apartou de Jônatas: "Choraram ambos, mas Davi mais". A segunda por ser Micol mulher, e mulher que se apartava de seu marido, segundo aquela regra da natureza: "A esposa amorosa abraçava-me choroso, ela própria chorando"[7]. Pois, se Micol nesta ocasião tinha tantas razões de chorar, e se apartava de Faltiel, e se apartava para sempre — que era outra nova razão — por que não chorou nem uma só lágrima? Não chorou, porque já não amava, e não amava, porque melhorou de objeto. Faltiel chorava, porque perdia a Micol, e Micol não chorava, porque trocava a Faltiel por Davi. Enquanto Micol vivia com Faltiel, não podemos duvidar que o amasse, porque Micol era princesa, e o amor era obrigação; porém, tanto que lhe falaram nas bodas de el-rei Davi, mudou logo de afeição, porque melhorou de objeto.

E se a melhoria do objeto é tão poderoso e eficaz remédio para mudar de amor, não digo eu quão poderoso seria, senão quão onipotente no nosso caso, em que a diferença ou a competência não era de homem a homem, senão de homens a Deus, nem de Faltiel a Davi, senão de Pedro e João ao Pai Eterno: "De passar deste mundo para o Pai". Comparai-me o Criador do céu e da terra com os pescadores de Tiberíades; o adorado dos anjos com os desprezados do mundo; o infinito, o imenso, o incompreensível, o que só é e dá o ser a tudo, com os que verdadeiramente eram nada, como somos todos, e vereis quão temerária esperança seria, e quão louco pensamento o de quem cuidasse que à vista de tal objeto podia ter lugar, não digo o amor, mas nem a memória dos homens. Contudo o evangelista, depois de referir esta diferença e de ponderar a mesma desigualdade, dizendo: "Deste mundo para o Pai", ainda persiste em afirmar que os homens foram não só amantes, senão os amados: "Amou-os até o fim". Cuidava eu, e tinha infinita razão para cuidar e para crer que, quando o evangelista disse que Cristo "se partia para o Pai", o que havia de continuar a dizer, em boa consequência, era: "Amou-o até o fim". Enquanto esteve no mundo, amou aos homens: "Como tinha amado os seus que estava no mundo"; porém no fim, em que "se partiu do mundo para o Pai", então, com a mudança e melhoria do objeto, e tal objeto, também mudou e melhorou de amor, e não os amou a eles, senão a ele: "Amou-o até o fim". Assim o cuidava eu, e sem injúria nem agravo do amor dos homens; mas o evangelista, falando da despedida dos homens e da partida para o Pai, o que diz, com assombro da razão e pasmo do nosso mesmo juízo, é que o Pai foi o fim da jornada, porém os homens o fim do amor. O Pai, o fim da jornada: "De passar deste mundo para o Pai"; e os homens, o fim do amor: "Amou-os até o fim".

Assim o disse S. João, e assim o dizem todas as palavras e ações do amorosíssimo Senhor nesta mesma hora da sua partida. Viu tristes o divino Mestre aos discípulos, como era justo que estivessem em tal ocasião e tão precisa; estranhando-lhes a tristeza, disse: "Se vós, discípulos meus, me amásseis, haveríeis de vos alegrar com a minha ida, porque vou para meu Pai, que é maior que eu" (Jo 14,28). — Parece que da tristeza neste caso não se inferia bem o não amar. Antes, Senhor, porque os discípulos vos amam, por isso sentem vossa partida, e os entristece vossa ausência. — Não diz o divino Mestre — já eu lhes disse, e dei por razão, que o Pai para onde vou "é maior que eu". E sendo a minha partida para melhorar tanto de estado e de objeto, se eles me amaram verdadeira e desinteressadamente, haviam de poder mais as minhas melhoras para os alegrar que a minha ausência para os entristecer. Assim é em lei do perfeito amor. Mas, pouco depois de o mesmo Senhor ensinar e seguir este alto ditame, chega ao Horto, despede-se ultimamente dos mesmos discípulos, e foi tal o extremo da sua tristeza, que sem encarecimento lhes disse que era bastante a lhe tirar a vida: "A minha alma está triste até a morte". Pois, se os discípulos se haviam de alegrar nesta despedida porque seu Mestre e Senhor vai para o Pai, por que se não alegra também o mesmo Senhor, antes se entristece com tal extremo? Não vai para o Pai, que é maior? Sim. Não vai para melhorar tanto de estado e de objeto? Sim. Pois, por que não são bastantes estas melhoras para o alegrar, e basta a ausência dos homens para o entristecer? Por isso mesmo e pela mesma regra do verdadeiro amor. Poder mais a minha ausência para entristecer os discípulos do que as minhas melhoras para os alegrar, é amarem-se eles a si; mas poderem menos as minhas melhoras para me alegrar do que a sua ausência para me entristecer, é amá-los eu a eles. O que neles é tristeza, para ser amor havia de ser alegria, e o que em mim parece que havia de ser alegria, porque é amor, é tristeza. E, sendo estes dois afetos, de alegria e tristeza, tão contrários entre si, e os objetos de um e outro tão infinitamente desproporcionados quanto vai do Pai aos homens, que à vista de uma razão tão imensa de alegria tenha ainda lugar e peso a tristeza, e que no gosto e alvoroços de ir ao Pai, se não afogue, como em um mar ou dilúvio, o sentimento de deixar os homens? Só no coração imutável de um Homem-Deus se podia achar tal constância, e só no seu amor tal firmeza.

Mas apertemos bem o ponto e o texto em todo o rigor de teologia. A alma de Cristo, Senhor Nosso, nesta vida, e desde o instante de sua Encarnação, sempre viu a Deus, e sempre foi sumamente bem-aventurada, sem haver momento algum em que deixasse de o ser. Como podia logo a mesma alma, e no mesmo tempo, estar triste, e com tanto extremo triste: "A minha alma está triste até a morte"? Os teólogos, com Santo Tomás,[8] declarando como isto podia ser, distinguem na alma, posto que não tenha partes, uma como parte superior, que é a intelectual, e outra inferior, que é a sensitiva. E deste modo, dividida de si para consigo mesma, a alma de Cristo, no mesmo tempo podia estar — e estava — alegre e triste juntamente: alegre na parte superior, e sumamente alegre, como bem-aventurada, e triste, na parte inferior, e sumamente triste, como tão desconsolada e afligida. Vistes o ar coberto e cerrado de nuvens grossas e espessas que rebatem os raios do sol totalmente, e não deixam lugar à luz a que se nos comunique? Neste caso a parte superior do mesmo ar, e que olha para o céu, está toda clara e alegre, e a parte inferior, que cerca a terra, toda escura e triste, e não em diversos tempos, senão no mesmo. Pois, da mesma maneira, e no mesmo tempo, a alma de Cristo, pela parte superior, como gloriosa, estava sumamente alegre, e pela parte inferior, como afligida e tão afligida, sumamente triste.

Estes são os afetos e efeitos contrários que couberam na alma de Cristo Senhor Nosso enquanto compreensor e viador juntamente; e os mesmos ajuntou o amor na mesma alma de Cristo só enquanto viador, não sei se com maior milagre. O partir para o Pai e o apartar-se dos homens, ambos foram atos de viador; e sendo os objetos tão infinitamente diversos e desiguais, para que a melhoria do primeiro não eclipsasse os efeitos do segundo, que fez o amor? Ou partiu a alma do amante que se partia, dando uma parte ao Pai, outra aos homens, ou a deu toda aos homens e toda ao Pai, sem a partir, toda alegre, porque ia para ele, e toda triste, porque nos deixava a nós. Lá disse a sutileza saudosa de Santo Agostinho, no apartamento de um seu amigo, que só lhe ficara a metade da alma, e a outra a metade se partira com ele, e que, vendo-se assim meio vivo e meio morto, tinha horror de si mesmo. Mas deste dito ou encarecimento se retratou depois o mesmo Santo Agostinho, e com razão, porque só do amor de Cristo, e de quando se apartou dos seus amados se podia dizer ou considerar com verdade. Assim o mostrou a experiência na mesma hora em que declarou aos discípulos a tristeza da sua alma.

Apartou-se o Senhor deles para orar ao Pai, sempre com o mesmo nome do Pai na boca: "Aba, Pai" (Mc 14,36), e notam os evangelistas que três vezes orou, e três vezes veio buscar os discípulos: "E deixando-os de novo foi orar terceira vez" (Mt 26,44), diz S. Mateus; "E veio terceira vez e disse-lhes" (Mc 14,41), diz S. Marcos. De sorte que andava o Senhor, no mesmo tempo da oração, vindo do Pai para os discípulos e indo dos discípulos para o Pai, e tantas vezes dos discípulos para o Pai como do Pai para os discípulos. Agora conheço, Amante divino, com quanta razão duvidei se o vosso amor vos dividira a alma entre o Pai e os homens, ou a dera toda a ele, e toda a eles. Quando vos vejo ir para o Pai três vezes e tornar para os homens três vezes, não só me parece que está dividida a vossa alma, mas dividida, que é mais, em partes iguais. Porém quando ouço o sentimento do que dizeis em uma parte e a dor do que estranhais na outra, não posso duvidar que falais com toda a alma, e que toda a leva o vosso amor quando ides e toda a traz quando tornais. Mas, como pode ser que seja toda e a mesma, sendo os caminhos tão diversos e os termos tão opostos? Quando vos apartastes dos discípulos para orar ao

Pai, diz S. Lucas que a distância foi um tiro de pedra: "Cerca de um lance de pedra" (Lc 22,41). E se víssemos que uma pedra por si mesma já subia para cima e já tornava para baixo, que diríamos? Fundamento tínhamos para dizer que esta pedra tinha dois centros. Quereis logo, Amante divino, ou dais-no licença para que cuidemos e digamos o mesmo de vós? Quando ides para o Pai, diremos que um centro vosso é o Pai: "De passar deste mundo para o Pai"; e quando vindes para os homens, diremos que outro centro também vosso são os homens: "Amou-os até o fim".

Não sei se me atreva a dizer tanto; só digo que tão pouco como isto obrou, e tão pouco pôde a melhoria do objeto para mudar ou diminuir o amor de Cristo. E para que concluamos este discurso, como os outros, com efeito contrário, acrescento que, sem embargo de ser o Pai tão infinitamente maior e melhor objeto, tão fora esteve o objeto de render e levar a si o amor, que antes o amor rendeu e levou a si o objeto. E de que modo? Fazendo que o mesmo Pai, que havia de ser o objeto só amado, fosse ele também amante dos homens. E quando os homens parece que haviam de perder o amor do Filho que se partia, não só conservaram inteiro o amor do mesmo Filho, mas adquiriram de novo o amor do Pai. Ouvi e pasmai. O amor com que o Pai e o Filho se amam é de tal qualidade, que assim como são a mesma coisa por natureza, são também a mesma coisa por amor. E quando o Filho se partiu dos homens para o Pai, que sucedeu? Cresceu esta mesma união de amor e se multiplicou de tal sorte, que não só Cristo e o Pai entre si, senão Cristo, o Pai e os homens todos ficaram a mesma coisa. Nem crer, nem imaginar se pudera tal extremo de união se o mesmo Cristo o não declarara, como declarou na mesma hora. Despedindo-se o Senhor dos discípulos, estando ainda à mesa depois da Sagrada Ceia, fez esta oração a seu Pai: "Eu não rogo somente por estes, mas também por aqueles que, pela sua palavra hão de crer em mim, para que todos sejam um como tu Pai és em mim e eu em ti, de modo que também eles sejam um em nós" (Jo 17,20s). Quer dizer: Não só vos rogo, Pai meu, por estes poucos discípulos que tenho presentes, senão por todos aqueles que, por meio da sua doutrina, hão de crer em mim — que são todos os cristãos — e o que vos peço é que, assim como nós, por união de amor, somos uma mesma coisa, vós em mim e eu em vós, assim eles em vós e em mim sejam também uma coisa, pela mesma união. — Quem não pasma tendo ouvido tais palavras, ou não tem juízo, ou não tem fé. E por que não parecesse que esta união de amor era só pedida por Cristo em dúvida de o Pai a conceder ou não, o mesmo Senhor testificou logo que ele, em nome seu e no do Pai, a tinha já concedido aos homens: "E eu lhes dei a glória que tu me havias dado, para que eles sejam um como também nós somos um. E eu estou neles e tu estás em mim para que eles sejam perfeitos na unidade" (Jo 17,22s). Um e outro texto é tão claro, que não hão mister comentos; mas, para maior satisfação de todos, quero que ouçais o do doutíssimo Maldonado, cuja autoridade sabem quão singular é todos os que leem as Escrituras: Eis o sentido — diz ele —: "Por ser um o Pai em Cristo, e Cristo um com os discípulos, e os discípulos um com o Pai, isto é, com Deus, nenhuma unidade há que possa ser maior"[9].

Oh! se alcançássemos a compreender quão alto, quão divino, quão inestimável foi este último e supremo invento do amor de Cristo, o qual, antes de se obrar, excedia toda a imaginação, e, depois de obrado, excede toda a capacidade humana. O Pai no Filho, o Filho no Pai, o Pai e o Filho no homem, e o homem no Pai e no Filho, com uma trindade de pessoas e uma unidade de amor tão perfeito que o mesmo Cristo lhe chamou consumada: "Eu neles e tu em mim para que sejam perfeitos na unidade". Mas até os mesmos apóstolos então não puderam compreender tal extremo de união e amor, e por isso lhes disse o mesmo Cristo que, depois de alumiados pelo Espírito Santo, o conheceriam: "Naquele dia conhecereis que eu estou em meu Pai, e vós em mim, e eu em vós" (Jo 14,20). Fique logo, por última conclusão, que mal podia a melhoria do objeto mudar o amor de Cristo para com os homens, pois, em vez de o mudar nesta mesma partida para o Pai, o melhorou de maneira que até o mesmo amor com que Cristo ama ao Pai, e o amor com que o Pai ama a Cristo, se uniram em um amor, para mais e mais os amar: "De passar deste mundo para o Pai, amou-os até o fim".

§ VII

E is aqui, fiéis, como nenhum dos remédios que costumam acabar ou diminuir o amor, nenhum dos contrários, que o costumam contrastar e vencer, foi bastante para que o intensíssimo amor com que Jesus nos amou e ama, não digo se esfriasse ou enfraquecesse, mas se remitisse um ponto, servindo só o poder dos remédios para mais o acender, e a força dos contrários para mais fortemente os triunfar. Venceu o seu amor o tempo, venceu a ausência, venceu a ingratidão, e até da melhoria de um tão incomparável objeto não pode ser vencido. Julgue agora a nossa obrigação, se quando se rendem ao mesmo amor todos os contrários, será justo que lhe resistam os seus, e se na hora em que morre de amor sem remédio o mesmo amante, será bem que lhe faltem os corações daqueles por quem morre? Amemos a quem tanto nos amou, e não haja contrário tão poderoso que nos vença, para que não perseveremos em seu amor. Se ele nos amou por toda uma eternidade, por que o não amaremos nós por tão poucos dias e tão breves, como são os da nossa vida? Aprenda a fraqueza da nossa virtude ao menos da constância de nossos vícios; e pois não basta o tempo a nos mudar dos pecados, não baste tão facilmente a nos mudar do arrependimento deles. Não tem o nosso amor o contrário da ausência que vencer, porque sempre temos ao mesmo Cristo, enquanto Deus e enquanto homem, presente; e se a sua presença se não deixa ver de nossos olhos, não seja motivo de diminuir o amor o que foi traça de acrescentar as saudades. Lembremo-nos todas as horas de quem hoje a esta hora se nos deu todo a si mesmo, e amanhã, antes desta hora, estará morrendo por nós em uma cruz. Ele, de tantas ingratidões fez motivos de mais nos amar, e nós, por que o não faremos de tantos e tão imensos benefícios? Que nos fez um tão bom Senhor para o ofendermos? Oh! que ingratidão tão desumana! Oh! que ingratidão tão indigna de feras, quanto mais de criaturas com uso de razão! A quem te criou, a quem te remiu, a quem tanto te amou, não amas? A quem te comprou com o sangue o céu, e te tirou do inferno quantas vezes o ofendeste, tens ainda coração para o tornar a ofender? Que amamos, cristãos, se não amamos a Jesus? Que objeto mais digno de ser amado? Que objeto que compita com ele, não digo na igualdade, senão na semelhança? Toda a outra formosura, em comparação da sua, não é fealdade?

Toda a outra grandeza não é vileza? E todo o outro nome de bem não é mentira? Indignamo-nos dos que trocaram a Cristo por um malfeitor e do que o vendeu por tão vil preço, e será bem que nós o troquemos e vendamos ainda mais vil e afrontosamente?

Ah! Senhor, que só o vosso amor, que não teve remédio, pode ser o remédio das loucuras do nosso. Remediai tantas cegueiras, remediai tantos desatinos, remediai tantas perdições. E pelo amor com que nos amastes no fim, tenha hoje fim todo o amor que não é vosso. Esta é, amoroso Jesus, esta é só a mercê que por despedida vos pedimos nesta última hora vossa. Lembrai-vos, enfermo divino, que estais nos últimos transes da vida. Não vos esqueçais de nós em vosso testamento. O legado que esperamos de vossa liberalidade, como criados, e a esmola que pedimos à vossa misericórdia, como pobres, é que nos deixeis, pois nos deixais, alguma parte do vosso amor. Amanhã vos hão de partir o coração: reparti dele conosco, para que de todo o coração vos amemos. Oh! quanto nos pesa nesta hora, e para sempre, de vos não ter amado como devíamos! Nunca mais, Senhor, nunca mais. Só a vós havemos de amar de hoje em diante, e posto que em vós concorram tantos motivos de amor, e tão soberanos, só a vós, e por serdes quem sois. Assim o prometemos firmemente a vosso amor, e assim o confiamos de vossa graça, e só para que vos amemos eternamente na glória.

# SERMÃO DO
# Espírito Santo

Pregado na Cidade de S. Luís do Maranhão,
na Igreja da Companhia de Jesus (1657)

"Ele vos ensinará todas as coisas que vos tenho dito."
(Jo 14,26)

---

A ocasião nos é dada por Vieira: "Quando partia ao rio das Amazonas uma grande missão dos mesmos religiosos da Companhia de Jesus, ele e seus companheiros". Começa com uma queixa: Sendo a sexta vez que prega este mesmo mistério, como são tão poucos os progressos, como tão pouco se aprende? Para converter almas são necessárias palavras e luz. O mestre ensina, mas só aprende quem tem a luz de dentro. Só o Espírito Santo ensina por dentro. E para ensinar nações bárbaras e incultas é necessário um amor maior que a sabedoria. No caso do Brasil, a qualidade das gentes e a dificuldade das línguas exigem mais amor de Deus do que nenhuma outra terra. Nos Brasis a mesma fé é — ou parece — incredulidade. Se não são assistidos, perde-se o trabalho. Vieira dá então o seu testemunho das extensões de terra e de rios, e da multidão e da dificuldade das línguas indígenas. Dificuldades para a evangelização. Por causa dessas dificuldades, nas conquistas de Portugal, todos devem ser ministros do Evangelho: homens e mulheres. Não há desculpa para descuido nem para tirar a obrigação de ensinar, como também é grande a conta que Deus há de pedir se se faltar a esta obrigação e a este cuidado.

## § I

A sexta vez é hoje, que no ano presente, e nos dois passados, me ouvis pregar este mesmo mistério. Mas não será esta somente a sexta vez em que vós e eu experimentamos o pouco fruto com que esta terra responde ao que se devera esperar de tão continuada cultura. Se a doutrina que se semeia nela fora nossa, achada estava a causa na fraqueza de nossas razões, no desalento de nossos afetos e na eficácia mal viva de nossas palavras, mas não é assim: "O sermão que ouvistes não é meu, senão do Pai Eterno, que me mandou ao mundo" (Jo 14,24) — diz Cristo neste Evangelho — e o mesmo podem dizer todos os pregadores, ao menos os que ouvis deste lugar. Os Sermões, as verdades, a doutrina que pregamos não é nossa, é de Cristo. Ele a disse, os Evangelistas a escreveram, nós a repetimos. Pois, se estas repetições são tantas e tão continuadas, e a doutrina que pregamos não é nossa, senão de Cristo, como fazem tão poucos progressos nela, e como aprendem tão pouco os que a ouvem? Nas palavras que propus temos a verdadeira resposta desta tão nova admiração.

"Ele vos ensinará todas as coisas que eu vos direi"[1]. O Espírito Santo — diz Cristo — vos ensinará tudo o que eu vos tenho dito. — Notai a diferença dos termos, e vereis quanto vai de dizer a ensinar. Não diz Cristo: o Espírito Santo vos dirá o que eu vos tenho dito; nem diz: o Espírito Santo vos ensinará o que eu vos tenho ensinado; mas diz: o Espírito Santo vos ensinará o que eu vos tenho dito, porque o pregador, ainda que seja Cristo, diz; o que ensina é o Espírito Santo. Cristo diz: "Tudo que eu vos tenho dito"; o Espírito Santo ensina: "Ele vos ensinará todas as coisas". O mestre na cadeira diz para todos, mas não ensina a todos. Diz para todos, porque todos ouvem; mas não ensina a todos, porque uns aprendem, outros não. E qual é a razão desta diversidade, se o mestre é o mesmo e a doutrina a mesma? Porque, para aprender, não basta só ouvir por fora: é necessário entender por dentro. Se a luz de dentro é muita, aprende-se muito; se pouca, pouco; se nenhuma, nada. O mesmo nos acontece a nós. Dizemos, mas não ensinamos, porque dizemos por fora; só o Espírito Santo ensina, porque alumia por dentro: "Os ministérios por fora são ajudas, ele tem a cátedra no céu por isso ensina os corações"[2], diz Santo Agostinho. Por isso até o mesmo Cristo, pregando tanto, converteu tão pouco. Se o Espírito Santo não alumia por dentro, todo o dizer, por mais divino que seja, é dizer: "Tudo que eu vos tenho dito"; mas se as vozes exteriores são assistidas dos raios interiores da sua luz, logo qualquer que seja o dizer, e de quem quer que seja, é ensinar, porque só o Espírito Santo é o que ensina: "Ele vos ensinará".

Por que vos parece que apareceu o Espírito Santo hoje sobre os apóstolos, não só em línguas, mas em línguas de fogo? Porque as línguas falam, o fogo alumia. Para converter almas, não bastam só palavras: são necessárias palavras e luz. Se quando o pregador fala por fora, o Espírito Santo alumia por dentro; se quando as nossas vozes vão aos ouvidos, os raios da sua luz entram ao coração, logo se converte o mundo. Assim sucedeu em Jerusalém neste mesmo dia. Sai S. Pedro do cenáculo de Jerusalém, assistido deste fogo divino, toma um passo do profeta Joel, declara-o ao povo, e, sendo o povo a que pregava aquele mesmo povo obstinado e cego, que poucos dias antes tinha crucificado a Cristo, foram três mil os que naquela pregação o confessaram por verdadeiro

Filho de Deus e se converteram à fé. Oh! admirável eficácia da luz do Espírito Santo! Oh! notável confusão vossa e minha! Um pescador, com uma só pregação e com um só passo da Escritura, no dia de hoje converte três mil infiéis, e eu, no mesmo dia, com cinco e com seis pregações, com tantas Escrituras, com tantos argumentos, com tantas razões, com tantas evidências, não posso persuadir um cristão. Mas a causa é porque eu falo e o Espírito Santo, por falta de disposição nossa, não alumia. Divino Espírito, não seja a minha indignidade a que impida a estas almas, por amor das quais descestes do céu à terra, o fruto de vossa santíssima vinda: "Vinde, Senhor, e mandai-nos do céu um raio eficaz de vossa luz"[3] — não pelos nossos merecimentos, que conhecemos quão indignos são, mas pela infinita bondade vossa, e pela intercessão de vossa esposa santíssima. *Ave Maria*.

## § II

"$\mathcal{E}$le vos ensinará todas as coisas". Diz Cristo aos apóstolos que o Espírito Santo os ensinará. E ser Cristo, ser o Filho de Deus o que diz estas palavras, faz segunda dificuldade à inteligência e razão delas. Ao Filho de Deus, que é a segunda Pessoa da Santíssima Trindade, atribui-se a sabedoria; ao Espírito Santo, que é a terceira Pessoa, o amor; e suposto isto, parece que a Pessoa do Espírito Santo havia de encomendar o ofício de ensinar à Pessoa do Filho, e não o Filho ao Espírito Santo. Que o amor encomende o ensinar à sabedoria, bem está; mas a sabedoria encomendar o ensinar ao amor: "Ele vos ensinará"? Neste caso, sim. Porque para ensinar homens infiéis e bárbaros, ainda que é muito necessária a sabedoria, é muito mais necessário o amor. Para ensinar, sempre é necessário amar e saber, porque quem não ama não quer e quem não sabe não pode; mas esta necessidade de sabedoria e amor não é sempre com a mesma igualdade. Para ensinar nações fiéis e políticas, é necessário maior sabedoria que amor; para ensinar nações bárbaras e incultas, é necessário maior amor que sabedoria. A segunda Pessoa, o Filho, e a terceira, o Espírito Santo, ambas vieram ao mundo a ensinar e salvar almas; mas a missão do Filho foi a uma nação fiel e política, e a missão do Espírito Santo foi principalmente a todas as nações incultas e bárbaras. A missão do Filho foi só a uma nação fiel e política, porque foi só aos filhos de Israel, como o mesmo Senhor disse: "Não fui enviado senão para as ovelhas que pereceram da casa de Israel" (Mt 15,24). A missão do Espírito Santo foi principalmente às nações incultas e bárbaras, porque foi para todas as nações do mundo, que por isso desceu e "apareceu em tanta diversidade de línguas" (At 2,3). E como a primeira missão era para uma nação política, e a segunda para todas as nações bárbaras, por isso foi muito conveniente que à primeira viesse uma Pessoa divina, a quem se atribui, não o amor, senão a sabedoria, e que à segunda viesse outra pessoa, também divina, a quem se atribui, não a sabedoria, senão o amor. Para ensinar homens entendidos e políticos, pouco amor é necessário: basta muita sabedoria; mas para ensinar homens bárbaros e incultos, ainda que baste pouca sabedoria, é necessário muito amor.

Desceu hoje o Espírito Santo em línguas, para formar aos apóstolos mestres e pregadores, mas mestres e pregadores de quem? O mesmo Cristo que os mandou pregar o disse: "Ide por todo o mundo, e pregai a toda a criatura" (Mc 16,15). — A toda a criatura,

Senhor? — É reparo de S. Gregório Papa — Bem sei eu que são criaturas os homens, mas os brutos animais, as árvores e as pedras também são criaturas. Pois, se os apóstolos hão de pregar a todas as criaturas, hão de pregar também aos brutos? Hão de pregar também aos troncos? Hão de pregar também às pedras? Também, diz Cristo: "A toda a criatura"; não porque houvessem os apóstolos de pregar às pedras, e aos troncos, e aos brutos, mas porque haviam de pregar a todas as nações e línguas bárbaras e incultas do mundo, entre as quais haviam de achar homens tão irracionais como os brutos, e tão insensíveis como os troncos, e tão duros e estúpidos como as pedras. E para um apóstolo se pôr a ensinar e abrandar uma pedra, para se pôr a ensinar e moldar um tronco, para se pôr a ensinar e meter em juízo um bruto, vede se é necessário muito amor de Deus. Em um deles o veremos.

Poucos dias antes de Cristo mandar aos apóstolos a pregar pelo mundo, fez esta pergunta a S. Pedro: "Pedro, amas-me mais que todos estes?" (Jo 21,15). Respondeu o Santo: "Senhor, bem sabeis vós que vos amo". — Ouvida a resposta, torna Cristo a fazer segunda vez a mesma pergunta: "Pedro, amas-me mais que todos estes"? Respondeu S. Pedro com a mesma submissão e encolhimento, que "bem sabia o Senhor que o amava". Ouvida a mesma resposta segunda vez, torna Cristo terceira vez a repetir a mesma pergunta, e diz o texto que se entristeceu São Pedro: "Entristeceu-se Pedro, porque Cristo lhe perguntou a terceira vez se o amava". — E verdadeiramente que a matéria e a instância era muito para dar cuidado. Quando eu li estas palavras a primeira vez, pareceu-me que seria este exame de amor tão repetido para Cristo mandar a S. Pedro que fosse a Jerusalém, que entrasse pelo palácio de Caifás, e que, no mesmo lugar onde o tinha negado, se desdissesse publicamente e confessasse a vozes que seu Mestre era o verdadeiro Messias e Filho de Deus verdadeiro, e que, se por isso o quisessem matar e queimar, que se deixasse tirar a vida e fazer em cinza. Para isto cuidava eu que eram estas perguntas e estes exames tão repetidos do amor de S. Pedro. Mas depois que o santo respondeu na mesma forma a terceira vez, que amava, o que o Senhor lhe disse foi: "Apascenta as minhas ovelhas" (Jo 21,17): Pois, Pedro, já que me amas tanto, mostra-o em apascentar as minhas ovelhas. — Agora me admiro eu deveras. Pois, para apascentar as ovelhas de Cristo tanto aparato de exames de amor de Deus? Uma vez, se me amas, e outra vez, se me amas, e terceira vez, se me amas? E não só se me amas, senão se me amas mais que todos? Sim. Ora vede.

As ovelhas que S. Pedro havia de apascentar eram as nações de todo o mundo, as quais Cristo queria trazer e ajuntar de todo ele, e fazer de todas um só rebanho, que é a Igreja, debaixo de um só pastor, que é S. Pedro: "Também tenho outras ovelhas que não são deste aprisco, e importa que eu as traga, e elas ouvirão a minha voz e haverá um rebanho e um pastor" (Jo 10,16). De maneira que o rebanho que Cristo encomendou a S. Pedro não era rebanho feito, senão que se havia de fazer, e as ovelhas não eram ovelhas mansas, senão que se haviam de amansar: eram lobos, eram ursos, eram tigres, eram leões, eram serpentes, eram dragões, eram áspides, eram basiliscos, que por meio da pregação se haviam de converter em ovelhas. Eram nações bárbaras e incultas, eram nações feras e indômitas, eram nações cruéis e carniceiras, eram nações sem humanidade, sem razão, e muitas delas sem lei, que por meio da fé e do Batismo se haviam de fazer cristãs; e para apascentar e amansar semelhante gado, para doutrinar e cultivar semelhantes gentes, é necessário muito cabedal de amor de Deus, é necessário amar a Deus: "Amas-me", e mais amar a Deus: "amas-me", e mais amar a Deus: "amas-me", e não só amar a Deus uma, duas e três vezes, senão amá-lo mais que todos: "Amas-me mais do que estes".

Quando as ovelhas que Cristo encomendava a S. Pedro foram mansas e domésticas, ainda era necessário muito amor para suportar o trabalho de as guardar. Exemplo seja Jacó, pastor de Labão e amante de Raquel, de quem diz a Escritura que sofria tão levemente o que sofria porque amava tão grandemente como amava: "Dada a grandeza do amor" (Gn 29,21). E se, para guardar ovelhas mansas, é necessário amor, e muito amor, que será para ir tirar das brenhas ovelhas feras, para as amansar e afeiçoar aos novos pastos, para as acostumar à voz do pastor e à obediência do cajado, e sobretudo para desprezar os perigos de se confiar de suas garras e dentes, enquanto são ainda feras, e não ovelhas. Se é necessário amor para ser pastor de ovelhas que comem no prado e bebem no rio, que amor será necessário para ser pastor de ovelhas, que talvez comem os pastores e lhes bebem o sangue? Por isso Cristo examina três vezes de amor a S. Pedro, por isso o Espírito Santo, Deus de amor, vem hoje a formar estes pastores e estes mestres, e por isso o Mestre divino passa hoje os seus discípulos da Escola da Sabedoria para a Escola do Amor: "Ele vos ensinará".

§ III

Aplicando agora esta doutrina universal ao particular da terra em que vivemos, digo que, se em outras terras é necessário aos apóstolos, ou aos sucessores do seu ministério, muito cabedal de amor de Deus para ensinar, nesta terra e nestas terras é ainda necessário muito mais amor de Deus que em nenhuma outra. E por quê? Por dois princípios: o primeiro, pela qualidade das gentes; o segundo, pela dificuldade das línguas.

Primeiramente, pela qualidade da gente, porque a gente destas terras é a mais bruta, a mais ingrata, a mais inconstante, a mais avessa, a mais trabalhosa de ensinar de quantas há no mundo. Bastava por prova a da experiência, mas temos também — quem tal cuidara! — a do Evangelho. A forma com que Cristo mandou pelo mundo a seus discípulos, diz o evangelista S. Marcos que foi esta: "Repreendeu Cristo aos discípulos da incredulidade e dureza de coração, com que não tinham dado crédito aos que o viram ressuscitado, e sobre esta repreensão os mandou que fossem pregar por todo o mundo" (Mc 16,14s). — A S. Pedro coube-lhe Roma e Itália; a S. João, a Ásia Menor; a Santiago, Espanha; a S. Mateus, Etiópia; a S. Simão, Mesopotâmia; a S. Judas Tadeu, o Egito; aos outros, outras províncias, e finalmente a Santo Tomé esta parte da América em que estamos, a que vulgar e indignamente chamaram Brasil. Agora pergunto eu: e por que nesta repartição coube o Brasil a Santo Tomé, e não a outro apóstolo? Ouvi a razão.

Notam alguns autores modernos que notificou Cristo aos apóstolos a pregação da fé pelo mundo depois de os repreender da culpa da incredulidade, para que os trabalhos que haviam de padecer na pregação da fé fossem também em satisfação e como em penitência da mesma incredulidade e dureza de coração que tiveram em não quererem crer: "Repreendeu a incredulidade deles e a dureza de coração, e lhes disse: ide a todo o mundo". E como Santo Tomé, entre todos os apóstolos, foi o mais culpado da incredulidade, por isso a Santo Tomé lhe coube, na repartição do mundo, a missão do Brasil, porque onde fora maior a culpa era justo que fosse mais pesada a penitência. Como se dissera o Senhor: os outros apóstolos, que foram menos culpados na incredulidade, vão pregar aos gregos, vão pregar aos romanos, vão pregar aos etíopes, aos árabes, aos armênios, aos sarmatas, aos citas; mas Tomé, que teve a maior culpa, vá pregar aos gentios do Brasil e pague a dureza de sua incredulidade com ensinar à gente mais bárbara e mais dura. Bem o mostrou o efeito. Quando os portugueses descobriram o Brasil, acharam as pegadas de Santo Tomé estampadas em uma pedra que hoje se vê nas praias da Bahia; mas rasto, nem memória da fé que pregou Santo Tomé, nenhum acharam nos homens. Não se podia melhor provar e encarecer a barbaria da gente. Nas pedras, acharam-se rastos do pregador, na gente não se achou rasto da pregação; as pedras conservaram memórias do apóstolo, os corações não conservaram memória da doutrina.

A causa por que as não conservaram, diremos logo, mas é necessário satisfazer primeiro a uma grande dúvida, que contra o que imos dizendo se oferece. Não há gentios no mundo que menos repugnem à doutrina da fé e mais facilmente a aceitem e recebam que os Brasis; como dizemos logo que foi pena da incredulidade de Santo Tomé o vir pregar a esta gente? Assim foi e — quando menos, assim pode ser — e não porque os brasis não creiam com muita facilidade, mas porque essa mesma facilidade com que creem faz que o seu crer, em certo modo, seja como o não crer. Outros gentios são incrédulos até crer; os brasis, ainda depois de crer, são incrédulos. Em outros gentios a incredulidade é incredulidade e a fé é fé; nos brasis a mesma fé ou é, ou parece incredulidade. São os brasis como o pai daquele lunático do Evangelho que padecia na fé os mesmos acidentes que o filho no juízo. Disse-lhe Cristo: "que tudo é possível a quem crê" (Mc 9,22). E ele respondeu: "Creio, Senhor, ajudai minha incredulidade". — Reparam muito os santos nos termos desta proposição, e verdadeiramente é muito para reparar. Quem diz: creio, crê e tem fé; quem diz: ajudai minha incredulidade, não crê e não tem fé. Pois como era isto? Cria este homem, e não cria; tinha fé, e não tinha fé juntamente? Sim, diz o Venerável Beda: "Ao mesmo tempo, os que ainda não perfeitamente criam, ao mesmo tempo criam e eram incrédulos"[4]. No mesmo tempo cria e não cria este homem, porque era tão imperfeita a fé com que cria, que por uma parte parecia e era fé, e por outra parecia e era incredulidade: "Ao mesmo tempo criam e eram incrédulos". Tal é a fé dos brasis: é fé que parece incredulidade e é incredulidade que parece fé; é fé, porque creem sem dúvida e confessam sem repugnância tudo o que lhes ensinam; e parece incredulidade, porque, com a mesma facilidade com que aprenderam, desaprendem, e com a mesma facilidade com que creram, descreem.

Assim lhe aconteceu a Santo Tomé com eles. Por que vos parece que passou Santo Tomé tão brevemente pelo Brasil, sendo uma região tão dilatada e umas terras tão vastas? É que receberam os naturais a fé que o santo lhes pregou com tanta facilidade e tão sem resistência nem impedimento, que não foi necessário gastar mais tempo com eles. Mas tanto que o Santo Apóstolo pôs os pés no mar — que este, dizem, foi o caminho por onde passou à Índia — tanto que o Santo Apóstolo — digamo-lo assim —, virou as costas, no mesmo ponto se esqueceram os brasis de tudo quanto lhes tinha ensinado, e começaram a descrer ou a não fazer caso de quanto tinham crido, que é gênero de incredulidade mais irracional que se nunca creram. Pelo contrário, na Índia pregou Santo Tomé àquelas gentilidades, como fizera às do Brasil; chegaram também lá os portugueses dali a mil e quinhentos anos, e que acharam? Não só acharam a sepultura e as relíquias do Santo Apóstolo, e os instrumentos de seu martírio, mas o seu nome vivo na memória dos naturais, e o que é mais, a fé de Cristo, que lhes pregara, chamando-se cristãos de Santo Tomé todos os que se estendem pela grande costa de Coromandel, onde o Santo está sepultado.

E qual seria a razão por que nas gentilidades da Índia se conservou a fé de Santo Tomé, e nas do Brasil não? Se as do Brasil ficaram desassistidas do Santo Apóstolo pela sua ausência, as da Índia também ficaram desassistidas dele pela sua morte. Pois, se naquelas nações se conservou a fé por tantos centos de anos, nestas por que se não conservou? Porque esta é a diferença que há de umas nações a outras. Nas da Índia, muitas são capazes de conservarem a fé sem assistência dos pregadores; mas nas do Brasil nenhuma há que tenha esta capacidade. Esta é uma das maiores dificuldades que tem aqui a conversão. Há-se de estar sempre ensinando o que já está aprendido, e há-se de estar sempre plantando o que já está nascido, sob pena de se perder o trabalho e mais o fruto. A estrela que apareceu no Oriente aos Magos guiou-os até o presépio, e não apareceu mais. Por quê? Porque muitos gentios do Oriente, e doutras partes do mundo, são capazes de que os pregadores, depois de lhes mostrarem a Cristo, se apartem deles e os deixem. Assim o fez S. Filipe ao eunuco da rainha Candaces de Etiópia: explicou-lhe a Escritura de Isaías, deu-lhe notícia da fé e divindade de Cristo, batizou-o no rio de Gaza, por onde passavam, e "tanto que esteve batizado, diz o texto, que arrebatou um Anjo a S. Filipe, e que o não viu mais o eunuco" (At 8,39). Desapareceu a estrela, e permaneceu a fé nos Magos; desapareceu S. Filipe, e permaneceu a fé no eunuco; mas esta capacidade, que se acha nos gentios do Oriente, e ainda nos de Etiópia, não se acha nos do Brasil. A estrela que os alumiar não há de desaparecer, sob pena de se apagar a luz da doutrina; o apóstolo que os batizar não se há de ausentar, sob pena de se perder o fruto do Batismo. É necessário, nesta vinha, que esteja sempre a cana da doutrina arrimada ao pé da cepa, e atada à vide, para que se logre o fruto e o trabalho.

Os que andastes pelo mundo, e entrastes em casas de prazer de príncipes, veríeis naqueles quadros e naquelas ruas dos jardins dois gêneros de estátuas muito diferentes, umas de mármore, outras de murta. A estátua de mármore custa muito a fazer, pela dureza e resistência da matéria; mas, depois de feita uma vez, não é necessário que lhe ponham mais a mão: sempre conserva e sustenta a mesma figura; a estátua de murta é mais fácil de formar, pela facilidade com que se dobram os ramos, mas é necessário andar sempre reformando e trabalhando nela, para que se conserve. Se deixa o jardineiro de assistir, em quatro dias sai um ramo que lhe atravessa os olhos, sai outro que lhe descompõe as orelhas, saem dois que de cinco dedos lhe fazem sete, e o que pouco antes era homem, já é uma confusão verde de murtas. Eis aqui a diferença que há entre umas nações e outras na doutrina da fé. Há umas nações naturalmente duras, tenazes e constantes, as quais dificultosamente recebem a fé e deixam os erros de seus antepassados; resistem com as armas, duvidam com o entendimento, repugnam com a vontade, cerram-se, teimam, argumentam, replicam, dão grande trabalho até se renderem; mas, uma vez rendidos, uma vez que receberam a fé, ficam nela firmes e constantes: como estátuas de mármore, não é necessário trabalhar mais com elas. Há outras nações, pelo contrário — e estas são as do Brasil — que recebem tudo o que lhes ensinam com grande docilidade e facilidade, sem argumentar, sem replicar, sem duvidar, sem resistir; mas são estátuas de murta que, em levantando a mão e a tesoura o jardineiro, logo perdem a nova figura e tornam à bruteza antiga e natural, e a ser mato como dantes eram. É necessário que assista sempre a estas estátuas o mestre delas: uma vez, que lhes corte o que vicejam os olhos, para que creiam o que não veem; outra vez, que lhes cerceie o que vicejam as orelhas, para que não deem ouvidos às fábulas de seus antepassados; outra vez, que lhes decepe o que vicejam as mãos e os pés, para que se abstenham das ações e costumes bárbaros da gentilidade. E só desta maneira, trabalhando sempre contra a natureza do tronco e humor das raízes, se pode conservar nestas plantas rudes a forma não natural e a compostura dos ramos.

Eis aqui a razão por que digo que é mais dificultosa de cultivar esta gentilidade, que nenhuma outra do mundo: se os não assistis, perde-se o trabalho, como o perdeu Santo Tomé; e para se aproveitar e lograr o trabalho, há de ser com outro trabalho maior, que é assisti-los; há-se de assistir e insistir sempre com eles, tornando a trabalhar o já trabalhado e a plantar o já plantado, e a ensinar o já ensinado, não levantando jamais a mão da obra, porque sempre está por obrar, ainda depois de obrada. Hão-se de haver os pregadores evangélicos na formação desta parte do mundo como Deus se houve ou se há na criação e conservação de todo. Criou Deus todas as criaturas no princípio do mundo em seis dias, e, depois de as criar, que fez e que faz até hoje? Cristo o disse: "Meu Pai opera até hoje, e eu opero também" (Jo 5,17). Desde o princípio do mundo até hoje não levantou Deus mão da obra, nem por um só instante; e com a mesma ação com que criou o mundo, o esteve sempre e está e estará conservando até o fim dele. E se Deus o não fizer assim, se desistir, se abrir mão da obra por um só momento, no mesmo momento perecerá o mundo e se perderá tudo o que em tantos anos se tem obrado. Tal é no espiritual a condição desta nova parte do mundo, e tal o empenho dos que têm à sua conta a conversão e reformação dela. Para criar, basta que trabalhem poucos dias; mas para conservar, é necessário que assistam, e continuem, e trabalhem, não só muitos dias e muitos anos, mas sempre. E já pode ser que esse fosse o mistério com que Cristo disse aos apóstolos: "Pregai à toda criatura" (Mc 16,15). Não disse: Ide pregar aos que remi, senão ide pregar aos que criei, porque o remir foi obra de um dia, o criar é obra de todos os dias. Cristo remiu uma só vez, e não está sempre remindo; Deus criou uma vez, e está sempre criando. Assim se há de fazer nestas nações: há-se lhes de aplicar o preço da Redenção, mas não pelo modo com que foram remidas, senão pelo modo com que foram criadas. Assim como Deus está sempre criando o criado, assim os mestres e pregadores hão de estar sempre ensinando o ensinado, e convertendo o convertido, e fazendo o feito: o feito para que se não desfaça; o convertido, para que se não perverta; o ensinado, para que se não esqueça; e, finalmente, ajudando a incredulidade não incrédula, para que a fé seja fé não infiel:

"Creio Senhor: ajuda a minha incredulidade" (Mc 9,23). E sendo tão forçosamente necessária a assistência com estas gentes, e no seu clima, e no seu trato, e na sua miséria, e em tantos outros perigos e desamparos da vida, da saúde, do alívio, e de tudo o que pede ou sente o natural humano, vede se é necessário muito cabedal de amor divino para esta empresa, e se com razão entrega Cristo o magistério dela a um Deus que, por afeto, e por efeitos, todo é amor: "Ele nos ensinará todas as coisas".

## § IV

A segunda circunstância que pede grande cabedal de amor de Deus é a dificuldade das línguas. Se o Espírito Santo descera hoje em línguas milagrosas, como antigamente, não tinha tanta dificuldade o pregar aos gentios; mas haverem-se de aprender essas línguas com estudo e com trabalho é uma empresa muito dificultosa, e que só um grande amor de Deus a pode vencer. Apareceu Deus em uma visão ao profeta Ezequiel, e, dando-lhe um livro, disse-lhe que o comesse e que fosse pregar aos filhos de Israel tudo o que nele estava escrito: "Come este livro e vai falar aos filhos de Israel" (Ez 3,1). Abriu a boca o profeta, não se atrevendo a tocar no livro por reverência, comeu-o e diz que lhe soube bem, e que o achou muito doce: "Eu o comi e se tornou na minha boca doce como o mel" (Ez 3,3). Se os homens pudessem comer os livros de um bocado, que facilmente se aprenderiam as ciências e se tomaram as línguas? Oh! que fácil modo de aprender! Oh! que doce modo de estudar! Tal foi o modo com que Deus, em um momento, antigamente ensinava os profetas, e com que hoje o Espírito Santo, em outro momento, ensinou os apóstolos, achando-se de repente doutos nas ciências, eruditos nas Escrituras, prontos nas línguas, que tudo isto se lhes infundiu naquele repente em que desceu sobre eles o Espírito Santo: "De repente veio do céu um som como de um Espírito que chegava" (At 2,2). Mas haver de comer os livros folha a folha, haver de levar as ciências bocado a bocado, e às vezes com muito fastio; haver de mastigar as línguas nome por nome, verbo por verbo, sílaba por sílaba, e ainda letra por letra, por certo que é coisa muito dura e muito desabrida, e muito para amargar, e que só o muito amor de Deus a pode fazer doce. Assim o aludiu Deus ao mesmo profeta Ezequiel neste mesmo lugar, com termos bem particulares e bem notáveis.

"Vai à casa de Israel e dize-lhe as minhas palavras, porque não és enviado a um povo de fala estranha e de língua desconhecida, nem a muitos povos de fala estranha e de língua desconhecida, cujas palavras não possas entender" (Ez 3,4). Ide, Ezequiel, pregai o que vos tenho dito aos filhos de Israel, e, para que não repugneis a missão, nem vos pareça que vos mando a uma empresa muito dificultosa, adverti aonde ides e aonde não ides. Adverti que ides pregar a um povo da vossa própria nação e de vossa própria língua, que o entendeis e vos entende: "A casa de Israel"; e "adverti que não ides pregar à gente de diferente nação e diferente língua, nem menos a gentes de muitas e diferentes nações, e muitas e diferentes línguas, que nem vós as entendais nem elas vos entendam". De sorte — se bem advertis — que distingue Deus no ofício de pregar três gêneros de empresas: uma fácil, outra dificultosa, outra dificultosíssima. A fácil é pregar à gente da própria nação e da própria língua: "Ide aos filhos de Israel"; a dificultosa é pregar "a uma gente de diferente língua e diferente nação"; a dificultosíssima é pregar "a gentes não de uma só nação e uma só língua diferente, senão de muitas e diferentes nações, e muitas e diferentes línguas, desconhecidas, escuras, bárbaras, e que se não podem entender".

À primeira destas três empresas mandou Deus ao profeta Ezequiel, e a todos os outros profetas antigos, os quais todos — exceto quando muito Jonas e Jeremias — pregaram à gente da sua nação e da sua língua. A segunda e a terceira empresa ficou guardada para os apóstolos e pregadores da lei da graça, e entre eles particularmente para os portugueses, e entre os portugueses, mais em particular ainda, para os desta conquista, em que são tantas, tão estranhas, tão bárbaras e tão nunca ouvidas, nem conhecidas, nem imaginadas as línguas. Manda Portugal missionários ao Japão, onde há cinquenta e três reinos, ou sessenta, como outros escrevem; mas a língua, ainda que desconhecida, é uma só: "A um povo de fala estranha e de língua desconhecida". Manda Portugal missionários à China, império vastíssimo, dividido em quinze províncias, capaz cada uma de muitos reinos; mas a língua, ainda que desconhecida, é também uma: "A um povo de fala estranha e de língua desconhecida". Manda Portugal missionários ao Mogor, à Pérsia, ao Preste João, impérios grandes, poderosos, dilatados e dos maiores do mundo; mas cada um de uma só língua: "A um povo de fala estranha e de língua desconhecida". Porém os missionários que Portugal manda ao Maranhão, posto que não tenha nome de império nem de reino, são verdadeiramente aqueles que Deus reservou para a terceira, última e dificultosíssima empresa, porque vem pregar a gentes de tantas, tão diversas e tão incógnitas línguas, que só uma coisa se sabe delas, que é não terem número: "A muitos povos de fala estranha e de língua desconhecida, cujas palavras não possas entender".

Pela muita variedade das línguas, houve quem chamou ao Rio das Almazonas rio Babel; mas vem-lhe tão curto o nome de Babel como o de rio. Vem-lhe curto o nome de rio, porque verdadeiramente é um mar doce, maior que o Mar Mediterrâneo no comprimento e na boca. O Mar Mediterrâneo no mais largo da boca tem sete léguas, e o Rio das Almazonas oitenta; o mar Mediterrâneo, do Estreito de Gilbraltar até as praias da Síria, que é a maior longitude, tem mil léguas de comprido; e o rio das Almazonas, da cidade de Belém para cima, já se lhe tem contado mais de três mil, e ainda se lhe não sabe princípio. Por isso os naturais lhe chamam Pará, e os Portugueses Maranhão, que tudo quer dizer mar, e mar grande. E vem-lhe curto também o nome de Babel, porque na Torre de Babel, como diz S. Jerônimo, houve somente setenta e duas línguas, e as que se falam no Rio das Almazonas são tantas e tão diversas, que se lhes não sabe o nome nem o número. As conhecidas até o ano de 639, no descobrimento do Rio de Quito, eram cento e cinquenta. Depois se descobriram muitas mais, e a menor parte do rio, de seus imensos braços e das nações que os habitam, é o que está descoberto. Tantos são os povos, tantas e tão ocultas as línguas, e de tão nova e nunca ouvida inteligência: "A muitos povos de fala estranha e de língua desconhecida, cujas palavras não possas entender".

Nesta última cláusula do profeta: "Cujas palavras não possas entender", a palavra ouvir significa entender, porque o que se não entende é como se não se ouvira. Mas em muitas das nações desta conquista se verifica a mesma palavra no sentido natural, assim como soa, porque há línguas entre elas de tão escura e cerrada pronunciação, que verdadeiramente se pode afirmar que se não ouvem: "Cujas palavras não possas entender". Por vezes me aconteceu estar com o ouvido aplicado à boca do bárbaro, e ainda do intérprete, sem poder distinguir as sílabas, nem perceber as vogais ou consoantes de que se formavam, equivocando-se a mesma letra com duas e três semelhantes, ou compondo-se — o que é mais certo — com mistura de todas elas: umas tão delgadas e sutis, outras tão duras e escabrosas, outras tão interiores e escuras, e mais afogadas na garganta que pronunciadas na língua; outras tão curtas e subidas, outras tão estendidas e multiplicadas, que não percebem os ouvidos mais que a confusão, sendo certo, em todo rigor, que as tais línguas não se ouvem, pois se não ouve delas mais que o sonido, e não palavras desarticuladas e humanas, como diz o profeta: "Cujas palavras não possas entender".

De José, ou do povo de Israel no Egito, diz Davi por grande encarecimento de trabalho: "que ouvia a língua que não entendia". — Se é trabalho ouvir a língua que não entendeis, quanto maior trabalho será haver de entender a língua que não ouvis? O primeiro trabalho é ouvi-la; o segundo, percebê-la; o terceiro, reduzi-la a gramática e a preceitos; o quarto, estudá-la: o quinto — e não o menor, e que obrigou a S. Jerônimo a limar os dentes — o pronunciá-la. E depois de todos estes trabalhos, ainda não começastes a trabalhar, porque são disposições somente para o trabalho. Santo Agostinho intentou aprender a língua grega, e, chegando à segunda declinação, em que se declina *ophis*, que quer dizer serpente, não foi mais por diante, e disse com galantaria: "*Ophis me terruit* [a serpente me meteu tal medo]", que me fez tornar atrás. Pois se a Santo Agostinho, sendo Santo Agostinho, se à águia dos entendimentos humanos se lhe fez tão dificultoso aprender a língua grega, que está tão vulgarizada entre os latinos, e tão facilitada com mestres, com livros, com artes, com vocabulários e com todos os outros instrumentos de aprender, que serão as línguas bárbaras e barbaríssimas de umas gentes onde nunca houve quem soubesse ler nem escrever? Que será aprender o nheengaíba, o juruuna, o tapajó, o teremembé, o mamaiana, que só os nomes parece que fazem horror?

As letras dos chinas e dos japões muita dificuldade têm, porque são letras hieroglíficas, como as dos egípcios; mas, enfim, é aprender língua de gente política e estudar por letra e por papel. Mas haver de arrastar com uma língua bruta, e de brutos, sem livro, sem mestre, sem guia, e no meio daquela escuridade e dissonância haver de cavar os primeiros alicerces e descobrir os primeiros rudimentos dela, distinguir o nome, o verbo, o advérbio, a proposição, o número, o caso, o tempo, o modo, e modos nunca vistos nem imaginados, como de homens enfim tão diferentes dos outros nas línguas como nos costumes, não há dúvida que é empresa muito árdua a qualquer entendimento, e muito mais árdua à vontade que não estiver muito sacrificada e muito unida com Deus. Receber as línguas do céu milagrosamente, em um momento, como as receberam os apóstolos, foi maior felicidade: mas aprendê-las e adquiri-las dicção por dicção, e vocábulo por vocábulo, à força de estudo, de diligência e de continuação, assim como será maior merecimento, é também muito diferente trabalho e para um e outro se requer muita graça do Espírito Santo e grande cabedal de amor de Deus. Maior rigor usa neste caso o amor de Deus com os pregadores do Evangelho do que usou a justiça de Deus com os edificadores da Torre de Babel. Aos que edificavam a

Torre de Babel condenou-os a justiça de Deus a falar diversas línguas, mas não a aprendê-las; aos que pregam a fé entre as gentilidades, condena-os o amor de Deus, não só a que falem as suas línguas, senão a que as aprendam, que, se não fora por amor, era muito maior castigo. E que amor será necessário para um homem, e tantos homens, se condenarem voluntariamente, não só cada um a uma língua — como os da Torre — mas muitos a muitas?

Vejo, porém, que me perguntais: Pois, se a Deus é tão fácil infundir a ciência das línguas em um momento, e se antigamente deu aos apóstolos o dom das línguas para que pregassem a fé pelo mundo, agora, por que não dá o mesmo dom aos pregadores da mesma fé, principalmente em cristandades ou gentilidades novas, como estas nossas? Esta dúvida é mui antiga, e já lhe respondeu S. Gregório Papa e Santo Agostinho,[5] posto que variamente. A razão literal é porque Deus regularmente não faz milagres sem necessidade: quando faltam as forças humanas então suprem as divinas. E como Cristo queria converter o mundo só com doze homens, para converter um mundo tão grande, tantas cidades, tantos reinos, tantas províncias com tão poucos pregadores, era necessário que milagrosamente se lhes infundissem as línguas de todas as nações, porque não tinham tempo nem lugar para as aprender; porém, depois que a fé esteve tão estendida e propagada, como está hoje, e houve muitos ministros que a pudessem pregar, aprendendo as línguas de cada nação, cessaram comumente as línguas milagrosas, porque não foi necessária a continuação do milagre. Vede-o nas línguas do Espírito Santo.

"Apareceram sobre os apóstolos muitas línguas de fogo, o qual se assentou sobre eles" (At 2,3). Não sei se reparais na diferença: diz que apareceram as línguas e que o fogo se assentou. E por que se não assentaram as línguas, senão o fogo? Porque as línguas não vieram de assento, o fogo sim. Os dons que o Espírito Santo trouxe hoje consigo sobre os apóstolos foram principalmente dois: o dom das línguas e o dom do amor de Deus; o dom das línguas não se assentou, porque não havia de perseverar: acabou geralmente com os apóstolos: "Apareceram muitas línguas". Apareceram as línguas e desapareceram. Porém o dom do fogo, o dom do amor de Deus, esse se assentou: "Assentou-se sobre cada um deles", porque veio de assento, e perseverou não só nos apóstolos, senão em todos os seus sucessores. E assim vimos em todas as idades, e vemos também hoje tantos varões apostólicos, em que está tão vivo este fogo, tão fervoroso este Espírito, e tão manifesto e tão ardente este amor. Aos apóstolos deu-lhes Deus línguas de fogo; aos seus sucessores deu-lhes fogo de línguas. As línguas de fogo acabaram, mas o fogo de línguas não acabou, porque este fogo, esse Espírito, esse amor de Deus faz aprender, estudar e saber essas línguas. E quanto a esta ciência das línguas, muito mais à letra se cumpre nos varões apostólicos de hoje a promessa de Cristo, que nos mesmos apóstolos antigos, porque Cristo disse: "Ele vos ensinará": que o Espírito Santo os ensinaria. E aos apóstolos da Igreja primitiva não lhes ensinou o Espírito Santo as línguas: deu-lhas e infundiu-lhas; aos apóstolos de hoje não lhes dá o Espírito Santo as línguas: vem-lhas infundir e ensinar-lhas: "Ele vos ensinará". As primeiras línguas foram dadas com milagre, as segundas são ensinadas sem milagre; mas eu tenho estas por mais milagrosas, porque menos maravilha é em Deus podê-las dar sem trabalho que no homem querê-las aprender com tanto trabalho: em Deus argui um poder infinito, que em Deus é natureza; no homem argui um amor de Deus excessivo, que é sobre a natureza do homem. Com razão comete logo Cristo este ofício de ensinar ao Espírito Santo, e passa os seus discípulos da Escola da Sabedoria para a Escola do Amor: "Ele vos ensinará".

§ V

Está dito e está provado. Mas que se tira ou colhe daqui? Parecerá porventura aos ouvintes que esta doutrina é só para os pregadores da fé, para os religiosos, para os missionários, para os pastores e ministros da Igreja? Assim será noutras terras: nestas nossas é para todos. Nas outras terras uns são ministros do Evangelho, e outros não; nas conquistas de Portugal todos são ministros do Evangelho. Assim o disse Santo Agostinho pregando na África, que também é uma das nossas conquistas. Explicava o Santo aquela sentença de Cristo, em que o Senhor promete que, "onde ele está, estarão também seus ministros" (Jo 12,26). E convertendo-se o grande doutor para o povo, disse desta maneira: "Quando ouvis os prêmios que Cristo promete a seus ministros, não cuideis que só os bispos e os clérigos são ministros seus: também vós, por vosso modo, não só podeis, mas deveis ser ministros de Cristo".[6] E por que modo será ministro de Cristo um homem leigo, sem letras, sem ordens e sem grau algum na Igreja? O mesmo Santo o vai dizendo: "vivendo bem" e dando bom exemplo; "fazendo esmolas" e exercitando as outras obras de caridade; e "pregando o nome de Cristo, e ensinando a sua fé e doutrina a todos aqueles a quem puder"; "Cada um dos pais de famílias em sua casa, por amor de Cristo e por amor da vida eterna, ensine a todos os seus o que devem saber, encaminhe-os, exorte-os, repreenda-os, castigue-os, tire-os das más ocasiões, e já com amor, já com rigor", zele, procure e faça diligência por que vivam conforme a lei de Cristo.

Este tal pai de famílias, que será? Ouvi, cristãos, para consolação vossa o que conclui Agostinho:[7] "Por este modo um pai de famílias, um homem leigo fará em sua casa não só ofício eclesiástico, mas ofício episcopal, *e não só será qualquer ministro de Cristo, senão o maior de todos os ministros, quais são os bispos*, servindo e ministrando nesta vida a Cristo, para reinar eternamente com ele". Isto dizia Santo Agostinho aos seus povos da África, e o pudera dizer com muito maior razão aos nossos da América.

Oh! se o divino Espírito, que hoje desceu sobre os apóstolos, descera eficazmente com um raio de sua divina luz sobre todos os moradores deste Estado, para que dentro e fora de suas casas acudiram às obrigações que devem à fé que professam, como é certo que ficariam todos neste dia não só verdadeiros ministros mas apóstolos de Cristo? Que coisa é ser apóstolo? Ser apóstolo nenhuma outra coisa é senão ensinar a fé e trazer almas a Cristo e nesta conquista ninguém há que o não possa, e, ainda, que o não deva fazer. Primeiramente nesta Missão do rio das Almazonas, que amanhã parte — e que Deus seja servido levar e trazer tão carregada de despojos do céu, como esperamos, e com tanto remédio para a terra, como se deseja — que Português vai de escolta que não vá fazendo ofício de apóstolo? Não só são apóstolos os missionários, senão também os soldados e capitães, porque todos vão buscar gentios e trazê-los ao lume da fé e ao grêmio da Igreja. A Igreja formou-se do lado de Cristo, seu esposo, como Eva se formou do lado de Adão. E formou-se quando do lado de Cristo na cruz "saiu sangue e água" (Jo 19,34). O sangue significava o preço da Redenção, e a água, a água do Batismo. E saiu o sangue junto com a água, porque a virtude que tem a água é recebida do sangue. Mas, pergunto agora, este lado de Cristo, donde se saiu e se formou a Igreja, quem o abriu? "Abriu-o um soldado com uma lança" (Ibid.), diz o texto. Pois também os soldados concorrem para a formação da Igreja? Sim, porque muitas vezes é necessário que os soldados com suas armas abram e franqueiem a porta, para que por essa porta aberta e franqueada se comunique o sangue da Redenção e a água do Batismo: "E em seguida saiu sangue e água". E quando a fé se prega debaixo das armas e à sombra delas, tão apóstolos são os que pregam como os que defendem, porque uns e outros cooperam à salvação das almas.

E se eu agora dissesse que nesta conquista, assim como os homens fazem ofício de apóstolos na campanha, assim o podem fazer as mulheres em suas casas? Diria o que já disseram grandes autores: eles na campanha trazendo almas para a Igreja, fazem ofício de apóstolos; e elas em suas casas, doutrinando seus escravos e escravas, fazem ofícios de apóstolas. Não é o nome nem a gramática minha; é do doutíssimo Salmeirão,[8] o qual chamou às Marias "Apóstolas dos apóstolos". E por quê? Porque lhes anunciaram o mistério da Ressurreição de Cristo. Pois, se aquelas mulheres, que anunciaram a homens, já cristãos e discípulos de Cristo, um só mistério, merecem nome de apóstolas, aquelas que anunciam e ensinam a seus escravos gentios e rudes todos os mistérios da salvação, quanto mais merecem este nome? Põe-se uma de vós a ensinar por amor de Deus ao seu tapuia e à sua tapuia o Creio-em-Deus-Pai, e que lhe ensina? Ensina lhe o mistério altíssimo da Santíssima Trindade, o mistério da Encarnação, o da Morte, o da Ressurreição, o da Ascensão de Cristo, o da vinda do Espírito Santo, o do Juízo, o da Vida Eterna, e todos os que cremos e professamos os cristãos. Vede se merece nome de apóstola uma mestra destas?

Não há dúvida que homens e mulheres todos são capazes deste altíssimo nome e deste divino ou diviníssimo exercício. Faz duas parábolas Cristo no Evangelho, uma de um pastor que perdeu uma ovelha, e a foi buscar e trazer dos matos aos ombros, outra de uma mulher que perdeu uma dracma, ou moeda de prata, e acendeu uma candeia para a buscar, e a buscou e achou em sua casa. Esta ovelha e esta moeda perdidas e achadas são as almas desencaminhadas e erradas que se convertem e encaminham a Deus; quem buscou e achou a ovelha na primeira parábola, e quem buscou e achou a moeda na segunda, são os ministros evangélicos, que trazem e reduzem a Deus estas almas. Pois, se em uma e outra parábola significam estas duas pessoas os ministros evangélicos que trazem almas a Deus, por que na primeira introduziu Cristo um homem, que é o pastor, e na segunda uma mulher, que é a que acendeu a candeia? Para nos ensinar Cristo que assim homens como mulheres todos podem salvar almas: os homens no campo com o cajado e as mulheres em casa com a candeia; os homens no campo, entrando pelos matos com as armas; e as mulheres em casa, alumiando e ensinando a doutrina.

Vede como estava isto profetizado pelo profeta Joel, no mesmo capítulo segundo, que foi o que hoje declarou S. Pedro ao povo de Jerusalém: "Naqueles dias — diz Deus —, derramarei o meu Espírito sobre os meus servos e sobre as minhas servas, e todos pregarão" (Jl 2,2). — Notai: não diz Deus que derramará o seu Espírito só "sobre os servos, senão sobre os servos e sobre as servas": porque não só os homens, senão os homens e também as mulheres podem e devem, e hão de pregar, e dilatar a fé, cada um conforme seu estado: "E ensinarão". Por isso hoje, com grande mistério, no cenáculo de Jerusalém, onde desceu o Espírito Santo, não só se acharam homens, senão mulheres: "Todos estes perseveravam unanimemente em oração com as mulheres" (At 1,14). Estavam homens e estavam mulheres no Cenáculo, porque a homens e a mulheres vinha o Espírito Santo fazer mestres e mestras da doutrina do céu, e ensiná-los para que a ensinassem: "Ele vos ensinará".

## § VI

Suposto pois que não só aos eclesiásticos, senão também aos seculares, não só aos homens, senão também às mulheres pertence, ou de caridade ou de justiça, ou de ambas estas obrigações, ensinar a fé e a lei de Cristo aos gentios e novos cristãos naturais destas terras em que vivemos, cada um conforme seu estado, não haja de hoje em diante, com a graça do Espírito Santo, quem se não faça discípulo deste divino e soberano mestre, para o poder ser ao menos dos seus escravos. Os que sabeis a língua, tereis maior facilidade; os que a não sabeis, tereis maior merecimento. E uns e outros, ou por nós mesmos — que sempre será o melhor — ou por outrem, vos deveis aplicar a este tão cristão e tão devido exercício, com tal diligência e cuidado, que nenhum falte com o pasto necessário da doutrina às poucas ou muitas ovelhinhas de Cristo que o Senhor lhes tiver encomendadas, pois todos nesta conquista sois pastores ou guardadores deste grande pastor. Muitos o fazem assim com grande zelo, cristandade e edificação, mas é bem que o façam todos.

E ninguém se escuse — como escusam alguns — com a rudeza da gente, e com dizer, como acima dizíamos, que são pedras, que são troncos, que são brutos animais, porque, ainda que verdadeiramente alguns o sejam ou o pareçam, a indústria e a graça tudo vence, e de brutos, e de troncos, e de pedras os fará homens. Dizei-me qual é mais poderosa, a graça ou a natureza? A graça ou a arte? Pois o que faz a arte e a natureza, por que havemos de desconfiar que o faça a graça de Deus, acompanhada da vossa indústria? Concedo-vos que esse índio bárbaro e rude seja uma pedra: vede o que fazem em uma pedra a arte. Arranca o estatuário uma pedra dessas montanhas, tosca, bruta, dura, informe e, depois que desbastou o mais grosso, toma o maço e o cinzel na mão, e começa a formar um homem, primeiro membro a membro, e depois feição por feição, até a mais miúda: ondeia-lhe os cabelos, alisa-lhe a testa, rasga-lhe os olhos, afila-lhe o nariz, abre-lhe a boca, avulta-lhe as faces, torneia-lhe o pescoço, estende-lhe os braços, espalma-lhe as mãos, divide-lhe os dedos, lança-lhe os vestidos; aqui desprega, ali arruga, acolá recama, e fica um homem perfeito, e talvez um santo que se pode pôr no altar. O mesmo será cá, se a vossa indústria não faltar à graça divina. É uma pedra, como dizeis, esse índio rude? Pois, trabalhai e continuai com ele — que nada se faz sem trabalho e perseverança — aplicai o cinzel um dia e outro dia, dai uma martelada e outra martelada, e vós vereis como dessa pedra tosca e informe fazeis não só um homem, senão um cristão, e pode ser que um santo.

Não é menos que promessa e profecia do maior de todos os profetas: "Poderoso é

Deus a fazer destas pedras filhos de Abraão" (Lc 3,8). Abraão é o pai de todos os que têm fé; e dizer o Batista que Deus faria de pedras filhos de Abraão foi certificar e profetizar que de gentios idólatras, bárbaros e duros como pedras, por meio da doutrina do Evangelho havia Deus de fazer não só homens, senão fiéis, e cristãos, e santos. Santo Ambrósio: "Os que trabalhavam com pedra que outra coisa tinham senão pedras e assim as fizeram semelhantes a eles? Profetiza-se portanto com a pedra para que a fé seja infundida nos peitos dos gentios e garante-se com o oráculo que pela fé hão de ser filhos de Abraão".[9] Assim o profetizou o Batista, e assim como ele foi o profeta deste milagre, vós sereis o instrumento dele. Ensinai e doutrinai estas pedras, e fareis de pedras não estátuas de homens, senão verdadeiros homens e verdadeiros filhos de Abraão por meio da fé verdadeira. O que se faz nas pedras, mais facilmente se pode fazer nos troncos, onde é menor a resistência e a bruteza.

Só para fazer de animais homens não tem poder nem habilidade a arte; mas a natureza sim, e é maravilha que por ordinário o não parece. Vede-a. Fostes à caça por esses bosques e campinas, matastes o veado, a anta, o porco montês; matou o vosso escravo o camaleão, o lagarto, o crocodilo; como ele com os seus parceiros, comestes vós com os vossos amigos. E que se seguiu? Dali a oito horas, ou menos — se com menos se contentar Galeno — a anta, o veado, o porco montês, o camaleão, o lagarto, o crocodilo, todos estão convertidos em homens: já é carne de homem o que pouco antes era carne de feras. Pois se isto pode fazer a natureza por força do calor natural, por que o não fará a graça muito mais eficazmente por força do calor e fogo do Espírito Santo? Se a natureza, naturalmente, pode converter animais feros em homens, a graça, sobrenaturalmente, por que não fará esta conversão? O mesmo Espírito autor da graça o mostrou assim, e o ensinou a S. Pedro. Estava S. Pedro, em oração na cidade de Jope; eis que vê abrir-se o céu, e descer um como grande lençol — assim lhe chama o texto — suspendido por quatro pontas, e no fundo dele uma multidão confusa de feras, de serpentes, de aves de rapina e de todos os outros animais silvestres, bravos, asquerosos e peçonhentos, que na lei velha se chamavam imundos. Três vezes na mesma hora viu S. Pedro esta representação, cada vez mais suspenso e duvidoso do que poderia significar, e três vezes ouviu juntamente uma voz que lhe dizia: "Eia, Pedro, matai e comei" (At 10,13). — As palavras não declaravam o enigma, antes o escureciam mais, porque lhe parecia a S. Pedro impossível que Deus, que tinha vedado aqueles animais, lhos mandasse comer. Batem à porta neste mesmo ponto, e era um recado ou embaixada de um senhor gentio, chamado Cornélio, capitão dos presídios romanos de Cesareia, o qual se mandava oferecer a S. Pedro, para que o instruísse na fé, e o batizasse. Este gentio, como diz Santo Ambrósio, foi o primeiro que pediu e recebeu a fé de Cristo, e por este efeito, e pela declaração de um anjo, entendeu então S. Pedro o que significava a visão. Entendeu que aquele lençol tão grande era o mundo; que as quatro pontas por onde se suspendia eram as quatro partes dele; que os animais feros, imundos e reprovados na lei eram as diversas nações de gentios, bárbaras e indômitas, que até então estavam fora do conhecimento e obediência de Deus, e que o mesmo Senhor queria que viessem a ela. Até aqui o texto e a inteligência dele.

Mas se aqueles animais significavam as nações dos gentios, e estas nações queria Deus que S. Pedro as ensinasse e convertesse, como lhe manda que as mate e que as coma? Por isso mesmo: porque o modo de converter feras em homens é matando-as e comendo-as, e não há coisa mais parecida ao ensinar e doutrinar que o matar e o comer. Para uma fera se converter em homem há de deixar de ser o que era e começar a ser o que não era, e tudo isto se faz matando-a e comendo-a: matando-a, deixa de ser o que era, porque, morta, já não é fera; comendo-a, começa a ser o que não era, porque, comida, já é homem. E porque Deus queria que S. Pedro convertesse em homens, e homens fiéis, todas aquelas feras que lhe mostrava, por isso a voz do céu lhe dizia que "as matasse e as comesse" — querendo lhe dizer que as ensinasse e doutrinasse, porque o ensinar e doutrinar havia de fazer nelas os mesmos efeitos que o matar e o comer. Ouvi a S. Gregório Papa: "Ao primeiro pastor foi dito que matasse e comesse, pois aquilo que se mata deixa a vida; aquilo que se come muda-se no corpo de quem come; portanto mata e come, foi dito, isto é, mata aqueles que vivem do pecado e converte em teus membros aqueles mesmos".[10]

Querendo Deus que S. Pedro ensinasse a fé àqueles gentios, diz-lhe que os mate e que os coma, porque o que se mata deixa de ser o que é, e o que se come converte-se na substância e nos membros de quem o come. E ambos estes efeitos havia de obrar a doutrina de S. Pedro naqueles gentios feros e bárbaros. Primeiro haviam de morrer, porque haviam de deixar de ser gentios; e logo haviam de ser comidos e convertidos em membros de S. Pedro, porque haviam de ficar cristãos e membros da Igreja, de que São Pedro é a cabeça. De maneira que, assim como a natureza faz de feras homens, matando e comendo, assim também a graça faz de feras homens, doutrinando e ensinando.

Ensinastes o gentio bárbaro e rude, e que cuidais que faz aquela doutrina? Mata nele a fereza e introduz a humanidade; mata a ignorância e introduz o conhecimento; mata a bruteza e introduz a razão; mata a infidelidade, e introduz a fé; e deste modo, por uma conversão admirável, o que era fera fica homem, o que era gentio fica cristão, o que era despojo do pecado fica membro de Cristo e de S. Pedro: "Mata e come". E como a graça do Espírito Santo, por meio da doutrina da fé, melhor que a arte e melhor que a natureza, de pedras e de animais sabe fazer homens, ainda que os destas conquistas fossem verdadeiramente, ou tão irracionais como os brutos, ou tão insensíveis como as pedras, não era bastante dificuldade esta, nem para desculpar o descuido, nem para tirar a obrigação de os ensinar: "Ele vos ensinará".

## § VII

E para que ninguém falte a esta obrigação e a este cuidado, só vos quero lembrar o grande serviço que fareis a Deus, se o fizerdes, e a grande conta que Deus vos há de pedir, se vos descuidardes. É passo de que me lembro e tremo muitas vezes o que agora vos direi. Estavam os apóstolos no monte Olivete em o dia da Ascensão, com os olhos pregados no céu e com os corações dentro nele, porque já se lhes escondera da vista o Mestre e o Senhor, que em si e após si lhos levara. Estavam enlevados, estavam suspensos, estavam arrebatados, e quase não em si de amor, de admiração, de glória, de júbilos, de saudades; eis que aparecem dois anjos e lhes dizem estas palavras: "Varões galileus, que fazeis aqui olhando para o céu? Este mesmo Senhor que agora se apartou de vós, há de vir outra vez", porque há de vir a julgar. — Notáveis palavras por certo, e ditas a tais pessoas, em tal lugar e em tal ocasião! De maneira que estranham os anjos aos apóstolos estarem no monte Olivete olhando para o céu de saudades de Cristo, e para os obrigarem a que se vão logo dali — como se foram — os ameaçam com o dia do Juízo e com a lembrança da conta? Pois, estar em um monte apartado das gentes, estar com os olhos postos no céu, estar arrebatado na contemplação da glória, estar enlevado no amor e saudades de Cristo, é coisa digna de se estranhar e de a estranharem os anjos? Em tal caso, sim, porque se em todos os homens é digno de estranhar não deixarem o mal pelo bem, nos apóstolos era digno de estranhar não deixarem o bem pelo melhor. O ofício e obrigação dos apóstolos era pregar a fé e salvar almas; a ordem que Cristo lhes tinha dado era que se recolhessem a Jerusalém a preparar-se para a pregação com os dons do Espírito Santo, que lhes mandaria, e deixar o Monte Olivete pelo Cenáculo, deixar a contemplação pela escola das línguas, deixar de olhar para o céu para acudir às cegueiras da terra, deixar, enfim, as saudades de Cristo pela saúde de Cristo, não era deixar o bem, senão melhorá-lo, porque era trocar um bem grande por outro maior: era deixar um serviço de Deus por outro maior serviço, uma vontade de Deus por outra maior vontade, uma glória de Deus por outra maior glória. O contemplar em Deus é obra divina, mas o levar almas para Deus é obra diviníssima.

Assim lhe chamou S. Dionísio Areopagita: "Obra de Deus diviníssima". E a obrigação dos apóstolos e varões apostólicos não é só buscar o divino, senão o mais divino: é deixar o mundo pelo diviníssimo. Por isso lhes estranham os anjos o estarem parados no monte, e com os olhos suspensos no céu;

por isso lhes dizem: "Que estais aqui fazendo?" — como se o que faziam nenhuma comparação tivera com o que haviam de fazer. O que faziam e o que os ocupava eram contemplações, admirações, êxtases, arrebatamentos; o que haviam de fazer, e o em que se haviam de ocupar, era pregar, ensinar, doutrinar, batizar, converter almas, e tudo aquilo em comparação disto, no juízo dos anjos, que melhor que nós o entendem, que é? "Uma coisa, uma coisa" que se pode duvidar se é alguma coisa, um muito menos do que devera ser, um estar parados, um não ir por diante: "Que estais aqui fazendo?" Vede, vede vós e vós — com todos e com todas falo — quão grande serviço fazeis a Deus quando ensinais os vossos escravos, quando para isso aprendeis as línguas, quando escreveis e estudais o catecismo, quando buscais o intérprete ou o mestre, e quando, talvez, só para este fim o pagais e o sustentais. Oh! ditoso dispêndio! Oh! ditoso estudo! Oh! ditoso trabalho! Oh! ditoso merecimento, e sem igual diante de Deus! Em suma, cristãos, que é maior bem e maior serviço de Deus, e maior glória sua estar ensinando um negrinho da terra, que se estivéreis enlevados e arrebatados no céu: "Por que estais olhando o céu?"

E se é tão grande o serviço que fazem a Deus os que têm este cuidado, os que o não têm, os que tão descuidados e esquecidos vivem da doutrina, da cristandade e da salvação de seus escravos, que rigorosa, que estreita e que estreitíssima conta vos parece que lhes pedirá Deus? Ameaçam os anjos aos apóstolos com o dia do Juízo, e reparam-lhes em momentos do Monte Olivete. Por quê? Porque eram homens que tinham à sua conta almas alheias, e quem tem almas alheias à sua conta, até de um momento que não cuidar muito delas há de dar muito estreita conta a Deus. Oh! que terrível conta há de pedir Deus no dia do Juízo a todos os que vivemos neste Estado, porque todos temos almas à nossa conta! Os pregadores, todas; os pastores; as das suas Igrejas os leigos, as das suas famílias. Se é tão dificultoso dar boa conta de uma só alma, que será de tantas? S. Jerônimo, sobre tanto deserto, sobre tantas penitências, sobre tantos trabalhos em serviço de Deus e da Igreja, estava sempre tremendo da trombeta do dia do Juízo pela conta que havia de dar da sua alma. A alma de Santo Hilarião Abade, depois de oitenta anos de vida eremítica, e de tantas e tão insignes vitórias contra o demônio, tremia tanto da conta, que não se atrevia a sair do corpo estando o Santo para expirar, e foi necessário que ele a animasse.

Pois, se os Jerônimos, se os Hilariões, se as maiores colunas da Igreja temem de dar conta de uma alma depois de vidas tão santas, vós, depois das vossas vidas, que é certo, não foram tão ajustadas com a lei de Deus como as suas, que conta esperais dar a Deus, não de uma, senão de tantas almas? Uns de cinquenta almas, outros de cem almas, outros de duzentas almas, outros de trezentas, outros de quatrocentas, e alguns de mil. Muitos há que tendes hoje poucas, mas naquele dia haveis de ter muitas, porque todas as que morreram para o serviço hão de ressuscitar para a conta. As que tivestes, as que tendes, as que haveis de ter, todas naquele dia hão de aparecer juntas diante do divino tribunal a dar conta cada uma de si, e vós de todas. Certo que eu antes quisera dar conta pela sua parte que pela vossa. O escravo escusar-se-á com o seu senhor; mas o senhor, com quem se há de escusar? O escravo poder-se-á escusar com o seu pouco entendimento, com a sua ignorância; mas o senhor, com que se escusará? Com a sua muita cobiça? Com a sua muita cegueira? Com faltar à piedade? Com faltar à humanidade? Com faltar à cristandade? Com faltar à fé? Oh! Deus justo! Oh! Deus misericordioso, que nem em vossa justiça, nem em vossa misericórdia acho caminho para saírem estas almas de tão intrincado labirinto! Se a justiça divina acha por onde condenar um gentio porque não foi batizado, como achará a misericórdia divina por onde salvar um cristão, que foi causa de ele se não batizar?

Oh! que justiças pedirão sobre vós naquele dia tantas infelizes almas, de cuja infelicidade eterna vós fostes causa! Abel pedia justiça a Deus, e salvou-se Abel e está no céu. Se Abel, se um irmão pede justiça a Deus sobre o irmão que lhe tirou a vida temporal, um escravo, e tantos escravos, que justiça pedirão a Deus sobre o Senhor que lhe tirou a vida eterna? Se Abel, se uma alma que se salvou e que está hoje vendo a Deus, pede justiça, uma alma, e tantas almas que se condenaram e estão ardendo no Inferno, e estarão por toda a eternidade, que justiças pedirão, que justiças clamarão, que justiças bradarão no céu, à terra, ao inferno, aos homens, aos demônios, aos anjos, a Deus? Oh! que espetáculo tão triste e tão horrendo será naquele dia ver a um português destas conquistas — e muito mais aos maiores e mais poderosos — cercado de tanta multidão de índios, uns livres, outros escravos, uns bem, outros mal cativos; uns gentios, outros com nome de cristãos, todos condenados ao inferno, todos ardendo em fogo e todos pedindo justiça a Deus sobre aquele desventurado homem que neste mundo se chamou seu senhor?

Ai de mim, dirá um, que me condenei por não ser batizado! Justiça sobre meu ingrato senhor, que me não pagou o serviço de tantos anos, nem com o que tão pouco lhe custava, como a água do batismo! Ai de mim, dirá outro, que me condenei por não conhecer a Deus nem saber os mistérios da fé! Justiça sobre meu infiel senhor que, mandando-me ensinar tudo o que importava a seu serviço, só do necessário à minha salvação nunca teve cuidado! Ai de mim, dirá outro, que me condenei por passar toda a vida torpemente amigado contra a lei de Deus! Justiça sobre meu desumano Senhor, que por suas conveniências particulares me consentiu o pecado, e não quis consentir o matrimônio! Ai de mim, dirá outro, que me condenei por não me confessar nas quaresmas, ou não me confessar a quem me entendesse e me encaminhasse! Justiça sobre meu avarento senhor, que por não perder dois dias de serviço me não quis dar nem o tempo, nem o lugar, nem o confessor que minha alma havia mister! Ai de mim, dirá finalmente o outro, que me condenei por morrer sem sacerdote nem sacramento! Justiça sobre meu tirano senhor, que por me não chamar o remédio, ou não me mandar levar a ele, me deixou morrer como um bruto! Cão me chamava sempre na vida, e como um cão me tratou na morte. Isto dirá cada um daqueles miseráveis escravos ao supremo Juiz, Cristo. E todos juntos bradarão a seu sangue — de que por vossa culpa se não aproveitaram — justiça, justiça, justiça. Oh! como é sem dúvida que naquele dia conhecereis quem vos dizia e pregava a verdade! Oh! como é sem dúvida que naquele dia do Juízo haveis de mudar de juízo e de juízos! Hoje tendes por ditosos os que têm muitos escravos, e por menos venturosos os que têm poucos; naquele dia os que tiveram muitos escravos, serão desventurados, e os que tiveram poucos serão os ditosos, e mais ditoso o que não teve nenhum. Tende-os, cristãos, e tende muitos, mas tende-os de modo que eles ajudem a levar a vossa alma ao céu, e vós as suas. Isto é o que vos desejo, isto é o que vos aconselho, isto é o que vos procuro, isto é o que vos peço por amor de Deus e por amor de vós, e o que quisera que leváreis deste sermão metido na alma.

O Espírito Santo, que hoje desceu sobre os apóstolos, e os ensinou para que eles ensinassem ao mundo, desça sobre todos vós, e vos ensine a querer ensinar ou deixar ensinar aqueles a quem deveis a doutrina, para que eles por vós, e vós com eles, conseguindo nesta vida — que tão cara vos custa — a graça, mereçais gozar na outra, com grandes aumentos, a glória.

## SERMÃO DA DOMINGA XIX

# Depois do Pentecoste

*Na Catedral da Bahia.*
*Ano de 1639.*

∽

"Mandou os seus servos a chamar
os convidados para as bodas."
(Mt 22,3)

---

Há um ano Vieira foi nomeado professor de Teologia no Colégio de Salvador. A ocasião do sermão nos é dada: "na Festa que se faz todos os meses ao Santíssimo Sacramento". Vieira se atém ao texto do Evangelho do domingo e o explica, letra por letra. A missão do pregador será convidar todos para o banquete da glória e do Santíssimo Sacramento. Todos fomos e somos convidados pelos profetas e pelos apóstolos. Quem o fez? O autor foi Deus Pai, infinita sabedoria, onipotência, liberalidade e infinito amor. Para quem o fez? O motivo da festa: não foi pelos convidados, mas por amor do Filho. Preparou um banquete, vinde às bodas. As bodas encareciam qual havia de ser o banquete. Quanto custou o fazer-se? O preço não foi menos que a morte e sangue de seu Filho. Dois foram os recados: no primeiro, pelos profetas, mandou chamar os convidados; no segundo, pelos apóstolos, acrescentou que o banquete estava preparado. A grandeza deste banquete está em que é de Deus e custou a morte de Deus. Não há festa sem desaire. Alguém estava sem a veste nupcial. E foi lançado fora! Este é o banquete da glória? É o banquete do Sacramento. O que resta é que todos aproveitemos de um e outro banquete, e que não sejamos tão faltos de entendimento e juízo.

## § I

*É* semelhante o reino do céu a um homem rei. — Vou repetindo e construindo o texto do Evangelho, palavra por palavra. Tende advertência e fazei memória de todas, porque têm mistério, e todas nos hão de servir. — É semelhante o reino do céu — diz Cristo Redentor nosso — a um homem rei, o qual fez as bodas a seu filho. Chegado o dia, mandou a seus criados que fossem chamar os convidados para o banquete, e eles não quiseram vir. Tornou, contudo, a mandar outros criados com outro recado nesta forma: — Dizei-lhes que venham, porque o banquete está aparelhado e o gasto feito, as reses e as aves mortas, e tudo preparado. — Os convidados, porém, não fizeram caso desta segunda instância: uns se foram para a sua lavoura, outros para a sua negociação, e alguns houve tão descomedidos que prenderam os mesmos criados, e, depois de muitas afrontas, os mataram. Irou-se o rei, como era justo, mandou os seus exércitos a que fossem castigar aqueles rebeldes, com ordem que não só matassem os homicidas, mas pusessem fogo a toda a cidade, e a queimassem. Executado assim, voltou-se o rei para os criados e disse: — O banquete está aparelhado; e pois os convidados não foram dignos, ide às saídas das ruas, e trazei quantos achardes. — Foram, e ajuntando quantos encontraram, maus e bons, todos trouxeram e introduziram, com que os lugares do convite ficaram cheios. Então o rei entrou em pessoa na sala para os ver à mesa, e como notasse que entre eles estava um sem vestidura de bodas, estranhou-lhe a descortesia, dizendo: Amigo, como entraste aqui tão indecentemente vestido? — O homem emudeceu, e o rei mandou a seus ministros que, atado de pés e mãos, o lançassem fora e o levassem a um cárcere subterrâneo e escuro, chamado trevas exteriores. Ali não haverá — conclui Cristo — senão choro e ranger de dentes, porque os chamados são muitos, e os escolhidos poucos.

Esta é, letra por letra, a história ou parábola do Evangelho para cuja inteligência convém saber quem é o rei, quem o filho, quais as bodas, qual o banquete, quem os convidados que vieram, quem os que não quiseram vir, e quem os criados que os foram chamar. O rei é o Pai Eterno; o filho é o Verbo, segunda Pessoa da Santíssima Trindade; as bodas são a Encarnação do mesmo Filho de Deus, que se desposou com a natureza humana; o banquete é a glória e bem-aventurança do céu, que por meio deste mistério se nos franqueou; os convidados que vieram são os que se salvam; os que não quiseram vir, os que se condenam; e os criados, finalmente que os chamaram são os pregadores. Suposto pois que este é o ofício e esta a obrigação do pregador, esta será também hoje a matéria do sermão: "Mandou os seus servos a chamar para as bodas" (Mt 22,3). Manda-me Deus, senhores, que vos chame para o banquete da glória, e assim o farei. Mas quando vejo nesta mesma parábola que, chamados uma e outra vez os convidados, não quiseram vir, que razões vos posso eu alegar, ou de que meios me posso valer para vos persuadir o que tantos pregadores mandados e escolhidos por Deus não persuadiram? Toda a minha confiança trago posta na virtude e eficácia do Evangelho, e assim vos não direi outra coisa, senão o que ele diz e já ouvistes. Ponderarei somente as suas palavras, e ponderá-las-ei todas, sem deixar nenhuma, e para quanto disser e provar não alegarei outra escritura, nem do Velho nem do Novo Testamento, mais que o mesmo Evangelho. Se vos parece assunto novo e dificultoso, por isso mesmo me deveis ajudar a pedir mais graça hoje que noutras ocasiões. *Ave Maria*.

## § II

"Mandou os seus servos a chamar os convidados para as bodas". Chamar os convidados para o banquete da glória é assunto que tomei ou me mandou tomar o Evangelho. E não sendo este banquete senão o do Santíssimo Sacramento, o que com repetida memória de todos os meses celebra hoje a vossa piedade, para que me deis atenção, sem desgosto nem escrúpulo, sabei que o mesmo Evangelho vos há de livrar dele, e com propriedade e mistério até agora não ouvido nem de vós esperado.

Entrando, pois, na parábola que referi, a primeira coisa que ela supõe para fundamento do muito que encerra e nos há de ensinar, é que todos os que estamos presentes somos convidados para o banquete da glória. Para prova desta suposição, diz o texto que, chegado o dia das bodas, "mandou o rei alguns de seus criados que fossem chamar os convidados para o banquete" (Mt 22,3). E como estes não quisessem vir, em vez de se mostrar ofendido "como homem e como rei", para mostrar que debaixo desta metáfora era Deus, tornou a mandá-los chamar, não pelos mesmos, senão "por outros criados". Quem fossem estes criados, assim os primeiros como os segundos, declaram com excelente propriedade Orígenes, S. Jerônimo e Santo Tomás. Os primeiros dizem que foram os profetas, os segundos os apóstolos. Os profetas foram os primeiros, porque primeiro chamaram os convidados na lei escrita; e os apóstolos foram os segundos, porque, vindo depois dos profetas, também chamaram os convidados na lei da graça. Daqui se segue, com a mesma propriedade, que os convidados para o banquete da glória, antes de virem os apóstolos nem os profetas, já estavam convidados. Antes dos profetas já estavam convidados, porque dos primeiros criados diz o texto: "Mandou os seus servos chamar os convidados"; e antes dos apóstolos também estavam convidados, porque aos segundos criados disse o rei: "Dizei aos convidados". Pois, se já estavam convidados antes de haver apóstolos nem profetas, e nem os apóstolos nem os profetas foram os que os convidaram, senão os que somente os chamaram, quem os convidou? Não há dúvida que quem os convidou foi o mesmo rei, pai do príncipe desposado, que é Deus. Mas quando? Alguns dizem que foram convidados "Desde toda a eternidade", quando Deus predestinou os homens para a glória. Mas isto não pode ser, porque convidar e ser convidado supõe notícia recíproca, e os homens não podiam ser convidados quando ainda não eram destinados ou predestinados. Logo, se antes dos apóstolos e dos profetas já estavam convidados, quando os convidou Deus? Convidou-os em Adão, quando lhe revelou que não só o criara a ele e a todos seus descendentes para o paraíso da terra nesta vida, senão para a glória do céu na outra. Nem a verdade, ordem e consequência da parábola se pode concordar doutro modo com a verdadeira teologia. Em suma, que desde o princípio do mundo e desde Adão, assim como depois todos pecamos nele, assim todos somos convidados nele para o banquete da glória, porque o fim, para que todos nascemos e somos criados, é para servir a Deus na vida e o gozarmos na eternidade.

Suposta esta primeira verdade tão manifesta no nosso Evangelho, e suposto também que os sucessores dos apóstolos e profetas, que foram chamar os convidados, são os pregadores, o que a mim me toca hoje — como dizia — é chamar-vos também para o banquete, e persuadir-vos que vos não escuseis ou condeneis em o não querer aceitar. Mas, se o banquete é da glória, que posso eu dizer da grandeza, da magnificência e do sumo gosto e gostos que Deus tem aparelhado nela para os que forem dignos de a gozar? Dos profetas e apóstolos que chamaram os convidados para o banquete da glória, só dois a viram. Um a viu de longe, estando na terra, que foi Isaías; e outro a viu de perto, sendo levado ao céu, que foi S. Paulo. E que é o que disseram um e outro do que lá viram? O que disseram ambos conformemente é que se não pode dizer, porque os bens e felicidades daquela pátria bem-aventurada são tão diversos destes nossos, a que falsamente damos o mesmo nome, que excedem sem proporção nem medida a capacidade de todos nossos sentidos e a esfera natural de todas nossas potências. Pois, se o mais alumiado nas coisas da bem-aventurança entre os profetas, qual foi Isaías, e o mais alumiado e experimentado nelas entre os apóstolos, qual foi S. Paulo, não sabem dizer nada do que viram, que posso eu dizer do que não vi nem mereço ver? Mais ainda. Quando os primeiros criados do rei, que eram os profetas, foram chamar os convidados, diz o texto que eles "não quiseram vir" (Mt 22,3); e quando os segundos criados, que eram os apóstolos, os chamaram, também diz que "não fizeram caso disso" (Ibid. 5). Pois, se chamados com toda a eloquência dos profetas e com toda a eficácia dos apóstolos, se não persuadiram, que argumentos, ou que demonstrações vos posso eu fazer, para que entendais o que eles não entenderam, para que queirais o que eles não quiseram, para que estimeis o que eles desprezaram e para que procureis e trabalheis por alcançar o que eles, uma e outra vez rogados, não admitiram.

## § III

*E*sta é a razão, fiéis, por que hoje me despedi de todas as outras Escrituras, e só com o Evangelho, nua e secamente considerado, quero fazer prova da vossa fé e da sua graça. Em todas as outras Escrituras apenas se acham divididas três coisas, as quais Cristo Senhor Nosso, pôs juntas neste Evangelho, para com elas nos ensinar a fazer inteiro e cabal conceito da glória a que nos tem convidado. Propõe-nos esta glória em metáfora de banquete, em que até os mais grosseiros sentidos são agudos, e as três circunstâncias notáveis que nele pondera, e quer que ponderemos, são estas. Primeira: quem o fez? Segunda: para quem se fez? Terceira: quanto custou a fazê-lo?

O rei que fez este banquete da glória: "Quem fez as bodas", é Deus. Assim o entendem concordemente todos os Padres e expositores, e se é Deus "o que o fez": Quais serão as delícias incompreensíveis daquela mesa celestial e divina, a qual fez e colocou diante de si o mesmo Deus, não só para última ostentação de sua majestade e grandeza, mas para fazer eternamente bem-aventurados a todos os que se assentarem a ela? Tudo o que se pode imaginar e encarecer se encerra na significação daquela imensa palavra: "O que fez". O que o fez é a infinita Sabedoria, o que o fez é a infinita onipotência, o que o fez é a infinita liberalidade e o infinito amor. Vede, que será o que fez? Os filósofos, que não tinham fé, pelas coisas que se veem neste mundo inferior entenderam que o autor delas era Deus. Nós, que temos fé, havemos de argumentar às avessas, e porque sabemos que o autor das coisas do céu que não vemos é Deus, daí havemos de arguir quais elas serão. Mas não é isto o que pondero; mais alto é o fundo do nosso texto.

"É semelhante o reino do céu a um homem rei, que fez as bodas a seu filho" (Mt 22,2). — Este homem rei, como dissemos ao princípio, é Deus Pai, que fez as bodas a seu filho, quando o desposou e uniu com a natureza humana. Pois, se é Deus Pai, por que se chama "rei homem"? Que se chame rei, para significar a soberania de sua majestade e a grandeza de seu poder, bem está; mas rei homem, parece impropriedade, por que o Pai Eterno, ainda que fez homem a seu Filho, ele nem se fez, nem é homem. Diga logo a parábola: semelhante é o reino do céu a um rei, e não a um rei homem, pois não é homem o rei de que fala. E se quer distinguir este rei dos outros reis, diga: a um rei Deus, e não a "um rei homem". Assim havia de ser se a parábola não fora do banquete da glória. Mas porque é do banquete da glória, sendo o Pai Eterno Deus, e não homem, chama-se contudo homem, e não Deus, porque na magnificência deste banquete, para que fosse mais magnífico, não obrou Deus como Deus, senão como homem. Ora vede. O homem, quando se quer mostrar magnífico e grandioso, faz quanto pode; porém Deus, ainda que quisesse fazer quanto pode, não pode. A razão que a nós nos basta, deixadas outras, é muito clara, porque, como Deus é onipotente, por mais que faça, sempre lhe fica poder para fazer mais. E se pudesse fazer quanto pode, esgotar-se-ia a onipotência, e, não sendo onipotente, deixaria de ser Deus. Este é pois o modo com que Deus obra em todas as outras coisas, em que sempre faz menos do que pode e pode mais do que faz. Porém no banquete da glória, como se obrara como homem, faz tudo o que pode, e não pode mais. Por quê? Porque se dá a gostar e a gozar a si mesmo. A glória imensa do mesmo Deus, que só ele compreende, em que consiste? Consiste em se ver, em se amar, em se gozar a si mesmo. Pois esse mesmo Deus, e esse mesmo sumo bem que Deus vê, é o que nós vemos, esse mesmo que Deus ama é o que nós amamos, e esse mesmo que Deus goza é o que nós gozamos na glória, porque a sua mesa e a nossa é a mesma. E isto é o que fez este rei Deus, como se fora "rei homem".

Dirá, contudo, alguém que não basta isto só para Deus obrar como homem na magnificência da glória, porque os homens, quando se querem ostentar magníficos, não só fazem tudo o que podem, senão mais do que podem. Vemos que os reis homens, depois de despender seus tesouros, ou os reconhecer menores que sua magnificência, carregam de tributos sobre tributos os povos, para assim igualar à ostentação de sua grandeza. E os homens que não são reis também fazem o mesmo, e por isso nas festas de um dia se empenham para toda a vida, e deserdam e empobrecem toda a sua descendência. Logo, para Deus obrar como homem na magnificência do banquete da glória, não só havia de fazer quanto pode, senão mais do que pode. Assim é, e assim o faz Deus, se bem se considera. Obra Deus tanto como homem no banquete da glória que não só faz tudo o que pode, senão também mais do que pode, porque faz que gozemos nela o que ele não pode fazer. Deus pode fazer criaturas, e essas mais e mais perfeitas infinitamente; pode fazer mais e melhores mundos, pode fazer mais e melhores céus; mas fazer-se a si mesmo, ou outros como ele é, não pode, porque nem ele se fez a si. E isto que Deus não fez nem pode fazer, faz que nós o gozemos no banquete da glória, sendo o mesmo Deus a primeira e a principal iguaria daquela mesa divina. No nosso texto o temos.

Quando o rei mandou a segunda vez chamar os convidados, a forma do recado foi que viessem às bodas, porque o banquete estava preparado: "Eis que eu preparei o meu banquete: vinde às bodas" (Mt 22,4). E suposta esta distinção das bodas enquanto bodas e enquanto banquete, é muito para reparar que as bodas diz o texto que as fez o rei: "Que fez as bodas para o seu filho"; porém o banquete não diz o rei que o fez, senão que "o preparou". Pois, por que não diz também que fez o banquete, assim como diz que fez as bodas? Porque as bodas fê-las Deus; o banquete não o fez: preparou-o somente. As bodas significam a Encarnação do Verbo; o banquete significa a glória dos bem-aventurados; e a Encarnação do Verbo fê-la Deus porque fez a humanidade e a união hipostática; porém a glória dos bem-aventurados não a fez, porque o objeto da glória, e o que os bem-aventurados nela gozam, é o mesmo Deus, e Deus nem se fez, nem se pode fazer. Mas este mesmo banquete da glória, que não diz que fez, diz altíssima e propriissimamente que o preparou, porque, elevando sobrenaturalmente o entendimento com que o vemos, com este que se chama lume da glória, o prepara e nos faz capazes de o gozar. De sorte que o banquete da glória é um composto de tudo o que Deus pode fazer, e de mais do que pode. Da parte do objeto, que é Deus visto e gozado, é mais do que Deus pode fazer, porque Deus não se pode fazer a si mesmo. E da parte do sujeito, que é o bem-aventurado que vê e goza a Deus, é tudo o que Deus pode, porque não pode Deus fazer mais que elevar a criatura a que o veja e goze assim como ele é; e por este modo se verifica que no banquete da glória faz Deus, como se fosse homem, não só tudo o que pode fazer, senão mais do que pode.

E que mais fazem os homens quando se querem mostrar magníficos? Se lhes não basta para isso o que têm de seu, pedem emprestado o que não têm, e com o seu e o emprestado suprem a magnificência da obra. Isto fazem ultimamente os homens, e isto é o que também fez Deus, como se obrasse "como homem". O homem, com os olhos da alma, que são espirituais, se forem elevados, pode ver a Deus; mas com os olhos do corpo, em que não é possível tal elevação, não o pode ver; e que fez Deus para que o homem não só com a alma, mas também com o corpo, o gozasse inteiramente no banquete da glória? O que fez Deus foi pedir emprestado à natureza humana o corpo que não tinha, e unindo, por este modo inefável, a divindade com a humanidade, o mesmo banquete da glória, que tem por objeto a Deus, ficou não só divino, mas divino e humano juntamente: divino, para beatificar o homem na alma, e humano, para o beatificar no corpo. É pensamento altíssimo de S. Cipriano: "Deus se fez homem para que o homem tivesse em Deus como se tornar plenamente bem-aventurado: vendo no espírito a divindade, e vendo no corpo a humanidade".[1] Sendo o homem composto de alma e corpo, se somente visse a Deus com os olhos da alma, ficaria beatificado como de meias, e não inteiramente; e como se Deus fizera a consideração de Epicteto: — "Enquanto comes considera isso: recebes dois convidados, o corpo e o espírito"[2] — vendo que em cada homem se haviam de assentar à sua mesa dois convidados, um que é a alma, outro que é o corpo, para que um e outro recebesse o gosto e tivesse a satisfação proporcionada à sua capacidade. A este fim, diz Cipriano, tomou Deus a natureza humana, e se vestiu do corpo que não tinha, fazendo-se homem, para que o homem, gozando no mesmo Deus a vista da divindade, com os olhos da alma, e a vista da humanidade, com os do corpo, "fosse inteiramente bem-aventurado". Aos anjos, que são puros espíritos, basta-lhes, para ser inteiramente bem-aventurados, ver a divindade de Deus; porém ao homem, que é composto de espírito e corpo, não lhe bastava; por isso, pois, não lhe bastando também a Deus, para nos fazer inteiramente bem-aventurados no banquete na glória a natureza divina que tinha, tomou emprestado da natureza humana o que lhe faltava, e deste modo encheu as medidas ou a imensidade de sua magnificência, "obrando não só como Deus, senão também como homem".

## § IV

Declarada a grandeza da glória por parte de quem a fez, segue-se a segunda consideração, e maior ainda — se pode ser maior — em que vejamos e ponderemos para quem se fez. Naquela considerou-se o autor da obra, que é o Pai, nesta considerou-se o motivo, que é o Filho; "fez as bodas para seu filho". Mas quem poderá declarar bastantemente a excelência infinita deste soberano motivo, que só o mesmo Pai compreende? Os mais sublimes entendimentos, quando querem rastear de algum modo a realeza do banquete da glória, do que vemos e experimentamos na terra conjecturam o que será no céu. Na terra pôs Deus a mesa aos homens, e é coisa tão digna de agradecimento como de admiração que, de seis dias em que criou o mundo, empregasse os três maiores e mais fecundos só em prover esta mesa. Tudo quanto nada no mar, tudo quanto voa no ar, tudo quanto nasce ou pasce na terra, são os simples que produziu a natureza, para que deles compusesse e temperasse a arte o sustento e regalo do homem. As espécies que se contêm debaixo destes quatro gêneros vastíssimos, tão várias na formosura, tão esquisitas nos sabores e infinitas no número, excedem sem limite a capacidade do gosto e dos outros sentidos. E que discurso há que não passe na consideração do poder, magnificência e grandeza com que mais parece quis Deus enfastiar o apetite humano com a superfluidade da mesa que fartar a necessidade com a abundância? Daqui faz três ilações Santo Agostinho, comparando lugar com lugar, tempo com tempo e pessoas com pessoas: "Se Deus fez tantas delícias para o desterro e para o cárcere, que será para a pátria e para o palácio? Se assim nos sustenta e regala no tempo das lágrimas, que será no dia das bodas? Se tudo isto criou também para os inimigos que hão de arder no inferno, que será para os amigos que o hão de gozar no céu?"[3] Esta é a diferença que pondera e o argumento e conjectura que faz Santo Agostinho. Mas, com licença de seu alto entendimento, ou sem ela, o excesso que se argui do nosso texto é infinitamente maior. Não faz comparação de lugar a lugar, nem de tempo a tempo, nem de estado a estado, nem de pessoas a pessoas, ainda que sejam tão indignas umas, como os precitos: "Os que ele predestinou para a morte"— e tão dignas outras, como os predestinados: "Os que ele predestinou para a vida". Mas, abstraindo de toda a comparação — porque a não há — diz que será o banquete qual deve ser o das bodas do Filho: "O que fez as bodas para o seu filho". Considere quem o puder ou souber considerar quanta é a suma grandeza e dignidade do Filho, cujas bodas se festejam, tão infinito, tão imenso e tão Deus como o próprio Pai, e daqui forme o conceito de qual será o banquete, porque toda a outra consequência e conjectura feita de uns homens a outros homens, por mais amigos, por mais amados, por mais cheios de graça, por mais santos e por mais dignos que sejam os que se hão de assentar àquela soberana mesa, é infinitamente desigual à sua magnificência.

Haverá, porém, quem cuide — e fundado no nosso mesmo Evangelho — que a grandeza e magnificência da mesa da glória não se há de medir com a dignidade do Filho, senão com a dignidade dos convidados. Assim o disse o mesmo rei, quando eles não quiseram vir: "Mas os que eram convidados, não foram dignos" (Mt 22,8). Não lhes chamou ingratos, descorteses e descomedidos, como mereciam; o que somente disse é que não foram dignos. E quem são os dignos ou indignos do banquete da glória? Os dignos são os que tem merecimentos de boas obras, e os indignos os que os não têm. Não se segue daqui que os que não foram dignos de vir ao banquete também não tinham sido dignos de ser chamados a ele, porque a dignidade que faz dignos de ser chamados funda-se na excelência da natureza racional, capaz de ser elevada a ver a Deus; e a dignidade que faz dignos de o ver e gozar na glória funda-se na disposição da vontade e merecimento das boas obras. E daqui vem que, sendo o banquete o mesmo, uns o gozam mais, outros menos, segundo a maior ou menor dignidade, isto é, segundo o maior ou menor merecimento com que se fazem dignos. Logo, se a porção ou graus da glória — que Deus não quis que alcançássemos, senão a título de prêmio — se mede ou há de medir no céu pelos merecimentos desta vida, e o merecimento humano, por grande e heroico que seja, sempre é curto e limitado, a mesma sentença do rei, com que diz que os convidados não foram dignos, não só se lhes nega a eles a dignidade, mas também diminui ao banquete; porque, medido com os merecimentos, ainda dos dignos, e muito dignos sempre será limitado.

Bem se inferia assim, se Deus fizera o banquete para nós por amor de nós; mas o Evangelho nega a consequência e prova o contrário, porque diz que o não fez o rei para os convidados por amor dos convidados, senão para os convidados por amor do Filho: "Fez as bodas para o seu filho". Dizei-me: quando nasce ou se desposa um príncipe primogênito, não se fazem festas reais com a maior grandeza, com a maior majestade, com o maior aparato e empenho que é possível? Sim. E esse empenho e aparato das festas reais, com quem se mede? Com o merecimento do povo, que as há de ver e gozar, ou com o merecimento e grandeza do príncipe, por quem se fazem? Claro está que com o merecimento e grandeza do príncipe. Pois o mesmo se passa no banquete do céu. A grandeza da glória e bem-aventurança que havemos de gozar não se mede pela estreiteza dos nossos merecimentos, que são limitados, senão pelos merecimentos e dignidade do príncipe, que é infinita. Os merecimentos nossos, fundados nos seus, só servem de ter melhor lugar no banquete, assim como cá nas festas uns têm lugar mais alto, outros mais baixo. Porém o ver e gozar absolutamente, ou a grandeza do que se vê e se goza, não se mede pelos nossos merecimentos, senão pelos de Cristo; porque, se não foram os merecimentos de Cristo, que é a causa de nossa predestinação, a ninguém se dera a glória.

Considerai agora qual é a grandeza infinita do príncipe desposado nas bodas, e daí podereis inferir qual será a magnificência do banquete feito para elas. Assim o declarou com majestosa energia o mesmo rei. No recado que deu aos segundos criados, disse: "Eis que eu preparei o meu banquete: vinde às bodas" (Mt 22,4). Notai que não disse está preparado o banquete, vinde ao banquete, senão: está preparado o banquete, vinde às bodas. E por quê? Porque as mesmas bodas, por serem de quem eram, eram as que mais encareciam qual havia de ser o banquete. Como se dissera: Já uma vez não quisestes vir ao banquete, sem dúvida porque não tendes entendido qual ele é. E para que vos arrependais de não ter querido, e venhais com tanta ambição como vontade, adverti e considerai qual será o banquete, pois é feito para as bodas de meu Filho: "Vinde para as bodas". Se o banquete fora feito para vós, então o podereis estimar menos; mas sendo feito para o Filho do rei, e havendo vós de assentar à mesa com ele, como vos podeis escusar? Assim concluiu com mais alta e mais adequada consideração que as primeiras o mesmo Santo Agostinho: "Onde estiver o Unigênito ali estarão também aqueles: os herdeiros de Deus, coerdeiros de Cristo".[4] Já não argumenta Agostinho da terra para o céu, nem dentro do mesmo céu com o merecimento e dignidade dos que Deus escolheu para a glória, nem com a graça e amor com que os escolheu. Não diz que os convidados se assentaram à mesa com os patriarcas, apóstolos e mártires, que tanto padeceram e mereceram, nem com os anjos e arcanjos, e as outras jerarquias supremas dos espíritos bem-aventurados, nem, finalmente, que terão lugar com a mesma Mãe de Deus, senão com o Filho: "Onde estiver o Unigênito ali estarão também aqueles" — porque este é só o argumento cabal e esta a medida adequada da magnificência do banquete. Por isso ajunta, com nova e canônica confirmação, que o gozaremos "não só como herdeiros de Deus, senão como coerdeiros de Cristo". Faz muita diferença Agostinho, e considera grande vantagem em entrarmos no banquete da glória mais como coerdeiros de Cristo que como herdeiros de Deus. E por que razão? Não por outra — que não pode ser outra — senão pela que ponderamos em todo este discurso. Porque entrar ao banquete como herdeiros de Deus, declara somente a magnificência de ser feito por Deus; porém entrar como coerdeiros de Cristo, acrescenta a vantagem não só de ser feito por Deus, mas por Deus e para seu Filho: "O que fez as bodas para o seu filho".

§ V

*E*se estas duas considerações ainda não chegam a nos persuadir de todo, passemos à terceira e última, de que se não pode passar. Na primeira vimos o autor, na segunda o motivo, nesta veremos o preço. Na primeira, o autor onipotente que fez o banquete; na segunda, o motivo imenso por que se fez: nesta terceira, o preço infinito que custou o fazer-se. E se a primeira consideração foi incompreensivelmente grande, e a segunda ainda maior, esta é tão superior a toda a admiração e encarecimento, que quase excede a fé. Dirá — e com muita razão — a fé que a quem pode tudo não lhe pode custar nada fazer o que pode. Que podia logo custar ao Onipotente fazer este banquete? O mesmo Onipotente, que é o rei que o fez, o disse. Vendo que os convidados se escusavam, mandou-lhes declarar os gastos que tinha feito com este segundo recado: "Dizei-lhes que venham, porque as reses e as aves já estão mortas, e tudo aparelhado" (Mt 22,4). — Pois, para o banquete da glória matou-se alguma coisa? Sim, e não menos que o Filho de Deus. Se Cristo não morrera, nenhum Filho de Adão podia entrar na glória, porque no paraíso da terra perdemos o direito que tínhamos ao do céu, e pela gula de um bocado ficamos excluídos do banquete. Morreu pois Cristo, e derramou o preço infinito de seu sangue, e este preço infinito foi o custo que se fez para de novo se comprar e preparar o que por tão pouco se tinha perdido. Pesai agora, se podeis, o preço daquela morte, e contai as gotas daquele sangue, cada uma das quais vale mais que infinitos mundos, e então podereis rastear de algum modo o valor incompreensível do que com ele se comprou. Este mundo, que tanto nos leva os olhos e os corações, e tantas coisas tem deleitáveis, dignas do poder e liberalidade de seu autor, não custou a Deus mais que um aceno de sua vontade. E se quisera fabricar outro mundo mais precioso, em que a terra fora ouro, o mar e os rios prata, as areias pérolas, os penhascos diamantes, as plantas esmeraldas, as flores rubis e safiras, e os frutos e seus sabores proporcionados a esta riqueza e delícia, com outro aceno da mesma vontade, e sem mais tempo que um instante, o pudera criar de nada. Qual será logo o preço daquele bem ou suma de bens que a este mesmo Deus, tão justo como poderoso, não custou menos que a morte e sangue de seu Filho? Mas ponderemos as palavras do Pai, que todas estão cheias de profundos mistérios, com que mais se declara este.

"Estão mortas as minhas reses e as aves"; diz primeiramente o rei que estão mortas as reses e as aves para o banquete. E que reses e aves são estas? Já se sabe que na parábola são o que são, e no fundo dela o que significam. Sendo, pois, o significado de umas e outras Cristo morto, como dizem todos os intérpretes, as reses, que são animais da terra, significam a humanidade de Cristo, e as aves, que são do céu, a divindade. E posto que a divindade seja imortal, de ambas se diz, contudo, que estão mortas: "Estão mortas as minhas reses e as aves" — porque, como a natureza humana e a divina estão unidas em um suposto, não só morre Cristo enquanto homem, mas também é verdadeiro dizer que morreu Deus. E não deve passar sem reparo o modo e distinção advertida com que o rei falou neste caso, porque "às reses chama suas e às aves não". Pois se o rei é Deus, senhor de tudo, por que chama suas as reses, e não as aves? Pela mesma razão que temos dito. Sobre a humanidade de Cristo tem Deus domínio, sobre a divindade não tem nem pode ter domínio, porque é o mesmo Deus: e como as reses, no composto inefável de Cristo, significam o que tem de humano e as aves o que tem de divino, por isso o rei, que significa e representa a Deus, às reses chama suas e às aves não: "As minhas reses e as aves". Como se nos dissesse: o humano que há em Cristo é meu, o divino não é meu, sou eu. Finalmente a palavra "Estão mortas", que significa não qualquer morte, mas violenta, posto que própria para as reses e aves do banquete, também a disse o rei com particular mistério e energia, porque tal foi a morte de seu Filho, com que Deus nos preparou o banquete da glória. Não morte natural — que bastara — mas violenta, e não com o sangue congelado nas veias, mas derramado delas. No mesmo texto temos o caso, e toda a história dele singularmente descrita.

Quando o rei mandou segundo recado aos convidados, alguns deles foram tão insolentes e furiosos que não só não quiseram vir, mas "prenderam os criados do rei, e lhes fizeram muitas afrontas, e por fim os mataram". Os criados que levavam este segundo recado, já dissemos que eram os apóstolos. Os convidados que os prenderam, afrontaram e mataram, não há dúvida que foram os cidadãos de Jerusalém, os quais não só tiraram a vida a alguns deles, senão também ao Apóstolo dos apóstolos, que foi o mesmo Cristo e de quem particularmente fala o texto. Prova-se por muitos princípios. Primeiro porque Cristo foi próprio e particular apóstolo do povo de Israel, como ele mesmo disse (Mt 15,24). Segundo, porque o rei que mandou os recados era o Pai Eterno, e Cristo foi imediatamente mandado pelo Pai, como os outros apóstolos imediatamente por Cristo. Terceiro, porque de Cristo se verifica com toda a propriedade o ser preso, o ser afrontado com muitas injúrias e o ser cruelmente morto: "Apoderando-se dos seus servos, os ultrajaram e mataram" (Mt 22,6). Nem faz contra isto o nome de servo: "Dos seus servos"; porque, não obstante que alguns teólogos tiveram para si que Cristo, ainda em respeito de Deus, se não podia chamar servo, é certo que, enquanto homem, verdadeira e propriamente foi servo de Deus, e assim se pode e deve chamar, como, depois de Santo Tomás, prova douta e difusamente o Padre Soares.[5]

Finalmente, para que conste com toda a evidência que o nosso texto fala literalmente da morte de Cristo, vai por diante a história, e diz que, sabendo o rei o que aqueles homicidas tinham feito, "mandou seus exércitos a que os fossem castigar, e não só os mataram e destruíram, mas também arrasaram e queimaram a sua cidade" (Mt 22,7). E que exércitos mandados por Deus — que é o rei — e que cidade assolada e abrasada foi esta? São Jerônimo: "Estes exércitos — diz São Jerônimo — foram os dos romanos, governados por Vespasiano e Tito, os quais, destruídos e mortos os povos de Judeia, assolaram e queimaram a cidade de Jerusalém"[6] em pena do pecado da morte de Cristo. — O mesmo Senhor, indo a morrer, e muitas vezes antes, lho tinha assim profetizado. E porque esta morte tão violenta, padecida em Jerusalém, foi a que no mesmo ponto abriu as portas do céu, e este o preço infinito que se suspendeu para o banquete da glória, por isso o rei mandou dizer aos convidados que já os gastos estavam feitos, e "as reses e aves mortas".

Mas aqui se deve notar uma diferença admirável entre o primeiro recado e o segundo. No primeiro recado só mandou o rei que fossem chamar os convidados: "Mandou os seus servos a chamar os convidados para as bodas". No segundo recado não só os mandou chamar, mas acrescentou que já o banquete estava aparelhado e o gasto feito: "Dizei aos convidados: Eis que eu preparei o meu banquete, as minhas reses e as aves estão mortas, e todas as coisas estão preparadas". Pois, se os primeiros criados não levaram este recado, por que o levaram os segundos? E se estes haviam de dizer, e disseram, que já estava aparelhado o banquete, os primeiros, por que não disseram o mesmo? Porque nem o podiam dizer com verdade, nem o rei lhes podia mandar que o dissessem. Os primeiros criados, como vimos, foram os profetas; os segundos, os apóstolos. Os profetas foram antes da Encarnação e morte de Cristo; os apóstolos foram depois de sua morte; e como por meio da morte de Cristo se abriu o céu, que estava fechado, e se preparou o banquete, que até então só estava prometido, por isso os primeiros criados não disseram nem podiam dizer que estava preparado o banquete, e os segundos sim; e por isso os que mereceram a glória na lei antiga iam esperar ao limbo, e os que a merecem agora na lei da graça entram logo a gozá-la.

E para que não fique sem ponderação a última cláusula do recado, o que nele disse o rei é que "tudo estava aparelhado". Tudo, disse, porque tudo o que o homem pode querer e tudo o que Deus pode dar se compreende no banquete da glória. Mas não é isto o que pondero. O em que reparo é que, tendo dito no princípio: "Eis que eu preparei o meu banquete", torna a repetir no fim: "E todas as coisas estão preparadas". Se tinha dito que já estava aparelhado o seu banquete, por que torna a dizer que está aparelhado tudo? Porque antes da última cláusula fez menção do que estava morto para o mesmo banquete, e antes da primeira não; e para vir em conhecimento do que é ou pode ser o banquete da glória, não se forma tão grande conceito de dizer Deus que é seu: "O meu banquete", quanto de se entender que custou a morte de Deus: "As minhas reses e aves estão mortas". Por isso acrescentou depois: "E todas as coisas estão preparadas", porque muito mais se encarece a grandeza do banquete por custar o que custou do que por ser de quem é. É de Deus, e custou a morte de Deus: logo, muito mais se engrandece pelo preço que pelo autor, porque Deus que o fez, como Onipotente, pode fazer mais e menos; mas o mesmo Deus, que o pagou como justo, não pode dar menos pelo que vale mais. Oh! Deus, sempre incompreensível, mas nunca com tanto excesso como neste mistério! Sendo o Pai o que fez as bodas, e o Filho o desposado, que houvesse de morrer o desposado para o Pai fazer o banquete das bodas? Pare a consideração neste pasmo, pois não pode passar daqui.

## § VI

Tem-nos mostrado o Evangelho dentro em si mesmo qual seja a magnificência do banquete da glória, pelo Autor, pelo motivo e pelo preço dela, tudo infinito: infinito quem a fez, infinito por quem se fez e infinito o que custou fazer-se. Mas somos chegados a ponto em que o mesmo Evangelho parece que nos desfaz tudo o que com ele fizemos até agora. Não querendo vir os convidados ao primeiro e segundo recado, mandou o rei chamar outros, e, depois que estiveram assentados à mesa, qui-la honrar o mesmo rei com a majestade de sua presença: "Entrou para ver os que estavam assentados".

Não há festa sem desar, e assim aconteceu nesta. Viu entre os demais um homem que não estava vestido com a decência que convinha à realeza do banquete, estranhou o atrevimento e mandou a seus ministros que o lançassem fora, e, atado de pés e mãos, o levassem ao cárcere. As palavras que disse o rei foram: "Como entraste aqui sem vestidura nupcial?" — A vestidura nupcial, como declaram todos os Padres e expositores católicos, é a graça de Deus. Sem graça de Deus, é de fé que ninguém pode entrar no céu: logo este banquete, de que até agora falamos, não é nem pode ser o banquete da glória. Mais: a glória e bem-aventurança do céu, de sua própria natureza é perpétua e eterna, porque doutra sorte não seria bem-aventurança; e quem uma vez entrou na glória não pode sair nem ser privado dela. Este homem que entrou e estava assentado à mesa sem vestidura nupcial foi lançado fora do banquete: logo este banquete não é o da glória.

Este argumento é tão forte, que só o diviníssimo Sacramento do Altar nos pode dar a solução dele, tão verdadeira como admirável e tão própria deste dia como verdadeira. Respondo que esta mesma mesa no princípio e na continuação da parábola era o banquete da glória; porém, no fim da mesma parábola, a que agora chegamos, é o banquete do Sacramento. E porque à mesa do Santíssimo Sacramento pode haver homens tão atrevidos e sacrílegos que cheguem com consciência de pecado — o qual só Deus conhece, e os outros que estão à mesma mesa não — por isso o rei, que é Deus, viu que um dos que estavam assentados a ela não tinha, como os demais, a vestidura da graça: "E viu aí um homem sem a vestidura nupcial". Aos que não quiseram vir ao banquete, enquanto banquete da glória, disse o rei que "não eram dignos": — porque ao banquete do céu, que é o da glória, ninguém pode entrar, senão somente os dignos; porém, no banquete da terra, que é o Santíssimo Sacramento, bem pode entrar algum que seja indigno; e por isso o rei, cujos olhos só veem e penetram as consciências, viu que um dos que estavam à mesa não trazia vestidura nupcial: "Sem a vestidura nupcial".

A distinção e diferença bem vejo que estão vendo todos que é muito verdadeira e muito acomodada. Mas também vejo que igualmente duvidam da suposição dela, e que me estão perguntando como pode, ou podia ser, que no mesmo dia e na mesma parábola de Cristo, a mesma mesa e o mesmo banquete, que começou em banquete da glória, acabasse em banquete do Sacramento? Aqui está o ponto da maior dificuldade. Mas vede como naturalmente foi assim, nem podia ser de outro modo. O banquete havia de ser ao jantar, que assim o disse o rei: "Eis que eu preparei o meu jantar". E como os convidados não quiseram vir ao primeiro recado, e foi necessário ir o segundo, em que houve más respostas, prisões, injúrias e mortes, com estas dilações, que não se fizeram na mesma corte do rei, senão na outra cidade que refere o texto, passaram-se as horas do jantar. Depois disto despachou o rei e despediu os seus exércitos para que fossem castigar os homicidas e queimar a cidade rebelde, em que se gastou muito mais tempo. Finalmente foram-se chamar outros homens, que viessem substituir os lugares dos convidados, e estes não se trouxeram de junto ao paço do rei, mas foram-se buscar, por seu mandado, ao fim da cidade e "às saídas das ruas" (Ibid. 9). Nestas diligências, tantas e tão detenças, posto que feitas a toda a pressa, passou-se forçosamente o resto do dia, com que o banquete veio a se fazer à noite, e já não foi jantar, como estava determinado, senão ceia. E como foi ceia, e não jantar, e as iguarias eram as mesmas, por isso também o que era o banquete da glória se mudou em banquete do Sacramento.

E qual é ou foi a razão desta tão notável mudança? A razão clara e manifesta é porque, entre a bem-aventurança do céu e o Sacramento na terra, não há outra distinção nem outra diferença de banquete a banquete, senão ser um de dia, outro de noite; um com luz do sol, outro com luz de candeia; um com o lume da glória, que é claro, outro com o lume da fé, que é escuro; um que se goza e se vê, outro que se goza sem se ver. Não é certo que o mesmo Deus que se goza no céu é o que está no Sacramento? Sim. Não é também certo que lá se vê esse mesmo Deus, e cá não? Também. Pois essa é só a diferença que há entre o banquete da glória no céu e o do Sacramento na terra. A glória é o sacramento com as cortinas corridas; o Sacramento é a glória com as cortinas cerradas. Lá come-se Deus exposto e descoberto; aqui come-se coberto e encerrado. Se os que se assentaram hoje a esta mesma mesa, parte foram cegos e parte não, que diferença havia de haver entre uns e outros? Os que tivessem olhos haviam de comer e ver o que comiam; os cegos não haviam de ver o que comiam, mas haviam de comer as mesmas iguarias que os outros. O mesmo nos sucede a nós, em comparação dos bem-aventurados do céu. Eles comem e veem, porque comem de dia; nós comemos e não vemos, porque comemos de noite. É verdade que ainda que de noite, comemos à luz da candeia, que é o lume da fé; mas este lume é de tal qualidade, que certifica mas não mostra, porque, se mostrara o que certifica, já não fora fé.

Quando o rei mandou ir preso o que se assentou à mesa sem vestidura nupcial, disse que "o levassem às trevas exteriores" (Ibid. 13).

E por que disse nomeadamente às trevas exteriores, ou trevas de fora? Para significar, como verdadeiramente era, que também dentro na mesma sala, onde se fazia o banquete, havia trevas. As trevas do cárcere, onde mandava levar o delinquente, eram trevas exteriores e de fora; as trevas da sala, onde comiam os convidados, eram trevas interiores e de dentro. E quem fazia umas e outras trevas? As trevas do cárcere fazia-as o escuro do lugar; as trevas do banquete fazia-as o escuro da fé. Mas este escuro, ou esta escuridade da fé, tem tal excelência, que tanto nos assegura a nós da verdade do que não vemos, como a vista certifica aos bem-aventurados da verdade do que veem. "Para ver os convidados, diz o texto que entrou o rei". E nota Abulense[7] que o fim e intento desta entrada foi: "para alegrar, aos que comiam, com a sua presença". — Com a sua presença, disse, e não com a sua vista; e disse bem, porque o que nos alegra e satisfaz no banquete do Sacramento não é a evidência da vista, senão a certeza da presença. Por isso advertidamente o texto não diz que entrou o rei para ser visto, senão "para ver". No banquete do céu, os que estão à mesa vê-os Deus, e eles veem a Deus; no banquete do Sacramento, não é a vista recíproca, senão de uma só das partes: Deus vê-nos a nós, e nós não o vemos a ele, porque se a fé nos certifica da presença, a mesma fé nos encobre a vista.

Mas, se o rei, como dissemos, é o Pai Eterno, e o que comemos no banquete do Sacramento é o corpo de Cristo, como se diz que entrou o Pai neste banquete? Porque não fora igual o banquete do Sacramento ao banquete da glória se o Pai Eterno também não entrara nele. Os bem-aventurados não só veem uma Pessoa divina, senão todas, porque veem a Deus como é, e Deus é um em essência e trino em pessoas. E se no Sacramento só estivera o corpo e sangue de Cristo, e não a divindade e a Pessoa do Verbo e as outras Pessoas divinas, encerrara mais em si o banquete da glória que o do Sacramento. É, porém, certo e de fé, que tanto encerra em si o Sacramento quanto a glória de todos os bem-aventurados e a do mesmo Deus, não *ex vi verborum* [por força das palavras] — como falam os teólogos — mas *concomitanter* [de maneira concomitante]. Ainda que por força das palavras da consagração só esteja no Sacramento o corpo e sangue de Cristo, como este corpo e sangue está unido à divindade, e a divindade, não por união, mas por unidade e identidade, é inseparável das Pessoas divinas, por isso todas as Pessoas divinas estão também no Sacramento, não como partes essenciais de que o mesmo Sacramento se componha, mas como partes — se assim se pode chamar — que necessariamente o acompanham e entram nele. E esta é a verdade e propriedade com que o rei, que é o Pai, se diz que entrou ao banquete: "Entrou o rei".

E se o Sacramento, quanto à substância é o mesmo banquete que o da glória, quanto à grandeza e magnificência com que se comunica aos convidados, em tudo é semelhante. No banquete da glória repartem-se as iguarias sem se partirem, porque Deus é indivisível, e o mesmo se passa no Sacramento: "Todo inteiro se recebe. / Não O quebra, nem O divide, / todo aquele que O consome".[8] No banquete da glória dá-se todo Deus a todos e todo a cada um; e no Sacramento tanto recebe um como todos: "Assim o que é todo para cada um, é todo para todos". No banquete da glória, por mais que cresçam os convidados, não se gastam nem se diminuem os manjares; e no Sacramento, ainda que sejam muitos os que o recebem, nem por isso se diminui: "Come-O um, comem-n'O mil, / tanto este como aquele / mas nem por isso O aniquilam". No banquete da glória, sendo Deus espírito, não só faz bem-aventurados os espíritos, senão também os corpos; e no Sacramento, dando-nos Cristo seu corpo, não só é refeição dos corpos, senão muito mais dos espíritos: "Para que das duas substâncias alimentasse o homem inteiro". No banquete da glória os que veem a Deus transformam-se no mesmo Deus; e no Sacramento os que comem a Cristo também se transformam em Cristo, o qual para isso, sendo Deus, se fez homem: "que aquele que se fez homem fizesse dos homens deuses". No banquete da glória enfim, gostam-se todos os deleites e delícias que manam, como de fonte, da divindade; e no Sacramento também se gozam e se gostam, porque a doçura e suavidade de todos se bebe ali na sua própria fonte: "Nele a doçura espiritual se saboreia na própria fonte". Assim o diz e ensina o Doutor Angélico, Santo Tomás, de quem são todos os textos citados e de quem os tomou e aprovou a Igreja.

## § VII

De tudo o que fica dito neste discurso, parece que bastantemente nos tem mostrado o nosso Evangelho que o banquete que havia de ser jantar veio a ser ceia, e que começando em convite da glória, acabou em convite do Sacramento. O que agora resta é que todos nos aproveitemos de um e outro, e que não sejamos tão ingratos a Deus, tão inimigos de nós mesmos e tão faltos de entendimento e juízo, como os que, uma e outra vez chamados, não quiseram vir. A primeira razão que nos deve animar a todos é saber que a todos nos chama e está chamando Deus, e que assim o banquete da glória como o do Sacramento, para todos os fez e tem aparelhado igualmente, sem reserva nem exceção de pessoas. Notou S. Pascásio que este mesmo rei da nossa parábola, quando se diz que fez as bodas a seu filho, chama-se "rei homem"; porém, depois que tratou do banquete, nunca mais se chamou homem, porque os reis homens convidam só aos príncipes e aos grandes; o rei Deus não é assim: a todos convida, a todos chama, todos quer que se assentem à sua mesa, ou seja no céu a da glória, ou na terra a do Sacramento.

Depois que os convidados descorteses ao primeiro e segundo recado não quiseram vir, mandou o mesmo rei buscar outros que substituíssem os seus lugares, e a instrução que deu aos criados foi que saíssem às ruas, e que chamassem para o banquete todos quantos achassem: "Ide às saídas das ruas, e a quantos achardes, convidai-os para as bodas" (Mt 22,9). Pois, para a mesa do rei, e em uma celebridade tão real como a das bodas do príncipe seu primogênito, não se limitam as qualidades? Não se assinalam os postos? Não se faz menção de títulos ou estados, nem se distingue quais hão de ser os chamados e quais os excluídos? Não. Chamai todos os que achardes pelas ruas, porque assim como as ruas são públicas e comuns a todos, assim quero que o seja a minha mesa; e assim foi. Diz o texto que os criados "juntaram todos quantos acharam, maus e bons" (Ibid. 10). E destes achados e tirados das ruas, "se encheram os lugares do banquete". E que quer dizer "bons e maus"? Quer dizer, como explica a glosa e os doutores: "de qualquer nação, de qualquer condição, de qualquer estado, de qualquer ofício, de qualquer fortuna". O hebreu e o grego, o alto e o baixo, o grande e o pequeno, o rico e o pobre, o nobre e o plebeu, o senhor e o escravo, o branco e o preto, todos, sem diferença nem exclusão. E notai que antepõe o texto "os maus aos bons", isto é, os menos nobres aos mais honrados, porque esta é a maior honra e a maior magnificência da mesa de Deus. Assim o canta ao mesmo Deus no mesmo banquete quem melhor lhe conhece a condição, que é a sua Igreja: "Coisa admirável que coma à mesa do Senhor, e ao mesmo Senhor, o servo, o pobre, o humilde!" — Mas se eu tivera licença para mudar um advérbio, e trocar a ordem a estes versos, não havia de dizer senão assim: "Que o servo, o pobre e o humilde se assente à mesa do Senhor? Não é isto maravilha!" Maravilha seria se o banquete fosse de algum rei da terra; mas, sendo do rei do céu, que criou a todos e morreu por todos, como havia de distinguir na mesa os que igualou na natureza, no preço e na graça? Cá fazemos estas distinções, e na outra vida veremos a vaidade delas. Que confusão será dos grandes ver que o céu é dos pequenos? E que confusão a dos que têm tantos escravos ver o seu escravo assentado ao banquete da glória, e que o senhor ficou de fora?

Suposto, pois, que um e outro banquete é para todos, e Deus nos chama a todos para ambos, não nos descuidemos agora de frequentar o banquete da terra, para que o mesmo banquete da terra nos leve ao do céu. Alberto Magno, tão grande na sabedoria como na piedade, em um excelente livro que compôs do Santíssimo Sacramento, diz esta notável sentença: "O que agora fazemos, recebendo Cristo sob a forma de espécie, é sinal de como o receberemos na bem-aventurança celeste conforme a doçura de sua divindade".[9] Quereis saber se haveis de ir ao céu, e como lá haveis de ser recebido? Olhai se frequentais cá o Santíssimo Sacramento, e como o recebeis, porque o modo com que nesta vida recebemos o corpo de Cristo no Sacramento é sinal do modo com que na outra vida receberemos a divindade do mesmo Cristo na glória: Que esperança pode ter logo de gozar o banquete da glória, ou quem despreza esta sagrada mesa, como os primeiros convidados desprezaram a outra, ou quem chega à mesma mesa com tão pouca disposição e pureza de consciência, como o que foi lançado dela e levado ao cárcere das trevas, que é o inferno? Quando o rei deu esta sentença, disse que naquele lugar escuro e subterrâneo "haveria choro e ranger de dentes" (Ibid. 13). Onde se deve muito advertir que dois tormentos, de que só fez menção, um é da boca, outro dos olhos. No inferno há muitos outros tormentos, e mais terríveis, com que o fogo e os demônios atormentam os condenados. Por que fez logo menção somente destes dois, com que os mesmos condenados se atormentam a si mesmos, e um dos olhos, outro da boca? Porque como o comer a Deus tem por prêmio o ver a Deus, e a culpa de o comer indecentemente tem por castigo não o ver eternamente, a culpa de o comer indecentemente aquele miserável foi castigada na boca, e o castigo de o não ver eternamente foi executado nos olhos. Chorem eternamente os olhos, pois não hão de ver a Deus enquanto Deus for Deus: "Aí haverá choro". E pois a boca se atreveu a tocar e comer a Deus como não devera, morde-se também eternamente de raiva e desesperação com seus próprios dentes: "E ranger de dentes".

Daqui inferiu Cristo, Senhor nosso, aquela tremenda conclusão: porque "muitos são os chamados e poucos os escolhidos" (Mt 22,14). — Mas, se os escolhidos são os que entraram com vestidura nupcial e ficaram no banquete, e o não escolhido, que entrou indecentemente vestido, foi um só, como diz o Senhor e infere do sucesso desta mesma parábola que os chamados são muitos e os escolhidos poucos? Esta dúvida deu já muito em que entender aos intérpretes, mas tem fácil solução. Porque os chamados não foram só os que vieram ao banquete, senão também os que não quiseram vir. E como todos os que vieram e não vieram foram chamados, e ainda dos que vieram um não foi escolhido, bem se infere que os chamados são muitos e os escolhidos poucos. Poucos em respeito de todo o número dos chamados, e menos ainda em respeito do desejo que Cristo tem e do preço que despendeu para que todos se salvem. Porém, o que sobretudo faz ao nosso intento, é que todos os chamados que vieram com vestidura nupcial ao banquete do Sacramento, todos foram escolhidos: "Poucos os eleitos". Poucos sim, mas escolhidos todos. E por que razão? Porque o fim dos chamados é a glória, o pão dos escolhidos é o Sacramento, e todos os que usam bem do Pão dos escolhidos conseguem o fim dos chamados. Não há fim sem meios, e todos os que se sabem aproveitar deste soberano meio, tão aparelhado e tão fácil, todos os que frequentam, com a decência e disposição que convém, a mesa do Santíssimo Sacramento, todos os que comem e se sustentam do Pão dos escolhidos, que é o banquete de Deus na terra, todos conseguem o fim dos chamados, que é o do céu.

## § VIII

*G*rande consolação por certo, cristãos, para todos os que assim o fazem, como igual desconsolação também, e afronta e vergonha grande para os que por interesses ou apetites tão vãos, como são todos os deste mundo, deixam o banquete divino do Sacramento e perdem o da glória. Aqueles descorteses e mal entendidos, que chamados ao banquete não quiseram vir, diz o texto que "um se foi para a sua lavoura, outro para a sua negociação" (Ibid. 5). Vede o que perderam e por quê? Que podia granjear um na sua negociação e outro na sua lavoura que tivesse comparação com o que "desprezaram" (Ibid. 5)? Chama-nos Deus para o descanso e para estarmos assentados à sua mesa, e nós antes queremos trabalhar e suar com o mundo que descansar e regalar com Deus. Tanto podem conosco as aparências do presente, e tão pouco a fé e esperança do futuro. De ninguém se podia recear menos esta desatenção que dos mesmos a quem o rei mandou chamar. Mandou chamar lavradores, que são os que foram para a sua lavoura, e mercadores, que são os que foram para a sua negociação. E por que mais lavradores e mercadores que gente de outro trato ou de outros ofícios? Porque assim o lavrador como o mercador são homens que têm por exercício e profissão acrescentar o cabedal. O lavrador semeia pouco para colher muito; o mercador compra por menos para vender por mais. E por isso mesmo, assim aos lavradores como aos mercadores os devia trazer à mesa do rei o seu próprio interesse. Que melhor lavoura que semear na terra e colher no céu? E que maior mercancia que vender o tempo e comprar a eternidade? Oh! eternidade enjeitada! Oh! glória desprezada! Oh! céu nem querido nem crido!

Credes vós que vos chamais cristãos, credes que há céu? Credes que há glória? Credes que há eternidade? Dizeis que sim, de que eu duvido. Mas, se é verdade que credes tudo isto que tenho dito, como o não quereis? Assim o diz o Evangelho, que não quiseram os que vós imitais: "E não queriam vir" (Ibid. 3). Se tanto pode convosco a lisonja do presente e tão pouco a fé do futuro, por que não considerais no presente esse mesmo presente onde há de vir a parar? Coisa muito digna de admiração é que dos primeiros e segundos chamados todos se escusassem e nenhum quisesse vir, e que os últimos todos viessem e nenhum se escusasse. Os recados e os criados não eram do mesmo rei, e as bodas as mesmas? Que homens foram logo estes, de juízos e vontades tão diferentes, que nenhum repugnou e todos quiseram vir? Olhai onde o rei os mandou buscar, e onde estavam quando vieram: "Ide aos fins dos caminhos" (Ibid. 9). "E todos os que ali achardes, chamai a esses". — Sabeis por que não acudimos ao chamado de Cristo? É porque não estamos nos fins dos caminhos. Os princípios dos caminhos que cada um toma para a sua vida, e também os meios deles, são muito enganosos; os fins, e onde vão parar, esses são os que desenganam. Todas as cidades, e mais as cortes — como esta era — têm três estradas reais por onde vai o fio da gente e onde concorrem todas: a das riquezas, a das honras, a dos deleites. Mas os que se põem com a consideração ou com os sucessos da mesma vida onde estas estradas vão parar: "Ide às saídas das ruas", estes são os que Deus busca e estes os que acha: "E, chamai a quantos achardes".

Também houve outra razão que muito moveu e obrigou as vontades dos que vieram em último lugar. Quando foram chamados os primeiros uma e outra vez, ainda o rei se não tinha irado: "E o rei se irou"; ainda não tinha mostrado o rigor de sua justiça: "Acabou com aqueles homicidas, e incendiou a sua cidade" (Mt 22,7). E por isso não aceitaram o convite, nem respeitaram o recado, nem temeram o rei. Porém os outros, que viram a benignidade do rei trocada em ira, os rebeldes feitos em quartos e a cidade em cinzas, que viram arder sem exceção as casas humildes, os palácios soberbos e as torres mais altas, como lhes não haviam de alumiar os olhos aquelas labaredas, e como lhes não haviam de abrandar os corações, ainda que fossem de bronze, um tal incêndio? Alguns, abstraindo da história, e tomando em geral a culpa e o castigo, reconhecem neste fogo o do inferno, que é o último paradeiro dos que desprezam o céu. E será bem que os interesses de tão pouco momento, e os gostos tão leves e tão breves como os desta vida, se vão lá pagar no inferno eternamente? Pois, isto é o que querem, sem querer, os que tanto caso fazem do presente e tão pouco do futuro, e por lograr o engano do que é — ou não é — não reparam no que há de ser.

Disse o que querem sem querer, porque bem vejo que lá dentro nos vossos corações estais dizendo que, se agora não, quereis, haveis de querer depois, e que se agora sois como os primeiros que não quiseram vir, depois sereis como os últimos que vieram. Este é o engano comum com que o demônio nos cega e nos vai entretendo, até que nos leva, já perdidos, à condenação. Pede-nos a vontade agora, e prometemo-la para depois. Deus nos livre de uma vontade habituada a não querer, porque nunca quer. Olhai o que diz o texto: e "eles não queriam vir". Não diz que não quiseram, senão que não queriam. Se dissera não quiseram, significava um ato de vontade; mas dizendo não queriam não significa ato, senão hábito; e vontade habituada a não querer, nunca quer. Por isso não quiseram a primeira vez que foram chamados, nem a segunda em que os tornaram a chamar, e se os chamassem a terceira, também não haviam de querer. Mas se o rei foi tão bom e tão benigno, que sem embargo de não quererem vir a primeira vez, os chamou a segunda, por que os não mandou também chamar terceira vez? Este é o mais tremendo ponto de toda esta matéria. Ninguém se pode converter a Deus sem Deus o chamar com a sua inspiração e o prevenir com o auxílio de sua graça. E Deus, ainda que nos chama uma e outra vez, se nós desprezamos a vocação e não acudimos a esta, também ele subtrai as suas inspirações e nos nega justamente os seus auxílios. E que será da miserável alma destituída dos auxílios de Deus. Ouvi a S. Gregório Papa: "Ninguém despreze a vocação e inspiração divina, porque, se quando é chamado não quer ir, depois, ainda que queira, não poderá".[10]

E para que nos desenganemos, e conheçamos todos que podemos chegar a tal estado, em que totalmente não possamos ainda que quiséssemos, confirmemos a verdade desta doutrina de São Gregório com a última cláusula do nosso Evangelho, que só nos resta por ponderar. Mandou o rei que o que tinha vindo ao banquete sem vestidura nupcial, "atado de pés e mãos, fosse lançado no cárcere das trevas" (Mt 22,13). E diz o texto que, ouvindo o miserável homem esta sentença, emudeceu e não disse palavra: "Mas ele se calou". Este emudecer é o que mais me assombra e atemoriza. Homem miserável, homem pusilânime, homem inimigo de ti mesmo e sem juízo, por que não apelas da sentença para o mesmo rei? Não vês que é tão clemente e piedoso, que ainda ofendido te chama amigo: "Amigo, como entraste aqui?" (Mt 22,12). Não vês que o mesmo dia de tanta celebridade é muito aparelhado para o perdão? Se não tens com que escusar a tua culpa, por que a não confessas? Por que te não lanças aos pés do Pai e lhe pedes misericórdia por amor do Filho e pela mesma humanidade com que se desposou? Nada disto fez o miserável, e nada disto podia fazer, ainda que quisesse, porque a mesma sentença em pena da sua culpa o inabilitou para tudo. Nem podia ver, porque estava condenado às trevas; nem se podia lançar aos pés do rei, porque tinha presos os seus; nem podia bater nos peitos, porque tinha atadas as mãos; nem podia confessar seu pecado e pedir perdão, porque tinha emudecida a língua. E isto é o que acontece a quem, assim como este entrou despido da graça de Deus, chegou a ser despedido dela. Os pés e mãos da alma, como diz Santo Agostinho, são o entendimento e vontade, de que se compõe o alvedrio, e este, em faltando a graça de Deus, fica tão atado e escurecido, que nem tem luz para ver, nem mãos para obrar, nem pés para se mover, nem língua para dizer: pequei. — Vede se pode haver mais infeliz e mais tremendo estado, mas justamente merecido. Oh! se Deus quisesse que ao menos nos fique muito impressa nas almas, por último documento, a culpa por que este miserável homem perdeu o uso de todas as potências e movimentos, e até a mesma fala, com que se pudera remediar de tudo. E qual foi esta culpa? Não foi outra, senão entrar ao banquete sem vestidura nupcial, isto é, chegar à mesa do Santíssimo Sacramento não estando em graça. Por isso emudeceu de tal sorte que não pode confessar sua culpa, porque é justo juízo de Deus castigar nas confissões o que se peca nas comunhões. Já que a boca se atreveu a comungar em pecado, não tenha língua para confessar seus pecados: "Mas ele se calou".

Emudeceu o homem por justo castigo: nós devemos emudecer de horror e assombro; o Evangelho emudeceu, porque não tem palavra que não esteja ponderada; e eu também emudeço, porque não tenho mais que dizer. Se a minha ignorância e tibieza vos não soube chamar para o banquete, como devia, espero que interiormente o tenha feito a graça e inspirações divinas com tal eficácia, que frequentando nesta vida o do Santíssimo Sacramento, mereçamos na outra alcançar o da glória.

## SERMÃO PELO

# Bom Sucesso das Armas de Portugal contra as de Holanda

*Na Igreja de N. S. da Ajuda, da Cidade da Bahia,
com o Santíssimo Sacramento exposto.\*
Ano de 1640.*

∞

"Levanta-te, por que dormes, Senhor? Levanta-te e não nos desampares para sempre.
Por que apartas teu rosto, e te esqueces da nossa miséria e da nossa tribulação?
Levanta-te, Senhor, ajuda-nos e resgata-nos, por amor do teu nome."
(Sl 43,23.24.26)

---

*Os holandeses assediam novamente a Bahia, e a cidade se volta para Deus durante
quinze dias. Vieira assume o salmo 43 de Davi como expressão da realidade do Brasil,
e como Davi, não prega ao povo, mas se volta contra Deus. A prece ou o protesto é que
o Senhor nos ajude e nos liberte. Apela do Deus justo para o Deus misericordioso.
Aí estão os hereges insolentes, os índios inconstantes, os etíopes apenas batizados.
Parece bem que o Senhor favoreça aos ímpios, aos inimigos, e nós sejamos esquecidos
e humilhados? A fé já não tem merecimento? E a piedade, valor? Agora desfavorecidos,
pode ser que o Senhor nos queira algum dia e que não nos tenha. E Vieira se põe a
imaginar detalhadamente o Brasil ocupado pelos holandeses. Reconhece os pecados
tantos e tão grandes do Brasil. E vê aí um novo motivo para convencer o Senhor.
Por amor de seu nome, o Senhor nos há de perdoar os pecados, porque são muitos
e grandes! Perdoando-nos, o Senhor ostentará a soberania de sua majestade.
Perdoai-nos, Senhor, pela glória imensa de Vosso nome.*

## § I

Com estas palavras piedosamente resolutas, mais protestando que orando, dá fim o profeta rei ao salmo quarenta e três, salmo que desde o princípio até o fim não parece senão cortado para os tempos e ocasião presente. O Doutor Máximo, São Jerônimo, e depois dele os outros expositores, dizem que se entende a letra de qualquer reino ou província católica destruída e assolada por inimigos da fé. Mas entre todos os reinos do mundo, a nenhum lhe quadra melhor que ao nosso Reino de Portugal, e entre todas as províncias de Portugal, a nenhuma vem mais ao justo que à miserável província do Brasil. Vamos lendo todo o salmo, e em todas as cláusulas dele veremos retratadas as da nossa fortuna, o que fomos e o que somos.

"Nós, ó Deus, com as nossas orelhas ouvimos: nossos pais nos anunciaram a obra que fizestes nos dias deles e nos dias antigos" (Sl 43,2). Ouvimos — começa o profeta — a nossos pais, lemos nas nossas histórias, e ainda os mais velhos viram, em parte, com seus olhos as obras maravilhosas, as proezas, as vitórias, as conquistas, que por meio dos portugueses obrou em tempos passados vossa onipotência, Senhor. "Tua mão, para plantá-los, tirou da terra outros povos: despedaçaste as nações para o teu povo expandir-se" (Sl 43,3): Vossa mão foi a que venceu e sujeitou tantas nações bárbaras, belicosas e indômitas, e as despojou do domínio de suas próprias terras para nelas os plantar, como plantou com tão bem fundadas raízes, e para nelas os dilatar, como dilatou e estendeu em todas as partes do mundo, na África, na Ásia, na América. "Porque não foi com a sua espada que possuíram a terra, e o seu braço não salvou, senão a tua destra, e o teu braço, e a luz do teu rosto, porque te comprazeste neles" (Sl 43,11): Porque não foi a força do seu braço, nem a da sua espada a que lhes sujeitou as terras que possuíram, e as gentes e reis que avassalaram, senão a virtude de vossa destra onipotente, e a luz e o prêmio supremo de vosso beneplácito, com que neles vos agradastes e deles vos servistes. — Até aqui a relação ou memória das felicidades passadas, com que passa o profeta aos tempos e desgraças presentes.

"Mas agora tu nos lançaste fora e cobriste de confusão, e tu, ó Deus, não andarás à testa dos nossos exércitos" (Sl 43,10): Porém agora, Senhor, vemos tudo isto tão trocado, que já parece que nos deixastes de todo, e nos lançastes de vós, porque já não ides diante das nossas bandeiras, nem capitaneais como dantes os nossos exércitos. "Tu nos fizeste voltar as costas a nossos inimigos, e que fôssemos presa dos que nos tinham em aborrecimento" (Sl 43,11): Os que tão acostumados éramos a vencer e triunfar, não por fracos, mas por castigados, fazeis que voltemos as costas a nossos inimigos — que, como são acoite de vossa justiça, justo é que lhes demos as costas — e, perdidos os que antigamente foram despojos do nosso valor, são agora roubo da sua cobiça. "Tu nos entregaste como ovelhas de matadouro, e nos espalhaste entre as nações" (Sl 43,12): Os velhos, as mulheres, os meninos, que não têm forças nem armas com que se defender, morrem como ovelhas inocentes às mãos da crueldade herética, e os que podem escapar à morte, desterrando-se a terras estranhas, perdem a casa e a pátria. "Puseste-nos por opróbrio aos nossos vizinhos, por escárnio e zombaria àqueles que estão ao redor de nós" (Sl 43,14): Não fora tanto para sentir, se perdidas fazendas e vidas, se salvara ao menos a honra; mas também esta, a passos contados se vai perdendo; e aquele nome português, tão celebrado nos anais da fama, já o herege insolente, com as vitórias o afronta, e o gentio, de que estamos cercados, e que tanto o venerava e temia, já o despreza.

Com tanta propriedade como isto descreve Davi neste salmo nossas desgraças, contrapondo o que somos hoje ao que fomos enquanto Deus queria, para que na experiência presente cresça a dor por oposição com a memória do passado. Ocorre aqui ao pensamento o que não é lícito sair à língua, e não falta quem discorra tacitamente que a causa desta diferença tão notável foi a mudança da monarquia. Não havia de ser assim — dizem — se vivera um Dom Manoel,[1] um Dom João, o Terceiro, ou a fatalidade de um Sebastião não sepultara com ele os reis portugueses. Mas o mesmo profeta, no mesmo salmo nos dá o desengano desta falsa imaginação: "Tu mesmo és o meu rei, que dispões as salvações de Jacó" (Sl 43,5). O reino de Portugal, como o mesmo Deus nos declarou na sua fundação, é reino seu, e não nosso: "Quero estabelecer em ti e na tua descendência o meu império" — e como "Deus é o Rei" — e "este rei é o que manda e o que governa" — ele, que não se muda, é o que causa estas diferenças, e não os reis que se mudaram. À vista pois desta verdade certa e sem engano, esteve um pouco suspenso o nosso profeta na consideração de tantas calamidades, até que, para remédio delas, o mesmo Deus, que o alumiava, lhe inspirou um conselho altíssimo, nas palavras que tomei por tema.

"Levanta-te, por que dormes, Senhor? Levanta-te e não nos desampares para sempre. Por que apartas teu rosto, e te esqueces da nossa miséria e da nossa tribulação? Levanta-te, Senhor, ajuda-nos e resgata-nos, por amor do teu nome (Sl 43,23.24.26). Não prega Davi ao povo, não o exorta ou repreende, não faz contra ele invectivas, posto que bem merecidas; mas todo arrebatado de um novo e extraordinário espírito, se volta não só a Deus, mas, piedosamente atrevido, contra ele. Assim como Marta disse a Cristo: "Senhor, não te importas" (Lc 10,40)? — assim estranha Davi reverentemente a Deus, e quase o acusa de descuidado. Queixa-se das desatenções da sua misericórdia e providência, que isso é considerar a Deus dormindo: "Levanta-te, por que dormes Senhor?" Repete-lhe que acorde e que não deixe chegar os danos ao fim, "permissão indigna de sua piedade". "Pede-lhe a razão por que aparta de nós os olhos e não volta o rosto", — e "por que se esquece da nossa miséria e não faz caso de nossos trabalhos". E não só pede de qualquer modo esta razão do que Deus faz e permite, senão que insta a que lha dê uma e outra vez: "Por que dormes? Por que esqueces?". Finalmente, depois destas perguntas, a que supõe que não tem Deus resposta, e destes argumentos com que presume o tem convencido, protesta diante do tribunal de sua justiça e piedade, que tem obrigação de nos acudir, de nos ajudar e de nos libertar logo: "Levanta-te Senhor, ajuda-nos e resgata-nos". E para mais obrigar ao mesmo Senhor, não protesta por nosso bem e remédio, senão por parte da sua honra e glória: "Por amor do teu nome".

Esta é — todo-poderoso e todo-misericordioso Deus — esta é a traça de que usou para render vossa piedade quem tanto se conformava com vosso coração. E desta usarei eu também hoje, pois o estado em que nos vemos mais é o mesmo que semelhante. Não hei de pregar hoje ao povo, não hei de falar com os homens, mais alto hão de sair as minhas palavras ou as minhas vozes: a vosso peito divino se há de dirigir todo o sermão. É este o último de quinze dias contínuos em que todas as igrejas desta metrópole, a esse mesmo trono de vossa patente majestade têm representado suas deprecações; e pois o dia é o último, justo será que nele se acuda também ao último e único remédio. Todos estes dias se cansaram debalde os oradores evangélicos em pregar penitência aos homens; e pois eles se não converteram, quero eu, Senhor, converter-vos a vós. Tão presumido venho de vossa misericórdia. Deus meu, que, ainda que nós somos os pecadores, vós haveis de ser o arrependido.

O que venho a pedir ou protestar, Senhor, é que "nos ajudeis e nos liberteis". Mui conformes são estas petições ambas ao lugar e ao tempo. Em tempo que tão oprimidos e tão cativos estamos, que devemos pedir com maior necessidade, senão que "nos liberteis"? E na casa da Senhora da Ajuda, que devemos esperar com maior confiança, senão que "nos ajudeis"? Não hei de pedir pedindo, senão protestando e argumentando, pois esta é a licença e liberdade que tem quem não pede favor, senão justiça. Se a causa fora só nossa, e eu viera a rogar só por nosso remédio, pedira favor e misericórdia. Mas como a causa, Senhor, é mais vossa que nossa, e como venho a requerer por parte de vossa honra e glória, e "pelo crédito de vosso nome", razão é que peça só razão, justo é que peça só justiça. Sobre este pressuposto vos hei de arguir, vos hei de argumentar, e confio tanto da vossa razão e da vossa benignidade, que também vos hei de convencer. Se chegar a me queixar de vós, e acusar as dilações de vossa justiça ou as desatenções de vossa misericórdia: "Por que dormes? Por que esqueces?" — não será esta vez a primeira em que sofrestes semelhantes excessos a quem advoga por vossa causa. As custas de toda a demanda, também vós, Senhor, as haveis de pagar, porque me há de dar vossa mesma graça as razões com que vos hei de arguir, a eficácia com que vos hei de apertar e todas as armas com que vos hei de render. E se para isto não bastam os merecimentos da causa, suprirão os da Virgem Santíssima, em cuja ajuda principalmente confio. *Ave Maria*.

§ II

"Levanta-te, por que dormes, Senhor?" Querer argumentar com Deus, e convencê-lo com razões, não só dificultoso assunto parece, mas empresa declaradamente impossível, sobre arrojada temeridade. "Ó homem, quem és tu, que respondas a Deus? Porventura a figura dirá ao que a formou: Por que me fizeste assim?" (Rm 9,20) Homem atrevido — diz São Paulo — homem temerário, quem és tu, para que te ponhas a altercar com Deus? Porventura o barro que está na roda e entre as mãos do oficial põe-se às razões com ele, e diz-lhe: por que me fazes assim? — Pois, se tu és barro, homem mortal, se te formaram as mãos de Deus da matéria vil da terra, como dizes ao mesmo Deus: "Por quê, por quê?" Como te atreves a argumentar com a Sabedoria divina, como pedes razão à sua providência do que te faz ou deixa de fazer: "Por que dormes? Por que apartas o teu rosto?". Venera suas permissões, reverencia e adora seus ocultos juízos, encolhe os ombros com humildade a seus decretos soberanos, e farás o que te ensina a fé e o que deves a criatura. Assim o fazemos, assim o confessamos, assim o protestamos diante de Vossa Majestade infinita, imenso Deus, incompreensível bondade: "Tu és justo, Senhor, e é reto o teu juízo" (Sl 118,137). Por mais que nós não saibamos entender vossas obras, por mais que não possamos alcançar vossos conselhos, sempre sois justo, sempre sois santo, sempre sois infinita bondade, e ainda nos maiores rigores de vossa justiça, nunca chegais com a severidade do castigo aonde nossas culpas merecem.

Se as razões e argumentos da nossa causa as houvéramos de fundar em merecimentos próprios, temeridade fora grande, antes impiedade manifesta querer vos arguir. Mas nós, Senhor, como protestava o vosso profeta Daniel: "Não fazemos estas deprecações fundados em alguns merecimentos da nossa justiça, mas em tuas muitas misericórdias" (Dn 9,18). Os requerimentos e razões deles, que humildemente presentamos ante vosso divino conspecto, as apelações ou embargos que entrepomos à execução e continuação dos castigos que padecemos, de nenhum modo os fundamos na presunção de nossa justiça, mas todos "na multidão de vossas misericórdias". Argumentamos, sim, mas de vós para vós; apelamos, mas de Deus para Deus: de Deus justo para Deus misericordioso. E como do peito, Senhor, vos hão de sair todas as setas, mal poderão ofender vossa bondade. Mas porque a dor, quando é grande, sempre arrasta o afeto, e o acerto das palavras é descrédito da mesma dor, para que o justo sentimento dos males presentes não passe os limites sagrados de quem fala diante de Deus e com Deus, em tudo o que me atrever a dizer seguirei as pisadas sólidas dos que em semelhantes ocasiões, guiados por vosso mesmo espírito, oraram e exoraram vossa piedade.

Quando o povo de Israel no deserto cometeu aquele gravíssimo pecado de idolatria, adorando o ouro das suas joias na imagem bruta de um bezerro, revelou Deus o caso a Moisés, que com ele estava, e acrescentou irado e resoluto que daquela vez havia de acabar para sempre com uma gente tão ingrata, e que a todos havia de assolar e consumir, sem que ficasse rasto de tal geração: "Deixa-me, que a minha ira se acenda contra eles e os consuma" (Ex 32,10). Não lhe sofreu porém o coração ao bom Moisés ouvir falar em destruição e assolação do seu povo: põe-se em campo, opõe-se à ira divina, e começa a arrazoar assim: "E bem, Senhor, por que razão se indigna tanto a vossa ira contra o vosso povo?" (Ex 32,11). Por que razão, Moisés? E ainda vós quereis mais justificada razão de Deus? Acaba de vos dizer que está o povo idolatrando, que está adorando um animal bruto, que está negando a divindade ao mesmo Deus e dando-a a uma estátua muda, que acabaram de fazer suas mãos, e atribuindo-lhe a ela a liberdade e triunfo com que os livrou do cativeiro do Egito, e sobre tudo isto ainda perguntais a Deus por que razão se agasta: "Por que se indigna a vossa ira"? Sim, e com muito prudente zelo. Porque, ainda que da parte do povo havia muito grandes razões de ser castigado, da parte de Deus era maior a razão que havia de o não castigar: "Não permitas, te rogo" [dá a razão Moisés], que digam os egípcios: Ele os tirou do Egito astutamente para matá-los nos montes, e para extingui-los da face da terra" (Ex 32,12). Olhai, Senhor, que porão mácula os egípcios em vosso ser, e quando menos em vossa verdade e bondade. Dirão que cautelosamente, e a falsa fé, nos trouxestes a este deserto, para aqui nos tirardes a vida a todos e nos sepultardes. — E com esta opinião divulgada e assentada entre eles, qual será o abatimento de vosso santo nome, que tão respeitado e exaltado deixastes no mesmo Egito, com tantas e tão prodigiosas maravilhas do vosso poder? Convém, logo, para conservar o crédito, dissimular o castigo, e não dar com ele ocasião àqueles gentios e aos outros, em cujas terras estamos, ao que dirão: "Não permitas, te rogo, que digam". — Desta maneira arrazoou Moisés em favor do povo, e ficou tão convencido Deus da força deste argumento, que no mesmo ponto revogou a sentença, e, conforme o texto hebreu, "não só se arrependeu da execução, senão ainda do pensamento" (Ex 32,14 *ex text. Hebr.*). E arrependeu-se o Senhor do pensamento e da imaginação que tivera de castigar o seu povo.

Muita razão tenho eu logo, Deus meu, de esperar que haveis de sair deste sermão arrependido, pois sois o mesmo que éreis, e não menos amigo agora, que nos tempos passados, "de vosso nome". Moisés disse-vos: "Olhai, Senhor, que dirão". — E eu digo, e devo dizer: Olhai, Senhor, que já dizem. — Já dizem os hereges insolentes, com os sucessos prósperos que vós lhes dais ou permitis, já dizem que porque a sua que eles chamam religião é a verdadeira, por isso Deus os ajuda e vencem; e porque a nossa é errada e falsa, por isso nos desfavorece e somos vencidos. Assim o dizem, assim o pregam, e ainda mal porque não faltará quem o creia. Pois é possível, Senhor, que hão de ser vossas permissões argumentos contra a vossa fé? É possível que se hão de ocasionar de nossos castigos blasfêmias contra vosso nome? Que diga o herege — o que treme de o pronunciar a língua — que diga o herege que Deus está holandês? Oh! não permitais tal, Deus meu, não permitais tal, por quem sois. Não o digo por nós, que pouco ia em que nos castigásseis; não o digo pelo Brasil, que pouco ia em que o destruísseis; por vós o digo, e "pela honra do vosso santíssimo nome", que tão imprudentemente se vê blasfemado. Já que o pérfido calvinista, dos sucessos que só lhe merecem nossos pecados faz argumento da religião, e se jacta insolente e blasfemo de ser a sua a verdadeira, veja ele na roda dessa mesma fortuna, que o desvanece, de que parte está a verdade. Os ventos e tempestades, que descompõem e derrotam as nossas armadas, derrotem e desbaratem as suas; as doenças e pestes, que diminuem e enfraquecem os nossos exércitos, escalem as suas muralhas e despovoem os seus presídios; os conselhos que, quando vós quereis castigar, se corrompem, em nós sejam alumiados e neles enfatuados e confusos. Mude a vitória as insígnias, desafrontem-se as cruzes católicas, triunfem as vossas chagas nas nossas bandeiras, e conheça, humilhada e desenganada, a perfídia que só a fé romana que professamos é fé, e só ela a verdadeira e a vossa.

Mas ainda há mais quem diga: "Não permitas, te rogo, que digam os egípcios". Olhai, Senhor, que vivemos entre gentios, uns que o são, outros que o foram ontem. E estes, que dirão? Que dirá o tapuia bárbaro, sem conhecimento de Deus? Que dirá o índio inconstante, a quem falta a pia afeição da nossa fé? Que dirá o etíope boçal, que apenas foi molhado com a água do Batismo, sem mais doutrina? Não há dúvida que todos estes, como não têm capacidade para sondar o profundo de vossos juízos, beberão o erro pelos olhos. Dirão, pelos efeitos que veem, que a nossa fé é falsa e a dos holandeses a verdadeira, e crerão que são mais cristãos sendo como eles. A Seita do herege torpe e brutal concorda mais com a brutalidade do bárbaro; a largueza e soltura de vida, que foi a origem e é o fomento da heresia, casa-se mais com os costumes depravados e corrupção do gentilismo; e que paga haverá que se converta à fé que lhe pregamos, ou que novo cristão já convertido, que se não perverta, entendendo e persuadindo-se uns e outros que no herege é premiada a sua lei, e no católico se castiga a nossa? Pois, se estes são os efeitos, posto que não pretendidos, de vosso rigor e castigo justamente começado em nós, se ateia e passa com tanto dano aos que não são cúmplices nas nossas culpas: Por que se indigna a vossa ira? Por que continua sem estes reparos o que vós mesmo chamastes furor, e por que não acabais já de embainhar a espada de vossa ira?

Se tão gravemente ofendido do povo hebreu por um que dirão dos egípcios lhe perdoastes, o que dizem os hereges e o que dirão os gentios não será bastante motivo para que vossa rigorosa mão suspenda o castigo e perdoe também os nossos pecados, pois, ainda que grandes, são menores? Os hebreus adoraram o ídolo, faltaram à fé, deixaram o culto do verdadeiro Deus, chamaram Deus e Deuses a um bezerro, e nós, por mercê de vossa bondade infinita, tão longe estamos e estivemos sempre de menor defeito ou escrúpulo nesta parte, que muitos deixaram a pátria, a casa, a fazenda, e ainda a mulher e os filhos, e passam em suma miséria desterrados, só por não viver nem comunicar com homens que se separaram da vossa Igreja. Pois, Senhor meu e Deus meu, se por vosso amor e por vossa fé, ainda sem perigo de a perder ou arriscar, fazem tais finezas os portugueses: "Por que te esqueces da nossa miséria e da nossa tribulação?". Por que vos esqueceis de tão religiosas misérias, de tão católicas tribulações? Como é possível que se ponha Vossa Majestade irada contra estes fidelíssimos servos, e favoreça a parte dos infiéis, dos excomungados, dos ímpios?

Oh! como nos podemos queixar neste passo, como se queixava lastimado Jó, quando despojados dos sabeus e caldeus, se viu, como nós nos vemos, no extremo da opressão e miséria: "Parece-vos bem, Senhor, parece-vos bem isto? Que a mim, que sou vosso servo, me oprimais e aflijais? E aos ímpios, aos inimigos vossos, os favoreçais e ajudeis?"

— Parece-vos bem que sejam eles os prosperados e assistidos de vossa Providência, e nós os deixados de vossa mão; nós os esquecidos de vossa memória, nós o exemplo de vossos rigores, nós o despojo de vossa ira? Tão pouco é desterrar-nos por vós, e deixar tudo? Tão pouco é padecer trabalhos, pobrezas e os desprezos que elas trazem consigo, por vosso amor? Já a fé não tem merecimento? Já a piedade não tem valor? Já a perseverança não vos agrada? Pois, se há tanta diferença entre nós, ainda que maus, e aqueles pérfidos, por que os ajudais a eles, e nos desfavoreceis a nós? "A vós, que sois a mesma bondade, parece-vos bem isto?"

## § III

Considerai, Deus meu, e perdoai-me se falo inconsideradamente. Considerai a quem tirais as terras do Brasil e a quem as dais. Tirais estas terras aos portugueses, a quem nos princípios as destes, e bastava dizer a quem as destes, para perigar o crédito de vosso nome, que não podem dar nome de liberal mercês com arrependimento. Para que nos disse S. Paulo que vós, Senhor, quando dais, não vos arrependeis: "Por que os dons de Deus são sem arrependimento" (Rm 11,29)? Mas, deixado isto a parte, tirais estas terras àqueles mesmos portugueses a quem escolhestes, entre todas as nações do mundo para conquistadores da vossa fé, e a quem destes por armas, como insígnia e divisa singular, vossas próprias chagas. — E será bem, Supremo Senhor e Governador do universo, que às sagradas quinas de Portugal, e às armas e chagas de Cristo, sucedam as heréticas listas de Holanda, rebeldes a seu rei e a Deus? Será bem que estas se vejam tremular ao vento vitoriosas, e aquelas abatidas, arrastadas e ignominiosamente rendidas? "E que fareis — como dizia Josué

— ou que será feito de vosso glorioso nome" (Js 7,9) em casos de tanta afronta?

Tirais também o Brasil aos portugueses, que assim estas terras vastíssimas, como as remotíssimas do Oriente, as conquistaram à custa de tantas vidas e tanto sangue, mais por dilatar vosso nome e vossa fé — que esse era o zelo daqueles cristianíssimos reis — que por amplificar e estender seu império. Assim fostes servido que entrássemos nestes novos mundos tão honrada e tão gloriosamente, e assim permitis que saiamos agora — quem tal imaginara de vossa bondade — com tanta afronta e ignomínia. Oh! como receio que não falte quem diga o que diziam os egípcios: "Ele os tirou do Egito astutamente para matá-los, e para extingui-los da face da terra" (Ex 32,12)! Que a larga mão com que nos destes tantos domínios e reinos não foram mercês de vossa liberalidade, senão cautela e dissimulação de vossa ira, para aqui fora, e longe de nossa pátria, nos matardes, nos destruirdes, nos acabardes de todo. Se esta havia de ser a paga e o fruto de nossos trabalhos, para que foi o trabalhar, para que foi o servir, para que foi o derramar tanto e tão ilustre sangue nestas conquistas? Para que abrimos os mares nunca dantes navegados? Para que descobrimos as regiões e os climas não conhecidos? Para que contrastamos os ventos e as tempestades com tanto arrojo que apenas há baixio no Oceano, que não esteja infamado com miserabilíssimos naufrágios de Portugueses? E depois de tantos perigos, depois de tantas desgraças, depois de tantas e tão lastimosas mortes, ou nas praias desertas sem sepultura, ou sepultados nas entranhas dos alarves, das feras, dos peixes, que as terras que assim ganhamos as hajamos de perder assim? Oh! quanto melhor nos fora nunca conseguir nem intentar tais empresas!

Mais Santo que nós era Josué, menos apurada tinha a paciência, e contudo, em ocasião semelhante, não falou — falando convosco — por diferente linguagem. Depois de os filhos de Israel passarem às terras ultramarinas do Jordão, como nós a estas, avançou parte do exército a dar assalto à cidade de Hai, a qual nos ecos do nome já parece que trazia o prognóstico do infeliz sucesso que os israelitas nela tiveram, porque foram rotos e desbaratados, posto que com menos mortos e feridos do que nós por cá costumamos. E que faria Josué à vista desta desgraça? Rasga as vestiduras imperiais, lança-se por terra, começa a clamar ao céu: Deus meu e Senhor meu, que é isto? "Para que nos mandastes passar o Jordão, e nos metestes de posse destas terras, se aqui nos havíeis de entregar nas mãos dos amorreus?" (Js 7,7), e perder-nos? "Oh! nunca nós passáramos tal rio!" Assim se queixava Josué a Deus, e assim nos podemos nós queixar, e com muito maior razão que ele. Se este havia de ser o fim de nossas navegações, se estas fortunas nos esperavam nas terras conquistadas: "Oxalá permanecêssemos além do Jordão!". Prouvera a vossa divina Majestade que nunca saíramos de Portugal, nem fiáramos nossas vidas às ondas e aos ventos, nem conhecêramos ou puséramos os pés em terras estranhas. Ganhá-las para as não lograr, desgraça foi e não ventura; possuí-las para as perder, castigo foi de vossa ira, Senhor, e não mercê nem favor de vossa liberalidade. Se determináveis dar estas mesmas terras aos piratas de Holanda, por que lhas não destes enquanto eram agrestes e incultas, senão agora? Tantos serviços vos tem feito esta gente pervertida e apóstata, que nos mandastes primeiro cá por seus aposentadores, para lhes lavrarmos as terras, para lhes edificarmos as cidades, e, depois de cultivadas e enriquecidas, lhas entregardes? Assim se hão de lograr os hereges e inimigos da fé dos trabalhos portugueses e dos suores católicos? "Para quem trabalhamos há tantos anos!"[2] — Mas pois vós, Senhor, o quereis e ordenais assim, fazei o que fordes servido. Entregai aos Holandeses o Brasil, entregai-lhes as Índias, entregai-lhes as Espanhas — que não são menos perigosas as consequências do Brasil perdido — entregai-lhes quanto temos e possuímos — como já lhes entregastes tanta parte — ponde em suas mãos o mundo, e a nós, aos portugueses e espanhóis, deixai-nos, repudiai-nos, desfazei-nos, acabai-nos. Mas só digo e lembro a Vossa Majestade, Senhor, que estes mesmos, que agora desfavoreceis e lançais de vós, pode ser que os queirais algum dia, e que os não tenhais.

Não me atrevera a falar assim, se não tirara as palavras da boca de Jó que, como tão lastimado, não é muito entre muitas vezes nesta tragédia. Queixava-se o exemplo da paciência a Deus — que nos quer Deus sofridos, mas não insensíveis — queixava-se do tesão de suas penas, demandando e altercando porque se lhe não havia de remitir e afrouxar um pouco o rigor delas; e como a todas as réplicas e instâncias o Senhor se mostrasse inexorável, quando já não teve mais que dizer, concluiu assim: "Agora me deitarei no pó, e de madrugada me buscarás, e não estarei lá" (Jó 7,21): Já que não quereis, Senhor, desistir ou moderar o tormento, já que não quereis senão continuar o rigor e chegar com ele ao cabo, seja muito embora, matai-me, consumi-me, enterrai-me: Mas só vos digo e vos lembro uma coisa, que se me buscardes amanhã, que me não haveis de achar: Tereis aos sabeus, tereis aos caldeus, que sejam o roubo e o açoite de vossa casa, mas não achareis a um Jó que a sirva, não achareis a um Jó que a venere, não achareis a um Jó que, ainda com suas chagas, a não desautorize. — O mesmo digo eu, Senhor, que não é muito rompa nos mesmos afetos quem se vê no mesmo estado. Abrasai, destruí, consumi-nos a todos; mas pode ser que algum dia queirais espanhóis e portugueses, e que os não acheis. Holanda vos dará os apostólicos conquistadores, que levem pelo mundo os estandartes da cruz; Holanda vos dará os pregadores evangélicos, que semeiem nas terras dos bárbaros a doutrina católica e a reguem com o próprio sangue; Holanda defenderá a verdade de vossos Sacramentos e a autoridade da Igreja Romana; Holanda edificará templos, Holanda levantará altares, Holanda consagrará sacerdotes, e oferecerá o sacrifício de vosso Santíssimo Corpo; Holanda, enfim, vos servirá e venerará tão religiosamente como em Amsterdão, Meldeburg e Flisinga, e em todas as outras colônias daquele frio e alagado inferno, se está fazendo todos os dias.

§ IV

𝔅em vejo que me podeis dizer, Senhor, que a propagação de vossa fé e as obras de vossa glória não dependem de nós, nem de ninguém, e que sois poderoso, quando faltem homens, para fazer das pedras filhos de Abraão. Mas também a vossa sabedoria e a experiência de todos os séculos nos tem ensinado que, depois de Adão, não criastes homens de novo, que vos servis dos que tendes neste mundo, e que nunca admitis os menos bons, senão em falta dos melhores. Assim o fizestes na parábola do banquete. Mandastes chamar os convidados que tínheis escolhido, e porque eles se escusaram e não quiseram vir, então admitistes os cegos e mancos, e os introduzistes em seu lugar:

"Traze aqui os cegos e os coxos" (Lc 14,21). Se esta é, Deus meu, a regular disposição de vossa Providência divina, como a vemos agora tão trocada em nós e tão diferente conosco? Quais foram estes convidados, e quais são estes cegos e mancos? Os convidados somos nós, a quem primeiro chamastes para estas terras, e nelas nos pusestes a mesa tão franca e abundante, como de vossa grandeza se podia esperar. Os cegos e mancos são os luteranos e calvinistas, cegos sem fé e mancos sem obras, na reprovação das quais consiste o principal erro da sua heresia. Pois se nós, que somos os convidados, não nos escusamos nem duvidamos de vir, antes rompemos por muitos inconvenientes em que pudéramos duvidar; se viemos e nos assentamos à mesa, como nos excluís agora, e lançais fora dela, e introduzis violentamente os cegos e mancos, e dais os nossos lugares ao herege? Quando em tudo o mais foram eles tão bons como nós, ou nós tão maus como eles, por que nos não há de valer pelo menos o privilégio e prerrogativa da fé? Em tudo parece, Senhor, que trocais os estilos de vossa providência e mudais as leis de vossa justiça conosco.

Aquelas dez virgens do nosso Evangelho, todas se renderam ao sono, todas adormeceram, todas foram iguais no mesmo descuido: "Cochilaram todas e dormiram" (Mt 25,5). E, contudo, a cinco delas passou-lhes o Esposo por este defeito, e só porque conservaram as alâmpadas acesas, mereceram entrar às bodas de que as outras foram excluídas. Se assim é, Senhor meu, se assim o julgastes então — que vós sois aquele Esposo divino — por que não nos vale a nós também conservar as alâmpadas da fé acesas, que no herege estão tão apagadas e tão mortas? É possível que haveis de abrir as portas a quem traz as alâmpadas apagadas, e que as haveis de fechar a quem as tem acesas? Reparai, Senhor, que não é autoridade do vosso divino tribunal que saiam dele no mesmo caso duas sentenças tão encontradas. Se às que deixaram apagar as alâmpadas se disse: "Não vos conheço" (Mt 25,12), se para elas "se fecharam as portas", quem merece ouvir de vossa boca um "Não vos conheço" tremendo, senão o herege que vos não conhece? E a quem deveis dar com a porta nos olhos, senão ao herege, que os tem tão cegos? Mas eu vejo que nem esta cegueira, nem este desconhecimento, tão merecedores de vosso rigor, lhes retarda o progresso de suas fortunas, antes a passo largo se vêm chegando a nós suas armas vitoriosas, e cedo nos baterão às portas desta vossa cidade. Desta vossa cidade, disse, mas não sei se o nome do Salvador, com que a honrastes, a salvará e defenderá, como já outra vez não defendeu; nem sei se estas nossas deprecações, posto que tão repetidas e continuadas, acharão acesso a vosso conspecto divino, pois há tantos anos que está bradando ao céu a nossa justa dor, sem vossa clemência dar ouvidos a nossos clamores.

Se acaso for assim — o que vós não permitais — e está determinado em vosso secreto juízo que entrem os hereges na Bahia, o que só vos represento humildemente, e muito deveras, é que, antes da execução da sentença, repareis bem, Senhor, no que vos pode suceder depois, e que o consulteis com vosso coração enquanto é tempo, porque melhor será arrepender agora, que quando o mal passado não tenha remédio. Bem estais na intenção e alusão com que digo isto, e na razão, fundada em vós mesmo, que tenho para o dizer. Também antes do dilúvio estáveis vós mui colérico e irado contra os homens, e por mais que Noé orava em todos aqueles cem anos, nunca houve remédio para que se aplacasse vossa ira. Romperam-se enfim as cataratas do céu, cresceu o mar até os cumes dos montes, alagou-se o mundo todo: já estará satisfeita vossa justiça. Senão quando ao terceiro dia começaram a boiar os corpos mortos, e a surgir e aparecer em multidão infinita aquelas figuras pálidas, e então se representou sobre as ondas a mais triste e funesta tragédia que nunca viram os anjos, que homens que a vissem não os havia. Vistes vós também — como se o vísseis de novo — aquele lastimosíssimo espetáculo, e posto que não chorastes, por que ainda não tínheis olhos capazes de lágrimas, enterneceram-se porém as entranhas de vossa divindade, "com tão intrínseca dor" (Gn 6,6), que do modo que em vós cabe arrependimento, vos arrependestes do que tínheis feito ao mundo, e foi tão inteira a vossa contrição, que não só tivestes pesar do passado, senão propósito firme de nunca mais o fazer: "Não amaldiçoarei mais a terra por causa dos homens" (Gn 8,21). Este sois, Senhor, este sois; e pois sois este, não vos tomeis com vosso coração. Para que é fazer agora valentias contra ele, se o seu sentimento e o vosso as há de pagar depois. Já que as execuções de vossa justiça custam arrependimento à vossa bondade, vede o que fazeis antes que o façais, não vos aconteça outra. E para que o vejais com cores humanas, que já vos não são estranhas, dai-me licença que eu vos represente primeiro ao vivo as lástimas e misérias deste futuro dilúvio, e se esta representação vos não enternecer, e tiverdes entranhas para o ver sem grande dor, executai-o embora.

Finjamos pois — o que até fingido e imaginado faz horror — finjamos que vem a Bahia e o resto do Brasil a mãos dos holandeses: que é o que há de suceder em tal caso? Entrarão por esta cidade com fúria de vencedores e de hereges; não perdoarão a estado, a sexo nem a idade; com os fios dos mesmos alfanjes medirão a todos. Chorarão as mulheres, vendo que se não guarda decoro à sua modéstia; chorarão os velhos, vendo que se não guarda respeito às suas cãs; chorarão os nobres, vendo que se não guarda cortesia à sua qualidade; chorarão os religiosos e veneráveis sacerdotes, vendo que até as coroas sagradas os não defendem; chorarão, finalmente, todos, e entre todos mais lastimosamente os inocentes, porque nem a estes perdoará — como em outras ocasiões não perdoou — a desumanidade herética. Sei eu, Senhor, que só por amor dos inocentes dissestes vós alguma hora que não era bem castigar a Nínive. Mas não sei que tempos nem que desgraça é esta nossa, que até a mesma inocência vos não abranda. Pois também a vós, Senhor, vos há de alcançar parte do castigo — que é o que mais sente a piedade Cristã — também a vós há de chegar.

Entrarão os hereges nesta igreja e nas outras; arrebatarão esta custódia em que agora estais adorado dos anjos: tomarão os cálices e vasos sagrados, e aplicá-los-ão a suas nefandas embriagueses. Derrubarão dos altares os vultos e estátuas dos santos, deformá-las-ão a cutiladas e metê-las-ão no fogo, e não perdoarão as mãos furiosas e sacrílegas nem as imagens tremendas de Cristo crucificado, nem as da Virgem Maria. Não me admiro tanto, Senhor, de que hajais de consentir semelhantes agravos e afrontas nas vossas imagens, pois já as permitistes em vosso sacratíssimo corpo; mas nas da Virgem Maria, nas de vossa Santíssima Mãe, não sei como isto pode estar com a piedade e amor de Filho. No Monte Calvário esteve esta Senhora sempre ao pé da cruz, e com serem aqueles algozes tão descorteses e cruéis, nenhum se atreveu a lhe tocar nem a lhe perder o respeito. Assim foi e assim havia de ser, porque assim o tínheis vós prometido pelo profeta: "Flagelo algum se aproximará de tua tenda" (Sl 90,10). Pois, Filho da Virgem Maria, se tanto cuidado tivestes então do respeito e decoro de vossa Mãe, como consentis agora que se lhe façam tantos desacatos? Nem me digais, Senhor, que lá era a pessoa, cá a imagem. Imagem somente da mesma Virgem era a Arca do Testamento, e só porque Oza a quis tocar, lhe tirastes a vida. Pois, se então havia tanto rigor para quem ofendia a imagem de Maria, por que o não há também agora? Bastava então qualquer dos outros desacatos às coisas sagradas, para uma severíssima demonstração vossa, ainda milagrosa. Se a Jeroboão, porque levantou a mão para um profeta, se lhe secou logo o braço milagrosamente, como aos hereges, depois de se atreverem a afrontar vossos santos, lhes ficam ainda braços para outros delitos? Se a Baltasar, por beber pelos vasos do Templo, em que não se consagrava vosso sangue, o privastes da vida e do reino, por que vivem os hereges, que convertem vossos cálices a usos profanos? Já não há três dedos que escrevam sentença de morte contra sacrílegos?

Enfim, Senhor, despojados assim os templos e derrubados os altares, acabar-se-á no Brasil a cristandade católica, acabar-se-á o culto divino, nascerá erva nas igrejas como nos campos, não haverá quem entre nelas. Passará um dia de Natal, e não haverá memória de vosso nascimento; passará a Quaresma e a Semana Santa, e não se celebrarão os mistérios de vossa Paixão. Chorarão as pedras das ruas, como diz Jeremias que choravam as de Jerusalém destruída: "Os caminhos de Sião choram, porque não há quem venha às solenidades". Ver-se-ão ermas e solitárias, e que as não pisa a devoção dos fiéis, como costumava em semelhantes dias. Não haverá missas, nem altares, nem sacerdotes que as digam; morrerão os católicos sem confissão nem sacramentos; pregar-se-ão heresias nestes mesmos púlpitos, e, em lugar de São Jerônimo e Santo Agostinho, ouvir-se-ão e alegar-se-ão neles os infames nomes de Calvino e Lutero; beberão a falsa doutrina os inocentes que ficarem, relíquias dos portugueses, e chegaremos a estado que, se perguntarem aos filhos e netos dos que aqui estão: — Menino, de que seita sois? — Um responderá: — Eu sou calvinista — outro: Eu sou luterano. Pois isto se há de sofrer, Deus meu? Quando quisestes entregar vossas ovelhas a São Pedro, examinaste-lo três vezes se vos amava: "Amas-me, amas-me, amas-me" (Jo 21,15s)? E agora as entregais desta maneira, não a pastores, senão aos lobos? Sois o mesmo, ou sois outro? Aos hereges o vosso rebanho? Aos hereges as almas? Como tenho dito e nomeei almas, não vos quero dizer mais. Já sei, Senhor, que vos haveis de enternecer e arrepender, e que não haveis de ter coração para ver tais lástimas e tais estragos. E se assim é — que assim o estão prometendo vossas entranhas piedosíssimas — se é que há de haver dor, se é que há de haver arrependimento depois, cessem as iras, cessem as execuções agora, que não é justo vos contente antes o de que vos há de pesar em algum tempo.

Muito honrastes, Senhor, ao homem na criação do mundo, formando-o com vossas próprias mãos, informando-o e animando-o com vosso próprio alento, e imprimindo nele o caráter de vossa imagem e semelhança. Mas parece que logo, desde aquele mesmo dia, vos não contentastes dele, porque de todas as outras coisas que criastes diz a Escritura que vos pareceram bem: "E viu Deus que era bom" (Gn 1,10) — e só do homem o não diz. Na admiração desta misteriosa reticência andou desde então suspenso e vacilando o juízo humano, não podendo enetrar qual fosse a causa por que, agra-ando-vos com tão pública demonstração odas as vossas obras, só do homem, que ra a mais perfeita de todas, não mostrásseis grado. Finalmente, passados mais de mil e etecentos anos, a mesma Escritura, que ti-ha calado aquele mistério, nos declarou que vós estáveis arrependido de ter criado o omem" (Gn 6,6) — e que vós mesmo dis-estes que vos pesava: "Arrependo-me de os aver feito" (Gn 6,7) — e então ficou paten-e e manifesto a todos o segredo que tantos empos tínheis ocultado. E vós, Senhor, di-eis que vos pesa e que estais arrependido de er criado o homem, pois essa é a causa por que logo, desde o princípio de sua criação, vós não agradastes dele nem quisestes que se dissesse que vos parecera bem, julgando, como era razão, por coisa muito alheia de vossa Sabedoria e Providência, que em ne-nhum tempo vos agradasse nem parecesse bem aquilo de que depois vos havíeis de arrepender e "ter pesar de ter feito". Sendo, pois, esta a condição verdadeiramente di-vina, e a altíssima razão de estado de vossa Providência, não haver jamais agrado do que há de haver arrependimento, e sendo também certo, nas piedosíssimas entranhas de vossa misericórdia, que se permitirdes agora as lástimas, as misérias, os estragos que tenho representado, é força que vos há de pesar depois e vos haveis de arrepender, arrependei-vos, misericordioso Deus, en-quanto estamos em tempo, ponde em nós os olhos de vossa piedade, ide à mão à vossa irritada justiça, quebre vosso amor as setas de vossa ira, e não permitais tantos danos e tão irreparáveis. Isto é o que vos pedem, tantas vezes prostradas diante de vosso di-vino acatamento, estas almas tão fielmente católicas, em nome seu e de todas as deste estado. E não vos fazem esta humilde depre-cação pelas perdas temporais, de que cedem, e as podeis executar neles por outras vias, mas pela perda espiritual eterna de tantas almas, pelas injúrias de vossos templos e al-tares, pela exterminação do sacrossanto Sa-crifício de vosso Corpo e Sangue, e pela au-sência insofrível, pela ausência e saudades desse Santíssimo Sacramento, que não sabe-mos quanto tempo teremos presente.

§ V

Chegado a este ponto, de que não sei nem se pode passar, parece-me que nos está dizendo vossa divina e humana bondade, Senhor, que o fizéreis assim facilmente, e vos deixaríeis persuadir e convencer destas nos-sas razões, senão que está clamando, por outra parte, vossa divina justiça e como sois igualmente justo e misericordioso, que não podeis deixar de castigar, sendo os pecados do Brasil tantos e tão grandes. Confesso, Deus meu, que assim é, e todos confessamos que somos grandíssimos pecadores. Mas tão longe estou de me aquietar com esta respos-ta que antes estes mesmos pecados, muitos e grandes, são um novo e poderoso motivo, dado por vós mesmo, para mais convencer vossa bondade.

A maior força dos meus argumentos não consistiu em outro fundamento até ago-ra que no crédito, na honra e na glória "de vosso santíssimo nome". E que motivo pos-so eu oferecer mais glorioso ao mesmo nome, que serem muitos e grandes os nossos pe-cados? "Por amor de vosso nome, Senhor, estou certo — dizia Davi — que me haveis de perdoar meus pecados, porque não são quaisquer pecados, senão muitos e grandes" (Sl 24,11) — Oh! motivo digno só do peito de Deus! Oh! consequência, que só na suma bondade pode ser forçosa! De maneira que, para lhe serem perdoados seus pecados, alegou um pecador a Deus que são muitos e grandes? Sim, e não por amor do pecador, nem por amor dos pecados, senão por amor da honra e glória do mesmo Deus, a qual, "quanto mais e maiores são os pecados que perdoa, tanto maior é, e mais engrandece e exalta seu santíssimo nome". O mesmo Davi distingue na misericórdia de Deus grandeza e multidão: a grandeza: "Segundo a tua grande misericórdia"; a multidão: "E segundo a multidão das tuas misericórdias" (Sl 50,3). E como a grandeza da misericórdia Divina é imensa, e a multidão de suas misericórdias infinitas, e o imenso não se pode medir nem o infinito contar, para que uma e outra, de algum modo, tenha proporcionada matéria de glória, importa à mesma grandeza da misericórdia que os pecados sejam grandes, e à mesma multidão das misericórdias que sejam muitos: "muitos e grandes". Razão tenho eu logo, Senhor, de me não render à razão de serem muitos e grandes nossos pecados. E razão tenho também de instar em vos pedir a razão por que não desistis de os castigar: "Por que dormes? Por que apartas o teu rosto? Por que te esqueces da nossa miséria e da nossa tribulação?" (Sl 43,23s).

Esta mesma razão vos pediu Jó, quando disse: "Por que não tiras o meu pecado, e por que não apagas a minha iniquidade?" (Jó 7,21). E posto que não faltou um grande intérprete de vossas Escrituras que arguisse por vossa parte, enfim se deu por vencido, e confessou que tinha razão Jó em vo-la pedir: "Acusais a Deus por que não perdoa aquele que pecou?" — diz São Cirilo Alexandrino. Basta, Jó, que criminais e acusais a Deus de que castiga vossos pecados? Nas mesmas palavras confessais que cometestes pecados e maldades, e com as mesmas palavras pedis razão a Deus porque as castiga. Isto é dar a razão, e mais pedi-la. Os pecados e maldades, que não ocultais, são a razão do castigo: pois, se dais a razão, por que a pedis? Porque ainda que Deus, para castigar os pecados, tem a razão de sua justiça, para o perdoar e desistir do castigo tem outra razão maior, que é a da sua glória: "Aquele que tem o costume de perdoar e tem invulgar glória por isso, por que não me perdoa?" Pede razão Jó a Deus, e tem muita razão de a pedir — responde por ele o mesmo santo que o arguiu — porque se é condição de Deus usar de misericórdia, e é grande e não vulgar a glória que adquire em perdoar pecados, que razão tem, ou pode dar bastante de os não perdoar? O mesmo Jó tinha já declarado a força deste seu argumento nas palavras antecedentes, com energia para Deus muito forte: "Pequei, que te farei eu" (Jó 7,20)? Como se dissera: — Se eu fiz, Senhor, como homem em pecar, que razão tendes vós para não fazer como Deus em me perdoar? — Ainda disse e quis dizer mais: "Pequei, que mais vos posso fazer?" — E que fizestes vós, Jó, a Deus em pecar? — Não lhe fiz pouco, porque lhe dei ocasião a me perdoar, e perdoando-me, ganhar muita glória. Eu dever-lhe-ei a ele, como a causa; a graça que me fizer, e ele dever-me-á a mim, como a ocasião, a glória que alcançar.

E se é assim, Senhor, sem licença nem encarecimento, se é assim, misericordioso Deus, que em perdoar pecados se aumenta a vossa glória, que é o fim de todas vossas ações, não digais que nos não perdoais porque são muitos e grandes os nossos pecados, que antes, porque são muitos e grandes, deveis dar essa grande glória à grandeza e multidão de vossas misericórdias. Perdoando-nos e tendo piedade de nós é que haveis de ostentar a soberania de vossa majestade, não castigando-nos, em que mais se abate vosso poder do que se acredita. Vede-o neste último castigo, em que, contra toda a esperança do mundo e de tempo, fizestes que se derrotasse a nossa armada, a maior que nunca passou a equinocial. Pudestes, Senhor, derrotá-la, e que grande glória foi de vossa onipotência poder o que pode o vento? "Contra uma folha, que é arrebatada do vento, ostentas o teu poder" (Jó 13,25). Desplantar uma nação, como nos ides desplantando, e plantar outra, também é poder que vós cometestes a um homenzinho de Anatot: "Eis que te constituí sobre as gentes e sobre os reinos, para arrancares e destruíres, e para arruinares e dissipares, e para edificares e plantares" (Jr 1,10). O em que se manifesta a majestade, a grandeza e a glória de vossa infinita onipotência é em perdoar e usar de misericórdia: Manifestas a tua onipotência perdoando e compadecendo-te. Em castigar, venceis-nos a nós, que somos criaturas fracas, mas em perdoar, venceis-vos a vós mesmo, que sois todo-poderoso e infinito. Só esta vitória é digna de vós, porque só vossa justiça pode pelejar com armas iguais contra vossa misericórdia; e, sendo infinito o vencido, infinita fica a glória do vencedor. Perdoai, pois, benigníssimo Senhor, "por esta grande glória vossa". Perdoai por esta glória imensa "de vosso santíssimo nome".

E se acaso ainda reclama vossa divina justiça, por certo não já misericordioso, senão justíssimo Deus, que também a mesma justiça se pudera dar por satisfeita com os rigores e castigos de tantos anos. Não sois vós, enquanto justo, aquele justo Juiz de quem canta o vosso profeta: "Deus, juiz justo, forte e paciente, ira-se acaso todos os dias" (Sl 7,12). Pois se a vossa ira, ainda como de justo juiz, não é de todos os dias, nem de muitos, porque se não dará por satisfeita com rigores de anos, e tantos anos? Sei eu, legislador supremo, que nos casos de ira, posto que justificada, nos manda vossa santíssima lei que não passe de um dia, e que, antes de se pôr o sol, tenhamos perdoado: "Não se ponha o sol sobre a vossa ira" (Ef 4,26). Pois, se da fraqueza humana, e tão sensitiva, espera tal moderação nos agravos vossa mesma lei, e lhe manda que perdoe e se aplaque em termo tão breve e tão preciso, vós que sois Deus infinito, e tendes um coração tão dilatado como vossa mesma imensidade, e em matéria de perdão vos proponedes aos homens por exemplo, como é possível que os rigores de vossa ira se não abrandem em tantos anos, e que se ponha e torne a nascer o sol tantas e tantas vezes, vendo sempre desembainhada e correndo sangue a espada de vossa vingança? Sol de Justiça, cuidei eu que vos chamavam as Escrituras (Ml 4,2), porque, ainda quando mais fogoso e ardente, dentro do breve espaço de doze horas passava o rigor de vossos raios; mas não o dirá assim este sol material que nos alumia e rodeia, pois há tantos dias e tantos anos que, passando duas vezes sobre nós de um trópico a outro, sempre vos vê, irado.

Já vos não alego, Senhor, com o que dirá a terra e os homens, mas com o que dirá o céu e o mesmo sol. Quando Josué mandou parar o sol, as palavras da língua hebraica em que lhe falou foram, não que parasse, senão que se calasse: "Sol, detém-te sobre Gabaon" (Js 10,12). Calar mandou ao sol o valente capitão, porque aqueles resplendores amortecidos, com que se ia sepultar no ocaso, eram umas línguas mudas, com que o mesmo sol o murmurava de demasiadamente vingativo; eram umas vozes altíssimas, com que desde o céu lhe lembrava a lei de Deus e lhe pregava que não podia continuar a vingança, pois ele se ia meter no Ocidente: "Não se ponha o sol sobre a vossa ira". E se

Deus, como autor da mesma lei, ordenou que o sol parasse, e aquele dia — o maior que viu o mundo — excedesse os termos da natureza por muitas horas, e fosse o maior, foi para que, concordando a justa lei com a justa vingança, nem por uma parte se deixasse de executar o rigor do castigo, nem por outra se dispensasse no rigor do preceito. Castigue-se o gabaonita, pois é justo castigá-lo, mas esteja o sol parado até que se acabe o castigo, para que a ira, posto que justa, do vencedor, não passe os limites de um dia. Pois, se este é, Senhor, o termo prescrito de vossa lei, se fazeis milagres, e tais milagres, para que ela se conserve inteira, e se Josué manda calar e emudecer o sol, por que se não queixe e dê vozes contra a continuação de sua ira, que quereis que diga o mesmo sol não parado nem emudecido? Que quereis que diga a lua e as estrelas, já cansadas de ver nossas misérias? Que quereis que digam todos esses céus criados, não para apregoar vossas justiças, senão "para cantar vossas glórias" (Sl 18,1)?

Finalmente, benigníssimo Jesus, verdadeiro Josué e verdadeiro sol, seja o epílogo e conclusão de todas as nossas razões "o vosso mesmo nome". Se o sol estranha a Josué rigores de mais de um dia, e Josué mar[da] calar o sol por que lhos não estranh[a], como pode estranhar vossa divina justi[ça] que useis conosco de misericórdia, depo[is] da execução de tantos e tão rigorosos cast[i]gos, continuados não por um dia ou muit[os] dias de doze horas, senão por tantos e tã[o] compridos anos, que cedo serão doze? S[e] sois Jesus, que quer dizer Salvador, sed[e] Jesus e sede Salvador nosso. Se sois sol, Sol de Justiça, antes que se ponha o des[te] dia, deponde os rigores da vossa. Deixai o signo rigoroso de Leão e dai um passo a[o] signo de Virgem, signo propício e benéfic[o]. Recebei influências humanas de quem rec[e]bestes a humanidade. Perdoai-nos, Senho[r], pelos merecimentos da Virgem Santíssim[a]. Perdoai-nos por seus rogos, ou perdoai-n[os] por seus impérios, que se como criatur[a] vos pede por nós o perdão, como Mãe v[os] pode mandar e vos manda que nos perdoei[s]. Perdoai-nos, enfim, para que a vosso exem[plo] plo perdoemos, e "perdoai-nos também [a] exemplo nosso, que todos, desde esta hor[a] perdoamos a todos por vosso amor". Amé[m] (cf. Mt 6,12).

# SERMÃO DE
## Santa Teresa e do Santíssimo Sacramento*

*Na Igreja da Encarnação de Lisboa. Ano de 1644.*

❧

"O reino dos céus é semelhante a um homem rei que fez as bodas a seu filho,
e mandou os seus servos a chamar os convidados."
(Mt 22,2s)

"A minha carne verdadeiramente é comida e o meu sangue verdadeiramente é bebida."
(Jo 6,55)

"É semelhante o reino dos céus a dez virgens que,
tomando as suas lâmpadas, saíram a receber o esposo e a esposa."
(Mt 25,1)

---

Vieira acaba de ser nomeado Pregador régio e Mestre do príncipe D. Teodósio. Unifica no sermão três textos evangélicos referentes ao dia e às duas festas. Santa Teresa é a esposa prudente convidada ao banquete (o Sacramento) que o rei (Deus) oferece. Entre os favores recebidos de Deus por Teresa, o primeiro foi o dos desposórios. Disse-lhe o Senhor: "eu serei todo teu e tu toda minha". Este favor é concedido a todos que comungam dignamente: "permanecem em mim e eu neles". O segundo foi dizer-lhe: "Teresa, se eu não tivera criado o céu, só por amor de ti o criaria". Este favor faz Cristo no Sacramento por todos e todo aquele que comunga. Ele se dá todo a todos e todo a cada um, de tal maneira para todos como se fosse para um só. — O terceiro foi a resposta do Senhor: "Teresa, eu amei a Madalena estando na terra, a ti amo-te estando no céu". Antes da morte estava Cristo mortal e passível; depois da ressurreição estava já imortal e glorioso. O modo com que agora se nos dá (imortal e glorioso) é maior favor que o modo com que se deu (mortal e passível) aos apóstolos. O quarto foi sofrer os agravos que por serem feitos por obediência, aprovava e amava. Estas são a paciência e a perseverança do amor de Cristo para conosco no Santíssimo Sacramento.

## § I

Em um dia em que se nos propõem três Evangelhos não é muito que preguemos sobre três temas. O primeiro Evangelho é da Dominga corrente, que canta hoje a Igreja universal. O segundo é do diviníssimo Sacramento, pela devoção particular desta casa. O terceiro é o comum das Virgens, em memória da gloriosa Virgem, mãe de tantas e tão santas, a Santa Madre Teresa de Jesus, cuja solenidade também concorre e se celebra aqui hoje.

Começando pois pelo primeiro Evangelho — que, como mais universal e mais próprio deste dia, é bem que seja o que nos abra o caminho e dê fundamento a tudo — diz nele e ensina em parábola o divino Mestre que "o reino dos céus é semelhante a um homem rei" (Mt 22,2). Não há duas coisas tão parecidas no mundo como o rei e o reino. Os reis são os espelhos a que se compõem os vassalos, e tais serão as ações do reino, quais forem as inclinações do rei. Não fala Cristo de qualquer reino, nem de qualquer rei, senão do reino do céu e de um rei homem, porque se o rei for humano será o reino bem-aventurado, e se o rei for homem tão seguro estará o reino da terra como o do céu. Este rei diz o Senhor que celebrou com grandes festas o casamento do príncipe seu filho: "Que fez as bodas para o seu filho", e nisto mostrou também que era rei homem, porque não descuidar da sucessão é reconhecer a mortalidade. Chegado o dia das bodas, mandou alguns criados que fossem chamar os convidados para o banquete, e diz o texto sagrado uma coisa que parece incrível, e é que "eles não quiseram vir" (Mt 22,3). Se o rei os chamara para a guerra, escusa tinha a ingratidão na fraqueza e temor natural; mas para as bodas e para o banquete, não virem?

Mais abaixo diz o mesmo Evangelho que mandou o rei os seus soldados, e foram; agora chamou os seus convidados, e não vieram. Eu lhes perdoo a descortesia pelo exemplo. Se os vassalos hão de faltar ao príncipe, antes seja na mesa que na campanha. Vendo o rei que os convidados não queriam vir, mandou segundo recado, mas por outros criados, e não pelos mesmos: "Enviou outros servos". (Ibid. 4). Não é nova razão de estado nos reis, para melhorar vontades mudar ministros. Mas a razão que aqui teve o rei, a meu ver, foi ainda mais fácil e mais achada. Mandou a segunda vez outros criados, porque é bem que se reparta o trabalho, e que vão todos. Se os segundos descansaram enquanto foram os primeiros, bem é que descansem os primeiros, e que vão agora os segundos. Assim que, mudar o rei os criados não é condenar os talentos: é repartir os trabalhos. Se os primeiros tiveram ruim sucesso, não o tiveram melhor os segundos, que nem sempre com a mudança se consegue a melhoria. Os primeiros acharam más vontades: "Não queriam vir" (Mt 22,3); os segundos experimentaram más obras: "Os mataram" (Mt 22,6). Quer dizer que foram tão descomedidos alguns dos convidados que não só afrontaram de palavra aos criados do rei, mas chegaram a lhes pôr as mãos e tirar as vidas. Há maior ingratidão? Há maior descortesia? Há maior atrevimento de vassalos? Que faria o rei neste caso? Diz o texto que mandou logo seus exércitos a executar um exemplar castigo; não só nas pessoas ou corpos dos rebeldes, senão na mesma cidade onde viviam, da qual não ficaram mais que as cinzas, para memória ou esquecimento eterno de tal ousadia. Assim o fez o rei, e assim o hão de fazer os reis. Quem hoje se atreveu ao criado, amanhã se atreverá ao senhor. Ocupou os seus exércitos em arrasar as cidades próprias, quando parece que fora mais conveniente conquistar as alheias, porque não são tão danosas as hostilidades dos inimigos como os atrevimentos nos vassalos. Melhor é ter menos cidades, e mais obedientes. Por isso lhe chamou o Evangelho cidade sua, deles, e não do rei: "À cidade deles" (Mt 22,7). Cidade que se atreve contra os ministros do rei não é cidade do rei, é cidade livre, e liberdades não as hão de sofrer as coroas. Se os criados ofenderam aos convidados, queixem-se, que para isso tem o rei ouvidos; mas presumir violências e executá-las? Não há, nem é bem que haja em tal caso sofrimento nos reis, senão ira e fogo: "Irou-se, e pôs fogo à cidade deles" (Mt 22,7). Tão rigoroso se mostrou no exterior como rei; mas como homem, lá por dentro lhe ficou a dor e o sentimento: "Acabou com aqueles homicidas". Notai os termos. A palavra perdidit quer dizer matar e perder, porque de tal maneira castigava, que considerava o que perdia. Matar um homicida é perder um homem. Executado assim ou mandado executar o castigo, voltou-se o rei para os criados e disse-lhes: "Os que foram convidados não eram dignos" (Ibid. 2). — Pois agora, Senhor? Não fora melhor conhecê-los antes de os convidar que convidá-los antes de os conhecer? Eis aqui o maior mal e a maior consolação que tem o mundo. Serem os indignos os convidados é o maior mal; serem os beneméritos os excluídos é a maior consolação. Vendo o rei que não queriam vir os que convidara, tornou-se aos que tinha enjeitado, e foram eles tão honrados que todos vieram. Não introduziria Cristo na sua parábola esta diferença, se não fora o que nas suas eleições costumam experimentar os príncipes. Os seus escolhidos são aqueles que na ocasião não querem vir, e os seus enjeitados os que na ocasião vêm todos. Chamaram os criados, diz o texto, todos os que acharam pelas ruas: "E ficaram cheias as mesas" (Ibid. 10) — Quantos andam desfavorecidos por essas ruas, que haviam de encher muito bem o seu lugar, se os chamaram? Enfim o rei entrou na sala onde comiam os convidados, e foi esta a melhor iguaria que veio à mesa: os olhos do rei. Viu um, entre os demais, que não estava vestido de gala, e não só o mandou lançar fora, mas que, atado de pés e mãos, o metessem no cárcere mais escuro. Tão grande delito é não festejar o que os príncipes festejam. Mas, dado que este não fizesse o que devia, o que eu muito pondero é que de todos os convidados nenhum foi bom, e de todos os excluídos só um foi mau. Antes de entrarem às bodas eram bons e maus: "Reuniram todos os que encontraram, maus e bons" (Mt 22,10). E depois de entrarem, tirando um, todos foram bons, porque a melhor arte de fazer bons é admiti-los: o desprezo a ninguém melhorou, a honra a muitos.

Esta é a parábola do Evangelho, tão parecida com a história dos nossos tempos que por isso lhe ajuntei doutrina não imprópria deles. Vindo, porém, ao intento da nossa festa, ou festas, duas coisas acho menos neste Evangelho. Fala dos desposórios do príncipe e do banquete do rei, mas nem nos desposórios nos diz quem foi a esposa, nem no banquete nos declara quais fossem as iguarias. Por isso tomei de socorro os outros dois Evangelhos. O Evangelho das Virgens nos diz que a esposa é Santa Teresa: "Saíram a receber o esposo e a esposa" (Mt 25,1); o Evangelho do Sacramento nos declara que as iguarias são o Corpo e Sangue de Cristo: "A minha carne verdadeiramente é comida, e o meu sangue verdadeiramente é bebida" (Jo 6,55). Suposto pois que a santa e o Santíssimo são as duas partes da nossa festa, para que com o mesmo discurso satisfaçamos a ambas as obrigações, será hoje o meu assunto este: que os maiores favores que Cristo fez a Santa Teresa são os mesmos que faz no Sacramento aos que dignamente comungam. Para igualar tamanhas graças é necessário muita graça. *Ave Maria.*

### § II

Sendo tão singulares os favores em que o amor de Cristo se extremou com Santa Teresa que, não juntos, mas divididos, apenas se lhes acha paralelo entre os outros santos, maior empenho tomei do que por ventura se imagina quando prometi mostrar que os mesmos recebem invisivelmente de Cristo os que dignamente o recebem no Sacramento. E por que não pareça que fujo à dificuldade de tamanho assunto, antes o quero encarecer e subir de ponto, para mais excitar a nossa devoção e agradecimento entre todos os favores e finezas com que o amorosíssimo Senhor singularizou esta grande santa — pois não é possível ponderar todos — escolherei os mais notáveis.

O primeiro, pois, e mais visível que se me oferece, é quando o mesmo Cristo, em presença da Virgem Santíssima e de São José deu a mão de Esposo a Teresa. Os desposórios que se fazem com aprovação dos pais são mais qualificados, e para que esta circunstância de gosto não faltasse onde não podia faltar o acerto, desposou-se Jesus com Teresa em presença de José e Maria. E que vieram a ser estes desposórios? O mesmo Senhor o disse: — Daqui em diante eu serei todo teu e tu toda minha. De sorte que foi uma entrega de ambos os corações total e recíproca, com que não só Teresa ficou Teresa de Jesus, senão também Jesus, Jesus de Teresa. Ainda aquele *de* é supérfluo, porque ser um de outro distingue dois sujeitos, e a união entre Jesus e Teresa foi tão íntima que, passando de união a unidade, já Teresa e Jesus não eram dois e distintos, senão um só e o mesmo. Vejamos isso em um excelente retrato feito pela mão do mesmo Esposo.

Criou Deus a Adão e Eva, e diz assim o texto sagrado: "Fê-los Deus homem e mulher, e deu por nome a ambos Adão" (Gn 5,2). — Pois se Adão e Eva eram duas criaturas e dois sujeitos distintos: "Homem e mulher os criou" — por que lhes não deu Deus dois nomes também distintos, senão um só e o mesmo, e não outro, senão o de Adão: "E deu-lhes o nome de Adão". Porque a Adão e a Eva desposou-os Deus na maior perfeição da natureza; e posto que, por força da criação, eram dois, por virtude do matrimônio ficaram um. Antes que Deus formasse a Eva, não havia mais que Adão; depois que da costa de Adão formou a Eva, dividiu-se Adão, e o que era um só sujeito ficaram dois; mas tanto que Adão deu a mão de esposo a Eva, tornaram esses dois sujeitos a reunir-se, e os que eram dois e distintos ficaram um só e o mesmo. Por isso lhes deu Deus um só nome, e não outro, senão o de Adão: "E deu-lhes o nome de Adão". Isto foi o que foi. E o que significava que era? São Paulo: "Este sacramento é grande. Eu o digo em Cristo e na Igreja" (Ef 5,32). Tudo isto que passou entre Adão e Eva foi um grande mistério, porque na união daquele matrimônio debuxou Deus, como em figura original, o que depois se havia de verificar na Igreja entre os desposórios de Cristo com as almas santas. Que Adão foi logo este, senão Jesus, e que Eva, senão Teresa? Antes deste divino desposório Teresa era Teresa de Jesus, e Teresa e Jesus dois sujeitos com dois nomes distintos; porém, depois que Jesus deu a mão de Esposo a Teresa, o nome Teresa de Jesus perdeu a distinção daquele *de*, e ficou Teresa

Jesus. A que depois se chamou Sara, chamava-se dantes Sarai, e diminuiu-lhe Deus o nome para lhe acrescentar a dignidade. Assim também a Teresa de Jesus. Tirou-lhe aquele de, que distinguia a Jesus de Teresa, e ficou somente Teresa de Jesus, porque, transformado Jesus em Teresa, e Teresa em Jesus, já não eram dois nomes nem dois sujeitos, senão um só e o mesmo. Adão e Eva, Adão; Teresa e Jesus, Jesus. Vamos ao Evangelho.

No princípio do Evangelho das virgens diz o texto que todas dez saíram "a receber o esposo e a esposa". E no fim do mesmo Evangelho diz que as cinco prudentes "entraram com o esposo às bodas" (Mt 25,10). De maneira que, quando saíram, receberam o esposo e a esposa; mas quando entraram só se diz que "acompanharam o esposo". A esposa claro está que não havia de ficar de fora. Pois, se quando as virgens entraram acompanharam a ambos, assim como quando saíram receberam a ambos, por que razão quando saíram ao recebimento se faz menção do esposo e da esposa, e quando entraram às bodas só se nomeia o esposo, e a esposa não: "Entraram com ele às bodas". Excelentemente Santo Hilário: "Aproxima-se somente do esposo, pois ambos já não serão senão um".[1] Não há dúvida que entraram às bodas o esposo e mais a esposa; mas esse mesmo esposo e essa mesma esposa, que antes de entrar às bodas tinham sido dois, depois de entrar às bodas "já eram um só". E porque já eram um, e não dois, por isso se fez menção do esposo somente, e não da esposa: "Entraram com ele". Assim, nem mais nem menos, nos divinos desposórios de Jesus com Teresa: antes de se darem as mãos, Jesus e Teresa distinguiam-se e eram dois; porém, depois de celebradas as bodas, "já ambos eram um só"; já não havia Teresa e Jesus, senão só Jesus.

Quem nos poderá declarar a força e verdade desta união, senão quem a experimentou em si, a mesma Santa Teresa? Dizia Teresa de si que estava tão individualmente unida com Jesus, seu esposo, que podia dizer com São Paulo: — Vivo eu, já não eu, porque vive em mim Cristo: — Oh! que divina implicação: Eu não eu! Se sois vós, como não sois vós? Sou eu considerada em Cristo; não sou eu considerada em mim. Considerada em Cristo, sou eu, porque Cristo vive em mim; e considerada em mim, não sou eu, porque eu vivo em Cristo. Outra vez, falando com o mesmo Cristo, lhe disse: — Senhor, que se me dá a mim de mim sem vós? Porque eu sem vós não sou eu; e de mim que não sou eu, que se me dá a mim? De sorte que estavam tão transformados estes dois corações que, reciprocando as vidas, viviam um no outro, e tão unidos na mesma transformação que, deixando cada um de ser outro, eram um só e o mesmo: "Ambos um só".

Da alma santa disse o Esposo divino que lhe ferira o seu coração, e que lho tirara: que lho ferira: "Feriste o meu coração" (Ct 4,9), como diz o texto latino; que lho tirara: "Tiraste-me o coração", como diz o hebraico. O mesmo sucedeu a Teresa com o seu coração. Apareceu-lhe, estando em êxtase, um serafim com uma seta de ouro afogueada. E que fez? Metendo-lhe a seta no peito, com a ponta "feriu-lhe o coração" — e, tornando a tirar a seta, com as farpas "levou-lhe o coração". Temos a Teresa sem coração, e, sem coração, como há de viver? Sem coração, como há de amar? Antes, para melhor viver e para melhor amar, lhe tirou seu esposo o coração. O coração é o princípio da vida, e onde ambos viviam com a mesma vida sobejava um coração: por isso lho tirou Cristo. E também lho tirou para que melhor amasse, amando-se ambos com um, e não com dois corações. Não há exemplo na terra: no céu sim, e o mais perfeito. O mais perfeito amor que há nem pode haver é o das três Pessoas divinas. Ama o Pai ao Filho, ama o Filho ao Pai, ama o Pai e o Filho ao Espírito Santo, ama o Espírito Santo ao Pai e ao Filho, e, sendo os amantes três, a vontade com que se amam é uma só; e assim como ali há três amantes com uma só vontade, assim cá se amavam os dois com um só coração. Oh! que perfeito! Oh! que divino! Oh! que ditoso modo de amar! Amar com igualdade no amor, porque o mesmo coração é o que ama, e amar sem dúvida na correspondência, porque o mesmo coração é o que corresponde; antes, o mesmo amor em unidade recíproca é amor e correspondência juntamente, porque não podiam os amores ser dois quando os amantes se tinham transformado em um: "Pois ambos já não serão senão um".

Não vos parece grande extremo de fineza, não vos parece grande excesso de favor este de Cristo para com Teresa? Pois a mesma fineza usa o mesmo Cristo e o mesmo favor faz aos que dignamente comungam. No Evangelho do Sacramento temos a prova. Porque, assim como com o Evangelho das virgens provamos tudo o que temos dito, e provaremos tudo o que dissermos de Cristo em respeito de Santa Teresa, assim com o Evangelho do Sacramento provaremos também quanto houvermos de dizer do mesmo Cristo em respeito de nós e dos que comungam dignamente.

"A minha carne verdadeiramente é comida, e o meu sangue verdadeiramente é bebida". A primeira coisa que Cristo Senhor nosso nos certifica neste Evangelho é ser verdadeira comida o seu corpo e verdadeira bebida o seu sangue. Onde se deve muito notar que não faz a força do que quer persuadir em ser verdadeiramente seu corpo o que se nos dá debaixo das espécies de pão, nem em ser verdadeiramente seu sangue o que se consagra debaixo das espécies do vinho, senão em que esse corpo e esse sangue é verdadeiramente mantimento nosso. E por que razão? Porque é propriedade e natureza geral de todo o mantimento converter-se na substância de quem o come; e como Cristo só neste Sacramento assiste real e presencialmente, e nos outros não, por isso também só neste se nos quis dar em forma de mantimento, para que entendêssemos que o fim de o instituir não só fora para nos comunicar sua graça, como nos outros Sacramentos, senão para se unir a si mesmo conosco e a nós consigo. O mesmo Senhor se declarou e o disse logo: "O que come a minha carne e bebe o meu sangue, esse fica em mim e eu nele" (Jo 6,57). Sabeis por que digo que o meu corpo é verdadeira comida e o meu sangue verdadeira bebida? Porque, assim como o mantimento se converte na substância de quem o come, assim eu me quero transformar em vós, e vós em mim: de modo que vós, comungando, fiqueis em mim, e eu, sendo comungado, em vós: "Permanece em mim e eu nele". E porque nesta união e transformação de dois que somos se há de fazer um só, este um qual há de ser? Não haveis de ser vós, senão eu — diz o mesmo Cristo. — E assim continua o texto Santo Agostinho: "Nem tu me mudarás em ti, como o alimento de tua carne, mas tu serás mudado em mim".[2] De sorte que, assim como nos desposórios de Cristo com Teresa, de dois que eram, se transformaram em um só, e este um, depois de transformados, não era principalmente Teresa, senão Cristo que nela vivia: "Mas Cristo vive em mim" (Gl 2,20), assim na transformação do Sacramento, o que dignamente comunga, de tal modo fica unido e identificado com Cristo, que Cristo é o que nele vive.

O mesmo Evangelho o diz, e com o mesmo exemplo das Pessoas da Santíssima Trindade com que declarei a união ou unidade do coração de Cristo com Teresa: "Assim como o Pai, que vive, me enviou, e eu vivo pelo Pai, assim quem de mim se alimenta, viverá por mim" (Jo 6,58). Assim como eu vivo pela vida de meu Pai, que me mandou ao mundo, assim quem me comunga verdadeiramente não vive pela sua vida, senão pela minha. — Grande caso é que, querendo a Sabedoria encarnada declarar o que tinha dito com algum exemplo, não achasse outro mais adequado e mais próprio que o da unidade e vida recíproca que há entre o mesmo Cristo e seu Pai Eterno: "Portanto vive pelo Pai — comenta Santo Hilário — e como vive pelo Pai, do mesmo modo nós vivemos pela sua carne"[3]: Assim como entre o Pai e o Filho, enquanto Deus, há uma só vida, porque o Pai vive no Filho e o Filho no Pai, e um vive pela vida do outro, assim entre Cristo e o que comunga, posto que sejam dois, a vida é e há de ser uma só, e não outra, senão a do mesmo Cristo: "E ele viverá por mim". Vejam agora os que comungam se a vida que vivem é a sua ou a de Cristo, e daqui julgarão, pelos efeitos, se comungam como devem ou não.

## § III

O segundo favor, e mais extraordinário ainda, que Santa Teresa recebeu de seu Divino Esposo, foi que entre outras finezas lhe disse estas palavras: — Teresa, se eu não tivera criado o céu, só por amor de ti o criara. — De nenhum outro santo se lê semelhante favor. Houve-se Cristo com Santa Teresa como Santo Agostinho com Deus para encarecer o seu amor. Se eu fora Deus, e vós não — diz Agostinho — deixara eu de o ser para que vós o fôsseis. Muito tem de excessivo o amor que para se poder declarar finge suposições impossíveis. Mas isto fez um coração, posto que tão entendido, humano. Porém Cristo, que pode tudo, e com tão singulares e esquisitas demonstrações tinha manifestado a Teresa o seu amor, que invente casos condicionais, e suponha o que já foi como se não fora, e o que já não podia ser como se fosse possível, para assim declarar quanto ama? A sabedoria de Cristo é igual à sua onipotência e a sua onipotência à sua sabedoria; e que o amor do mesmo Cristo signifique a Teresa que sabe mais desejar do que pode fazer, e não diga o que fará por ela senão o que faria? Ora eu, considerando este caso que supôs Cristo e um voto que fez Santa Teresa, entendo que se achou Cristo como alcançado, e que se não pôde desempenhar daquele voto senão com esta suposição. O voto que fez Santa Teresa foi de sempre fazer o que fosse melhor; e como a melhor coisa que Deus podia fazer é o céu e a bem-aventurança, que já estava feita, disse que, se não tivera feito o céu, só por amor de Teresa o fizera. Se o amor de Teresa se obriga por mim a fazer sempre o melhor, como posso eu pagar este amor, senão fazendo também o melhor por Teresa? Mas este melhor já está feito? Pois saiba ao menos Teresa de mim que, se não tivera feito o céu, só por amor dela o fizera. E sendo assim que Cristo fez o céu por amor de todos os predestinados, parece que pesa tanto no conceito e estimação do mesmo Cristo o amor de Teresa só como o de todos os predestinados juntos.

Uma das coisas mais notáveis que escreveu São Paulo foi esta: "Cristo Jesus veio a este mundo salvar os pecadores, dos quais eu sou o primeiro" (1Tm 1,15). — São Paulo não foi o primeiro pecador na antiguidade, porque esse foi Adão; nem foi o primeiro na grandeza e multidão dos pecados, porque houve outros pecadores maiores, e ele mesmo confessa, neste lugar, que "pecou por ignorância". Pois donde infere São Paulo que foi "o primeiro e maior pecador de todos"? Nas palavras antecedentes está a premissa desta ilação: "Cristo veio do céu a este mundo para salvar os pecadores" — e o mesmo Cristo veio também do céu a este mundo, para me salvar só a mim. Logo, no conceito e estimação de Cristo, infere Paulo, tanto pesa a graveza dos meus pecados como os de todo o mundo. A mesma ilação faço eu. Assim como São Paulo, para encarecer a graveza de seus pecados, ponderou que fizera Deus só por ele o que tinha feito por todo o mundo, assim Cristo, para encarecer a grandeza do seu amor, disse que faria por Teresa o que tinha feito por todos os predestinados. E assim como Cristo, só por amor de Paulo desceu do céu, como tinha descido por amor de todo o mundo, assim Cristo, só por amor de Teresa criaria o céu, se por amor de todos os predestinados o não tivera criado. Oh! grande amor! Oh! excessivo encarecimento! Que no conceito de Cristo, que não lisonjeia, pese tanto o amor de Teresa como o de todos! Vamos outra vez ao Evangelho.

É semelhante o reino do céu a dez virgens, cinco prudentes e cinco néscias, diz Cristo nesta parábola. E, por ser parábola, faz não pequena dificuldade a igualdade destes números. O autor que faz ou inventa uma parábola, assim como tem liberdade para a dispor e historiar como lhe importa a seu intento, assim tem também obrigação de a deduzir em termos prováveis, e àquilo que é verossímil e costuma acontecer comumente. Suposto isto, parece que não haviam de ser tantas as prudentes como as néscias.

Não andara mal governado, nem fora tão louco o mundo, se de cada dez mulheres se pagara o dízimo à prudência. Homens eram aqueles dez leprosos que Cristo sarou, e porque só um lhe veio dar as graças perguntou "onde estavam os nove" (Lc 17,17)? E se em dez homens se acham nove ingratos, como não seria mais verossímil que em dez mulheres se achassem nove néscias? Não há dúvida que, segundo a condição humana, este número era o mais próprio, e também segundo o intento de Cristo, que era a consideração dos muitos que se condenam. Pois por que não introduz o divino Mestre nesta parábola nove virgens que fossem néscias, e uma só que fosse prudente? Porque assim como as néscias, que ficaram de fora, significam as almas que se condenam, assim as prudentes, que entraram às bodas, representam as que se salvam e vão ao céu. E no caso em que se introduzisse uma só prudente, não era nem podia ser verossímil que Cristo fizesse o céu para uma só. Por isso, fazendo a história menos verossímil para que fosse mais verossímil a significação, não introduziu nela uma só prudente, senão muitas: "E cinco prudentes" (Mt 25,2). Não sendo porém verossímil, ainda na ficção de uma parábola, que Cristo houvesse de criar o céu para uma só alma, era tal a alma de Teresa, e tal o extremo com que o mesmo Senhor a amava que, no caso e suposição em que não tivesse criado o céu, é verdade certa e infalível que só por amor dela o criaria. E se quereis ver pintada esta mesma figura retórica do amor de Cristo, vamos ao Apocalipse.

Viu São João aquela misteriosa mulher tão celebrada, a quem coroavam as estrelas, vestia o sol e calçava a lua. E conforme a exposição de São Boaventura, Ruperto, Vitorino, Hugo, Alberto Magno e outros, os quais entendem por esta mulher uma alma superiormente alumiada por Deus e adornada de celestiais virtudes, a que alma se pode aplicar com maior razão esta prodigiosa e admirável figura que à de Santa Teresa, em cujo espírito sublime e elevado depositou a liberalidade divina tantos dotes e prerrogativas de perfeição, como se lê em sua vida, e tantos resplendores de ardentíssima luz, como se admiram e sentem em seus escritos? São Francisco de Borja,[4] sendo um dos examinadores do espírito de Santa Teresa, o primeiro testemunho que deu foi que era *una gran Mujer*. Digo pois que Santa Teresa foi a grande mulher que São João viu no Apocalipse, e o provo da mesma visão.

Diz o texto que aquela mulher tinha concebido um filho de sexo e valor masculino, o qual havia de governar o mundo com vara de ferro e ser arrebatado ao céu; e que o parto deste filho lhe custou grandes trabalhos e dores, porque lhe saiu ao encontro um dragão de muitas cabeças coroadas, que o queria tragar. O autor da história profética carmelitana diz que este filho há de ser Elias no fim do mundo; e eu, com bem diferente pensamento e exposição, também reconheço nele a Elias, mas não que há de ser, senão que já foi, e não como filho da Igreja universal, senão como parto singular de Santa Teresa. Ora vede. Que Elias fosse de sexo e valor masculino: "Deu à luz um filho varão" (Ap. 12,5), bem se viu na resolução e constância de todas suas ações contra grandes e pequenos, e muito mais contra os grandes. Se governou as gentes com vara de ferro, diga-o el-rei Acab, a rainha Jesabel, el-rei Ocosias, os quatrocentos e cinquenta profetas de Baal, que degolou em um dia, as duas companhias de soldados e seus capitães, que queimou com fogo do céu, e o mesmo céu, que teve fechado três anos sem chover, como se fosse de bronze. Finalmente que fosse arrebatado ao céu:

"E foi arrebatado para Deus e para o seu trono" (Ap 12,5) — assim o viu arrebatar subitamente e desaparecer de seus olhos seu discípulo Eliseu. Tinha, pois, fundado Elias no Monte Carmelo uma religião de tanta severidade, rigor e aspereza, qual era a de seu fundador; tinham-se passado oitocentos anos antes de Cristo, e depois de Cristo mais de mil e quinhentos, em que o tempo e as variedades dele, ou tinham enfraquecido a tolerância, ou moderado a austeridade daquele primitivo instituto, quando Teresa, revestida do espírito dobrado do mesmo Elias, o concebeu dentro em si mesma, não para que ressuscitasse, porque não morrera, mas para que outra vez nascesse, e não só em mulheres, sendo ela mulher, senão também nos homens. Julgou o mundo esta empresa por impossível, e dizia com Nicodemos que Elias era muito velho para tornar ao ventre da mãe e nascer de novo: "Como pode um homem nascer, sendo velho? Porventura pode tornar a entrar no ventre de sua mãe e nascer outra vez?" (Jo 3,4). Porém a Santa Madre — que desde então o começou a ser — assim como segunda vez tinha concebido a Elias, assim o pariu segunda vez, e o mostrou ao mundo incrédulo felizmente renascido: "Deu à luz um filho varão" (Ap 12,5).

E quantas dores lhe custasse este prodigioso parto e a novidade dele diz a grandes vozes o mesmo texto: "Clamava com dores de parto e sofria tormentos por dar à luz" (Ap 12,2). Que trabalhos, que contradições, que perseguições, que murmurações, que descréditos e falsos testemunhos padeceu aquele sublime e constante espírito, sendo movedor de todas o dragão infernal, multiplicado, com grande propriedade do mesmo texto, em muitas cabeças, e estas coroadas, porque apenas houve coroa, não só profana, mas sagrada — e ainda muitas regulares —

que não impugnasse fortemente e trabalhasse por abortar este glorioso parto. Enfim, venceu Teresa, e para distinção do novo e primitivo instituto, descalçou-se como Elias, e assim apareceu, se bem advertirdes, na mesma figura do céu que a representava. As alparcas de Santa Teresa, como invenção do céu, de tal modo descalçam os pés que os não deixam tocar a terra. São uma sorte de meio calçado, não para calçar ou cobrir os pés, mas para se trazer debaixo deles. E disto mesmo servia a lua à mulher que viu São João. Dizemos comumente — como eu acima disse — que estava calçada da lua, e não dizemos bem. Se estivera calçada, havia de ter os pés cobertos da lua; mas ela não tinha os pés cobertos da lua, senão "a lua debaixo dos pés" (Ap 12,1). Assim representava a lua as alparcas de Teresa, e assim apareceu Teresa descalça no céu, não já como filha que tinha sido, senão como nova Mãe do primitivo Elias: mãe e filha de seu próprio pai, como a virgem das virgens.

Provado pois com todas as propriedades do texto quem fosse a mulher misteriosa que viu São João, o que agora reparo, e muito se deve notar, é que aquela mesma mulher enchia e ocupava todo o céu e todos os céus. Com os pés estava no céu da lua, que é o primeiro; com o corpo passava pelo céu do sol, que é o quarto; com a cabeça chegava ao céu das estrelas, que é o oitavo. Logo, era tão agigantada a sua estatura que desde o primeiro até o último tomava todo o céu. Pois se a grandeza de cada um dos céus é tão imensa, e a de todos tão incomparavelmente maior, como é possível que uma só mulher a ocupasse toda? Porque aquela mulher, como vimos, era Teresa, e Teresa, em si mesma e na estimação de Cristo, é tão grande, que ela só iguala a todo o céu. Por isso diz, com suposição já não possível mas certa, que se não tivera criado o céu, só para ela o criara. E se não, entremos no mesmo céu empíreo, de que mais propriamente falava Cristo, e veremos que se neste céu exterior, que vemos, ocupava Teresa todos os lugares com a figura, no céu interior, que não vemos, também os ocupa todos com a presença. A natureza humana beatificada tem no céu sete lugares: de patriarcas, de profetas, de apóstolos, de doutores, de mártires, de confessores, de virgens; e em todos tem assento eminente Santa Teresa. No das virgens pela pureza, no dos confessores pela penitência, no dos mártires pelo desejo, no dos doutores por seus admiráveis escritos, no dos apóstolos pelo seu zelo ardentíssimo da propagação da fé, no dos profetas pelos secretos altíssimos das suas visões, revelações e profecias, e no dos patriarcas, finalmente, com ser mulher, como mãe e fundadora gloriosíssima de uma religião tão ilustre e lustre das religiões. E se Cristo no céu que se vê, e no céu que se não vê, deu a Teresa todo o céu, vede se o criaria só para ela, no caso em que o não tivera criado? E sendo criado o céu para todos os predestinados, isto é, para todos os que foram, são e serão bem-aventurados na glória, julgai se parece, como eu dizia, que pesou tanto na estimação de Cristo o amor só de Teresa como o de todos.

Grande favor, grande fineza, estais dizendo todos; e mais não sendo encarecimento, senão verdade infalível da boca de Cristo. Pois saiba cada um de nós — ou advirta, como já sabe — que esse mesmo favor e essa mesma fineza faz o mesmo Cristo no Sacramento por cada um dos que comungam. Se Cristo faria por Teresa o que fez por todos os predestinados, no Sacramento não só faria, mas faz por cada um dos que comungam o que fez por todos. Porque, se no

Sacramento se dá todo a todos, igualmente se dá todo a cada um. É verdade que o Sacramento foi feito para todos, mas de tal maneira para todos como se se fizera para um só. No Evangelho o temos, e não em uma só parte, senão em todo: "Aquele que come a minha carne e bebe o meu sangue está em mim e eu nele" (Jo 6,57). — Notai que não diz aqueles que comem, senão aquele: "Aquele que come". Vai por diante o Senhor: "Assim como meu Pai vive, e eu vivo por ele, assim aquele que me come viverá por mim" (Ibid. 58). Notai outra vez que não diz aqueles, senão aquele: "Aquele que come". Finalmente faz comparação entre o Sacramento e o maná, e dizendo que seus pais, daqueles com quem falava, comeram o maná e morreram: "Os vossos pais comeram o maná e morreram" (Ibid. 59), aqui parece que por boa consequência, e para mais declarar a contraposição, havia de dizer que aqueles, porém, que comem meu corpo, viverão eternamente; e também aqui não disse aqueles, em plural, senão aquele, em singular: "Aquele que come este pão viverá eternamente". Qual é pois a razão por que sempre diz aquele e não aqueles? Por que sempre fala em singular, e não em plural? E por que, sendo o Sacramento instituído para todos, nunca fala de muitos, senão de um só? E notai, para maior admiração, que em todas estas sentenças sempre o Senhor variou a frase, porque a primeira vez disse: "Aquele que come a minha carne"; a segunda: "Aquele que come a mim"; a terceira: "Aquele que come este pão". Pois se falando do Sacramento, que é carne de Cristo, e todo Cristo debaixo de espécies de pão, variou sempre a frase, falando dos que comungam, por que não variou nem multiplicou o número, antes persistiu e perseverou sempre na unidade: "Aquele que come, aquele que come, aquele que come"? A razão é porque, ainda que o amor de Cristo, instituindo o Sacramento universalmente para todos, de tal maneira abstraiu e quis que nos abstraíssemos dessa mesma universalidade, como se verdadeiramente fora instituído não para todos, nem para muitos, nem para mais, senão singularmente para um só. E assim é, porque, dando-se Cristo no Sacramento todo a todos e todo a cada um, de tal modo e com tal amor se dá todo a um como se amara e estimara tanto a um só como a todos.

Ouvi a São Salviano, que é o que mais viva e profundamente ponderou esta singularidade: "No Sacramento tanto devem todos a Cristo como cada um, porque tanto recebe cada um como todos". — E que se segue daqui? Agora vai o profundo da ponderação: "Porque quando um recebe tanto como todos, ainda que a medida é igual, a inveja é maior".[5] — Muitos comentos tenho lido desta cláusula e muitos sentidos deste enigma de Salviano, mas nenhum que satisfaça porque, para haver inveja, há de haver desigualdade, e sendo a medida do que se dá igual, como pode haver inveja? Na distribuição do maná nenhum tinha inveja, porque aquela medida, chamada gomor, tão cheia se dava a um como ao outro; logo, se cá também "a medida é igual", como pode ser "maior a inveja"? Porque no maná tanto levava um como o outro, mas não tanto um como todos; porém, no Sacramento, como tanto recebe um como todos, e tanto todos como um, bem pode haver inveja, e grande inveja, não pela desigualdade do Sacramento, onde a não há, senão pela desigualdade do número, que é a maior que pode haver. Quando um só recebe tanto como todos, como não hão de ter inveja todos àquele um? Se no céu pudera haver inveja, e lá se soubesse que o céu que Cristo fez por amor de todos os bem-aventurados o faria só por amor de Teresa, não seria bastante ocasião de inveja esta grande diferença? Pois o mesmo passa no Sacramento. Antes digo que, assim como da parte de todos em respeito de um pode ser inveja, assim da parte de um em respeito de todos poderá ser soberba. Que faça tanto Deus por mim só como por todos. Ele me tenha de sua mão, para que tamanho favor me não ensoberbeça. Aqui, e neste ponto de tão verdadeira honra, quisera eu que a nossa soberba se esmerasse; mas ela é tão vã e tão vil, que, igualando-nos Deus, na sua estimação, com todos, o mesmo Deus na nossa estimação, é menos que tudo.

## § IV

O terceiro favor, e mui singular, com que Cristo declarou seu amor a Santa Teresa foi este. Falava a santa com o Senhor tão familiarmente, como sabemos. E passando uma vez a conversação do presente ao passado, disse-lhe Teresa: — Grande foi, Senhor, o amor com que Vossa Majestade amou à Madalena. — Estas foram as palavras debaixo das quais pudera haver alguma segunda intenção, se não fora Teresa a que as disse. Uma das maiores prerrogativas do amor divino é ser amor sem ciúme. Quem ama a Deus deseja que todos o amem, e que ele ame a todos, e por isso é amor. O humano — a quem falsamente damos este nome — nem admite companhia no amar nem vantagem no ser amado, e por isso é amor-próprio, ou mais propriamente inveja. Falou pois Teresa sem querer fazer comparação de si à Madalena, mas como se a fizera e quisera saber de Cristo este segredo do seu coração, respondeu o Senhor assim: — Teresa, eu amei a Madalena estando na terra, porém a ti amo-te estando no céu. De sorte que distinguiu o amor pelo lugar e a fineza de um pela melhoria de outro.

Se Cristo fora como os outros homens, achara eu muito fácil inteligência a esta sua resposta, porque o amor está em tal estado que, sendo afeto do coração, depende mais dos lugares que das vontades, e assim é muito maior fineza amar no céu que amar na terra. As bem-aventuranças são muito desamoráveis, e não há maior inimigo do amor que a felicidade. Provavam antigamente isto os pregadores com o exemplo de José nas ingratidões do copeiro de Faraó. Mas hoje estão estes desenganos tão provados nas experiências que não necessitam de fé nem de Escrituras. O certo é que toda a fortuna tem jurisdição no amor: se é adversa, ninguém vos ama; se é próspera, a ninguém amais. É tanto assim que, como coisa nova e singular, disse São Paulo de Cristo: "O Senhor que subiu ao céu é o mesmo que desceu à terra" (Ef 4,10). — Porque os outros homens, comumente, quando sobem são uns, quando descem são outros. Por isso há tantos que trabalhem pelos fazer descer. Pois se Cristo no céu e na terra sempre é o mesmo, como dá por razão de diferença ou de vantagem que à Madalena amou-a quando estava na terra, porém a Teresa quando está no céu? A razão é porque em Cristo, ainda que a mudança do lugar não faz diferença na vontade, a maioria do estado acrescenta grandes quilates ao amor. Na mesma Madalena o temos.

Sendo Cristo convidado do fariseu, entrou a Madalena por sua casa, lançou-se aos pés do Senhor, ungiu-lhos, segundo o costume daquele tempo, com preciosos unguentos, regou-os com especiosas lágrimas, enxugou-os com seus cabelos, regalou-os e regalou-se com eles até matar a sede da sua dor e do seu amor. Outra vez depois, e poucos dias antes de sua morte, estando o mesmo Cristo em Betânia, hóspede de Simão, lhe fez a Madalena semelhante regalo, ainda com circunstâncias de maior confiança, porque não derramou os unguentos — que eram de mais estimadas espécies — sobre os pés do Senhor, senão sobre a cabeça: "Sobre a cabeça dele que estava recostado à mesa" (Mt 26,7). Em uma e outra ocasião, tão fora esteve a soberana benignidade de Cristo de lançar de si a Madalena, ou de estranhar este gênero de obséquio tão alheio da moderação do seu trato, que publicamente a louvou e a defendeu: a primeira vez contra os pensamentos do fariseu e a segunda contra as murmurações dos discípulos. Sendo tudo isto assim, ressuscita o mesmo Senhor, aparece à mesma Madalena na manhã da Ressurreição, e querendo ela respirar da sua tristeza, alegrar as suas lágrimas, consolar as suas saudades e ressuscitar também a sua vida com se lançar e abraçar os sagrados pés onde sua alma a tinha recebido, eis que, com novidade e estranheza não esperada, o Senhor a aparta de si e lhe manda "que o não toque" (Jo 20,17). A causa que deu a este retiro — a qual logo ponderaremos — não tira, antes acrescenta a dúvida. Pois se Cristo, antes de sua morte, em que a Madalena o assistiu tão constantemente, admitia e se agradava dos seus obséquios, como agora, depois de sua Ressurreição, os não consente, antes lhe manda que se retire? Porventura merecia agora menos a Madalena? Claro está que não, antes muito mais, porque o amor da vida, que costuma acabar com a morte e enterrar-se com a sepultura, vivo, morto e sepultado, e ainda desaparecido, que é mais, o tinha Cristo experimentado nela sempre constante. Pois, se o amor era o mesmo, as finezas mais declaradas e o merecimento maior, por que lhe nega Cristo, depois da Ressurreição, o favor que lhe concedia antes da morte? Porque antes da morte, diz São João Crisóstomo, estava Cristo mortal e passível; depois da Ressurreição estava já imortal e glorioso; e como este novo estado era tão diferente, esta era também a diferença com que queria ser tratado. O primeiro estado era o da terra, em que veio a servir; o segundo era já o do céu, em que ia a reinar; e por isso tratava e queria ser tratado da Madalena, não segundo a familiaridade de quando vivia na terra, senão conforme a majestade com que ia a reinar no céu. O mesmo Cristo deu à Madalena esta razão.

Quando o Senhor lhe disse: "Não me toques", acrescentou: "ainda não subi para o Pai. Vai aos meus irmãos e dize-lhes: Subo para meu Pai e vosso Pai" (Jo 20,17). Quer dizer: posto que me vês na terra, e ainda não subi ao céu, digo-te contudo que me não toques, porque daqui por diante hás-me de tratar como se já estivera no céu, e não na terra. E assim "vai dizer a meus discípulos que subo ao Pai". Notável recado em tal dia! O dia era da Ressurreição e o recado é da Ascensão. Parece que o recado havia de ser: — Dize a meus discípulos que ressuscitei, que já te apareci, que me viste, que estou vivo. Mas que "subo ao Pai" — e não que subirei, ou que hei de subir, senão que "já subo"? Sim, para que entendessem os apóstolos que o novo estado a que ressuscitara era muito diverso do passado, e que já o não haviam de tratar como companheiro na terra, senão como Senhor no céu. E isto que mandava dizer aos apóstolos era o mesmo que respondia à Madalena, para que do recado que levava entendesse a razão do que lhe proibira; e assim o entendeu. Tornou Cristo a aparecer à Madalena e às outras Marias no mesmo dia, e que fizeram? "Lançaram-se aos pés do Senhor e adoraram-no" (Mt 28,9).

— Pois se Cristo permitiu estes segundos obséquios, em que também entrava a Madalena, por que lhe não consentiu os primeiros? Porque os primeiros eram de amor e familiaridade, os segundos eram só de respeito e reverência; aqueles eram abraços, estes eram adorações: "E o adoraram". Tanta era a majestade com que o Senhor agora se tratava e tanta a veneração com que queria ser tratado, não porque não fosse ainda o mesmo, mas porque o seu estado não era já da terra, senão do céu. E se para não admitir os afetos da Madalena com as demonstrações de favor e agrado que dantes costumava, bastou dizer que já subia ao Pai, vede se distinguiu e encareceu altamente a preferência do seu amor na diferença do seu estado, pois amando a Madalena e amando a Teresa, à Madalena diz que a amou quando estava na terra, e a Teresa que a amava estando no céu. Venha terceira vez o Evangelho.

As virgens néscias não se fizeram néscias naquelas poucas horas em que esperaram a vinda do esposo. É verdade que quando lhes disseram que já vinha, bastantes razões tiveram para perder o juízo, pois se viram com as alâmpadas apagadas na ocasião de maior luzimento, e experimentaram tão más correspondências nas companheiras de cuja amizade esperavam outros primores. Mas antes de tudo isto, quando foram admitidas para o aparato daquela solenidade, já então diz o Evangelho que eram néscias: "Cinco delas eram néscias". Pois se o esposo, que era Cristo, sem embargo deste defeito tão conhecido, as admitiu ao primeiro ato das bodas, porque as excluiu no último? Porque no primeiro estava ainda na terra, onde veio buscar a esposa; no último estava já no céu, onde a levou: e como o estado de Cristo no céu é tão superior ao que teve na terra, na terra, onde tudo é imperfeito, admitia prudentes e néscias; porém no céu, que é a pátria da perfeição, só admitiu as prudentes. Mas que de prudentes e néscias faça Cristo tanta diferença quanta vai do céu à terra, bem está: porém de prudente a prudente, e entre duas tão prudentes, como era a Madalena e Teresa, faça distinção o seu amor, em amar a uma quando estava na terra e a outra quando está no céu? Sim. E tenha paciência por agora a Madalena, que não poderá o amor responder mais em favor de Teresa.

Para conhecimento desta diferença, ou desta declarada vantagem, é necessário considerar bem como está Cristo no céu e com quem está. O estado que Cristo tem no céu é tão diverso do que tinha na terra que quando se partiu para lá disse assim a seus discípulos: "Aquele que crê em mim também fará as obras que eu faço e as fará maiores do que estas, porque eu vou para o Pai" (Jo 14,12). Vós que credes em mim, não só fareis as obras maravilhosas que eu agora faço, senão maiores. — E por quê? Porque eu vou para o Pai. — Pois por que Cristo vai para o céu, por isso hão de fazer seus discípulos maiores milagres do que fazia o mesmo Cristo quando estava na terra? Quando Cristo estava na terra, seus discípulos também faziam milagres, mas menores dos que o Senhor fazia, e alguns não podiam fazer. Qual é logo a razão por que, depois de subir ao céu, não só hão de fazer os mesmos milagres que ele fazia, senão maiores? Porque assim convinha ao maior e supremo estado que Cristo havia de ter no céu. — A grandeza e majestade dos senhores conhece-se pelo poder e autoridade dos criados. E é tão grande a diferença de estado que hei de ter no céu — diz Cristo — ao que tinha na terra, que vós e todos aqueles de que eu então me servir, não só hão de fazer o que eu faria, senão maiores obras ainda, para que do seu poder e autoridade se conheça a grandeza e majestade do Senhor a quem servem. Se eles, comparados comigo na terra, parecerá que me excedem a mim, eu, comparado comigo no céu, quem pode imaginar o que serei? E se tanta é a diferença que Cristo tem de estado a estado, e ainda de si a si mesmo, só porque está no céu: "Porque vou para o Pai", vede também quanto cresce um amor sobre outro amor nesta circunstância, e quanto mais foi amar Cristo a Teresa, estando no céu, ou a Madalena, quando estava na terra.

Mas não basta só conhecer como Cristo está no céu: é necessário também considerar com quem está. Cristo no céu está assistido e cortejado de todos os bem-aventurados. E estes bem-aventurados, quem são e qual é a sua grandeza? Nenhum de nós o podia presumir se o mesmo Cristo o não declarara. Naquele famoso panegírico que Cristo fez de São João Batista, diz duas coisas notáveis: a primeira, que o Batista era o maior dos nascidos; a segunda, que o menor do reino do céu é maior que o Batista: "Em verdade vos digo que entre os nascidos de mulheres não se levantou outro maior que João Batista; mas o que é menor no reino dos céus é maior do que ele" (Mt 11,11). — Depois que o Batista for ao céu, então será lá maior que muitos; mas enquanto está na terra, o menor do reino do céu é maior que ele. E por quê? Porque os do céu — diz São Jerônimo — veem a Deus: o Batista ainda o não vê. Os do céu amam por vista, o Batista ama por fé; os do céu já venceram e estão coroados, o Batista ainda tem que vencer e está na campanha: "Uma coisa é possuir a coroa da vitória, outra coisa é lutar ainda na arena".[6] E que estando Cristo na terra, onde o maior dos nascidos é menor que o menor do reino do céu, amasse muito a Madalena não foi grande fineza; mas que estando no céu, onde o menor daquele reino é maior que o maior dos nascidos, amasse tanto a Teresa, esta foi aquela grande diferença que o mesmo Senhor ponderou, porque só ele a conhecia. A Madalena, como tão amante e tão amada estando na terra, mandava-a Cristo levar ao céu para que fosse ouvir as músicas dos anjos; e Teresa, estando na terra, amava tanto e era tão amada que, estando Cristo no céu, deixava as músicas dos anjos para vir conversar com Teresa na terra. Encareça logo Cristo o seu amor pela diferença do seu estado, e pela do lugar e da companhia, e diga que amou a Madalena e amava a Teresa sim, mas a Madalena quando estava na terra, a Teresa quando estava no céu.

E se esta circunstância do amor acrescenta tanto à fineza quanto vai do céu à terra, não é menor, senão a mesma, a que Cristo usa e exercita conosco no diviníssimo Sacramento. O mesmo Evangelho o diz: "Este é o pão que desceu do céu" (Jo 6,59). — Quando Cristo disse estas palavras, nem ele tinha ainda subido ao céu, nem instituído o Sacramento de seu corpo debaixo de espécies de pão. Pois, se ainda não era pão, nem tinha subido ao céu, como lhe chama pão "que desceu do céu"? É verdade que o Sacramento, o qual começou a ser pão na ceia, não era do céu, nem desceu do céu senão do dia da Ascensão por diante, porque o corpo de Cristo, que é substância do Sacramento, nunca esteve no céu senão depois daquele dia; e contudo chamou-lhe Cristo pão do céu antes de ser do céu porque, como queria encarecer o muito que nos dava, antecipou a circunstância para mais subir de ponto a fineza. Disse o que havia de ser quando ainda não era, porque acrescentava muito à substância do que era a circunstância do que havia de ser. — Havia de ser pão que por amor de nós desceu do céu — e assim como o mesmo Senhor preferiu o amor com que amava a Teresa ao amor com que amou a Madalena pela diferença de amar estando no céu ou estando na terra, assim pondera muito no Sacramento, não tanto a substância do que dá quanto a circunstância do lugar donde desce, porque ainda que dar-se Cristo a comer é o "ápice" do amor, dar-se quando está no céu, e descer do céu para se dar, é muito maior fineza que se estivera na terra.

Daqui se segue que devemos e somos mais obrigados a Cristo pela continuação do Sacramento que pela instituição dele; mais pelo modo com que agora se nos dá a nós que pelo modo com que no princípio se deu aos apóstolos, porque no princípio deu-se quando estava mortal e passível, agora dá-se quando está imortal e glorioso; no princípio deu-se quando estava na terra, agora dá-se quando está no céu. Assim o entendeu e admirou quem teve ciência para o conhecer, posto que não teve ventura para o gozar, Davi: "Deu-lhes o pão do céu e o pão dos anjos o homem comeu" (Sl 77,24s). — Três coisas diz aqui o profeta certas, e uma parece que o não é: ser o Sacramento pão do céu, dar-se na terra e comerem-no os homens, tudo é certo; mas que esse pão seja dos anjos, como ou por que título? Ou seria pão dos anjos se os anjos o comessem, mas eles não o comem: ou seria pão dos anjos se eles o fizessem e consagrassem; mas esse poder é só dos sacerdotes. Por que diz logo o profeta que é pão dos anjos? Porque as coisas propriamente não são de quem as logra, senão de quem as merece. Se o pão do céu se dera por oposição, e não por graça, por justiça, e não por favor, aos anjos se havia de dar, que são do céu, e não a nós, que somos da terra e somos terra. E que havendo nos anjos o merecimento e em nós a indignidade, se negue este pão aos anjos no céu, e desça do céu para se dar aos homens na terra? Oh! grande amor! E não sei se diga também: grande injustiça! Mas o amor, para ser grande, há de ter alguma coisa de injusto, porque sendo injusto para quem se nega é mais fino para quem se dá. Só Santa Teresa fez justa esta fineza, porque, sendo mulher, foi serafim; nós, devendo chegar à comunhão como anjos, apenas há algum que o faça como homem: "O pão dos anjos o homem o comeu".

§ V

O quarto e último favor de Cristo que pondero em Santa Teresa tem ainda muito mais apertadas circunstâncias que as passadas. Nos princípios, em que o soberano Senhor começou a regalar a sua esposa com aparições tão frequentes e tão extraordinárias que tiveram por muito tempo suspensa e duvidosa toda a Igreja, a Santa, como tão prudente e tão humilde que no seu conceito se reputava pela mais indigna de todas as criaturas, temia que fossem enganos e ilusões do demônio, e por conselho e obediência de seus confessores, que sempre foram os mais doutos e mais espirituais daquela idade, quando Cristo lhe aparecia, ou como ressuscitado e glorioso, ou como chagado e coroado de espinhos, ou na mesma forma e representação com que vivia neste mundo, Teresa não só lhe voltava o rosto com rigor e sinais de desprezo, mas com a boca lhe dizia injúrias, com as mãos lhe fazia afrontas, e, como se fosse o inimigo comum do gênero humano, com a cruz e água benta se defendia daquele bendito Senhor que para nos armar com a mesma cruz quis morrer nela; porém o amor do Esposo divino era tão fino e tão constante, que não só sofria estes bem intencionados agravos, mas, por serem feitos por obediência, os aprovava e amava.

Lembra-me a este propósito aquela famosa questão, disputada diante de el-rei Dario, e referida por Esdras no Livro Terceiro (III Esd, cap. 3 e 4). Era a proposta da questão, entre três sábios do palácio real, qual fosse a mais forte coisa do mundo? Um disse que o vinho, outro que o rei, outro que a mulher. E este provou a sua opinião com este exemplo. Eu vi, disse, uma mulher chamada Apemen, amiga de um famosíssimo rei, a qual "estava assentada à sua mão direita". E esta "lhe tirava a coroa da cabeça e a punha sobre a sua" — e com a mão esquerda "lhe dava bofetadas" — e sobre tudo isto o rei, "com a boca aberta, estava suspenso e como arrebatado nela". E se Apemen "se lhe mostrava indignada, com novas carícias a procurava reconciliar e trazer à sua graça".
— Tão rendido tinha o amor aquele homem e tão esquecido de si estava aquele rei. Mas quem poderá imaginar em Deus semelhantes extremos? Grande é, excessivo é, e quase incrível, Teresa, o amor com que rendido vos ama e estima Cristo! Tirais a coroa da cabeça ao Rei dos Reis, persuadindo-vos que não é ele o que vedes. Não só a pondes sobre a vossa cabeça, mas mostrais que a pisais e lançais aos pés; não só lhe dais bofetadas, mas com as mãos violentas ou violentadas lhe fazeis injúrias de maior aborrecimento e desprezo; não só vos mostrais ingrata a seus favores, mas ofendida e indignada deles. E sobre tudo isto, ele, desconhecido, vos não desconhece; ele, tão indignamente tratado, vos torna a buscar; ele continua e insiste com novos favores, para que o acabeis de conhecer e o admitais em vossa graça. Vamos ao Evangelho.

Não lhes aproveitou às virgens mal prevenidas haverem seguido o conselho das prudentes — que era a desculpa em que nestes agravos inocentes se fundava a consciência e obediência de Teresa — não lhes aproveitou, digo, nem lhes valeu às cinco virgens aquele conselho, para que o Esposo lhes não fechasse a porta: "E a porta se fechou" (Mt 25, 10). Vieram contudo com o descuido emendado e as alâmpadas acesas, bateram e chamaram: "Senhor, senhor, abre-nos" (Mt 25, 11). Mas como o Senhor lhes respondesse: "Não vos conheço" (Ibid. 12) — não bateram nem chamaram mais. Esta é a minha admiração e o meu reparo. O mesmo Senhor, que mandou fechar a porta a estas virgens tinha dito: "Pedi, e recebereis; batei, e abrir-vos-ão". "Porque todo o que pede recebe, e a todo o que bate se abrirá" (Lc 11,9s).
— Pois se o mesmo Senhor tinha mandado e prometido isto, se tinha mandado que pedissem e que batessem, e tinha prometido que quem pedisse receberia e a quem batesse lhe abririam, por que não instam em pedir e bater? Se pediram e bateram uma vez, peçam e batam outra; e se isso não bastar, continuem em pedir e perseverem em bater muitas vezes, pois também sabem que Deus gosta de ser importunado e que assim o ensinou o mesmo Cristo. Qual é logo a razão por que estas mesmas virgens, tão desejosas de entrar que não perdoaram a diligências, nem a passadas, nem a despesas, e tudo isto fizeram sem temor nem reparo à meia-noite, qual é a razão por que agora não insistem nem perseveram, e se retiram tristes e mudas, sem falar nem aparecer mais? A razão é porque o Esposo lhes disse: "Não vos conheço". — E tanto que se viram desconhecidas, de tal maneira perderam a confiança, e ainda o primeiro fervor e desejo, que se não atreveram a falar nem aparecer mais diante de quem as não conhecia. As desconhecidas, no nosso caso, não eram as

virgens ou a virgem, senão o mesmo Esposo. Tão desconhecido de Teresa, que não só o não conhecia por quem era, nem só o reputava por fingido e fantástico, senão por outro tão alheio daquela divina figura, quanto é o mesmo demônio transfigurado em anjo de luz. E que assim desconhecido e tratado como tal, com desprezos, com injúrias e aborrecimentos, torne Cristo a buscar a Teresa, e não desista de lhe aparecer, para que acabe de se desenganar e o conhecer? Grande e nunca visto amor!

As diligências que Cristo fazia para que Teresa, sem escrúpulo nem dúvida, o conhecesse, e os efeitos que experimentava depois destas aparições, eram todos aqueles com que o mesmo Senhor costuma assegurar as almas timoratas da verdade da sua presença. Porque, depois destas vistas tão mal olhadas, crescia no coração de Teresa a humildade e desprezo de si mesma, crescia o aborrecimento do mundo, crescia o zelo da honra de Deus, e todas as outras virtudes sólidas que com as aparições do demônio, como vento seco e do inferno, costumam enfraquecer e murchar. Mas nenhuns destes sinais bastavam para que Teresa, ou os que governavam seu espírito, o dessem por seguro. Quando Cristo apareceu a Madalena em traje de hortelão, bastou que dissesse: Maria, para que ela conhecesse a seu Mestre. Quando o mesmo Senhor apareceu em hábito de peregrino aos discípulos de Emaús, bastou que partisse diante deles o pão, para que também o conhecessem; mas para que seguramente o conhecesse Teresa, nenhuns sinais, nenhumas demonstrações, nenhumas experiências bastavam, como também não bastava este tão continuado desconhecimento para que o Senhor se retirasse, que tanto o apertava o seu amor.

Retirai-vos, Senhor, retirai-vos, e eu vos prometo que haveis de acabar mais com o mesmo retiro que com a presença, e mais com o desaparecer que com as aparições, porque tanto que vos retirardes e desaparecerdes, logo se conhecerá que sois vós, e que são verdades seguras e vossas as que agora parecem sonhos e ilusões. Lembrai-vos de quando mandastes livrar do cárcere Mamertino ao vosso grande sucessor e amante. Estava ali preso São Pedro com duas cadeias e quatro soldados de guarda, quando entrou o anjo a libertá-lo. Tocou as cadeias, e quebraram-se; tocou o prisioneiro, e acordou; disse-lhe que se vestisse, vestiu-se; disse-lhe que se calçasse, calçou-se; e Pedro, que tudo isto viu e fazia, cuidava que era sonho e ilusão. Disse-lhe o anjo que o seguisse, seguiu-o: passaram a primeira e segunda guarda, e ninguém os impediu; chegaram a uma porta de ferro, e desferrolhou-se; caminharam por dentro e por fora da cidade, e Pedro ainda crente que nada daquilo era verdade, senão imaginações vãs da fantasia: "Não sabia que era verdadeiro o que estava sendo feito pelo anjo era, mas julgava que via uma visão" (At 12,9). Eis aqui como muitas vezes, ainda aos maiores santos, as verdades parecem enganos e as aparições do céu, ilusões. Mas que fez o anjo para que Pedro se desenganasse e cresse o que não acabava de crer? Tirou-se de diante dos seus olhos e "desapareceu" (At 12,10). E no mesmo ponto conheceu Pedro que o anjo verdadeiramente era anjo, e que ele verdadeiramente tinha saído do cárcere e estava livre: "Agora sei verdadeiramente que o Senhor mandou o seu anjo e me livrou" (At 12,11). De sorte que quando lhe apareceu o anjo, e enquanto o via, não o conhecia; e tanto que desapareceu e não o viu, então o conheceu. Este é o remédio, Senhor, para que Teresa vos conheça. Se vos não conhece quando lhe apareceis, desaparecei, e conhecer-vos-á. Mas este mesmo conselho, que vós sabeis melhor, muito temo que o não há de tomar vosso amor, posto que sinta quanto deve ver-se tão desconhecido.

Cansados de lutar a maior parte da noite contra uma grande tempestade na pequena barca de São Pedro, ele e os outros discípulos, e já desesperados de remédio, foi o divino Mestre desde a praia a socorrê-los caminhando sobre as ondas. O perigo, a escuridade e os passos daquela portentosa figura, que cada vez que se ia chegando mais para eles, sobre o temor e perturbação em que estavam, lha acrescentou de maneira, que não conhecendo quem era, "se persuadiram ser algum fantasma" (Mc 6,49): O Siro lê: [*Visum mendax*] Visão enganosa; e os expositores: [*Illusionem diabolicam*] Ilusão do demônio, que é o mesmo que sucedia a Santa Teresa com suas visões, ou a Cristo com elas. Mas que fez o Senhor neste passo? Diz o evangelista que "queria deixar os discípulos" (Ibid. 48). Pois se os ia socorrer, e por um modo tão extraordinário e milagroso, por que os quer deixar? Porque assim o ditava a razão, vendo-se a si mesmo reputado por fantasma, a sua visão por enganosa e a sua presença verdadeira por ilusão diabólica. Mas como naquela barca flutuava o seu cuidado e perigava o seu amor, enfim os socorreu e foi conhecido. Oh! Jesus! Oh! Teresa! Muito era que fizesse Cristo tanto por Teresa, como por Pedro e João, e por todo o apostolado junto; mas sem comparação fez muito mais. Não uma só vez foi reputado por fantasma, nem um só dia, senão anos inteiros; andava o seu amor por tribunais, as suas visões e aparições, ou reprovadas totalmente, ou tidas por suspeitosas, e ele não só desconhecido, mas injuriado, porém a sua vontade sempre tão firme e constante, que nunca se pode dizer dela: "Queria passar adiante" (Mc 6,48). Desconhecido, tornava a buscar a Teresa; injuriado, lhe fazia novos favores, e nenhum conceito do mundo, ou descrédito seu, ou perseguição de ambos pôde fazer jamais que a deixasse.

E quem não vê neste prodigioso retrato a verdade, a firmeza, a paciência e a invencível perseverança do amor de Cristo para conosco naquele sacrossanto mistério? Nós o cremos, nós o adoramos, nós daremos o sangue e a vida pela confissão e defesa de que naquela Hóstia consagrada, posto que invisível a nossos olhos, está e estará até o fim do mundo toda a majestade do Filho de Deus, humana e divina, tão inteira, real e verdadeiramente como à destra do Pai. Mas quantos hereges houve e há, que a tudo isto que a católica Igreja crê e ensina, chamam blasfemamente fantasmas. Dizem — tão ignorantes são e tão estólidos — que quando Cristo disse: "Este é meu corpo" — não quis dizer nem significar o que as palavras significam; dizem que não há ali outra coisa senão o que se vê, pão, e não Cristo; dizem que tudo o que os católicos cremos são quimeras, ilusões e enganos. E, sem embargo desta incredulidade, desta perfídia, destas blasfêmias e das outras injúrias maiores com que do entendimento cego passam às mãos sacrílegas, foi tão imensa a benignidade do divino Amor que, antevendo-as, se deixou conosco, e é tão constante o mesmo amor que, experimentando-as, as sofre e não aparta de nós.

Quando Cristo, naquelas palavras que só nos restam por ponderar do Evangelho: "Vossos pais comeram o maná no deserto e morreram" (Jo 6,49), ensinou a diferença infinita que há do maná ao divino Sacramento, foi porque o povo cego antepunha o maná ao Pão do céu que o Senhor lhes prometia, e Moisés ao mesmo Cristo. E quando lhes disse que, "se não comessem a sua carne e bebessem o seu sangue, não haviam de ter vida" (Jo 6,53) — não só o povo, senão muitos dos discípulos do mesmo Cristo se saíram da sua escola e lhe voltaram as costas, dizendo que tais coisas como aquelas não se podiam ouvir, quanto mais crer. De sorte que a fé do Sacramento, não só nasceu, mas foi concebida "em tal signo de contradição" (Lc 2,34) — que antes de ser instituído o Sacramento, já era negado, antes de ser dado, já era perseguido, e só por ser prometido era blasfemado. Pois, Senhor, se assim é já agora, e estas mesmas experiências mostram o que será depois, se estes homens são tão cegos, tão ingratos e tão indignos, e a mercê que lhes quereis fazer excede tanto, não só o seu desmerecimento, senão a sua capacidade, deixai de instituir este novo mistério, pois para a redenção do mundo basta o da cruz; e já que os homens são tais que vos deixam porque vos quereis deixar com eles, não vos deixeis para que vos não deixem. Assim havia de ser, se o amor de Cristo para conosco no Sacramento não fora tão fino e constante, como foi para com Teresa fora do Sacramento.

Enquanto a verdade das visões de Santa Teresa esteve tão duvidosa, o mesmo Cristo, que lhe aparecia, era ele na realidade e não era ele na opinião: enquanto ele — que verdadeiramente era — era amado, era estimado, era adorado; enquanto não ele — que falsamente não era — era aborrecido, era desprezado, era injuriado; e todo este amor e aborrecimento, todas estas estimações e desprezos, todas estas adorações e injúrias exercitava no mesmo tempo a mesma Teresa sendo uma só. Bem assim como o mundo, sendo composto de muitos, uns fiéis, outros infiéis; uns católicos, outros hereges; uns bons cristãos, outros maus; uns creem a Cristo no Sacramento, outros o negam; uns o adoram, outros o desprezam; uns o veneram com obséquios, outros o ofendem com injúrias; mas assim como Jacó, pelo amor que tinha a Raquel, sofria os desagrados de Lia, e muito mais os agravos de Labão, e esta era a maior fineza daquele forte e constante amor, assim a maior fineza de Cristo no Sacramento foi expor-se às afrontas e injúrias dos que o ofendem por não faltar à comunicação dos que o amam e estar sempre com eles.

## § VI

*M*as que desquites podem ter estes agravos, estas ofensas, estas injúrias na justa dor daquelas almas devotas e pias, que as sentem e choram mais que próprias, por serem daquele Senhor seu, a quem mais que a si mesmas amam? Este foi o bem inventado desempenho e o religiosíssimo fim da solenidade presente, restituindo-se a esta Igreja o roubo cometido em outra, e vingando-se, com repetidos obséquios de todos os meses, o agravo daquele dia, para que o mesmo Cristo sacramentado, por um sacrilégio, receba muitos sacrifícios, por uma injúria, muitas adorações, e por um ato escondido da infidelidade, muitas protestações públicas da fé e novas exaltações dela. Quando a Madalena entendeu que lhe tinham roubado do sepulcro o sagrado corpo, dizia: "Levaram-me a meu Senhor, e não sei onde o puseram" (Jo 20,13). — Entre estas ânsias apareceu o disfarçado hortelão, e disse-lhe: "Se tu acaso és o que o levaste, dize-me onde o puseste, porque eu o levantarei desse lugar" (Ibid. 15). — Bem está, Madalena. Mas se vós vos queixais de não saber onde puseram vosso Senhor, dizei-nos também onde o haveis de pôr, se o achardes? Só disse que o havia de levantar, mas não disse onde o havia de pôr, porque esse pensamento ficou reservado para as imitadoras do seu amor. Levantaram o Senhor àquele soberano trono, e ali o têm posto e exposto, para que a nossa fé publicamente o confesse e adore, e os nossos corações, prostrados diante de seu divino acatamento, sejam a detestação e desquite daquela abominada injúria.

De todas as que material e involuntariamente fazia a Cristo Santa Teresa, era o desquite o seu coração, e assim o fazem todos os corações desta santa congregação, tão devota, como bem entendida, trazendo sobre o peito uma custódia e ao pé dela um S e um cravo, em sinal de perpétua escravidão daquele ofendido e adorado Senhor. Parece que falava o mesmo Senhor como em profecia, destes corações e desta casa, quando disse a Santa Teresa o que agora direi. Mandavam seus prelados à santa que fosse ser prioresa do Convento da Encarnação de Ávila, e ela, como tão humilde, escusava-se. Neste mesmo tempo andava requerendo Teresa com Cristo não sei que mercê para um seu irmão, e como o Senhor tardasse com o despacho, era tanta a confiança entre os dois, que não duvidou a santa de se queixar amorosamente deste que parecia descuido, e comparando-o com o seu cuidado, lhe disse assim: — Por certo, Senhor, que se vós tivéreis um irmão pelo qual me pedíreis alguma coisa, a não dilataria eu, se pudesse. — Não, Teresa — respondeu Cristo. — Pois os corações das religiosas da Encarnação são meus irmãos, e pedem te que vás para eles, porque hão mister a tua presença, e tu não queres. — Assim arguiu e respondeu o Senhor a uma queixa com outra, e nela descobriu que havia naquela casa uma irmandade de corações em que ele também era irmão. E se aos corações das Religiosas da Encarnação de Ávila chama Cristo irmãos seus, com quanta razão podemos nós dar este mesmo nome às religiosas da Encarnação de Lisboa, pela veneração do Santíssimo Sacramento e daquela sagrada custódia, de que são perpétuos sacrários. Ressuscitado o Senhor, disse às Marias que levassem as novas aos apóstolos, e as palavras foram estas: "Ide, e dizei a meus irmãos" (Mt 28,10). —Irmãos, Senhor? E por que parentesco? Amigos dissestes vós que lhes haveis de chamar, e não servos, porque lhes revelaríveis vossos segredos; mas irmãos, por quê? E se nunca lhes destes este título, por que lho dais agora? Excelentemente S. João Crisóstomo: "Quis ser vosso irmão: partilhei a carne e o sangue por vós, e por aquilo que me uni vós, o mostrei novamente a vós". Chama Cristo irmãos aos apóstolos no dia da Ressurreição, porque a última vez que tinha estado com eles foi na ceia, em que se lhes deu sacramentado, e pela comunicação da sua carne e do seu sangue contraíram o parentesco e a irmandade. Para haver verdadeira irmandade, há de ser recíproca. E isto fez Cristo na Encarnação e no Sacramento, diz Crisóstomo: pela Encarnação, tomando Cristo a nossa carne e o nosso sangue, fez-se irmão nosso; e pelo Sacramento, dando-nos a mesma carne e o mesmo sangue, fez-nos irmãos seus. "Quis ser vosso irmão:" eis aí a irmandade; "Partilhei a carne e o sangue por vós:" eis aí a Encarnação; "E por aquilo que me uni vós, os mostrei novamente a vós": eis aí o Sacramento.

Mas são tão religiosamente humildes estes corações irmãos de Cristo que, podendo-se gloriar do nome de irmãos, se chamam e professam escravos, trocando os títulos de parentesco pelas insígnias da escravidão com o S e o cravo sobre o peito. Quando

Cristo se desposou visivelmente com Santa Teresa, deu-lhe por prendas de seu amor um cravo da sua cruz. Pois, Senhor, um cravo, que é sinal e como ferrete de escravo, dais vós a Teresa quando a levantais à dignidade soberana de esposa vossa? Sim, porque ainda que pelos desposórios contraía Teresa com Cristo o mais alto e mais íntimo parentesco que pode ser, sabia o Senhor dos primores da sua alma, como de todas as que fielmente o veneram e amam, que a mesma dignidade a que as levanta de esposas, as cativa e imprime nelas o caráter de escravas. Enfim, este é o espírito da Encarnação. No dia da Encarnação do Verbo, quando o anjo a anunciou à cheia de graça que havia de ser Mãe de Deus, a Senhora respondeu: "Aqui está a escrava do Senhor" (Lc 1,38). — Davam-lhe a dignidade de Mãe e tomou o nome de escrava; e porque se teve por mais digna de ser escrava que Mãe, esmaltou com o caráter da escravidão a coroa da dignidade.

Ora, Senhor, já que nos corações destas escravas achastes uns espíritos tão conformes ao daquelas entranhas puríssimas, de quem recebestes essa mesma carne e sangue em que vos dais por sustento de nossas almas, ajuntando o mistério altíssimo da Encarnação com o do diviníssimo Sacramento, para que nesse imenso amor se acenda a nossa caridade, e no preço infinito desse penhor se confirme a nossa esperança, aumentai, com o mistério da fé, a fé viva dos fervorosos Católicos, ressuscitai a fé morta dos indevotos e tíbios, e infundi o conhecimento da mesma fé na perfídia e obstinação dos hereges, para que todos vos creiam, confessem e adorem, como nós, por mercê vossa, cremos e confessamos, e prostrados diante desse trono de vossa suprema Majestade, com profundíssima reverência adoramos. E pois estes generosos corações são tão animosos que, encerrados por vosso amor dentro destas paredes, se põem em campo em defesa de vossa fé e desagravo de vossas injúrias, e delas souberam tirar tão multiplicadas glórias a vosso santíssimo nome na terra, considerem os mesmos corações — pois eu o não posso declarar — quão condignos serão os prêmios desta fineza, que vossa divina liberalidade lhes tem aparelhado no céu.

# NOTAS

## SERMÃO DO SANTÍSSIMO SACRAMENTO (1669) [p. 9-21]
1. Santo Tomás de Aquino (1225-1274), em *Suma Teológica* II-II, q. 18, art. 2. Utrum spes sit in Beatis; art. 3 Utrum sit in Damnatis. Cf. *Suma Teológica*, Edições Loyola, São Paulo, 2004, vol. V.
2. Santo Agostinho (354-430), ML 37 em *Enarrationes In Psalmos*, In Psalmo CXXXVII, 4, col. 1776.
3. Ruperto de Deutz [Abbas Tuitensis] (c. 1075-1129/30), monge beneditino, exegeta e comentarista litúrgico, ML 167-170. Cf. *In Evangelium Sti*. Joannis Commentariorum Libri XIV.
4. Santo Tomás de Aquino (1225-1274), em *Opus LVII*, Officium de festo Corporis Christi ad mandatum Urbani Papae IV dictum festum instituientis.
5. Santo Epifânio (315-403), ML 41 em *De Laude Virginis*. A citação consta também no Sermão XIX da Rosa Mística.
6. Na nova versão latina do Instituto Bíblico aprovada por Pio XII para uso litúrgico, em 24 de março de 1945.
7. Gilbert Genebrard (1537-1597), monge beneditino, exegeta e orientalista. Foi professor de São Francisco de Sales, em Paris (cf. *Tratado do Amor de Deus* XI,11), arcebispo de Aix. Cf. *Psalmi Davidis vulgate editione, calendario hebraeo, syro, graeco, latino*: hymnis, argumentis, et commentariis, etc. instructi (Paris, 1587) .

## SERMÃO DE N. S. DO CARMO (1659) [p. 23-44]
1. São Beda, o Venerável (672-735), ML 92 em *In Lucae Evangelium Expositio*, Liber IV, Prooemium, Invocatio, col. 480B.
2. São Gregório de Nazianzo [Nazianzeno] (329-389), MG 37.38. Cf. *Poemata Moralia*, In Laudem Virginitatis, col. 522-639.
3. Sisto IV (1414-1484), papa a partir de 1471. Franciscano, promoveu as ordens religiosas, a devoção à Nossa Senhora (instituiu a festa da Imaculada Conceição, em 8 de dezembro). Renascentista, apoiou a arte e a ciência (a ele se deve a construção da Capela Sistina). Estabeleceu a Inquisição espanhola em Sevilha.
4. Santo Agostinho (354-430), ML 39 em *Sermones Suppositi*, Classis III, De Sanctis, Sermo CCVIII, 5, col. 2131.
5. Santo Ambrósio (339-397), ML 17 *De Concordia Matthaei Et Lucae In Genealogia Christi*, col. 1012C.
6. Cassiodoro (485-580), escritor, jurista e estadista romano, ML 69/70. Cf. *Variarum* Libri XII, Liber IV, II. Regi Erulorum Theodoricus Rex.
7. São Fulgêncio de Ruspe (467-532), ML 65 em *Ad Monimum* Libri Tres, Liber III, cap. VIII, col. 205A.
8. Santo Tomás de Aquino (1225-1274), em *Suma Teológica*, III, q. 23, art. 4.Cf. *Suma Teológica*, Edições Loyola, São Paulo, 2006, vol. IX.
9. Santo Hipólito (séc. III), MG 10. Cf. *S. Hippolytus Poruensis Episcopus Martyr et Ecclesiæ*, Pars II, Dogmatica et Historica.
10. São Gregório de Nissa (335-394), MG 44. Cf. *Expositio, In Hæc Verba*: Faciamus hominem ad imaginem et similitudinem nostram, col. 258.

11. Marcela, segundo uma tradição cristã, foi a mulher que exaltou a Mãe de Jesus no milagre da cura de um possesso (Lc 11,21).
12. Santo Agostinho (354-430), ML 38 em Se*rmones Ad Populum*, Classis II, De Tempore, Sermo CCXV In Redditione Symboli, 4, col. 1074.
13. Beato Guerrico de Igny (c. 1080-1157), ML 188 [185] em *Sermones Per Annum, In Assumptione B. Mariae*, Sermo I, 2, col. 188B.
14. Papas: **Alexandre V** (1409-1410), considerado antipapa porque foi excomungado por Gregório XII. **Paulo III** (1468-1549) convocou o concílio de Trento e aprovou a Companhia de Jesus. **Clemente VII** (1523-1534), precipitou o cisma de Henrique VIII, rei dos ingleses. **Gregório XIII** (1572-1585), o calendário atual leva o seu nome. **Paulo V** (1605-1621), sob o qual Copérnico foi condenado e Galileu teve as obras proibidas. **João XXII**, francês (1316-1334), segundo papa residente em Avignon. [**João XXI**, português (1276-1277), arcebispo de Braga, contemporâneo de Santo Tomás de Aquino. A qual dos dois, Vieira se refere, dada a expressão: "e primeiro que todos"?]
15. São Justo Orgelitano [de Gurgell] (+527), ML 67 em *In Cantica Canticorum Salomonis Explicatio Mystica*, cap. VII, n. 157, col. 987D.
16. São Jerônimo (347-420), ML 24 em *Commentariorum In Jeremiam Prophetam* Libri VI, Liber I, vers. 17, col. 686C.
17. Santo Agostinho (354-430), ML 34 em *Annotationum In Job Liber Unus*, cap. XXXIX, col. 886.
18. Santo Ambrósio (339-397), ML 14 em *De Abraham* Libri Duo, Liber I, cap. II, col. 421C.
19. São João Crisóstomo (347-407), MG 57. Cf. *Commentarius In Sanctum Matthaeum Evangelista*, vers. 5,17-19.
20. O beato Batista Spagnuolo, ou Batista Mantuano (1448-1516), foi prior geral da Ordem Carmelitana e um dos mais fecundos poetas do século XVI. A poesia citada por Vieira é parte do poema Parthenices Marianae. "Illinc perpetuis, ceu missi e fontibus omnes,/ Religio, et sacri fluxit reverentia cultus/ Quidquid habent alii montes pietatis, ab isto/ Ducitur: hac una plures e vite racemi/ Diffusi, late terras, atque aequora complent/ Hinc Carthusiacis aeterna silentia claustris:/ Hinc varias Benedictus oves collegit: ab isto/ Canabe nodosa tunicas arcere fluentes/ Lignipedes dedicere viris quique arva colebant/ Invia, et assiduo terras ardore colentes,/ Et quos Cyriacus de litore vexit Ibero/ Hinc orti, sactum, et summo genus ordine dignum,/ Hinc nostri venere patres".

## SERMÃO DA TERCEIRA QUARTA-FEIRA DA QUARESMA (1651) [p. 45-61]

* A respeito deste sermão "dos pretendentes", em carta de 23 de junho de 1683 para o cônego Francisco Barreto, Vieira escreve: "Não havia de desagradar a V. Mercê a traça com que, na petição da mãe dos Zebedeus, foram despachados e censurados todos vícios da corte, e mais aqueles que eram mais notados quando o mesmo sermão foi feito, isto é, quando a mãe (*a marquesa de Castelmelhor*) e filhos (*o conde e seus irmãos*) governavam ambos os quartos de palácio, pelo valimento de el-rei D. Afonso". Antonio Vieira, *Cartas do Brasil*, organização e introdução João Adolfo Hansen, São Paulo, Hedra, 2003, p. 611.

## SERMÃO DE SANTO AGOSTINHO (1648) [p. 63-88]

1. Santo Agostinho (354-430), ML 32 *Retractationum* Libri Duo.
2. Santo Agostinho (354-430), ML 32 *Confessionum* Libri Tredecim.
3. Cícero (106-43 a.C.) Em *Oratio Pro Archia* 11,26: "Ipsi illi Philosophi etiam illis libellis quos de contemnenda gloria libros scribunt, nomen suum inscribunt" ("Aqueles mesmos filósofos até naqueles livrinhos, que eles escrevem sobre a glória a ser desprezada, inscrevem seus próprios nomes").
4. São Pedro Damião (1007-1072) ML 144 em *Sermones Ordine Mense Servato*, Januarius VI, Sermo I, In Epiphania Domini, col. 513A.
5. Quintiliano (30-95), em *Institutio Oratoria* 3.8.44.
6. Tertuliano (160-230), ML 1 em *Apologeticus Adversos Gentes Pro Christianis*, cap. II, col. 273ss.
7. São Gregório Magno (540-604), ML 76 em *Moralium Libri Sive Expositio In Librum Beati Job*. Pars IV, Liber XXII, cap.XV, vers. 33, col. 233B.

8. A Vulgata traz Festo e não Felix.
9. Santo Ambrósio (339-397), ML 16 em *Epistolae Prima Classis*, Epistola XLVIII, Ambrosius Sabino, col. 1152A.
10. Filo Hebreu [Filon de Alexandria] (20 a.C.-50 d.C.). Cf. *Vita Mosis*.

## SERMÃO DA PRIMEIRA DOMINGA DO ADVENTO (1650) [p. 89-104]

1. São Jerônimo (347-420), ML 30 em *Epistolae*, Epistola I Pelagii ad Demetriadem, cap. XXX, vers. 33, col. 44B. Em Hugo de São Caro, *Expositio super Apocalypsim*, cap. IV: "Sive bibam, sive comedam, sive aliud quid faciam, semper videtur auribus meis insonare illa tuba terribilis. O vos omnes qui jacetis in sepulchris, surgite et venite ad judicium salvatoris".
2. Santo Agostinho (354-430), ML em *Sermones Suppositi*, Classis IIII, De Diversis, Sermo CCXL-VIII, De Sepultura Domini, 1, col. 2173-2354.
3. Limoeiro: antigo paço real de Lisboa, também chamado Palácio da Moeda Nova.
4. Arte: a gramática latina, ou qualquer gramática de outra língua, ou livro de regras.
5. Ordenação: nome dado às antigas leis portuguesas compiladas em código.
7. Parafraste caldaico: em 1551, os judeus de Constantinopla fizeram duas edições do Pentateuco. A primeira contém o texto hebraico em caracteres grandes e a um lado a paráfrase caldaica de Onkelos (35-120), do outro lado uma paráfrase em persa e além dessas três colunas, no alto da página, a paráfrase árabe de Saadias, e na parte inferior da página o comentário de Rasch. A origem da paráfrase caldaica é atribuída a José, o Cego. Cf. *Dictionaire de Theologie* par l'Abbé Bergier, tome V, Besançon, MDCCCXLIII, p. 316.
8. São João Crisóstomo (347-407), ML 57 em *Chrysostomus ad Haebrae*, Homilia 34 in fine, t. 4.

## SERMÃO DA QUARTA DOMINGA DA QUARESMA (1655) [p. 105-123]

* Na ocasião em que o autor, tendo feito a primeira retirada da corte para o Maranhão, dispunha a segunda, que também executou.

1. Gregório Lopez, Venerável (1542-1596), foi anacoreta durante 33 anos. Faleceu na Cidade do México.
2. Diógenes Laércio (200-250), historiador. Em *Vidas e Doutrinas dos Filósofos Ilustres* (10 vol.), sete volumes são dedicados aos jônios, depois de Sócrates; os outros três aos italianos, depois de Pitágoras. Entre esses, está a biografia de Demócrito de Abdera (460 a.C.-370 a.C.), a quem D. Laércio atribui 90 obras.
3. Sêneca, o Velho (4 a.C.-65 d.C.), em *Epistolae Morales*, In Lucilium VII, 1.I.
4. Sêneca, o Velho (4 a.C.-65 d.C.), em *De Vita Beata*, cap. I.
5. Sêneca, o Velho (4 a.C.-65 d.C.), em *Epistolae Morales*, in Lucilium I,2.
6. São Simeão Metafrastes [parafraseador] (séc. X), MG 114-116 em (Menologium) *Sanctorum Vitae*, die 19 julii.
7. São Paulo de Tebas (229-342), considerado o primeiro eremita cristão. Santo Antônio Magno [Santo Antão] (+356), eremita nos desertos egípcios; teve a sua vida relatada por Santo Atanásio [*A vida de Santo Antão*].
8. Referido por Sponden (Sponleoge), 31, 204.206, em *Archeologia Cantiana*, vol. 52, 1940.
9. São Lourenço Justiniano (+1455), primeiro patriarca de Veneza. Suas obras compreendem *Sermões, Cartas* e *Tratados sobre Ascese*.
10. São Jerônimo (347-420), ML 22 em *Epistolae Secundum Ordinem Temporum Distributae*, Epistola CCXV ad Rustichum Monachum, 8, col. 1076.
11. Filo Hebreu [Filon de Alexandria] (20 a.C.-50 d.C.), cf. *De Specialibus Legibus*.
12. São Pedro Damião (1007-1072), monge camaldolense de Fontana Avelana, na Úmbria, destacou-se pela reforma da pobreza nos mosteiros e pela crítica aos desmandos da sociedade e da Igreja. Convocado pelo papa Estêvão IX (1057-1058), como viajante da paz, percorreu a Itália, França e Alemanha. Nomeado cardeal, colaborou com Gregório VII na reforma do clero.
13. Esta máxima corresponde à citada por Cícero "Numquam minus **otiosus** quam cum **otiosus**" (*Republica* I,27; *De Officiis* 3,1) e atribuída a Cipião, o Africano. Santo Ambrósio (*De officiis*

*ministrorum* 3,1); São Jerônimo (*Adversus Iovinianum*); Santo Agostinho (*Enarrationes in Psalmos* 147,3) se utilizaram dela, como Sêneca, Petrarca e Erasmo. Cf. Tosi Renzo, *Dicionário de sentenças latinas e gregas*, São Paulo, Martins Fontes, 2000, p. 954. Vieira atribui a São Bernardo a aplicação: "Numquam minus Solus quam cum Solus".
14. São Cipriano (200-258) ML 4 em *Epistolae*, Epistola I Ad Pelagium, cap. XXX, col. 44B. Cf. *Liber de Mortalitate* (partim), III, col. 585A.
15. A expressão é atribuída a São Bernardo.

### SERMÃO DE SANTO ANTÔNIO (1657) [p. 125-143]
1. Tertuliano (160-230), ML 1 em *De Patientia Liber*, cap. XIII, col. 1269C.
2. São Bernardo de Claraval (1091-1153), ML 184 em *Sermo In Festo Beati Stephani Protomartyris*, 5, col. 849B.
3. Santo Ambrósio (339-397), ML 14 em *De Joseph Patriarca Liber Unus*, cap. V, col. 652B.
4. Santo Agostinho (354-430), ML 41 em *Ad Marcellinum De Civitate Dei Contra Paganos* Libri XXII, Liber IV, cap. IV, col. 115.
5. Santo Ambrósio (339-397), ML 14 em *De Nabuthe Jezraelita* Liber Unus, cap. IV, col. 735B.
6. Dom João III (1502-1557), O Piedoso ou O Pio.

### SERMÃO DE SANTA CATARINA (1663) [p. 145-165]
1. Imperador Maximino (c. 173-238), os historiadores eclesiásticos o conhecem pela Sexta Perseguição Geral contra o Cristianismo.
2. Santo Agostinho (354-430), ML 42-43 *Contra Faustum Manichaeum*; *De Genesi contra Manichaeos* Libri II; De Baptismo contra Donatistas Libri septem, ML 43.
3. Jerusalém (49), Cerinto (séc. I); Niceia (I-325; II-787), Ario (256-336); Constantinopla (I-381; II-553; III-680), Dioscoro (+454); Roma (371), Macedônio (séc. IV); Cartago (IV-419), Celestio (séc. V); Trento (1545-1563).
4. Santo Agostinho (354-430); Alípio, bispo de Tagaste (+430) mediador entre Agostinho e Jerônimo. Cf. Cartas de Agostinho a Alipio: 24, 29, 125, 227. 9*,10*, 22*. *Obras Completas de San Agustin*, Cartas, B.A.C. VIII 69; XIa 99, XIb 99b, Madrid, 1991.
5. Afirmação atribuída a Dionísio Areopagita (séc. V-séc. VI).
6. São João Crisóstomo (347-407) MG 59, em *Homiliae in Ioannem*, Homilia 23 [referência do autor].
7. Juan Maldonado (1533-1583), em *Comentarios a los cuatro Evangelios* [referência do autor].
8. A Vulgata diz: "in cathedra pestilentiae" = cátedra da peste. A versão do Instituto Bíblico aprovada por Pio XII diz: "in conventu protervorum" = na assembleia dos escarnecedores.
9. Teodoreto de Cirro (séc. IV-V), MG 80 *Interpretatio in Psalmos*, col. 857.
10. São Gregório Nazianzeno (329-389) MG 35 *In Vita Gregorii*, XLVII, De Juliano Gregorii Augurium, LXXIX Sub Juliani finem; MG 36 *Orationes II contra Julianum*, col. 1055, 1058, 1079, 1206, 1245.

### SERMÃO DE DIA DE RAMOS (1656) [p. 167-181]
1. São Luís Gonzaga (1568-1591), jesuíta. De família nobre, ainda estudante, falece em Roma, vítima da peste, quando servia os flagelados.
2. São Bernardo de Claraval (1091-1153), ML 183 em *Sermo III*, De pronuntiatione cantus: Hodie scietis quia veniet Dominus, cap. IX, § 2.

### SERMÃO DO BOM LADRÃO (1655) [p. 183-202]
* Na carta, acima citada, da Terceira Quarta-Feira da Quaresma de 1651, Vieira diz: "Mas o meu mimoso neste tomo é o do Bom Ladrão, em que a matéria está prosseguida, sem lhe faltar nada, com tudo o que na sólida teologia é necessário para que os reis levem consigo os ladrões ao paraíso, e não os ladrões os reis ao inferno". Op. cit., p. 611.
1. Santo Tomás de Aquino (1225-1274), *Suma Teológica*, II-II, q. 66, art. 9. Cf. *Suma Teológica*, Edições Loyola, São Paulo, 2004, vol. IX — Santo Agostinho (354-430), ML 33, em *Epistolae*, Epistola CLIII, cap. VI, 20, col. 662.

2. Santo Tomás de Aquino (1225-1274), *Suma Teológica*, II-II, q. 66 art. 8, ad 2. Edições Loyola, São Paulo, 2004, vol. VI.
3. Santo Agostinho (354-430) ML 41 em *Ad Marcellinum De Civitate Dei Contra Paganos* Libri XXII, Liber IV, cap. IV, col. 115.
4. Sêneca (4 a.C. — 65 d.C.), em *De Beneficiis*, Liber II, XVIII.
5. São Basílio Magno (319-379), MG 31 em *Homilia VI in Lucam*, col. 276-277.
6. São Sidônio Apolinar (431-487), prefeito de Roma, bispo de Clermont Ferrand. Escreveu poemas e cartas, que são importantes fontes para a história do séc. V.
7. Santo Tomás de Aquino (1225-1274), *Suma Teológica*, II-II, q. 62 art. 7, sc. Cf. *Suma Teológica*, Edições Loyola, São Paulo, 2004, vol. VI.
8. Juvenal (55-138), *Sátira* II, vers. 40 [referência do autor].
9. Nicolau de Lira (1270-1349), franciscano, exegeta bíblico. Publicou análises sobre o sentido literal da Bíblia [*Postillae Literales*] complementadas por *Postillae Morales*.
10. Santo Tomás de Aquino (1225-1274), *Suma Teológica*, II-II, q. 62 art. 7, sc, ad 3. Cf. *Suma Teológica*, Edições Loyola, São Paulo, 2004, vol. VI.
11. Santo Tomás de Aquino (1225-1274), *Suma Teológica*, II-II, q. 62 art. 3. Cf. *Suma Teológica*, Edições Loyola, São Paulo, 2004, vol. VI.
12. Santo Hilário (c. 315-367), ML 10 *De Trinitate* Libri Duodecim, Liber VII, col. 199B.

## SERMÃO DO MANDATO (1643) [p. 203-222]

1. Ovídio (43 a.C.-18 d.C.), autor de *De Remedio Amoris*, denominado por Vieira o "C. Galeno (131-200) do amor humano", médico grego. Desterrado pelo imperador Augusto por sua obra *Ars Amatoria*, Ovídio morreu em Tomos, na costa do Mar Negro. *De Remedio Amoris* acompanha *Ars Amatoria*.
2. Santo Agostinho (354-430), em *Aelredus Rievallensis*, De spirituali amicitia, 2 Inter quos sit amicitia vera, cap. X = Amicitia spiritualis, vera. Amicitiae fons, amoris origo.
3. Santo Tomás de Aquino (1225-1274), *Suma Teológica* III, q. 46, art. 6. Cf. *Suma Teológica*, Edições Loyola, São Paulo, 2004, vol. VIII.
4. Santo Anselmo (1033-1109), ML 181 em *Hervei Burgidolensis Monachi*, Commentarius in Epistolam ad Hebraeos, cap. II, col. 1535D.
5. Orígenes (c. 185-253), MG 13 em *In Lucam Homiliae*, intérprete S. Hieronymo, (Homilia de M. Magdalena) [referência do autor].
6. Ricardo de São Vitor [Vitorino] (+1173), ML 196 em *Tractatus De Quatuor Gradibus Violentiae Charitatis*, col. 1213C.
7. Ovídio (43 a.C.-18 d.C.), em *Tristia* I, 3, 17. Tradução de Patrícia Prata in Revista de Tradução Modelo 19, n. 1, UNESP, Araraquara, p. 5-10.
8. Santo Tomás de Aquino (1225-1274), *Suma Teológica* III, q. 46, art. 7. Cf. *Suma Teológica*, Edições Loyola, São Paulo, 2004, vol. VIII.
9. Juan Maldonado (1533-1583), em *Comentarios a los cuatro Evangelios*. Convocado pelo papa Gregório XIII, trabalhou na revisão do texto dos *Setenta*.

## SERMÃO DO ESPÍRITO SANTO (1657) [p. 223-242]

1. "Direi", isto é, "tenho dito", assim escreve o original grego.
2. Santo Agostinho (354-430), ML 35 em *In Epistolam Joannis ad Parthos* Tractatus X, Tractatus III, cap. II, 3.
3. Sequência [Salmo de Meditação] da missa de Pentecostes.
4. São Beda, o Venerável, (672-735), ML 92 *In Marci Evangelium Expositio*, Liber III, cap. VIII, col. 222D.
5, 6 e 7. Santo Agostinho (354-430), ML 35 em *In Evangelium Joannis Tractatus* CXXIV, Tractatus LI, 13, col. 1768/1769.
8. Afonso Salmerón (1515-1585), teólogo, atuou no Concílio de Trento. Cf. *Commentarii in Evangelicam Historiam et in Acta Apostolorum*, obra póstuma.

9. Santo Ambrósio (339-397), ML 15 em *Expositio Evangelii Secundum Lucam* Libris X Comprehensa, Liber II, cap. III, 73 — vers. 7, 8, col. 1579B.
10. São Gregório I Magno (540-604), ML 76 em *Moralium Libri Sive Expositio In Librum Beati Job* Pars II, Pars IV, Liber XVIII, cap. XXXV, vers. 8, 56, col. 69A.

## SERMÃO DA DOMINGA XIX DEPOIS DO PENTECOSTE (1639) [p. 243-261]

1. São Cipriano (200-258), MG 75 *De Incarnatione Verbi Dei, Filii Patris*.
2. Epicteto (50-130), filósofo estoico expulso de Roma por Domiciano. Seu discípulo Flavius Arrianus publicou *Discursos de Epitecto* e outro mais popular *Enchiridion*. Os círculos ascéticos o valorizavam.
3. Santo Agostinho (354-430), ML 41 partim em *De Civitate Dei*, Liber XXII, cap. XXIV, 5, col. 792.
4. Santo Agostinho (354-430), ML 36 em *Enarrationes In Psalmos*, In Psalmo XLIX Enarratio, Sermo ad Plebem, 2, col. 565
5. Francisco Suárez (1548-1617), teólogo espanhol, professor em Alcalá e Roma. Na obra *De Verbo Incarnato* comenta as questões da terceira parte da *Suma Teológica* de Santo Tomás de Aquino sobre o mistério de Cristo. Vieira se refere aqui à questão 16 sobre o que convém a Cristo.
6. São Jerônimo (347-420), ML 26 em *Libri Quatuor Commentariorum in Evangelium Matthaei*, Liber I, v. 7, cap. XXII, col. 160A.
7. O Abulense (Alfonso de Madrigal — "El Tostado" [1410-1455]), prof. de Teologia em Salamanca, bispo de Ávila. Entre as muitas obras: *De Potestate Papae, De Beata Trinitate*.
8. Santo Tomás de Aquino (1225-1274), *Opus LVII*, Officium de festo Corporis Christi ad mandatum Urbani Papae IV dictum festum instituentis, Lauda Sion Salvatorem, O Salutaris Hostia.
9. Santo Alberto Magno (1193-1280), teólogo, filósofo e cientista da natureza. Divulgou o pensamento de Aristóteles. Mestre de Santo Tomás de Aquino. Cf. *Summa de Eucharistia*; Sermones de Eucharistia XXXII.
10. São Gregório I Magno (540-604), ML 76 em *XL Homiliarum in Evangelia* Libri Duo, Liber II, Homilia XXXVI, Lectio S. Evangelii Secundum Lucam XIV, 16-24, col. 1272C.

## SERMÃO PELO BOM SUCESSO DAS ARMAS DE PORTUGAL CONTRA AS DE HOLANDA (1640) [p. 263-278]

* Diz Vieira: "Sendo este o último de quinze dias, nos quais em todas as igrejas da mesma cidade se tinham feito sucessivamente as mesmas deprecações".

1. **Dom Manuel I** (1469-1521), "O Venturoso"; durante seu reinado, Vasco da Gama chega à Índia e Pedro Álvares Cabral ao Brasil. **João III** (1502-1557), "O Piedoso", dividiu o Brasil em capitanias, nomeou o primeiro governador-geral, Tomé de Sousa, e em 1549 fundou a cidade de Salvador. **Dom Sebastião I** (1554-1578), "O Desejado", desapareceu na Batalha de Alcacer-Quibir.
2. Virgílio (70-19 a.C.), *Bucólicas*, Écogla I, 69-75.

## SERMÃO DE SANTA TERESA E DO SANTÍSSIMO SACRAMENTO (1644) [p. 279-300]

* As duas festas, de Santa Teresa e do Santíssimo Sacramento, concorriam na Dominga 19 após Pentecoste.

1. Santo Hilário (c. 315-367), ML 9 em *In Evangelium Matthaei Commentarius*, cap. XXXVII, 3, col. 1059B.
2. Santo Agostinho (354-430), citado em Santo Tomás de Aquino (1225-1274), *Opus XXXII Scriptum Super Quatuor Libros Sententiarum Magistri Petri Lombardi*, Liber IV, d. 8, q. 1, art. 3.
3. Santo Hilário (c. 315-367), ML 10 em *De Trinitate* Libri Duodecim, Liber VIII, 15, col. 248B.
4. São Francisco de Borja (1510-1572), vice-rei da Catalunha, duque de Gandia. Viúvo, entrou na Ordem dos Jesuítas.
5. São Salviano de Marselha (400-480), ML 53 em *Adversus Avaritiam* Libri Quatuor, Liber Secundus, II, col. 190C.
6. São Jerônimo (347-420), ML 26 em *Commentariorum In Evangelium Matthaei* Libri Quattuor, Liber Secundus, vers. 11, col. 72A.

CENSURAS

Censura do M. R. P. M. O Doutor Fr. Manoel da Graça,
da Ordem de Nossa Senhora do Monte do Carmo, Qualificador do Santo Ofício.

Revi esta Terceira Parte dos Sermões do M. R. P. M. Antônio Vieira, com aquela atenção que se deve ao Ofício de Qualificador e merecem os escritos de um tão insigne sujeito. Neles não achei coisa que ofendesse a nossa Santa Fé ou repugnasse aos bons costumes, antes é obra esta tão singular que só a pudera igualar outra do mesmo autor, e com muito maior razão lhe quadra este encômio: *Sola tua tuis aequar opera possunt.* É digna da maior aceitação porque nela tem todos documentos muito proveitosos, assim para a reforma dos costumes como para a direção do governo político. Nem as sutilezas com que às vezes prova os pensamentos, ou as analogias e alegorias de que usa nos Discursos podem causar o mínimo escrúpulo, se douta e atentamente se ponderarem, porque com tanta erudição e clareza explica os pontos mais difíceis e os conceitos mais subidos, que bem mostra ser o sol dos pregadores do nosso tempo, pois, se os raios do sol têm a excelência de serem os mais sutis, e também os mais claros, nesta obra se acha o sutil tão germanado com o claro, que não merece nota alguma, antes deve ter o mesmo aplauso que as mais deste maior pregador tiveram sempre de todos. Carmo de Lisboa, 15 de fevereiro de 1683.

Fr. Manoel da Graça

Censura do M. R. P. M. Fr. Manoel de Santiago,
da Seráfica Ordem de São Francisco, Qualificador do Santo Ofício.

*Ilustríssimo Senhor.*
Vi este livro de Sermões do R. P. M. Antônio Vieira, da Sagrada Companhia de Jesus, pregador de S. A., obra que, tendo por título Terceira Parte, é tão prima que parece ser primeira e que não pode ter segunda. Contém catorze sermões, nos quais se germana o terso com o claro, o elegante com as mais naturais palavras, e apropriadas à matéria, de que faz o sermão. Todos os seus pedem mais aplausos que censuras, porque a fama diz bem com

a realidade, e a realidade com a fama, não havendo dúvida em que com a maior erudição, engenho, admiração e espírito disputa, comenta, interpreta, compreende, prega e ensina as teologias mais profundas no idioma mais claro, as Escrituras mais místicas e misteriosas no Sentido mais literal, as retóricas mais animadas na locução mais seleta, fazendo com que as suas vozes fossem conceitos, e os seus conceitos vozes, reduzindo juntamente os entendimentos e atraindo as vontades, que é o que os sábios de Atenas julgavam por primazia da eloquência. Os discursos deste pregador, em tudo régio, tiveram a aceitação dos estranhos, e não tiveram a variedade dos pareceres entre os naturais, que é o maior elogio que se lhes pode dar. E os deste livro, por não terem coisa alguma que prejudique a nossa Santa Fé ou bons costumes, merecem a licença que a V. Ilustríssima pede quem os quer imprimir. São Francisco da Cidade de Lisboa, em 23 de fevereiro de 1683.

Fr. Manoel de Santiago

### Censura do Ilustríssimo e Reverendíssimo Senhor Arcebispo da Bahia.

*Senhor.*

Manda-me V. A. que veja o livro intitulado Terceira Parte dos Sermões do P. Antônio Vieira, tão digno pregador de V. A., que no trono da sabedoria se deve colocar como alteza dos pregadores. Eu, obedecendo ao mandado de V. A., vi o livro com o respeito devido à fé, e li os sermões com atenção igual ao gosto, e o primeiro conceito que formei foi que, ainda que o livro não trouxera a inscrição do título, os sermões o deram a conhecer por obra do seu autor, porque todas as deste singular engenho de tal sorte se parecem só consigo, que não deixam dúvidas de que se lhe possam parecer outras algumas. E assim só o juízo que lhe deu o ser é o que cabalmente lhe pode fazer juízo do valor, e muito menos o meu, que só não tem de grosseiro o respeitar sempre nelas matéria para o espanto, e não escrúpulo para a censura. Porém este respeito tão devido ao merecimento lhe tributou também a fortuna, porque nos sermões do P. Antônio Vieira tiveram todos sempre que admirar, e não teve alguém nunca que dizer, sendo o único pregador em quem se venceram as dificuldades de se admirarem os sábios, que presumem, e não desdenharem os néscios, que ignoram. A doutrina é sã, sólida e irrefragável, e ainda a política tão espiritualizada, que igualmente encaminha aos acertos do governo e ao fim da salvação. As Escrituras, conforme aos sentidos que nelas admitem santos, expositores e padres, tão própria e fielmente desentranhadas do rigor da letra, da semelhança da alegoria, do doutrinável da moralidade, que no literal não discrepa em uma sílaba, no alegórico equivoca a propriedade e no moral convence a reformação. E o que mais é, que fazendo todos os pregadores os seus sermões por as Escrituras, este pregador parece que fez as Escrituras para os seus sermões. Os pontos teológicos mais imperceptíveis tão claramente explicados, que uniu a sutileza com que se disputam nas cadeiras, à claridade com que se devem praticar em os púlpitos. E para os ouvintes as perceberem, basta que entrem ouvintes para saírem teólogos. Os conceitos tão finos como o entendimento de quem os adelgaçou, e tão naturais aos assuntos que, para os levantar, parece que não estudou a arte, e para os acomodar, se não cansou o estudo. O estilo tão sério, grave e cortesão, como de quem nasceu para pregador da corte. As palavras tão expressivas dos conceitos, que na propriedade da nossa linguagem se não podem descobrir outras tão próprias, em tanto que, quando nos seus sermões se acha alguma desusada, para ser aceita como lei, basta o ser conhecida por sua, e em todas de tal energia para a persuasão e de tal suavidade para o agrado, que nem para persuadir se compõe de razões mais eficazes, nem para agradar se ornam de eloquência mais fecunda. Tudo, enfim, como seu, que só nisto se diz tudo. Com o que a minha aprovação só poderá chegar a ser demonstração do afeto, pois não pode passar a ser crédito da pessoa, porque no aplauso geral, com que o celebra a fama em todas as partes a que tem chegado as suas notícias, logra as maiores venerações, tão seguras da verdade, que para ele são artigos da fé, os encarecimentos que para os mais são adulações da lisonja. Não só não contêm coisa que encontrar ao real serviço de V. A., mas antes não sei vassalo que fizesse maior serviço nesta matéria ao seu Príncipe que enobrecer com os seus escritos a uma nação de que V. A. é Príncipe e Senhor. E assim entendo que, na licença que se pede a V. A. para se imprimirem estes sermões, lhe deve V. A. conceder de justiça o que se lhe pede por favor, não só para que por benefício do prelo, já que se não podem esculpir com letras de ouro, na dureza dos diamantes e na firmeza dos bronzes, fiquem imortais à memória dos vindouros, mas também para que os presentes que tiveram a dita de os ouvir, logrem o que então desejaram, e os que vivem com a mágoa de os não ler tenham tudo o que podiam desejar. Isto é o que me parece, e V. A. mandará o que melhor lhe parecer. São Francisco de Lisboa, 9 de março de 1683.

Fr. João da Madre de Deus

## LICENÇAS

### DA RELIGIÃO

Antônio de Oliveira, da Companhia de Jesus, provincial da província do Brasil, por particular comissão que tenho de nosso M. R. P. João Paulo Oliva, Prepósito Geral, dou licença para que se imprima este livro, intitulado Terceira Parte dos Sermões de P. Antônio Vieira, da mesma Companhia, da Província do Brasil, pregador de S. Majestade, revisto e aprovado por religiosos doutos da mesma Companhia. E por verdade dei esta por mim assinada e selada com o selo de meu ofício. Bahia, 20 de julho de 1682.

Antônio de Oliveira

### DO SANTO OFÍCIO

Vistas as informações, pode-se imprimir a Terceira Parte dos Sermões do P. Antônio Vieira. E, depois de impressa, tornará para se conferir e dar licença que corra, e sem ela não correrá. Lisboa, 23 de fevereiro de 1683.

Manoel Pimentel de Sousa
Jerônimo Soares
João da Costa Pimenta
Bento de Beja de Noronha
Manoel de Moura Manoel
Fr. Valério de S. Raimundo
O Bispo, Fr. Manoel Pereira

### DO ORDINÁRIO

Pode-se imprimir este livro de Sermões. E depois tornará para se conferir e se dar licença para correr. E sem ela não correrá. Lisboa, 25 de fevereiro de 1683.

Serrão

## DO PAÇO

Que se possa imprimir, vistas as licenças do Santo Ofício e Ordinário. E depois de impresso tornará à mesa, para se taxar e conferir, e sem isso não correrá. Lisboa, 10 de março de 1683.

Roxas. Rego. Noronha

Está conforme com o seu original. Convento do Carmo, 10 de dezembro de 1683.

Fr. Manoel da Graça

Visto estar conforme com seu original, pode correr este livro. Lisboa, 14 de dezembro de 1683.

Manoel Pimentel de Sousa.
João da Costa Pimenta.

Pode correr este livro. Lisboa 16 de dezembro de 1683.

Serrão

Taxam este livro em doze tostões. Lisboa, 15 de dezembro de 1683.

Lamprea. Noronha.

Este livro foi composto nas famílias tipográficas
*Liberty e Minion*
e impresso em papel *Bíblia* 40g/m²

**Edições Loyola**

**editoração  impressão  acabamento**

rua 1822  n° 341
04216-000  são paulo  sp
**T** 55 11 3385 8500
**F** 55 11 2063 4275
www.loyola.com.br